· 개정증보판 ·

개혁주의 성령론

The Glory and Blessing: Reformed Doctrine of the Holy Spirit

김재성 지음

기독교문서선교회

기독교문서선교회(Christian Literature Center: 약칭 CLC)는
1941년 영국 콜체스터에서 켄 아담스에 의해 시작되었으며
국제 본부는 영국의 쉐필드에 있습니다.

국제 CLC는 59개 나라에서 180개의 본부를 두고, 약 650여 명의
선교사들이 이동도서차량 40대를 이용하여 문서 보급에 힘쓰고 있으며
이메일 주문을 통해 130여 국으로 책을 공급하고 있습니다.

한국 CLC는 청교도적 복음주의 신학과 신앙서적을 출판하는
문서선교기관으로서, 한 영혼이라도 구원되길 소망하면서
주님이 오시는 그날까지 최선을 다할 것입니다.

The Glory and Blessing:
Reformed Doctrine of the Holy Spirit

by
Jae Sung Kim, Ph. D.

Korean Edition
Copyright © 2014, 2021 by Christian Literature Center
Seoul, Korea

바람이 임의로 불매 네가 그 소리는 들어도 어디서 와서 어디로 가는지 알지 못하나니 성령으로 난 사람도 다 그러하니라(요 3:8).

…오직 성령으로 충만함을 받으라 시와 찬송과 신령한 노래들로 서로 화답하며 너희의 마음으로 주께 노래하며 찬송하며 범사에 우리 주 예수 그리스도의 이름으로 항상 아버지 하나님께 감사하며 그리스도를 경외함으로 피차 복종하라(엡 5:18-21).

오직 성령의 열매는 사랑과 희락과 화평과 오래 참음과 자비와 양선과 충성과 온유와 절제니 이같은 것을 금지할 법이 없느니라(갈 5:22-23).

목차

개정증보판 서문 _ 성령만이 한국교회의 희망이다!　　9
저자 서문 _ 위로와 행복을 주시는 성령님!　　12

제 1 장 성령에 대해서 무엇을 믿는가?　　17
제 2 장 성령론의 남용과 빈곤　　49
제 3 장 생명과 회복의 영　　77
제 4 장 성령의 인치심　　89
제 5 장 성령을 받은 증거들　　123
제 6 장 오순절 성령강림　　139
제 7 장 성령강림은 구원사의 중대 사건이다　　177
제 8 장 굳어진 이중구조: 두 번째 성령세례?　　205
제 9 장 성령의 선물과 은사들　　233
제 10 장 은사의 의미와 목적　　245
제 11 장 사도적 특수 은사　　261
제 12 장 지금도 직통계시를 주시는가?　　369
제 13 장 영적인 것만이 선한 것인가?　　425

제 14 장 진리의 영	443
제 15 장 성령의 충만	457
제 16 장 성령의 열매	467
제 17 장 성령의 권능	475
제 18 장 성령의 전	491
제 19 장 성령과 착한 양심	503
제 20장 성령과 선교사역	515
제 21 장 성령의 인도하심	525
제 22 장 성령의 교통과 '훼방죄'	537
제 23 장 고난 중에 도우시는 성령	551
제 24 장 성령의 놀라운 일들	565
맺는 말 _ 성령의 위대하신 능력을 기대하라!	575
참고 문헌	583

The Glory and Blessing:
Reformed Doctrine of the Holy Spirit

개정증보판 서문

성령만이 한국교회의 희망이다!

모든 사람에게는 하나님의 영이 필요하다. 우리 모든 인간은 하나님을 힘입어 살아가고 있고, 성령의 절대적인 영향과 사역으로 인해 살아가고 있다. 하나님은 "만민에게 생명과 호흡과 만물을 친히 주시는 분"(행 17:25)이시다. 기독교 신자들의 삶에 있어서는 하나님의 영이 얼마나 중요한지 더 말할 필요가 없다. 성령의 인격과 사역은 아무리 강조해도 지나치지 않다.

예수님은 "생수"의 역할을 하는 성령이 우리의 깊은 소원들을 만족시켜주신다고 강조하였다(요 4:10-14; 7:37-39). 예수님이 감당하신 모든 구원역사의 성취들은 오직 성령을 통해서 성도들에게 구체적으로 적용된다. 그리스도는 우리 대신 저주를 받아서 죄책과 형벌을 제거하셨고, 그 대신에 성령을 보내셨다(갈 3:13-14).

성령을 강조하되 성경적으로 조심해야 할 부분이 있다. 성령은 절대적으로 예수 그리스도에게 영광을 돌리고자 한다. 성령의 역할은 예수 그리스도에게 집중되어 있다고 요한복음 16:14에 제시되어 있는데, 이 관점이 매우 중요하다. 성령이 성부와 성자로부터 떨어져서 단독적으로 사역하시는 것이 아니기에, 삼위일체되신 하나님이 항상 전제되어야만 한다.

개혁주의 신학자들과 청교도 신학의 전통은 결코 성령론을 축소시키거나 무시하지 않았다. 존 칼빈(1509-1564)은 "성령의 신학자"라고 하는 말을 들을 정도로 모든 분야에서 활동하는 하나님의 영에 대해서 강조하였다. 칼빈의 성경주석과 설교를 통해서 강조된 성령의 사역은 교회의 예배와 경건한 기도생활에 구체적으로 적용되었다. 요나단 에드워즈(1703-1758)는 미국 대각성 운동을 통해서 철저한 회개와 영적인 반성을 촉구하여 신대륙에 살던 청교도들의 신앙의식에 획기적인 전환점을 마련했고, 독립국가로 나아가는 언약공동체의 기틀을 제공하였다.

한국교회는 새뮤얼 모펫(1864-1939)의 주도하에 초석이 놓여진 평양 장대현 교회에서 1907년 평양 대부흥 운동을 체험했고, 전국적으로 성령의 놀라운 부어지심을 체험하였다. 그 후로 한국의 거의 모든 교회마다 매년 심령부흥회를 통해서 은혜를 받았다. 그러나 안타깝게도 전혀 성경적인 성령론을 소화하지 못한 "자칭 부흥사"의 전성기를 맞으면서 변질되기 시작했다. 1960년대와 70년대에 경제도약과 함께 왕성하게 양적으로 성장하던 한국교회는 엉터리 부흥사들이 뿌려놓은 기복주의 신앙의 토대 위에 빨리 우뚝 세워졌다. 한국 개신교 선교 백주년을 넘어서면서 희생과 헌신의 세대가 지나가고 난 후, 불량품들이 쏟아져 나오면서 한국교회는 송두리째 흔들리고 말았다. 성경적인 성령론에 뿌리를 두지 않은 채, 인간의 욕심과 야욕에 길들여진 엉터리 기독교가 개 교회마다, 교단들마다, 기독교 연합단체들마다 내부의 세력다툼 때문에 추태와 악취를 풍기고 있다.

지금 무너져가는 한국교회를 다시 살리는 유일한 해답은 성령 하나님의 은혜 뿐이다. 성령이 주시는 철저한 회개와 새로운 심령, 날마다 생명의 힘으로부터 나오는 고상한 경건의 능력밖에는 없다. 이 지구 위의 모든 죄악을 이기는 힘은 하늘로부터 오시는 성령의 힘뿐이다.

성령이시여, 다시 한번 한국교회를 살려주시옵소서!

희망을 가지고 나아가오니, 성령이시여 떠나지 마시고 인도하옵소서, 아멘!

2014년 6월 20일

김재성 識

저자 서문

위로와 행복을 주시는 성령님!

    성령은 존귀하시고 영광스러운 분이다. 성령은 삼위일체 되신 하나님의 한 위격이시다. 요한복음 3장에 보면, 예수님은 성령으로 인해서 다시 태어난 사람만이 들어가는 하나님 나라를 소개하였다. 새 바람처럼 불어오는 성령의 아름다움과 영광스러움을 맛보게 되면 낡은 사람은 새 사람으로 변화한다. 예수님과의 사랑의 교제가 충만하게 된다. 성령을 이해하는 핵심은 바로 신선한 바람같이 역사하는 성령의 신비로운 사역이다. 그리하여 성도들이 성령으로 예수님의 크고도 놀라운 은혜를 누리게 된다.

    이 책을 펴내는 마음은 간절하다. 지금 세계 교회에는 가장 이단적인 직통계시파가 등장해서 성령의 사역을 가장한 예언을 퍼트리고 있다. 신사도 운동과 유사 예언 운동이다. 꿈, 계시, 환상을 본다는 자들이 교회를 혼란에 빠트리고 있다. 그동안 한국교회에는 성령에 관한 가르침이 제각각이었다. 어느 교단이나 어느 교파에 소속되었느냐가 문제가 아니라, 교회마다 목회자마다 각각 다르다는 평가가 나올 정도이다. 개개인 성도마다 주관적인 성령 체험이 다르다. 그러다보니 도대체 성령에 대해서 무엇을 믿어야 할지, 무엇이 중요한 성경의 가르침인지 혼란스럽다. 성경에 입각한 건전한 교회라고 하는데, 성령에 관해서는 이렇게 서로 다르게 믿어야만 하는 것인가? 신학을 전문적으로 배울 기회가 없는 일반 성도들의 경우에 그 혼란이 너무 심하다. 특히 한국에서는 영적인 세계가 전설처럼 들어온 귀신숭배 사상과 혼합되어 있다. 성령론에 대해서 제멋대로 주장하는 것을 들어보면, 무조건 외국에서 수입해 들여온 것들이 많다. 그런가하면 한국에서 자생한 이단들도 많다. 어느 사이에 변종을 만들어서 근거 없는 성령사역을 퍼트리는 자들도 있다. 수입종, 재래종, 혼합종, 변종, 신종 바이러스들이 성도들을 속이고 있다. 하루 속히 맹신에서 벗어나야 한다. 허망한 망상과 욕심에 가득 차있는 엉터리 영웅주의을 분별할 수 있도록 도움을 주기위해서 이 책을 준비하였다.

참된 행복은 아가페, 즉 하나님의 영원하신 사랑에서만 나온다. 하나님의 사랑이 행복의 근원이요, 원천이요, 힘이다(요일 4:7-8). 그 사랑을 받는 자도 행복하고, 그 사랑을 주는 자도 행복하다. 참되고 순결하며 영원한 사랑은 성령이 주시는 최고의 은사요 선물이다. 성령은 진리와 생명 되신 예수 그리스도에게 연합시켜서 모든 믿는 자들이 참된 행복을 얻고 살아가게 해준다.

나는 행복론을 강의하여 세계적으로 유명하게 된 하버드대학교 심리학 교수 다니엘 길버트 박사보다 더 자신 있게 분명하게 말할 수 있다. 나는 최근에 밤잠을 설친 적이 여러 번 있었다. 나보다 먼저 하늘나라로 부름 받은 분들이 생각나면서, '무엇이 인간의 행복일까?'라는 평범한 질문에 사로잡혔다. 내가 지금 죽어도 행복할 수 있는가? 나와 동갑내기 중에 스티브 잡스가 세상을 떠났다. 최근 7년을 미국에서 보낸 후, 다시 한국으로 돌아와서 내가 가장 하고 싶었던 교수 사역과 신앙에 관련된 저술과 강의를 맡고 있다. 그래서 행복한 것일까? 아니다. 그것보다 더 본질적으로 내가 예수 그리스도를 믿고, 다가올 하나님 나라에 대한 소망으로 살고 있기에 행복한 것이다. 내게 주신 하나님의 사랑으로 행복한 생활이 가능하게 된 것이다. 나는 하나님의 사랑을 받는 자이기에 행복한 것이다.

하나님의 자녀로 살아가는 내가 행복할 수 있다면, 과연 무엇 때문인가? 내가 가진 것, 지금 내게 지금 있는 것 중에서 최상의 것은 성령의 위로와 교통하심이다. 값없이 내가 받은 믿음, 그 최고의 선물은 예수님을 바라보고 의지하게 한다. 하나님이 보내신 성령은 성도들에게 주신 최고의 선물이다. 성령이 오셔서 역사하면서 일으키는 사랑의 은사는 하나님의 나라를 확산하여서 결국 사람의 삶에 진정한 행복을 제공한다.

이제 다시 성령에 관한 책을 펴내는 간절한 염원이 있다. 한국교회가 다시 일어나서 대립과 경쟁 속에서 날마다 자살하는 사람들이 급증하는 등 죄악의 소용돌이에 휩싸인 사람들에게 소망을 주어야 할 때이다. 낡고 오래된 관행과 구습을 털고 일어서도록 성령의 새 바람이 불어야만 한다. 변화와 갱신의 능력을 회복하여 죽은 영혼들이 살아나고 병든 자가 치유를 받아 일어나야 한다. 소망이 없다고 자살하려는 사람들에게 놀라운 새 힘을 불어넣어서 감격을 회복하고 소생하여야 할 때이다. 오직 예수님의 능력만이 새 생명의 원천이다. 주의 영이 부어져서 사람이 감히 거부할 수 없는 변혁이 일어나게 될 것이다. 성령의 새 바람이 우리를 인도하여 예수 그리스도 안에서 승리와 영광의 감동을 누리게 한다.

끝으로 여러 상황 속에서 낙심에 빠지는 시간들도 있었으나 연약해진 육신을 치유해 주신 성령의 놀라운 은혜로 다시 소생하였다. 이 원고를 여러 번 다듬고 교정할 수 있도록 기회를 주신 분들에게도 깊이 감사드린다. 항상 기도 가운데 힘을 불어넣어 주시는 모친 이영주 권사님과 아내 조소양 사모, 선혜, 선민, 선아 등 세 자녀를 포함한 모든 가족들과 친지들, 성도님들의 격려에 힘입어서 큰 위로를 얻었다.

이 책이 한국교회에 가장 필요한 상황이라고 격려하면서 완성을 재촉하여 준 여러분들의 기도와 성원에도 깊은 감사를 드린다.

2012년 4월 10일
김재성 識

The Glory and Blessing:
Reformed Doctrine of the Holy Spirit

제 1 장

성령에 대해서 무엇을 믿는가?

하나님은 영이시다. 하나님은 세상에 있는 어떤 물체가 아니시며, 육체가 아니시다. 사람의 눈으로 볼 수 없는 분이시다. 한마디로 신비로운 분이시다. 그래서 하나님에 대한 것은 오직 영적인 진리이다. 세상에 종교가 많아진 것도 하나님을 볼 수 없는데서 빚어진 현상들이다. 하나님이 친히 오직 보여주신 것만을 알 수 있을 뿐이다. 그래서 인간은 하나님께 의존적이다. 성령의 감동을 받은 사람들을 통해서 주신 것들은 오직 성경 안에 들어있다. 성경을 벗어나서 하나님을 아는 지식을 가질 수는 없다. 예수님이 성령에 대해서 가장 분명하게 말씀하시고 가르쳐 주셨다. 요한복음 14장에서부터 16장까지 집중적으로 성령의 오심에 대해서 풀이해 주셨다. "또 다른 보혜사"(another Comforter), 즉 옹호자, 돕는 자가 오신다고 하였다. 그래서 성령이 오실 때에 성도들을 돕는 수많은 은사를 값없이 부어주셨다. 성령은 완전히 새로운 시대를 열어서 전 세계에 메시아의 복음을 전파하고 증거하게 된다. 하나님의 도구가 되어서 구원의 은혜를 전달하되, 이전에 듣지도 보지도 못한 능력과 권능이 수반된다.

> 내가 그를 너희에게로 보내리니 그가 와서 죄에 대하여, 의에 대하여, 심판에 대하여 세상을 책망하시리라 죄에 대하여라 함은 그들이 나를 믿지 아니함이요 의에 대하여라 함은 내가 아버지께로 가니 너희가 다시 나를 보지 못함이요 심판에 대하여라 함은 이 세상 임금이 심판을 받았음이라…진리의 성령이 오시면 그가 너희를 모든 진리 가운데로 인도하시리니 그가 스스로 말하지 않고 오직 들은 것을 말하며 장래 일을 너희에게 알리시리라 그가 내 영광을 나타내리니 내 것을 가지고 너희에게 알리시겠음이라(요 16:8-14).

성령이 살아서 간섭하고 역사하시는 모든 사역에 관해서 알고자 하는 성도는 오직 성경만을 철저히 탐구해야 한다. 그 말씀 안에서 보여 주신대로만 이해하고 받아들이지 않으면, 어리석은 생각과 헛된 망상에 사로잡히게 된다. 성경적인 기독교 신앙은 성령의 신비로운 능력에 감동되어서 하나님을 믿고 살아가는 것이다. 하지만 기적적인 능력에만 도취하고, 특이한 체험에만 의존하려는 개인적 맹신에 빠지기 쉽다. 거짓된 것에 대한 과신은 불행을 자초하는 일이다.

1. 생명의 영

성령은 사람의 육안으로는 보이지 않고, 만질 수는 없으나, 그 사역의 결과는 분명하게 드러난다. 새 생명을 회복시켜서 살려주는 영이다. 성령에 대해서 강조하신 예수님의 교훈에 따르면, 사람을 거듭나게 하시는 재창조의 성령역사는 '바람처럼' 은밀하고도 신비롭다. 성령에 대해서 가장 기본적으로 가르쳐주신 예수님의 이 말씀을 잊지 말아야한다. 성령의 역사하심은 사람이 다 알 수 없으며, 인식할 수 없는 초월적인 것이요 불가시적인 것이다. 예수님이 "네가 어디서 와서 어디로 가는지 다 알지 못하나니"라고 지적해 주신 뜻을 겸허하게 받아들여야만 한다.

> 바람이 임의로 불매 네가 그 소리는 들어도 어디서 와서 어디로 가는지 알지 못하나니 성령으로 난 사람도 다 그러하니라(요 3:8).

성경에 나오는 성령론에 관한 여러 구절들을 해석하는 근간으로 이 말씀을 중심에 두어야 하는 이유가 있다. 이성을 가진 사람에게는 초월적이고 신비로운 성령에 대해서 이해하기란 참으로 어렵기 때문에, 예수님이 주신 이 말씀이야말로 성령이해의 기초가 된다.

1) 성령의 인격과 신적 속성들

성령이라는 말은 히브리어로 '루아흐 엘로힘'이고, 헬라어로는 '프뉴마 하기온'이다. 영어로는 '거룩하신 영'(Holy Spirit)이다. 히브리어로 '루아흐'라는 단어는 두 가지 독특한 의미를 담고 있다. 하나는 '호흡'(breath)이라는 뜻이다. 다른 하나는 '영, 바람'(spirit, wind)이다. 성령은 강력한 입김으로 혹은 힘 있는 바람으로 말씀을 듣는 이에게 감동을 전달하여 반응을 불러일으키는 영이다. 사람이 숨을 쉬지 않는다는 말은 죽었다는 것이다. 성령은 살아있는 생명체의 호흡을 가지게 창조하고 보전하고 있으므로 인격체이다.

> 여호와의 영 곧 지혜와 총명의 영이요 모략과 재능의 영이요 지식과 여호와를 경외하는 영이 강림하시리니(사 11:2).

성령은 단순한 바람 같은 분이 아니다. 분명히 '루아흐'라는 단어의 뿌리에 바람보다는 더 강한 '운행' 혹은 '움직임'이라는 의미가 들어있다. '루아흐'의 어근에는 '움직임'(movement or action)이라는 의미가 들어있다. 성령은 역동적인 권능이 함께 하시는 분임을 말하고 있다. '루아흐'는 항상 행동이 수반된다. 호흡이 있는 모든 것은, 숨을 쉬는 모든 것은 성령으로부터 영향을 받고 있다. 성령은 비인격적인 힘이라거나, 신비롭고 초자연적인 현상을 만들어내는 신기한 권능으로 생각해서는 안 된다. 성령은 이해와 지식과 깨달음과 자의식을 가지고 있는 인격적인 존재로서 세 번째 위격에 해당하는 하나님이다. 성령님은 모든 지식과 비밀을 알고 계시며, 성부와 성자와 모든 면에서 항상 지혜와 지식을 공유하시고 있으면서, 한 분 하나님의 본체이시다.

모든 하나님의 전능하신 일은 성령의 사역으로 이루어진다. 그분은 바로 생명의 근원이므로, 모든 일을 가능하게 성취하신다. 성령님은 모든 생명의 창조시에 처음부터 간여하고 있었고(창 1:2), 성경 여러 구절에서 성령의 창조적 사역을 증거하고 있다. 태초에 하나님의 영이 수면에 운행하고 있었는데, 이것은 만물에 대한 창조적인 행동을 드러내는 표현이다. 하나님이 사람을 흙으로 빚어서 외적인 형체를 만드시고, 살아있는 영혼으로 만들 때에, 호흡을 불어넣으시고 생명이 있는 인격체로 만들었다. 창조적인 움직임과 운동이 있었다(창 2:7).

"하나님은 영이시다"(요 4:24). 따라서 눈으로 볼 수 없으며, 만질 수 없으며, 초월하시되 임재하시는 분이시다. 성경에 가르쳐주신 계시가 아니라면 결코 짐작도 할 수 없다. 마음에 느끼는 어떤 감각일까? 더 심하게 진동이나, 뜨거움이나, 눈물로 체험되는 순간에 성령님이 오시는 것인가? 아니면 순간적으로 일시적으로 역사하시는 것인가? 의심이 많은 현대인들은 도무지 눈으로 보지 않은 것은 믿으려 하지 않는다. 기적적인 일이 일어난 현장에서 직접 눈으로 본 것조차도 정말일까? 아니면 어쩌다 일어난 우연일까? 고개를 갸우뚱 거리면서 받아들이기를 주저한다. 그러다가 정말로 믿지 못하는 생각에 빠져서 마음이 미혹되면 그만 헛된 행동을 한다. 가짜 상품을 진짜로 착각하여 사기도 하고, 최고 외제품이라는 명품 이름값 때문에 별로 사용하지도 못하는 것을 들여 놓고는 후회하기도 한다. 영적인 세계에 대해서 한없이 회의하고 의구심을 떨쳐버리지 못하는 인생들은 참으로 불쌍하다.

인간의 생각은 공정하거나 객관적일 수 없다. 인간의 정신적 바탕과 기본이 삐딱하게 어느 쪽으론가 기울어져 있기에 영원한 진리를 받아들이지 않는다. 물질만능주의에 물들어 있기도 하고, 이념이나 헛된 이론에 빠져버리기도 한다. 대학교를 졸업했다는 증서는 있지만, 세상의 과학적 결론이 얼마나 허약한 이론 위에 세워졌는가를 알지 못하는 허약한 지식인들이 많다. 그러니 과학이라는 것에 대해서 맹신하는 경우가 많다. 우주가 얼마나 크고 넓은지 가늠조차 하지 못하면서 전혀 상상력을 발휘하지 않으려 한다.

하나님은 사람들에게 완전히 모든 모습을 드러낼 수 없으시다. 인간들에게 하나님은 신비로움 그 자체 속에 계신다. 여기서 기독교의 하나님에 대한 오해가 발생한다. 눈으로 직접 확인하는 것 외에는 믿지 않으려는 현대인들에게는 수천 년 전 사람들이 가진 '믿음'이란 것이 그대로 받아들여지지 않는다. 소위 청동기 이전 세대의 사람들과 눈은 단순하였지만, 오늘날 영악할 대로 진보를 거듭한 인간의 지성은 그 권위를 내세워서 신비로운 세계를 거부하고 있는 것이다.

한동안 사람들은 어리석게도 그 자신들의 허약한 지식체계로 하나님의 존재를 입증하려고 시도했었다. 끊임없이 세상 사람들은 하나님에 대해서 '과연 하나님이 누구인가'를 좁은 지식으로 판별해 내기를 원한다. 인간 사회의 모순과 죄악에 대해서 탄식하고 애통해 하면서도, 인간을 넘어선 초월자 하나님을 생각지 않으려 한다. 무신론자로 영적인 무감각 속에 살아가든지, 혹은 영적인 세계에 대해서는 애써 무시해버린다. 그리고 학교에서 배운 약간의 지식으로 자신을 합리화한다.

기독교인들이 믿는 하나님은 비몽사몽간에 쓴 신비적인 체험에서 나온 것이 아니다. 꿈에서 들은 이야기를 써놓은 몽상작품집에서나 찾아볼 수 있는 이야기도 아니다. 더구나 작가들의 창작에서 나온 것도 아니다. 애초부터 사람들의 막연한 짐작으로 써낸 글에서 찾을 수 있는 분이 아니다.

하나님에 대하여 완전한 기록인 성경에서 비로소 하나님을 드러내 주시고 나타내 주셨다. 물론 성경 안에도 하나님이 어떤 분이시며, 누구이신가에 대해서 구체적인 설명이 나오지 않는다. 하나님은 물질이나 물체가 아니다. 영으로 존재하는 분이시다. 하나님은 사람의 육안으로 분별되지 않는다. 다만 하나님의 이름, 하나님에 대한 비유, 하나님을 상징하는 것 등을 통해서 조금씩 사람에게 알려주셨다. 그리고 마지막 날에는 예수 그리스도를 통해서 나타내 주셨다. 하나님의 존재를 두려워하고 공경하던 사람들이 이제는 평안하게 인간의 모습으로 찾아오신 성탄절을 맞게 되었으니 조금씩이나마 손에 잡힐 듯이 쉽게 되었다.

성경을 통해서 알려진 하나님은 인간을 위해서 어떤 일을 하셨는가에 대한 설명이 대부분이다. 인간과 자연을 창조하신 분이시요, 인간에게 구원을 베푸시는 은혜로운 분이시지만, 하나님의 속성과 본질과 본체를 인간이 알 수 없다. 다만 성경에 계시해 주신 부분까지만 우리 그리스도인들은 하나님에 대해서 알게 된다.

기독교의 핵심교리 가운데서 가장 어려운 주제가 하나님이 누구이신가, 삼위일체 되시는 인격과 사역에 관한 것이다.[1] 유일하신 하나님은 한 분이시며, 영이시다. 그런데 성부 하나님, 성자 하나님, 성령 하나님이라는 호칭이 있으며, 세 분의 하나님이 아니라 한 분이라고 말한다. 하나님이 세 분이라는 말은 '삼신론'이라고 하는데 기독교 역사에서 한 번도 정통신앙으로 받아들인 적이 없는 이단이다. 하나님은 세 위격 혹은 세 인격이 있으시되 본질 혹은 본체는 단 하나이다. 그

---

[1] John Frame, *The Doctrine of God* (Phillipsburg: P & R, 2002), 706.

하나님이 보내신 영, 예수 그리스도가 부어주신 성령강림은 여간 어려운 주제가 아닐 수 없다.

우리 성도에게 있어서 하나님에 대한 이해는 매우 중요하다. 그래서 가장 오래된 기독교 신앙 고백서, 니케아 신경(주후 325년)의 핵심이 하나님에 대한 요약이다. 초대교회 시대부터 헬라철학과 이교도의 영향으로 인해서 성자 예수님과 성령의 하나님 되심에 대해서 이의를 제기하는 자들이 많았다. 성부 일위일체론(Unitarianism)을 주장하는 유대교의 반박을 받아내야 했고, 유일신론(Monotheism)을 주장하는 모슬렘과 토착종교가들에게서 지켜내야 했던 것이 세 위격을 가지되, 그 본질은 단 한 분이신 하나님이라는 교리였다. 따라서 삼위일체 교리만이 아니라 더 나아가서 성령 하나님의 위격과 인격, 성령의 사역에 대해서도 끝없는 논쟁이 지속되었던 것이다.

성부, 성자, 성령 삼위일체 하나님은 성경이 증거하는 한 분 하나님의 이름이다.[2] 성경의 기록자들은 이러한 하나님의 성호를 새로운 계시로서 받아 남겨줌으로써 우리가 하나님에 대해서 알 수 있게 하였다. 예수님은 아주 구체적으로 성부-성자-성령이라는 칭호를 마태복음 28:19에서 사용하심으로서 성도들이 이해하고 섬겨야 할 하나님이 누구인가를 말씀하여 주었다.

> 그러므로 너희는 가서 모든 민족을 제자로 삼아 아버지와 아들과 성령의 이름으로 세례를 베풀고, 내가 너희에게 분부한 모든 것을 가르쳐 지키게 하라 볼지어다 내가 세상 끝날까지 너희와

---

2 Benjamin Breckinridge Warfield, "The Biblical Doctrine of the Trinity," in his *Biblical Doctrines* (Grand Rapids: Baker, 1981), 141-2.

항상 함께 있으리라(마 28:19).

여기서 우리 성도들은 참으로 하나님에 대한 신비로운 이름이 예수님에 의해서 가르쳐졌고, 쓰여지고 있음을 성경에서 발견하게 된다. 하나님 자신이 육체가 아니고, 영으로 존재하고 계시기 때문에 사람의 육안으로 볼 수 없다고 하셨는데, 그 한 분 하나님 안에서 "거룩하신 영"이 인격체로서 성부와 성자와는 별도로 사역적으로는 독특성을 유지하고 계신다는 점이다. 이는 하나님이 세 분 계시다는 말이 아니다. 하나님의 존재는 오직 하나요, 하나님의 본질은 하나이다. 하나님의 존재를 말할 때에는 성부와 성자도 하나이요, 아버지와 아들도 하나이며, 성령과 성자도, 성부와 성자와 성령도 모두 한 분이다.

하지만 서로 각각 구원의 경륜을 완성하시는 데 있어서 하시는 사역은 '구별'되어(distinguished) 있다. 삼위일체 서로 간에 '분리'(not separated)되는 것은 아니다.[3] 서로 각각 연합하고 상호 교통하신다. 서로 상관없이 떨어져 있지 않으시다. 성경의 여러 곳에서 삼위 사이의 통일성과 단일성을 강조한다(요 17:3-6; 고전 8:4; 엡 4:3-6; 딤전 2:5).

성령은 한동안 그저 능력이나 현상으로 이해되었다. 초대교회 신앙고백에서 이미 정리된 삼위일체 하나님의 한 위격이었음을 잊어버리는 경우가 많다. 성령의 역사는 가장 핵심적이며 중요한 부분임에도 불구하고 전혀 거론조차 하지 않았다. 성부 하나님은 놀라운 능력을 가진 분으로 설명하고, 성자 예수님은 항상 어머니 마리아의 품속에 넣어 놓았고, 성령 하나님은 그저 배경에 후광을 비춰주는 정도로

---

[3] John Calvin, *Institutes of the Christian Religion*, tr. Ford. L. Battles (Philadelphia: Westminster Press, 1959), I.xiii.5.

처리했다. 신비주의로 기울어진 교회에서마저도 바른 성령론을 배우지 못하는 경우가 많았다. 특히 중세시대 로마 가톨릭교회가 모든 정치와 학문과 교회를 좌지우지하면서, 성경을 읽지 못하게 하고 신앙과 신학을 무조건 맹목적으로 따르도록 강조하던 시대에 성령은 철저히 외면당하고 소외되었다. 서양역사는 곧바로 기독교 교회의 역사라고 할 만큼 로마 가톨릭교회가 절대적으로 영향력을 행사하던 절정기였다고 말하지만 "성령에 대해서는 암흑기"였다. 따라서 진정한 성경적 신앙이 소외되던 하나님의 암흑기였다.

2) 성령은 자신을 감추신다

성령은 삼위일체 하나님의 한 위격이시기에, 결코 사람이 완전히 파악할 수 없다. 하나님은 사람이 완전히 다 파악할 수 없는 전능자시다. 성령은 나타내 주실 때에만 보일 뿐이다. 우리에게 찾아오셔서 사역자들과 모든 성도들과 세상의 만물 속에 역사하시지만, 자신에 관해서는 감추시고 침묵하신다. 성령은 오직 한 가지 주제, 단 한 가지 목적만 있을 뿐이다. 성령의 사역은 메시아이신 예수 그리스도이다. 하나님이 사람의 몸을 입고 세상에 보여주신 분은 예수님 한 분이시다. 이것이 인류 구원을 위한 하나님의 의도이기 때문이다.

성령이 자신을 감추고 그리스도만 영광을 받도록 하신다. 성령의 모든 것들이 숨겨져 있다는 존재양식은 세상에 살면서 육체적이요, 자연적인 것에 익숙한 인간들에겐 매우 낯설고 익숙하지 않은 방식이다. 성령은 자기 자신을 감추지만, 사람은 자기를 드러내고 뽐내기를 좋아

한다.[4]

　인간은 자기 자신을 들여다 보면서 자신에 대한 사랑, 자기연민에 빠져있다. 이것은 헬라 신화에 나오는 용어를 사용해서 '나르시시즘'이라고 말하는 심리적 기만현상이다. 나를 포함해서 인간으로 태어난 모든 사람에게 다 보편적인 증상인 것이다. 인간은 본성적으로 자기교만, 자기만족, 자기중심 그리고 항상 이기적이며 맹목적인 자존심에 사로잡혀 있다. 우리는 이런 인간의 본성적 경향을 수천 가지, 수만 가지 형태로 매일같이 보고 느끼고 있다. 그러면서도 고쳐지지 않는다. 스스로 고칠 수 없다.

　우리가 일상생활에서 자기 자신을 과시하는 가장 쉬운 실례는 새 옷을 입고 난 후의 심리상태에서 드러난다. '옷은 날개와 같다'는 한국 속담처럼 비싸고 좋은 옷은 그 사람을 돋보이게 만드는 것이니, 선망의 대상일 것이라고 착각하는 것이다. 밖으로 자기를 드러내는 이러한 외모지상주의가 우리 기독교인이라고 해서 예외가 아니다. 어떤 옷을 입었느냐는 것은 예수님의 복음과 상관이 없다.

> 그러면 너희가 무엇을 보려고 광야로 나갔더냐 부드러운 옷 입은 사람이냐 보라 화려한 옷 입고 사치하게 지내는 자는 왕궁에 있느니라(눅 7:25).

　그래서 좋은 옷을 입고 자랑하려는 사람의 욕망이 어처구니없는 사건으로 쉽게 확산되기도 한다. 2001년 초에 한국사회를 서글프게 했던 '옷 로비 사건'이 기억난다. 재벌 회장 부인이 검찰총장 부인에게

---

[4] William Fitch, *The Ministry of the Holy Spirit* (Grand Rapids: Zondervan, 1974), 214.

비싸고 멋있는 옷을 선물했는데, 그만 그 값이 알려지고 정황이 드러나면서 세상을 놀라게 한 것이다. 아마도 대통령 부인까지도 연관되었다는데, 그들은 자주 그렇게 어울렸던 모양이었다. 이 고위층 부인들은 대부분 기독교인들이었다. 이 사건에 관계된 최상류층 부인들처럼, 한국사회에서 널리 알려진 그리스도인들도 자기가 입는 옷을 통해서 자신을 과시하는 일이 가장 흔한 일이다. 남들이 나와 똑같은 옷을 입고 다니는 것을 싫어한다. 자신의 특성과 남다름을 과시하고 싶어 한다. 그러나 성령님은 자신을 감추시고 드러내지 않으신다. 인류의 구원사역 진행에서 드러나지 않는 역사를 지속하고 있으시며, 예수님의 구원사역만을 영화롭게 드러낸다.

또한 인간은 남의 말을 쉽게 들어주어서 실패하는 경우도 있고, 때로는 완고하게 받아들이지 않아서 자기 아집에 사로잡히기도 한다. 자신이 더 위대하고 큰 존재라고 헛된 꿈을 꾸고 살아가고 있기 때문이며, 자가당착임을 알지 못하고 착각에 빠지기 쉽다. 자신이 더 나은 존재라는 전제를 가지고 살기 때문이다. 따라서 인간은 자기 관심사항을 중심으로 하는 대화만을 허용하고, 이기주의라는 예술과 수사를 추구하고 있는 것이다. 이것이 인간이다. 헛된 영광을 추구하고, 건방지고 오만하기 짝이 없다. 하물며 하나님에 대해서는 얼마나 가소로운 일을 하고 있는가! 성경을 경멸하여 불태우기도 하고, 의심하고 회의적인 생각에 빠져버린다. 만일 우리가 자신에 대해서 솔직해진다면, 적나라한 자아상을 인정하게 될 것이다. 그러나 성령이 비춰주시지 않으시면, 사람은 자신을 볼 수 없다.

우리 주님 예수 그리스도는 바리새인들에게 그들이 추구하는 헛된 자기 영광을 심하게 꾸짖고 정죄하신 일이 있었다.

> 화 있을진저 외식하는 서기관들과 바리새인들이여 너희는 천국 문을 사람들 앞에서 닫고 너희도 들어가지 않고 들어가려 하는 자도 들어가지 못하게 하는도다 화 있을진저 외식하는 서기관들과 바리새인들이여 너희는 교인 한 사람을 얻기 위하여 바다와 육지를 두루 다니다가 생기면 너희보다 배나 더 지옥 자식이 되게 하는도다 화 있을진저 눈 먼 인도자여 너희가 말하되 누구든지 성전으로 맹세하면 아무 일 없거니와 성전의 금으로 맹세하면 지킬지라 하는도다(마 23:13-16).

바리새인들과 서기관들은 자신들의 정통성을 내세우고 그 일환으로 자신들의 행동을 존경하도록 뽐내고자 노력했고 항상 사람들로부터 의롭다고 여김을 얻고자 했다. 하나님은 이런 태도를 가장 증오하고 혐오했다. 하나님의 은혜로부터 이탈한다면, 인간의 영광과 자랑은 헛된 것이다. 그것이 인간이다.

구약성경에서 인간의 구원에 간여하시는 하나님의 모습을 가장 극명하게 보여주는 사건은 출애굽의 여정이다. 광야에 나온 이후, 시내산에 머물던 무리들은 모세가 보이지 않자 하나님을 향하여 반역과 패역을 일삼았다. 모세를 통한 하나님의 기적과 이적을 체험하였지만, 불평과 망각과 의심으로 일순간에 물들고 말았다. 그들은 결국 하나님의 신실하심에 반역하여서 멸망하게 된다. 광야 40년 동안에 구름기둥과 불기둥이 항상 함께하면서 더위와 추위에 고생하던 수백만 명을 구출하였다. 일반적으로 사람들이 생각하는 성령의 존재 방식, 사역에서 드러나는 성령의 전체모습은 완전히 다르다. 출애굽 모든 과정에서만이 아니라 구약성경 전반에서 거의 대부분은 하나님이라는 이름으로 사람에게 나타날 뿐, 성령은 자신을 감추신다. 자신을 드러내지 않고, 자신에 대해서 말하지 않는다. 그는 자신보다 이 땅에 오셔서 비천한 자리에서 구원역사를 성취하신 예수님에게만 영광을 돌리신다.

3) 모든 영광은 그리스도에게

> 그가 내 영광을 나타내리니 내 것을 가지고 너희에게 알리시겠음이라(요 16:14).

성령에 대한 설명 중에서 가장 주목하여야 할 내용이 이 구절에 담겨있다. 성령은 모든 활동에서 그리스도를 영화롭게 하려는 목적을 가지고 사역한다. 성령은 자신의 인격이나 모습을 드러내지 않으시는데, 그리스도를 믿게 하려고 하신다. 삼위일체되신 하나님의 각 위격이 반영된다. 여기서 성령은 오직 단 하나의 초점, 예수 그리스도를 믿고 의지하도록 제자들 가운데서 사역하신다. 예수님은 성령사역의 초점을 분명하게 제시하였다. 성령은 그리스도와 함께 하였을 뿐만 아니라, 그리스도에게 영광을 돌리는 사역만을 한다.[5]

우리는 그리스도의 영광스러운 모습들을 성령을 통해서 알게 된다. 그리스도의 인격의 아름다움(시 45:1-2), 그리스도가 맡으신 직분의 독특성(딤전 2:5), 그의 겸손하심(마 11:29), 엄청난 사랑의 내용들(엡 3:17-

---

[5] Malcom H. Watts, "The Ministry of the Spirit in Glorifying Christ," in *The Beauty and Glory of the Holy Spirit*, Joel R. Beeke & Joseph A. Pipa Jr. eds., (Grand Rapids: Reformation Heritage Books, 2012), 44-46.

19), 속죄의 효력(롬 5:11), 부활의 권능(빌 3:10), 승천으로 즉위하심에서 나오는 광채(막 16:19), 광범위한 중보의 기도(히 7:25), 은혜와 자비의 충만하심(요 1:16), 약속의 위로(요 14:3) 등을 알게 된다. 그리스도의 아름다움과 영광은 훨씬 더 다양하고 많다. 성령께서 알려주시는 것들을 통해서, 그리스도가 모든 것 가운데서 모든 것이라고 고백하게 된다(골 3:11). 성령의 복을 받은 성도들을 위한 진리는 오직 그리스도만이 우리가 가진 모든 것 가운데서 전부이다.

성령이 역사하는 곳에서는 그냥 바람처럼 지나가는 권능의 흔적만 남는 것이 아니다. 성령의 사역에서 가장 두드러진 초점은 예수 그리스도를 갈릴리와 나사렛에서 살았던 인간으로 생각하게 하는 것이 아니라, 하나님의 아들이자 만왕의 왕으로 높이고 "우리 인간과 구원을 위해서 오신 자"로 믿게 하는 것이다. 인생의 주인을 제대로 알고 오직 그분만을 믿게 하는 것이다. 성령은 그리스도 예수의 영이다.

그리스도는 "만유의 후사"이며, "저로 말미암아 세계를 지으셨다" (히 1:2). 모든 믿는 자는 이런 생명과 영생을 주신 분에 대해서 영광을 돌리라고 부름 받았다. 우리는 제자로서 아들을 높이고, 영화롭게 하고, 찬양하고, 경배를 돌린다. 성도들은 주님을 따라가고, 순종하며, 사랑한다.

영광을 주님께 돌리고자 하기 때문에, 성령님은 성도 각자가 자기 자신에 대한 관심과 자기중심적인 이기적 판단을 버려야 한다고 가르친다. 이런 일이 가능하도록 성도들의 마음에 오셔서 역사하시는 분이 성령이다. 성령은 지속적으로 예수 그리스도만을 주목하여 보라고 가르치신다.

사도 바울은 하나님의 영이 지배하고 다스리는 사람에게서만 그리스도가 영광을 받는다고 가르친다. 이런 일은 성령의 내주하심으로 가능해진다. 성령님은 성도들의 마음에 그리스도에 대한 감격과 은혜를 새겨주신다. 우리 성도들은 그리스도만을 영화롭게 해야 한다. 이단들의 특징은 이러한 성경의 가르침을 왜곡하고 다른 사람이나 단체를 집중적으로 따르게 한다. 거짓 교회나 유사 기독교는 예수님, 주님을 만난 감격보다는 사람을 향한 충성과 교리를 향한 맹신을 강조한다.

성령은 그리스도인들이 영화롭게 될 것을 증거한다. 에베소서 3:16에서 사도 바울은 "그 영광의 풍성을 따라, 그의 성령으로 말미암아 너희 속사람을 능력으로 강건케 하옵시며"라고 기도한다. 예수 그리스도의 풍성하신 영광이 성도들에게 충만하여서 사람의 신앙 인격에 품위와 능력이 있고 강한 힘을 갖게 된다.

> 우리가 다 수건을 벗은 얼굴로 거울을 보는 것 같이 주의 영광을 보매 그와 같은 형상으로 변화하여 영광에서 영광에 이르니 곧 주의 영으로 말미암음이니라(고후 3:18).

> 사랑하는 자들아 우리가 지금은 하나님의 자녀라 장래에 어떻게 될지는 아직 나타나지 아니하였으나 그가 나타나시면 우리가 그와 같을 줄을 아는 것은 그의 참모습 그대로 볼 것이기 때문이니 주를 향하여 이 소망을 가진 자마다 그의 깨끗하심과 같이 자기를 깨끗하게 하느니라(요일 3:2-3).

성령은 평안의 줄로 매어서 성도들을 연합시키고 하나의 교회 안에서 신앙 생활하는 자들에게 그리스도의 영광이 머무르게 하신다.

> 교회 안에서와 그리스도 예수 안에서 영광이 대대로 영원무궁
> 하기를 원하노라 아멘(엡 3:21).

참된 신앙생활은 성령의 선물이요, 새 생명의 근원이 주어졌기 때문에 가능하다(엡 1:13). 인간의 모든 능력이나 재주나 지식으로는 평안과 기쁨과 은혜를 얻을 수 없다. 성령이 함께 하시지 않는 한 인간의 모든 일은 헛된 것이다. 교회는 마땅히 마음을 비우고 성령의 역사하심에 맡겨야 한다.

성령만이 사람을 살려서 하나님의 음성과 말씀에 귀 기울이게 만들어 주신다. 성령은 인격을 가지고 사람의 양심을 밝히 조명하며, 회개케 하고, 거듭나게 하여서, 중생하게 만드는 재창조의 사역을 담당하게 되었다. 성령은 예수 그리스도의 복음을 듣도록 마음을 열어주시며, 심령의 변화를 받아 회개하게 하고, 믿음을 갖게 한다. 그래서 성령은 영혼을 수확하는 일에 힘쓴다. 바로 그 성령이 오신 오순절은 첫 추수의 감사를 드리는 절기였다. 유월절에서 오십일 후에 지켜온 이 절기에 즈음하여, 예루살렘에 성령이 임하고, 권능을 받게 되었다. 그리하여 전 세계에 복음을 전하는 증거자들이 되었다. 성령은 예수 그리스도의 복음을 증거하는 영이시다. 우리는 기도 가운데서 성령의 능력을 다시 받아서 예수님을 높이는 제자들이 되어야 하겠다. 성령은 모든 성도들에게 머물러 계시면서 예수님을 높이도록 역사하신다. 이런 일을 하지 않으면, 성령은 근심하게 된다.

4) 그리스도와 항상 함께 하신다

성령은 구약성경에서도 존재하였고, 사역을 감당하였다. 그러나 구약시대에는 율법을 통해서 주로 유대인에게만 구원이 주어지고, 장차 오실 예수 그리스도를 알려주시던 때였다. 예수 그리스도의 구원 사역은 숨겨져 있었다. 역시 성령의 사역도 유대인들에게 종종 나타나지만, 전체적으로는 감추어져 있었다. 성령에 대한 표현이나 강조는 별로 나타나지 않았고, 주로 하나님으로(여호와, 아도나이) 호칭되었을 뿐이다. 창세기 1:2에 나오는 "하나님의 신"이 수면에 운행하시는 것은 성령의 임재와 주관을 보여주는 대목이지만, 선명하거나 구체적인 표현이 아니었다. 구약성경에는 예수 그리스도에 관한 설명도 역시 희미하게 감추어져 있었다.

(1) 예수님의 탄생, 성장, 사역으로 인해서 드러나신 분이다

성령은 그동안 한 분 하나님이라는 용어로 사용되는 낱말에 묻혀 있었고, 구약성경 전체에서 숨겨져 있었으나, 예수님이 탄생하는 과정에서부터 두드러지게 사역을 드러내었다. 신약성경에서 특히 사복음서 초두에 등장하는 성령의 활동영역은 예수님의 탄생, 성장, 준비, 구원활동과 사역 전반에 연관되어 있다.[6]

이것은 하나님의 구원경륜에 의하여 때가 되어서 그리스도를 보내시고 인류를 사랑하시는 뜻을 이루고자 하심에 따라서 된 것이다. 이 비밀스러운 하나님의 구원역사의 정점에서 성자와 성령이 좀 더 밝히 드러나서 각각 활동하시면서 하나님의 일을 이루셨다.

---

[6] Sinclair B. Ferguson, *A Heart of God* (Colorado Springs: NavPress, 1985), 18-37.

⑵ 부활의 영이다

　예수님의 부활사건에 있어서 역사하시는 성령의 권능에 대해서 주목하게 된다. 예수님의 탄생과 성장과 사역에 함께 하신 성령은 이제 죽으시고 다시 살아나시는 일에도 관여하신다. 이 능력이 주님의 부활을 가능하게 했다. 성부의 역할도 있었고, 성자 자신의 능력도 발휘되었고, 성령의 권능으로 살아나신 것이다. "거룩하신 성령에 의해서 죽은 자 가운데서 부활하여 능력으로 하나님의 아들로 인정되셨다"(롬 1:4). 성령의 권능 가운데서 예수님은 죽은 자들로부터 "아버지의 영광에 의하여 살아나셨다"(롬 6:4). 베드로전서 3:18에서는 "그리스도께서…육체로는 죽임을 당하시고 영으로는 살리심을 받으셨으니"라는 말씀으로 성령의 역할을 강조하였다. 신비로우신 성령 하나님의 사역이다.

　부활하신 주님은 이제부터는 더 이상 약하거나, 죽음에 예속되지 않으신다.

　고린도전서 15:45 "마지막 아담은 살려주는 영이 되었다" 그 몸은 이제 영적인 몸이 되었다. 성령의 주권에 어울리는 몸으로 존재 양식이 변화한 것이다. 이것이 바로 성령 충만한 모습으로 주님이 변화하신 것이다. 이제 주님은 성령이 하시는 일과 똑같이, 권능을 가지고 연약함 속에 있던 하나님의 아들과는 대조적으로 살려주는 영이 되신 것이다. 아들은 보혜사이고, 성령은 또 다른 보혜사이시다.

　바울은 여기에서 부활하신 몸의 본질에 대해서 설명하고 있다. 그리스도의 부활하신 몸은 새로운 인간의 전형이요, 첫 열매이다. 그뿐만 아니라 살려주시는 영으로서 그리스도는 우리 부활의 근거이다. 그분은 이제부터는 성령에 걸맞는 생명을 주신다. 이제부터는 권능을 가진 하나님의 아들로서 연약함 속에 있던 육체의 아들, 사람의 아들과는 대조적으로 살려주시는 영이 되신 것이다.

성자와 성령의 하나님 되심이 혼합되는 것처럼 착각해서는 안 된다. 성자와 성령은 인격적으로 구별이 있고, 삼위일체적인 형식으로 삼위의 위격이 구별되고 있음을 인식해야 한다(롬 8:14-17; 15:30; 고후 13:14).

예수님은 부활하신 후에 더욱 온전한 모습으로 우리를 살려주시는 분이시다. 하나님은 영이시며, 이제 예수 그리스도는 육신의 몸을 입었던 것에서 부활하여 차원이 다른 존재형태를 갖으시고 구원역사를 진행하신다.

> 주는 영이시니 주의 영이 계신 곳에는 자유가 있느니라(고후 3:18).

예수 그리스도는 영화롭게 되신 하나님으로서 그리스도이다. 주는 영이라는 말은 완벽하게 올바른 선언이다. 예수님의 생애와 사역에 있어서 성령은 항상 동행하시고 완벽하게 역사하고 계셨으며, 이젠 성령의 주님이 되셔서 성자와 성령은 서로 사역을 완벽하게 공유하고 계신다.

(3) 예수님에 의해서 성령의 역할과 사역이 무엇인지 자세하게 설명되었다

예수님은 제자들을 떠나기에 앞서서, 성령에 대해서 분명한 가르침을 여러 차례 반복하였다. 예수님도 조금 있으면 끔직한 죽음의 고통을 당해야 할 처지였다. 그러나 예수님은 자신의 고통이 훨씬 더 크

고 비참하였음에도 불구하고, 먼저 제자들의 불안을 파악하시고 여러 차례 반복해서 위로하신다(요 13:1, 21, 33; 14:1, 2, 18, 27, 28; 16:6). 이것이 매우 중요한 대목이다. 예수님은 자신을 위해서 위로를 얻으려 하지 않으시고, 공포와 불안에 떨고 있는 제자들을 위해서 위로의 말씀을 자상하게 주셨다. 예수님의 고통은 제자들이 상상도 할 수 없을 만큼 크고 두려운 것이었지만, 제자들은 예수님의 마음을 이해할 수 없었다. 얼마나 예수님의 심정이 참담했을 것인가! 천지 분간을 못하면서 자기 앞에 닥쳐오는 불안에만 두려워 떠는 제자들이었기에, 예수님은 누누이 상세하게 또 다른 보혜사가 함께 하실 것을 알게 해 주셨다.

제자들이 오해하지 않도록 명쾌하게 설명하여 주신 것이다. 요한복음 14장과 16장은 이러한 설명의 핵심을 이루고 있다. 예수님의 핵심적인 설명은 이제 자신은 떠나가야 할 시점에 이르렀지만, 떠나지 않고 머물러 계시는 분이 오신다는 것이다.

"이제 때가 이르러서 나를 보내신 분에게로 나는 돌아가야 한다. 내가 너희에게 단순한 진리를 말하노니, 내가 떠나가는 것이 너희에게 유익하다"는 것이다(요 16:5, 7). 예수님은 떠나가시면서 제자들이 알아야 할 성령의 시대가 도래할 것에 관한 가르침을 주시고, 이 성령은 자신의 가르침을 입증하고 증거하는 활동을 하게 되리라고 설명하였다. 예수님이 제자들을 위해서 또 다른 보혜사로 보내주실 것을 약속하신 분이 바로 성령님이시다. 예수 그리스도의 사역과는 뗄레야 뗄 수가 없는 관련을 맺고 있다. 성부, 성자, 성령은 모두 삼위일체로서 서로 모든 것을 통달하고 교통하는 한 분 하나님이기 때문이다. 그 신성과 본질이 모두 하나로 교류하고 있으며, 하나의 본질을 공유하고 있다고 말할 수 있다.

성령의 오심에 대해서 가장 명쾌하게 설명해 주신 분은 예수님이시다. 특히 요한복음 14장과 16장은 예수님이 제자들을 떠나서 하나님께로 돌아간다는 상황을 설명하시더니, 그가 떠나시기 전에 제자들에게 더 좋은 대비책을 말씀하였다. 곧 성령에 대해서, 영원히 제자들 곁을 떠나지도 않으면서, 능력으로 하나님을 영화롭게 하도록 만들어 주실 것이라고 설명해 놓은 위대한 가르침이 들어있다. 그리고 이처럼 처음으로 성령에 관해서 제시하신 내용들은 매우 명쾌하고 분명하다.

예수님은 자신이 제자들 곁을 떠나지만, 결코 그냥 두시지 않고 하늘에 계신 아버지께 도움을 요청하겠다고 했다. 바로 아버지께서 제자들에게 성령을 보내주셔서 떠나지 않고 머물게 하도록 하신다는 것이다. 예수님은 제자들에게 요한복음 14:16에서 '또 다른 보혜사'(another Comforter)를 보내주시리라고 약속하였다.

요한복음 16장에 나오는 성령의 가르침은 하나님이 과연 어떤 분이시며, 성부와 성자의 관계가 무엇인가를 최종적으로 자세하게 계시해 주시고 있다. 계시의 최종적인 내용으로 알려진 것이니 기억해야 할 것이다.

> 그러나 진리의 성령이 오시면 그가 너희를 모든 진리 가운데로 인도하시리니 그가 스스로 말하지 않고 오직 들은 것을 말하며 장래 일을 너희에게 알리시리라 그가 내 영광을 나타내리니 내 것을 가지고 너희에게 알리시겠음이라(요 16:13-14).

성령에 관하여 성경에 자세히 언급하지 않는 것은 하나님에 대한 신비로움을 사람이 이해할 수 없기 때문이다. 성부, 성자, 성령의 관계를 잘 이해하지 못함으로써 오는 혼란이 많다. 성령은 자신의 어떤 모습을 드러내지 않으면서 하나님의 사역을 감당하고 있다. 성자의 사역과는 상당히 다르다는 점을 기억해야 한다.

예수님의 설명에 의하면, 성령이 오실 때에 그가 예수님을 증거하며, 예수님을 영화롭게 할 것이라고 말한다. 따라서 성령에 대해서 말할 때마다 예수님과의 연관에서만 생각해야 하고, 예수님으로 시작해서 예수님으로 끝마쳐야 한다.

2. 성령의 영광과 아름다움

1) 창조와 신정통치

성령의 인격에 대해서 성경에 명백히 밝혀진 바는 없다. 성부와 성자와 성령은 한 분 하나님이다. 그럼에도 불구하고, 성부와 성자는 각기 다르며, 성자와 성령과도 다르다. 신적 본질에서는 한 분이시요, 서로 긴밀하게 연계되어 있으며, 그럼에도 구별되는 분이다.[7]

성경의 첫 시작에 성령의 사역이 소개되어 있다(창 1:2). 또한 창조하고 그냥 방치하는 것이 아니라, 그 후의 모든 역사의 진행과정에서 선하고 아름다운 열매를 맺도록 관계하고 있다.[8] 워필드 박사에 의하면 성령은 다음 네 가지 영역에 간섭하였다.[9] 첫째는 창조와 섭리에

---

[7] John Calvin, *Institutes of the Christian Religion*, I.xiii.5.
[8] George Smeaton, *The Doctrine of the Holy Spirit* (Edinburgh: Banner of Truth Trust, 1980), 130.
[9] B. B.Warfield, "The Spirit of God in the Old Testament," in *Biblical Doctrines* (New

관계되어 있다. 성령은 이스라엘의 신정통치가 설립되는데 간섭하였다. 성령은 메시아의 사역에 관련되어 있다. 성령은 개인 신자들의 신앙생활에 관계를 맺고 있다.

신약성경에서는 성령이 예수님의 탄생과 사역에 항상 함께 하였다. 마태복음 3:16과 누가복음 3:21-22에 소개된 바, 예수님의 세례 장면에 나타난 성령의 출현이 가장 두드러진 모습이다.[10] 보혜사로서 성령은 위대한 선교와 전도명령의 수행자들에게 능력을 부어주신다. 교회를 세우고 지키고 인도하여 나가는 결정적인 힘을 공급한다.

성령에 관해서 가장 자세하게 가르쳐 주신 분은 예수님이다. 특히, 요한복음 13장에서 16장까지는 하나님의 자녀들에게 주신 보물과 같은 가르침이다. 우리는 여기서 부드럽게 제자들을 돌보시는 사랑의 방법을 알게 되었다. 예수님은 자신의 죽음을 앞에 놓고 있으시지만, 두고 가야하는 제자들을 먼저 염려하신다. 예수님은 제자들을 떠나가기에 앞서서 "풍성한 위로의 메시지"를 충분하게 제시하였다.[11] 하나님의 확실한 보호와 구원의 점진적 진행을 소개하시는 성령의 강림을 선포하신다. 우리 주 예수님은 끝없이 이런 사랑을 주셨고, 우리가 그러한 사랑을 받은 것처럼 다른 사람들을 사랑하라고 부탁하셨다(요 13:34).

York: Oxford University Press, 1929), 101-129.
[10] Morton Smith, "The Person of the Holy Spirit," in *The Beauty and Glory of the Holy Spirit*, 130.
[11] E. W. Hengstenberg, *Commentary on the Gospel of St John* (Edinburgh: T & T Clark, 1865), II:133.

2) "또 다른 보혜사"

이런 예수님의 관심과 사랑을 충분히 확신하게 하신 후에, 제자들을 떠나가려는 예수님의 설명에 담긴 핵심이 "또 다른 보혜사"가 오신다는 것이다. 이제 예수님이 몸으로 함께 있지는 못하지만, 다시 오신다고 안심을 하게 해 주셨다. 사실 이런 소식은 제자들에게 엄청난 충격이었을 것이다. 예수님을 보내는 제자들은 그 이전처럼 곁에 계시고, 사랑스럽게 보호해 주신다는 약속에 크게 안도하게 되었을 것이다.

요한복음 14:16에, "또 다른 보혜사"가 제자들에게 주어지도록 예수님이 성부 하나님께 요청하겠다고 말씀하였다. "진리의 영"이라고 불리우는 성령이 예수님의 자리를 대신할 것이라고 하였다. 그런데 이 "보혜사"는 예수님 자신과 동일한 분이라고 강조하였다.

> 내가 아버지께 구하겠으니 그가 또 다른 보혜사를 너희에게 주사 영원토록 너희와 함께 있게 하리니 그는 진리의 영이라 세상은 능히 그를 받지 못하나니 이는 그를 보지도 못하고 알지도 못함이라 그러나 너희는 그를 아나니 그는 너희와 함께 거하심이요 또 너희 속에 계시겠음이라 내가 너희를 고아와 같이 버려두지 아니하고 너희에게로 오리라 조금 있으면 세상은 다시 나를 보지 못할 것이로되 너희는 나를 보리니 이는 내가 살아 있고 너희도 살아 있겠음이라 그 날에는 내가 아버지 안에, 너희가 내 안에, 내가 너희 안에 있는 것을 너희가 알리라 (요 14:16-20).

여기서 사용된 "또 다른"(another)이란 용어는 무엇을 의미하는가? 헬라어로 "다른"이라는 단어는 두 가지가 있다.

첫째로, "다르다"는 단어는 "종류 자체가 다르다"는 뜻으로 헬라어 "헤테로스"가 사용되었다.

둘째로, "다르다"는 단어는 "같은 종류이면서 서로 다른"이란 뜻으로 헬라어 "알로스"가 사용되었다. 요한복음 14:16에서 사용된 "또 다른"이라는 단어는 "알로스"이다. 성령은 같은 종류이면서도 서로 다른 보혜사이다. 예수님이 구세주, 주님, 주인, 선생님, 사랑스러운 친구 등으로 알려졌다면, 성령님도 역시 예수님과 같은 역할을 감당하고 똑같은 위치에서 활동하신다.

예수님은 이제 몸으로는 떠나가시지만 제자들과 더 가까이 동행하시는 새로운 관계가 형성된다. 예수님은 제자들의 연약함을 보충해주시고, 안전하게 인도하며, 보호해주는 거룩한 영이 오신다고 소개하였다.

"보혜사"라고 번역된 헬라어는 "파라클레토스"이다. 오직 요한복음에서만 사용된 단어인데, 보통 "위로자"라는 의미로 사용된다.[12] "파라"(para)는 "곁에서, 옆에서"라는 헬라어 단어이다. "칼레오"(kaleo)는 "부르다"라는 뜻이다. 두 단어를 합하여보면, 보혜사라는 단어는 "우리들 곁에서 있도록 부름을 받은 자"라는 뜻이다. 이 단어의 어원적인 분석과 성령의 사역을 드러내는 특징은 다음과 같이 세 개념을 포함하고 있다.

첫째, '파라클레토스'는 '대언자'(Advocator)라고 번역된다.

---

[12] Stephen D. Renn, ed., *Expository Dictionary of Bible Words: Word Studies for Key English Bible Words* (Peabody: Hendrikson, 2005), 196.

> 만일 누가 죄를 범하여도 아버지 앞에서 우리에게 대언자가 있
> 으니 곧 의로우신 예수 그리스도시라(요일 2:1).

천국의 법정에서 우리 믿는 성도들은 법률적으로 돕는 대언자가 있으니 그분이 예수 그리스도이다. 이와 같은 종류의 사역을 하시는 분이 성령이시다. 기독교 신자가 연약해져서 죄를 범하게 되면, 우리를 대항하여 죄의 형벌을 외치는 참소하는 자가 있다(계 12:10). 그러나, 하늘의 법정에는 우리 성도들을 위해서 대답해 주시는 다른 분이 있으시다. 그분은 단지 법률상으로 우리를 대변해주시는 정도로 끝나지 않고, 모든 연약함을 다 아시고 변호하신다.

예수님은 의로우신 분이시다. 하나님의 율법에 대해서 완전한 순종을 드리셨고, 그의 공로로 인해서 그를 믿는 성도들이 의롭다고 간주된다. 우리가 예수님을 믿을 때에 그의 의로움을 우리의 것으로 전가시킨다. 우리에게는 대언자가 있다.

하늘에서는 우리가 대답할 수 없는 일에 대해서조차 대언하시는 예수 그리스도가 있다. 이것이 우리의 위로이다. "또 다른 위로자"로서 우리 마음에 위로를 주시는 분이 성령님이다.

둘째, '파라클레토스'는 '돕는 자'(Helper)로 해석된다. 우리 주님은 성령에 의해서 우리에게 용기와 격려를 주신다. 사도 바울은 이런 체험을 가졌었다.

> 내게 능력 주시는 자 안에서 내가 모든 것을 할 수 있느니라(빌 4:13).

즉, 사도에게는 내적으로 성령의 능력이 주어져서, 그리스도께서 도와주시므로 약함에도 불구하고 능력있게 모든 일을 감당했다는 말이다. 로마서 8:26에서도 "이와 같이 성령도 우리의 연약함을 도우시나니"라고 하였다. 예수님은 능력으로 역사하는 성령에 의해서 우리가 일할 수 있도록 힘을 공급하신다(골 1:29).

우리가 낙심에 빠질 때에 돕는 손으로 격려해 주시는 분들이 있다. 자연 재해로 인해서 절망하고 있을 때에 찾아와서 구호품과 음식을 챙겨주는 분들이 있고, 무너진 집을 고쳐주는 분들도 있다. 돕는 손이 있으므로 낙심하지 않고 다시 일어설 수 있다.

성령께서는 우리의 내부에서 힘과 용기를 주시며 일으켜 세우신다(잠 10:29). 성도들은 하나님과 동역하는 자이다(삼상 14:45).

셋째, '파라클레토스'는 '위로자'(Consoler)로 해석된다. 성령은 우리 곁에서 격려와 위로의 말을 해주는 분이시다. 예수님은 제자들에게 성령의 위로하심을 강조하고 있다. 청교도 신학자, 존 오웬은 성령의 첫째 임무가 위로라고 강조하였다.

위로하는 성령은 거룩한 말씀으로 우리를 위로하신다. 예수님의 말씀을 항상 기억나게 하신다(요 14:26). 특히 주님의 기도를 반복적으로 묵상하는 가운데서도 하나님의 약속을 기억나게 하심으로써 마음에 확신을 주신다.

위로하는 성령은 주님의 임재를 우리가 체험적으로 느끼게 해준다. 예수님은 제자들을 위로하는 말을 여러 번 반복하였다. 예수님은 우리를 고아와 같이 버려두지 않으시고, 떠나버리지 않으신다. 육체적으로 예수님은 떠나가지만, 우리가 홀로 있다고 생각되는 순간에도 성령을 통해서 새로운 방식으로 우리 안에 임재하신다.

위로하는 성령은 우리들의 필요한 것들을 채워주신다. 예수님이 모든 것을 공급하시고 돌아보아 주셨는데, 이제 떠나가신 후에도 그렇게 해주신다(마 14:27). 의심하지 말고 믿기만 하면 된다(막 14:6,8). 예수님이 위로자이시고, 성령님도 위로자이시다.

3) 성령은 내주하시는 임재를 통해서 예수님과의 새로운 관계를 맺게 하신다

어떻게 예수님이 이런 임재의 새로운 관계를 실현시키셨는가? 예수님이 제자들을 버려두고 떠나가지 않으신다는 약속은 실현되었다(요 14:18). 그 예수님의 약속대로 성령이 오순절 날에 충만하게 임하셨다. 그리스도와 성령은 하나이기에, 나뉘거나 따로 떨어질 수 없는 분이기에, 성령의 임재는 곧 예수 그리스도의 내주하심과 동일하다. 성령은 영적인 연합의 방편이 되신다. 이제는 서로 멀리 떨어져 있다는 거리감이 전혀 없어졌다. 예수님보다 더 좋은 위로는 없다.[13]

이런 방법으로 제자들과 성도들 사이에 예수님께서 함께 하신다. 우리가 예수 그리스도와 성령을 혼합해서는 안된다. 예수님의 영적인 임재에 대한 혼란이 있어서도 안된다. 성자 예수님과 성령님은 분명히 하나이시지만, 성자는 지금 하늘 보좌에 올라가셨다. 성자는 그의 신성의 능력으로 인해서 성령을 보내사 우리 안에서도 역사하고 계신다. "그리스도께서 내 안에 살아계신다"(갈 2:20)는 표현이 가능한 이

---

[13] John P. Thackway, "How The Holy Spirit is Another Comforter," in *The Beauty and Glory of the Holy Spirit*, Joel R. Beeke & Joseph A. Pipa Jr. eds., (Grand Rapids: Reformation Heritage Books, 2012), 24-29.

유이다.

> 이 비밀은 너희 안에 계신 그리스도시니 곧 영광의 소망이니라 (골 1:27).

우리는 이런 영광스러운 소망을 가지고 살아간다. 성령의 도우심과 임재하심이 동시에 우리 믿는 성도의 희망이요, 삶의 원동력이다. 이처럼 성령의 내주하심이 있기에 무슨 일을 당해도 희망은 무너지지 않는다.

4) 성령의 임재는 예수님의 육체적 임재보다 더 나은 방법이다

예수님은 모든 믿는 자들에게 동시에, 더 가까운 방법으로 지금도 임재하신다. 더 편리한 방법을 채택하셨다.

> 그러나 내가 너희에게 실상을 말하노니 내가 떠나가는 것이 너희에게 유익이라 내가 떠나가지 아니하면 보혜사가 너희에게로 오시지 아니할 것이요 가면 내가 그를 너희에게로 보내리니(요 16:7).

주님은 우리와 연합되어서 분리할 수 없게 되는데, 성령이 우리 안에 임재하기 때문이다. 성령은 그리스도께서 우리 안에 임재하시는 또 다른 방식이다. 이것이 우리에게 주시는 예수님의 임재의 축복이다. 바울 사도와 그의 동료 사도들이 이제는 예수 그리스도를 더 이상 육체를 따라서 알지 않는다고 말한 것이다(고후 5:16).

사도 바울의 가장 대표적인 표현이 "그리스도 안에서"라는 구절인데, 이것은 그리스도와의 연합이라는 새로운 관계성을 드러낸다(롬 8:1; 16:3, 10).

The Glory and Blessing:
Reformed Doctrine of the Holy Spirit

제 2 장

성령론의 남용과 빈곤

1. 죽음의 영, 사탄의 정체

기독교 신앙은 아름답고, 평화로우며 기쁨과 즐거움을 회복시킨다. 반대로 거짓된 가르침은 사람의 영혼을 파괴시킨다. 가짜 기독교를 받아들이면, 이단적인 교리에 사로잡히게 되어 돌이킬 수 없는 실수를 하게 된다. 성령론을 바르게 깨우치지 못하면, 영적 세계를 모르는 무지함에서 벗어나지 못한다. '진리의 성령'을 모르는 자들은 어둠의 권세 아래서 신음할 수밖에 없다. 성령 하나님은 언제 어디서나 모든 것을 하시는 분이심을 믿지 못하는 자들은 불행하다. 성령의 영광과 아름다움을 모르는 자들은 조그만 불행과 불편함이 마귀의 영향 때문에 빚어진 것으로 곡해를 한다. 사단 마귀에게 사로잡혔다 하여 큰 불행을 자초하고 만다.

1) 맹신이 불러온 자녀들의 죽음

　2012년 2월 11일 오전, 전라남도 보성의 한 기도원 사택에서 어린 자녀 3명이 숨진 채 발견됐다. 당시 방안은 부패된 시신의 악취로 가득 찼고 숨진 아이들 옆에는 박모 씨 부부가 기도를 하고 있었다고 한다. 이 부부는 세 아이에게 감기증상이 있었는데 치료를 하지 않아 죽었고, 기도를 하면 살아날거라고 중얼거렸다고 한다. 하지만 단순 감기로 세 아이 모두 사망했다는 주장은 모두 거짓말이었다. 이들의 주장은 상식적으로 생각해 볼 때에 납득하기 어려운 점이 너무 많았다. 경찰의 조사로 상세히 그 결말이 밝혀졌다. 이 세 아이들의 진짜 사망 원인은 폭행과 영양결핍이었다. 측근에 따르면 박씨 부부는 9일 동안 아이들을 굶기고 7천 여대를 때렸다고 한다. 아내가 스타킹으로 아이들을 결박했고 남편은 허리띠로 아이들의 온몸을 내리쳤다. 부부는 이 모두를 아이들의 몸에 들어간 마귀 때문이라 했다.
　엉터리 기독교, 특히 가짜 마귀론이 사람을 잡는다. 이처럼 무지와 맹신에 빠져서 혼란을 거듭하는 가운데 한국교회의 한 부분이 허물어지고 있다. 박씨 부부는 신학대학을 나오지도 않았고, 정상적인 한국 개신교 교단에서 목사 안수를 받은 적도 없었다. 그들이 이처럼 외진 시골에 설립한 교회도 지방회, 노회, 총회 등에 가입된 것도 아니었다. 간헐적으로 병고치는 일에 주력하던 기도원이었다. 박씨 부부는 과거 모 교회를 찾아 기도로 안 좋았던 허리를 치료했다고 한다. 그 후로 남다른 믿음을 갖게 됐다고 한다. 그 이후 부부의 믿음은 이상할 정도로 깊어졌다고 말하지만 사실은 충격적인 사실이 수사결과 더 밝혀졌다. 박씨 부부 뒤에는 엽기적인 방법을 교사한 장모 씨가 있었다

는 사실이다. 무지와 맹신이 불러온 참담한 가정파괴, 그 안타까운 전
모는 이렇다. 박씨 부부와 잘 아는 장씨의 딸이 희귀병에 걸렸다. 그
래서 박씨 부부에게 기도를 해달라고 했다고 한다. 박씨는 아팠던 자
신의 과거를 생각해 불쌍히 여겨서 그 집을 방문하게 되었는데, 그때
자신들의 아이 세 명을 함께 데리고 가서 시끄럽게 떠들면서 놀았다
는 것이다. 박씨의 철없는 아이들이 "우리 아빠한테 기도 받지 말고
차라리 죽어"라고 장씨의 딸을 놀렸다고 한다. 이에 장씨의 딸은 황당
하기 그지없었다. 자신의 딸이 또래 아이들의 놀림을 듣게 된 장씨는
아주 기분이 상했다. 문제는 바로 거기에 있었다. 감정이 상한 장씨는
박씨의 세 아이들에게 마귀가 들었다고 모함하였다. 분노와 앙갚음을
하려는 마음으로 박씨의 세 아이들에게 들어간 마귀를 퇴치해야 한다
며 폭행을 지시했다. 박씨 부부가 이를 철석같이 믿었던 것이다. 장씨
는 살인교사 혐의로 현재 구속된 상태다. 세 아이의 목숨과 맞바꾼 맹
신의 끝에서 박씨 부부는 "아이들이 너무나 그립다. 우리가 잘못했다"
며 "우리는 죽어도 싸다"고 뒤늦게 가슴을 쳤다.

 지난 수년 사이에 세상도 변하고 교회의 흐름도 너무나 빠르게 바
뀌었다. 성령에 관한 가르침들도 이처럼 극단적이 되고 말았다. 성령
운동의 양상들과 주역들이 완전히 달라졌다. 나는 이번에 성령론을
집필하면서 오순절파의 은사 운동, 특히 미국에서 퍼져 나온 '신 오순
절주의'(Neo-Pentecostalism)의 허상을 확실히 파악하게 되었다. 오순절
운동에서 나온 잘못된 영향력을 더욱 확실히 이해하게 되었고, 성경
을 혼란스럽게 하는 주장들을 분명히 밝혀내는 분별력을 갖출 수 있
게 되었다.

2) 성령론의 사사시대

　지금 한국 교회는 성령론의 혼란에 빠져있다. 성령에 대해서 서로 인정하지 않는 사상도 많고, 기이한 주장들도 많다. 마치 구약 사사들이 통치하던 시대에 자기 소견에 좋은대로 살아갔듯이, 교단마다 교파마다 목회자마다 제각각이다. 이런 혼란과 혼돈은 그 첫 출발부터 잘못된 은사 운동에 대해서 성경적으로 교정을 받지 못하였기 때문이고, 차츰 습성화된 나머지 이제는 한국교회의 전통으로 굳어져버렸다.
　개인의 성령체험을 강조하는 오순절 은사 운동의 영향이 커지면서 전 세계적으로 엄청난 수의 성도들이 성령의 은사를 추구하고 있다. 과연 성령의 열매가 있는지에 대해서 알 수 없는데, 성령 운동을 표방하는 집회는 좀처럼 쇠퇴하지 않고 있다. 성령 운동을 표방하는 모습은 다소 역동적이며 활발하다. 오순절의 은혜를 사모하는 은사집회에는 사람들이 몰려든다. 병 고침, 방언, 예언 등을 체험하게 하는 교회에는 많은 사람들이 모여들게 된 것이다.
　예수 그리스도를 따르는 성도들은 하나님이 하시는 일에 대해서 범사에 감사해야만 하고, 또한 성령의 사역을 존중하는 마음으로 오순절 은사 운동에 대하여 무조건 반대하거나 폄하하려는 태도를 자제해야 할 것이다. 교회의 일을 무조건 부정적인 시각으로 비판하는 바리새인들이 되어서는 안 된다. 비판이나 비관주의는 올바른 신앙인의 자세가 아니다. 그러나 죄악이 많은 곳에서도 하나님은 역사하시는 분이시므로 열광적으로 사람들이 모인다고 해서 다 올바른 것은 아니다. 교인의 숫자가 많은 교회라 하여 모든 목회사역이나 예배내용이 성경적으로 옳다고 할 수는 없을 것이다.

필자는 1970년대에 기도원마다 성도들이 몰려들어서 성령은사 집회가 열렸던 것을 체험하였다. 그러나 지나치다 못하여 방언을 강요하다시피 연습케 하는 기도원이 많았다. "우리 기도원에서는 강아지도 방언을 한다"고 호언장담을 하는 목회자가 있었고, 기적을 체험하기 소원하던 수많은 성도가 몰려들었다. 안수를 남용하여 무당처럼 예언하는 자들도 있었고, 성령수술이라는 명목으로 가짜 신유집회를 하다가 무너진 기도원도 있었다.

한국교회가 건전한 성령론을 배우지 못하게 된 것은 교회마다 부흥회를 개최하여 뜨거운 감정주의 성령 운동을 주입시킨데 기인한다. 부흥회를 인도하던 부흥사들 가운데는 복음적인 성령론을 제대로 정립하지도 못한 설교자들도 많았다. 한국교회의 신학이 제대로 정립되지 못하던 시대였기에 성령론을 배우지 못한 채, 검증되지 않은 내용을 강조했던 부흥사들의 오용과 남용이 교회강단에서 퍼져나갔고 오늘까지도 큰 부작용을 낳고 있는 것이다. 종말론적 세대주의자들, 즉흥 응답, 병 고침과 신비적인 체험을 선전하면서 개인을 위한 특별기도, 안수집회와 "성령을 받으라"고 외치는 설교자들로 인해서 한국교회는 성령론을 정립하기도 전에 주관적인 체험주의, 혼합주의, 신비적인 영성주의에 빠지고 말았다. 한국교회는 제대로 된 성령에 관련된 신학이 정립되지도 못하였다. 1990년대에 이르러서야 한국신학계에 반성이 일어났고, 성령 운동에의 반성과 신학자들의 논의가 활발하게 일어나서 새롭게 각성하게 되었다.

재창조를 하시는 성령사역이 마치 바람이 불어가는 것과 같다는 요한복음 3:8의 강조는 성령의 모든 사역은 바로 주권적인 하나님께 속한 것임을 강조하신 예수님의 가르침이다. 어찌 감히 성령 하나님의 사역을 사람이 측정하려고 하는 것이며, 사람의 감각으로 평가하고자 하는가? 사람의 이성이나 감각으로는 도무지 계산이 불가능한 사역을 오직 성령께서 독자적인 권능으로 시행하신다는 것이다. 성령에 대한 어떤 신학적인 진술이라도, 이처럼 성령사역의 신비로움과 사람의 이성으로 완전히 이해하는 것이 불가능하다는 특수성을 약화시켜버린다면 결국 초월하시는 하나님의 영광과 그 비밀스러움을 훼손하게 된다. 함부로 성령사역의 단계라든지, 중생과 성령세례라는 이중구조를 만들어서 절대불변의 규칙처럼 모든 성도들이 은사체험을 따라가야만 한다고 하여, 결국 성령론의 혼란을 부채질해서는 안 되는 것이다.

성령의 아름다운 사역과 영광이 얼마나 기독교 신앙의 중심을 차지하고 있는지에 대해서 잘 이해하지 못하는 성도들이 많다. 성령의 인격과 신성이 숨겨져 있어서, 상세히 설명하기가 쉽지 않다. 그러나 성령의 도우심과 역사를 체험으로 알게 해 주셨다. 사람을 다시 회복시키고 재창조하시는 성령의 역사를 느낄 수 있고, 그 능력의 결과를 알 수 있다. 다만, 나의 체험과 경험만으로 성령의 존재를 전부 다 알았다고 할 수 없음을 잊어서는 안 된다.

2. 성령론의 남용과 빈곤

성령의 사역과 인격에 대해서 전체 성경의 가르침에 따라야 하고, 한쪽으로 치우쳐서는 안 된다. 성경의 중심 주제는 예수 그리스도의 십자가와 부활, 재림으로 이어지는 하나님 나라에 있다. 그리고 우리 구원받은 자의 사명은 하나님을 섬기고 영화롭게 하면서 세상에 증거하되, 이웃을 섬기며 사랑하는 일이다. 성령의 핵심 사역을 제외시킨 채, 성령의 신비적인 사역들에 열광하는 것은 기독교를 왜곡하는 것이다.

첫째, 한국교회에서 성령론이 제대로 정립되지 못한 이유는 성령론 보다는 귀신론에 더 민감하고 친숙하게 되어있는 신앙정서에 있다. 한민족의 민족성과 전통문화의 유산에서 귀신은 매우 중요한 위치를 차지하고 있다. 한국 전래 사상에서는 조상들이 죽으면 귀신이 된다. 근거도 없고, 진리도 아니지만, 사람들은 그런 귀신 사상에 대해서 분별력이 없다. 그래서 성경 전체의 가르침에 기초한 성령론이 정립되지 않으면, 귀신론이 중심에 있게 되는 경우가 많다. 한국교회에는 귀신론에 익숙하다. 조상 때부터 귀신이나 혼령에 대한 이야기를 많이 들으면서 성장하기에 전혀 성령의 인격성과 상관이 없는데도 이단들이 활개를 친다. 마귀론이나 마귀를 쫓아내는 일, 병 고침, 계시, 환상, 꿈, 비전, 방언 등 특이한 체험현상 위주로 흘러버린다. 성도들은 우선 당장 자신에게 유익을 주는 것에만 관심이 많은데, 그런 성령의 사역들만을 강조하게 되는 것은 이기적인 인간중심으로 흐르게 되어서 아주 잘못된 신앙현상에 치우치게 된다.

둘째, 한국교회에 성령론의 변질과 빈곤상태가 초래된 것은 신학교육기관의 책임이 크다. 한국 신학교육기관이나 교회에서나 선교단체에서나 성령에 관한 가르침들은 별로 중요하게 취급되지도 않고, 또한 어렵게 생각하여 심각하게 연구하는 사람도 많지 않았다. 한국 신학계는 1980년대까지 허술하기 그지없었다.

한국교회는 기독교의 불모지요 선교지에 해당하였기에 정통신학자들의 성령론을 체계화하기에는 여러 가지로 미숙하기만 했다. 미국과 캐나다, 호주와 유럽 여러 교단과 교파의 성령론이 혼란스럽게 전해졌다. 첫 세대 한국 신학자들은 주로 번역을 하면서 어려운 신학적인 개념을 만들어 내기에도 바빴다. 첫 세대 신학자들이 터득하고 이해한 수준에서 도약하게 된 것은 1970년대 대학교의 폭발적인 증가에 따라 많은 수의 신학자들이 배출되면서부터일 것이다. 보다 많은 외국 신학교육기관을 졸업한 제2세대 신학자들이 기본적인 교과서를 정립하는 기간을 거쳐서, 이제 제3세대 신학자들이 학문적인 깊이와 탁월성을 가지고 성숙하는 단계에 이르고 있다. 한국신학의 수준이라는 것이 사실 해방 전까지는 기독교의 기초적인 신앙을 이해하고 받아들이며 용어를 번역하는 일도 버거운 실정이었다.

이러한 한국 신학계의 허약한 상황은 내가 신학대학원에서 수학하던 시절, 1970년대 중반에 들어서면서 크게 달라지지 않았다. 거의 기초 과목에 대한 교과서가 없었던 시절이다. 한국동란 직후, 한국 교회와 성도들은 절망과 좌절에 몸부림쳤다. 군부 세력의 독재와 가난한 삶으로 한국인들은 내일의 소망을 가늠하기 어려웠다. 어느 곳에도 의지할 곳이 없는 가난하고 무지한 백성들은 오직 교회에 나가서 자식들을 공부시키고자 하염없는 눈물을 흘렸다. 새 소망과 새 시대를 소원하던 한국교회 성도들은 비성경적이고 불건전한 성령체험을 강조하는 부흥사들의 설교에 따라가게 되었다. 1960년대와 1970년대 거의 모든 교회에서 일 년에 몇 차례 개최된 부흥회는 강사의 특별 안수기도, 병 고침의 신유은사체험을 위한 기도, 금식과 성령체험이 가장 중요한 메시지를 구성했었다. 죄의 회개와 철저한 개종, 회심, 모든 것을 획기적으로 바꿔야만 살 수 있기에 성령의 능력을 얻으라는 설교는 강한 호소력을 가졌었다. 가난을 벗어버리고 안정된 가정을 유지할 수 있는 길을 간구하는 기도행렬은 매년 엄청난 세력으로 불어났다. 기도원이 산골짜기마다 세워졌고, 산 기도를 하러 기도원 은사집회에 참석해서 방언 은사를 구하는 물결이 크게 퍼져나갔다. 오순절파 성령 은사집회는 아무런 의심도 없이 받아들여졌다. 서울 삼각산 기도원, 이천석 목사, 조용기 목사의 성령체험 집회가 갈수록 확산되다보니 말씀중심의 사경회는 무시당하게 되어갔다. 경기도 포천 할렐루야 기도원 김계화 여전도사의 '성령수술' 집회에는 엄청난 사람들이 모여들었다. 공영 텔레비전 방송국에서 진실성 여부를 파헤친 이후에야 이 극단적인 은사 운동은 비극적으로 종결되고 말았다.

한국사회는 지난 30년간 눈부신 발전을 거듭했고, 비약적인 경제성장으로 세계사의 지평 위에 그 존재감을 드러낼 만큼 우뚝 섰다. 이런 한국의 비약적 성장은 단순히 경제적인 면에서 이루어진 일이 아닐 것이다. 하나님이 한국을 사용하시고자 교회를 축복하시고 기도를 들어주신 것이라고 믿는다. 생존에 급급한 성도들은 온전한 성령론을 생각하기 보다는 개인의 소망을 이루어주는 기복신앙과 성령체험에 의존했다.

필자가 신학대학원에서 수학할 시절에도 '성령론'은 독립적인 과목이 아니었다. 지금도 대부분의 개신교 신학교육기관에서는 성령론을 필수 과목으로 가르치지 않는다. 그래서 목회자들이나 신학생들의 경우에도 성령에 대한 전체적인 정립이 부족한 경우를 보게 된다. 전문가들이 쓴 책을 사서 공부하지도 않고, 따로 수업을 받으려 하지 않으면 쉽게 보충되지 않는다. 그러다가 정작 성령에 관련된 질문들을 대하게 되면 어리둥절하게 된다.

한국교회에 소개되지 않아서 그렇지 전 세계 개혁주의 신학계에 제공된 성령에 관련된 연구는 엄청난 자산으로 남아있다. 개혁주의 신학은 성령론이 약하다는 말은 결코 무식한 자들의 비난이다. 지금까지 성령에 관한 성경적이며 기초적인 것을 잘 정리한 책으로 개혁주의 신학을 대변하는 교과서는 한국어로 몇 권이 출간되었다. 에드윈 팔머의 『성령』은 개혁주의 성령론의 교과서와 같은 역할을 했다.[1] 팔머는 미국 필라델피아 웨스트민스터신학대학원에서 박사학위를 받은 후에 아프리카에서 선교사이자 신학교수로 평생을 헌신한 분이다. 그리고 은퇴한 후에, 여러 권의 저술을 발표하였다.

개혁주의 성령론의 대표적인 교과서가 나온 것은 그로부터 또 한 세대가 지나서였다. 웨스트민스터 신학대학원 조직신학 교수로 봉직하고 있는 싱클레어 퍼거슨 박사가 『성령』을 출판했고, 1999년 필자가 한국어로 번역하였다.[2] 성경적으로 탁월한 해설들과 오순절 은사 운동을 지지하는 현대 신학자들과의 토론이 각주에 충실히 반영되어 있는 책이다. 정통 개혁주의 신학자가 제시하는 훌륭한 해답들로 가득 차 있는 독보적인 저술이다. 전 세계에서 호평을 받은 이 책의 내용들은 내가 웨스트민스터 신학대학원에서 박사과정 중에 지도교수로 많은 것을 얻게 해 준 퍼거슨 박사에게서 얻은 진리가 담겨 있다. 특히 한국어 번역을 위해서 개인적으로 많은 조언을 받았다.

그 이전에도 개혁주의 신학자들은 성령에 대해서 많은 연구와 저술을 발표하였다. 존 칼빈은 '성령의 신학자'로 평가를 받았고, 필자가 이것을 체계화해서 박사학위 논문을 내게 되었고, 한국어로 발표하였

---

[1] Edwin H. Palmer, *The Person and Ministry of the Holy Spirit: the traditional calvinistic perspective* (Grand Rapids : Baker Book House, 1974).
[2] Sinclair Ferguson, *The Holy Spirit* (Downers Grove: IVP, 1996).

다.³ 칼빈은 성령에 대해서 성경적인 설명을 많이 남겨서 지침을 제공하였다. 그를 이어서 존 오웬, 웨스트민스터 신앙고백서를 작성한 신학자들, 네델란드의 아브라함 카이퍼 등이 성령에 관련된 개혁주의 신학을 제시하였다. 개혁주의 신학자들이 펴낸 성령에 관련된 훌륭한 연구들은 계승 발전되어서 프린스턴신학대학원 워필드 박사가 많은 논문을 발표하였다. 세계 기독교 교회는 16세기 유럽의 종교개혁자들이 피로 세운 신앙고백의 기초 위에서 믿음의 개요를 체계화했고, 주도적인 개신교회의 큰 흐름을 이루어 나갔다. 면면히 내려온 정통 개혁주의 신학의 기초 위에서 성령에 관련된 가르침들이 성경적으로 견고히 세워져 왔다.

20세기에 새로 등장한 오순절파 은사 운동은 성령론에 관련된 관심과 체험을 불러일으켜서 새로운 교단을 만들었고 주도적인 행사들을 많이 개최하여 큰 교세가 형성되었다. 현대 오순절파와 은사 운동과의 사이에 상당한 견해차이가 벌어졌고 많은 성령에 관련된 논쟁이 일어났다. 미국 칼빈 신학대학원의 조직신학 교수 후크마 박사와 미국 웨스트민스터신학대학원의 조직신학 교수 개핀 박사와 퍼거슨 박사, 클라인 박사의 등이 앞장서서 정통 신학의 입장을 발표했다. 필자는 성령론을 체계화하기 위해서 노력한 개혁주의 신학자들의 영향과 도움을 크게 받았고, 충심으로 성경에 입각한 해석과 해설을 참고하고 더 연구해 나가고자 한다.⁴

---

3 김재성, 『성령의 신학자, 존 칼빈』 (서울: 생명의 말씀사, 2004).
4 Anthony A. Hoekema, *Tongues and Spirit-baptism: a biblical and theological evaluation* (Grand Rapids : Baker Book House, 1981). idem, *Holy Spirit Baptism* (Grand Rapids: Eerdmans, 1972); idem, *What about Tongue-speaking?*(Grand Rapids: Eerdmans, 1966); Richard B. Gaffin, *The Holy Spirit* (Philadelphia: Westminster Media, 1979). idem, *Perspectives on Pentecost: studies in New Testament teaching on the gifts of the Holy Spirit*

셋째, 한국교회에 잘못된 성령론이 번지게 된 또 다른 이유는 교회성장, 교회 부흥으로 치닫게 만든 교회성장론의 영향 때문이다. 1970년대 산업화로 인해서 모든 사회의 전반이 성장하던 시기에 한국교회도 세력확장주의, 팽창주의, 경쟁주의에 물들게 되었다. 이때, 미국 풀러신학대학원에서 맥가브란이 세계선교의 일환으로 지적한 교회성장은 와그너에 의해서 새로운 방법론으로 치우치는 변질과 왜곡의 과정을 거치면서 점차 목회자들을 상업주의 실용적 무한경쟁으로 내몰았다.[5] 인격적이며, 정직한 교회 성장이 아니라, 수적인 팽창주의에 입각한 대기업 모델이 주류를 이루었다. 한국교회는 앞다투어 대형교회가 탄생하면서 확장되어 나갔고, 교회성장론은 대세를 이루었다.

그러나 교회성장론의 모델이 된 것은 상업주의 '마케팅'기법이다. 이런 목회성장론은 미국에서 캐나다, 호주, 남미 등 전 세계로 번져나갔다.[6] 그러다보니 무조건 장삿속으로 사람들을 많이 끌어 모으는 잘못된 신비주의임을 성찰하거나 반성하지 못했다. 중세말기 로마 가톨릭교회에서는 '면죄부'를 팔았고, 오늘날로 치면 '마케팅'기법을 발휘해서 교회가 세속적인 돈을 끌어 모은 것이다. 이처럼 신비주의적인 병 고침, 방언, 귀신 쫓아내는 것 등등을 특화시킨 상품처럼 내세운 교회성장학이 등장한 것이다. 한동안 한국교회 목회성장학 이론가

(Phillipsburg, N.J.: P&R, 1979). idem, *The Holy Spirit and Charismatic Gifts* [tape recording, Westminster Media, 1976]. idem, *Are Miraculous Gifts for Today?, Four Views*, ed. Wayne Grudem (Grand Rapids: Zondervan, 1996). Sinclair B. Ferguson, *The Holy Spirit* (Downers Grove: InterVarsity Press, 1996). idem, *The Ministry of the Holy Spirit* (Philadelphia, PA : Westminster Media, 1991).

5 Donald A. Mcgavran, ed by C. Peter Wagner, *Understanding Church Growth* (Grand Rapids: Eerdmans, 1970). 3.

6 Rowland S. Ward, "The Toronto Blessing: The Marketing of God," in *Blessed by the Presence of the Spirit* (Wantirna: New Melbourne Press, 1997), 87.

들은 서울 여의도에는 세계 최대교회가 있다는 것을 자랑하기에 바빴다. 대부분 한국교회가 부흥에만 치우쳐서 여의도식 마케팅에 열을 올렸다. '꿩 잡는 것이 매'라는 유행어가 판을 쳤다. 목회현장에서 수단과 방법을 가리지 않고, 큰 교회 대형집회에만 열을 올렸다. 장로교회 목회자들마저도 교세확장에만 열을 올리면서 부흥을 지상과제로 삼았다. 신학은 개혁주의를 좋아하지만 목회방법은 여의도식으로 해야 성도들이 모인다고 주장하게 되었다. 과연 그들이 어떤 신앙고백을 가졌으며, 어떤 성령론을 가르치는가에 대해서 반성하려하지 않았다. 게다가 교회성장론에 비판적인 사람들은 체험이 부족한 자들이라고 핀잔을 듣기일쑤였고, 시기질투를 하는 자들의 모략이라고 치부하였다.

피터 와그너 교수가 풀러신학대학원에서 교회성장론에 등장한 모델이 바로 빈야드 운동이다. 로스엔젤레스 남쪽 로마 린다에서 개척된 윔버의 교회에는 기적과 능력을 원하는 자들이 갑자기 수천 명이 몰려들었다. 와그너 교수는 그것을 교회성장의 모델로 떠벌리기 시작했고, 미국교회를 비롯해서 전 세계에 빈야드 운동이 일대 광풍처럼 퍼져나갔다. 1990년대에는 존 윔버의 빈야드 운동이 한국교회를 휩쓸고 지나갔다. 전 세계의 유행을 따라서 한국교회에도 캐나다 공항근처 격납고에서 모인 1994년 초부터 "토론토 축복"이라고 불리는 이 극단적인 성령 능력체험에 휩쓸리고 말았다.[7] 성령의 권능과 능력은 이상하게도 쓰러지고 넘어져서 온갖 종류의 웃음소리로 변질되고 말았다.

더구나 많은 한국교회 지도자들은 1985년 풀러신학대학원에서 와그너와 윔버의 목회성장론이 신학부 교수진의 결정에 의해서 완전히

---

[7] Dave Robert, *The Toronto Blessing* (Kingsway, 1994).

폐강 조치되었다는 것을 알지 못하고 있다. 이들이 풀러신학대학원 목회학 박사과정에서 떨어져 나와서 빚어낸 빈야드 운동의 결정적인 오류들을 잘 모르고 있다.

웜버와 같이 운동을 전개하던 두 사람의 풀러신학대학원 교수 피터 와그너와 찰스 크라프트는 영적 전쟁과 내적인 성령사역을 고취시키는 은사 운동가들이었다. 존 웜버가 1997년 암으로 사망하자 빈야드 운동은 사그라 들었고, 그를 지지하던 피터 와그너는 2001년부터 '신사도 운동'으로 변형된 간판을 달고 나타났다. 지금 와그너와 그의 추종자들은 완전히 신장개업한 형태로 과거의 영광을 회복하려고 안간힘을 쓰고 있다. 지금 와그너는 또다시 지역 귀신들과 싸우는 영적 전쟁을 선포하고 있다. 이들 사이에 분열도 심각하다. 한 때는 빈야드 운동에 같이 소속했다가 분리한 마이크 비클은 '예언' 은사를 발휘하는 자들과 같이 각각 영역을 확대해 나가고 있다. 여기에 상당수 미국에 있는 한인 교회 목회자들과 한국의 목사들이 연계되어 활동하고 있다.

한국교회의 많은 성도들이 이러한 영적 운동에 가담하고 있다. 그러나 정확하게 성령의 영광과 아름다우심을 성경적으로 따라가려는 운동이 아니다. 가짜 부흥 운동이다.[8] 한국교회 지도자들이 이런 영적인 흐름을 흉내 내고 있는데, 성령의 사역은 자신을 감추고 오직 예수님의 영광을 널리 증거한다는 원리를 잃어버리고 있다. 성령 운동을 한다는 분들은 자신의 영광과 세력 확장에 빠져있다. 교회를 세우는 다른 사역자들에 대해서 험담하는 것을 서슴지 않는다. 작은 험담이

---

8 Hank Hanergraaff, *Counterfeit Revival* (Dallas: Word Publishing, 1997): 이선숙 역, 『빈야드와 신사도의 가짜 부흥 운동』 (서울: 부흥과 개혁사, 2009).

라도 크게 부풀려 가지고 교회와 사역자들을 무너트리려는 사탄의 책동이 배면에 있음을 알고 있기에 철저히 분별해야만 한다.

이런 상황에서 교회를 건강하게 유지시키고, 발전시키는 성령의 사역을 정확하게 이해하고 내일의 한국교회를 책임질 젊은 헌신자들을 육성하는 일은 너무나 중요하다. 성령의 능력에 의존해서 앞날에 대한 공포와 두려움을 떨치고 용기 있게 매진할 수 있는 원천을 제공해야 한다. 밀물처럼 다가오는 현실의 고통을 어떻게 회복하도록 도울 수 있는가? 내일에 대한 염려와 걱정에서 벗어날 수 없는 연약한 인간에게 희망을 줄 수 있는 은혜로운 해답이 바로 예수님의 말씀에서 나온 "성령의 새 바람"(요 3:8)이다.

3. 양태론에 빠져 성령을 왜곡하다

성령의 영광과 아름다우심에 대한 잘못된 오해가 퍼져 나가게 된 것은 하나님에 대한 가르침, 조직신학에서는 신론이라고 하는 것에 대해 성경 전체의 안목에서 이해하지 않는 데에서 문제가 발생한 것이다. 하나님의 영광과 아름다우심을 알지 못하는 자들은 성령을 능력이나 신비로운 힘으로 약화시키고 있다.

하나님을 제대로 모르고 어떻게 성령론을 세울 수 있겠는가? 신학 교육을 종합적으로 받아서 하나님에 대해서 깊이 공부하고 터득해야만 성령에 대한 관점이 제대로 정립될 수 있다. 그런데 많은 은사사역자들과 오순절파 성령론자들은 하나님에 대한 지식이 제멋대로 되어 있고, 혼돈 속에 빠져있다. 특히 삼위일체 하나님에 대한 확고한 성경의 가르침에 대해서 제멋대로 해석하고 이단의 가르침을 주장한다. 기독교의 근간은 하나님에 대한 정확한 신앙고백을 가지는 것이다. 세계교회는 사도신경을 정통신앙의 근간으로 고백한다. 그것이 가장 초보적인 표준이기 때문이다.

마이크 비클, 밥 존스, 폴 케인 등 신사도 운동에 나서고 있는 주요 인사들이나 은사주의자들은 대부분이 신학교육을 체계적으로 받지 못했다. 그들이 배운 하나님에 대한 지식은 체험과 현상주의에서 나온 양태론적 단일신론이 대부분이다. 다시 말하지만 오직 오순절 사건에만 집착하고 있는 은사 운동가들은 성령님의 인격과 사역에 대해서 빈약한 해석에 빠지게 되는데 이것은 결국 하나님이 누구이신가를 공부하지 않는 신론의 빈곤 때문이다. 은사 운동에 빠진 자들은 하나님의 인격과 존재의 특성을 헤아리지 않고 있다. 성부, 성자, 성령 하나님의 한 분 되심과 결코 분리하거나 차별시킬 수 없는 삼위의 관계성을 왜곡하는 경우가 많다.

대부분의 이단들이 가진 근본적인 문제는 왜곡된 하나님 이해(the doctrine of God)에서 나온 것임을 본인들이 깨닫지 못하는 데 있다. 특히, 삼위일체 되신 하나님에 대해서 성경적으로 공부하고 배운 적이 없는 사람들이 많다. 은사 운동가들 중에는 신학교육을 받지 않은 평신도들이 많다. 오순절 교단이나 침례교단에서는 많은 신학 석사 학위과정에 역점을 두지 않는다. 그래서 정확하게 삼위일체 하나님을 신학적인 해설과 함께 성경에서 터득하지 못하는 자들이 많았다.

신학교육의 빈곤은 분별력을 상실하게 만든다. 한마디로 어느 것이 진리인지 구별을 못하고, 혼란에 빠지는 것이다. 또한 성경적으로 삼위일체 하나님을 잘못 이해하는 점에 대해서 지적을 하더라도 이들은 겸손히 받아들이지도 않으려 한다. 대부분 정규신학공부를 하지 못한 오순절파 은사 운동가들과 부흥사들은 삼위일체 하나님에 대해서 총체적으로 부실한 자들이 많다. 그래서 정통신학의 신론인 삼위일체 되신 하나님을 균형 있게 강조하지 않는다. 성령론의 왜곡은 바로 신론의 왜곡에서부터 출발한 것이다. 성령의 아름다우심과 영광을 왜곡하는 근본 뿌리는 삼위일체 하나님에게서 떠나버린 양태론적 단일신론에서 나오고 있다. 삼위일체 하나님을 기초로 하지 않으면 절대로 바른 성령론을 세울 수 없을 뿐만 아니라, 오순절 성령강림 사건의 해석에 있어서도 완전히 달라지고 만다.

다시 요약하면, 성령의 영광과 아름다우심을 왜곡하는 자들은 하나님의 존재론적 특성와 경륜적 사역을 다루는 신론에 대해서 왜곡된 해석에 빠져있다. 하나님의 존재방식에 대한 빈곤한 이해, 신론에서부터 왜곡되어 출발한 것이다. 그래서 오순절 사건을 완전히 은사체험으로만 보고 있다. 초기 오순절파에서부터 오늘날 저명한 오순절파 목회자들에 이르기까지 잘못된 신론에 입각해서 오순절 성령강림을 설명하고 있는데, 체계적으로 신학적 교육을 받지 못한데 기인한다. 성령의 인격에 대해 증거하는 전체 성경을 이해하지 못하는 자들은 양태론이라는 지극히 초보적인 신학적 사고에서 벗어나지 못했다. 보이드 박사는 이런 오순절파의 문제점을 가장 잘 파악하고 그런 은사 운동에서 뛰쳐나온 분이다. 훗날 정통 삼위일체 신론을 지지하는 신학자가 되어서 오순절파의 왜곡을 고백하는 글을 제시하므로 오순절파의 결정적인 오류를 파악하는데 큰 도움을 주었다.[9]

하나님은 어떤 분이시며, 성령님은 누구이신가? 하나님이 주신 계

---

[9] Gregory Boyd, *Oneness Pentecostals and the Trinity* (Grand Rapids: Baker, 1992), 196.

시를 떠나면, 인간은 하나님을 전혀 알 수 없으며 전혀 아무 것도 말할 수 없다. 인간이 제한된 머리로 하나님을 이해하는 것은 참으로 불가능하다. 정통신앙이라고 하는 삼위일체 하나님은 참으로 어려운 주제이다. 그래서 아리우스주의자들이 알렉산드리아를 중심으로 소아시아 등에 널리 퍼질 수 있었다. 로마제국 통치하에서 민족적인 감정을 가진 이집트 알렉산드리아 감독들은 로마 교회가 믿는 삼위일체 신론을 받아들이려 하지 않았다. 참으로 이해하기 어려운 삼위일체 하나님을 깨닫기까지는 깊은 성경적인 연구가 밑받침 되어야만 한다. 그런데 많은 이들이 성경적으로 체계있는 교육을 받지 못했던 탓이라기 보다는 단순히 설명되는 것을 더 좋아한다.

양태론은 초대교회 시대에 일찍부터 개발되어서 널리 퍼져있었는데, 단순하게 하나님을 이해하는 방식이었다. 나는 교회에 가면 목사이고, 집에 가면 아들이고, 내 자식들 앞에서는 아버지이다. 한 사람이다. 그러나 역할은 세 가지를 하고 있다. 양태론이란 바로 이런 생각이다. 하나님의 본질은 하나인데, 그 나타나는 모양과 형태가 달라져서 필요한대로, 바뀐다는 것이다.

위와는 조금 다른 양태론도 있다. 물과 수증기와 얼음은 모두 산소와 수소의 결합체로서 본질은 같다. 그러나 상태에 따라서 서로 전혀 다른 형태를 취한다. 이와 마찬가지로 하나님도 성부, 성자, 성령으로 존재하신다는 것이 바로 양태론이다. 이런 식으로 이해하게 되면, 하나님의 각 위격 성부, 성자, 성령은 동시에 함께 존재할 수가 없다. 큰 모순이 발생하게 된다. 그런 양태론적인 하나님은 성경에 계시된 하나님이 아니다.

오랜 세월에 걸쳐서 삼위일체 하나님을 왜곡하여 왔다. 양태론의 중심인물은 아프리카 출신으로 로마에서 사역하던 사벨리우스(Sabellius, 250)였다. 하나님의 고난에 대한 설명을 하면서 개발한 것이 단일군주론(monarchianism) 혹은 양태론인데, 큰 파문을 일으켰다.[10] 하나님은 한 분이시되, 구약시대에는 성부 하나님으로, 구원을 완성하는 신약시대에는 아들 예수 그리스도로 그리고 승천 이후에는 성령으로 나타나서 회개와 갱신의 사역을 한다는 것이어서, 정통 삼위일체 교리를 정면으로 위반하는 것이다. 주후 220년에 칼리투스(Calixtus or Callitus) 주교에 의해서 이단으로 규정되었다.[11] 아프리카의 터툴리안(213)과 로마의 히폴리투스가 앞장서서 양태론을 이단으로 강력히 규탄하였다. 로마의 감독 디오니시우스(262)도 역시 사벨리우스주의로 알려진 양태론을 이단으로 정죄하였다.[12] 주후 269년 안디옥 회의에서 사모사타의 바울을 이단으로 정죄한 이유도 또 다른 형식의 양태론을 주장하였기 때문이다. 초대교회의 중요한 회의들은 바로 이런 혼란을 바로 잡고자 문서를 만들어서 통일된 강령을 발표하였다. 325년 니케아 신경, 381년 콘스탄티노플 신경, 451년 칼케돈 신경에 이르기까지 초대 교부들은 삼위일체 하나님에 대한 바른 이해를 세우고자 노심초사 했었다. 양태론은 초대교회에 널리 퍼져있었는데, 20세기에 신학적 빈곤에 빠진 일부 은사 운동가들에 의해서 다시 활용되었다.

---

10 Jaroslav Pelikan, *The Emergence of the Catholic Tradition* (100-600), (The University of Chicago Press, 1975), 179-181. H. Wace, *A Dictionary of Christian Biography and Literature to the End of the Sixth Century A.D.: With an Account of the Principal Sects and Heresies*, (Hendrickson Publishers, 1994).

11 C. C. Bunsen, *Hippolytus and His Age* (1852; Kessinger Publishing, 2007).

12 Tertullian (c. 213), *Tertullian Against Praxeas 1*, in Ante Nicene Fathers, vol. 3; Kenneth S. Latourette, *A History of Christianity*, Volume I: Beginnings to 1500 (HarperCollins, 1975): 144-46.

4. 성령시대가 따로 있나?

성령이 없던 시대가 있었던가? 성령이 역사하는 시대가 따로 있는가? 오순절파에서는 예수님의 승천 이후, 신약시대에는 성령의 역사, 성령의 능력, 성령의 권능을 강조한다고 주장한다. 그런데 정작 성령 하나님, 더 나아가서 삼위일체 하나님의 인격과 통일성은 전혀 무시해 버린다. 그 이유는 '하나님은 한 분이시되, 세 모습으로 각각 나타났다'는 양태론적 단일신론으로 빠져 있기 때문이다. 오순절주의자들은 성령의 초월적이요 은사적인 외적 사역에만 집중한다. 이제 성령체험, 계시은사와 방언 은사는 예수 그리스도의 구속사역보다 더 중요하게 되고 말았다. 성자 예수님과 성령 하나님 사이의 내적인 연계성을 이해하지 못한 신학적 빈곤에서 초래된 해석이다. 오순절주의자들 가운데는 성령역사의 핵심이 성자 예수 그리스도의 인격과 사역을 중심으로 구원사역을 적용하는 것이라고 이해하지 못했다. 구원사역과 그 적용사역을 성경적 관점을 알지 못하는 자들이 보다 심각하고 근본적인 신학적 혼란에 빠져 있었던 것이다. 곧, 하나님에 대한 이해가 잘못된 것이다.

양태론은 지금도 오순절 은사 운동가들에게 가장 널리 퍼져있다. 그러나 앞에서 지적한 바, 양태론은 이단이다. 지금도 많이 있는데, 양태론을 지지하는 자들은 성경보다는 회의론과 철학적 사고를 더 믿었다.[13] 하나님은 한 분이지만, 시대를 따라서 성부, 성자, 성령으로 나

---

[13] Erigena, Abelard, Joachim of Floris, Servetus, Boehme, Swedenborg, Schleiermacher, Schelling, Hegel. Karl Barth, *Church Dogmatics*, 4.4.19-23. 바르트는 다소 변형된 형태의 양태론을 제시하여 많은 비판을 받고 있다. 바르트는 하나님에게 세 인격과 세 의식이 있는 중심들이 있다는 것에 대해서 반대하였기 때문이다. 삼위일체란 하나님이 자신의

타난다고 말하는 자들이 많다. 물은 액체, 얼음, 수증기로 변하지만 본질은 산소와 수소의 결합체라는 식으로 해석하는 것이다. 하나님은 오직 하나의 본질만 가지고 있다는 것이다. 성부, 성자, 성령이 함께 동시에 나타날 수 없고, 동시에 존재할 수 없다고 주장한다. 그러나 성경을 읽어보자. 예수님이 세례 받으실 때에, 하늘에서는 성부의 음성이 들리고, 성령이 비둘기처럼 하늘로부터 강림했다. 그리고 그곳에 성자 예수님이 사역에 임하여 있다. 동시적으로 삼위일체 하나님이 나타났다.

> 성령이 비둘기 같은 형체로 그의 위에 강림하시더니 하늘로 부터 소리가 나기를 너는 내 사랑하는 아들이라 내가 너를 기뻐하노라 하시니라(눅 3:22).

마태복음 1:16-17에도 각각 성부, 성자, 성령이 어느 곳에나 함께 동시에 임재하시는 것으로 나와 있다. 마태복음 28:16-20, 고린도후서 13:14에도 분명히 제시되어 있다.

양태론 가운데 하나인 세대주의적 양태론은 매우 단순하여서 사람들이 쉽게 호응하고 따라가는 경향이 있다. 한국교회에도 퍼져있다. 즉, 하나님은 한분이신데, 구약시대에는 성부라는 모습으로 나타났고, 신약시대에는 예수 그리스도로 오셨으며, 예수님의 승천 이후로는 오순절에 성령의 모습으로 나타났다는 것이다. 역동적 단일신론에

자유로우심을 표현한 것이다고 주장하였다. "주님은 하나님 자신으로부터 완전히 다른 하나님이 되는 것이요, 다시 자신에게로 돌아오는 것이다"고 해석하였다. 이에 대한 비판은 다음을 참고할 것. Cornelius Van Til, *The New Modernism* (Philadelphia: P&R, 1946), 222. Leonard Hodgson, *The Doctrine of the Trinity* (New York: Scribner's, 1944), 229.

서 하나님은 한분이신데, 사역에 따라서 각각의 다른 모양으로 나타난다고 주장한다. 마치 같은 성분을 내포하고 있지만, 하나님은 때로는 성부로, 어떤 때에는 성자로, 어떤 때에는 성령으로 나타난다는 것이다. 그런데 지금은 성령의 시대라고 한다.[14] 그러면 성부와 성자는 어떻게 역사하시는가? 어디로 사라지고 없다는 말인가?

초대교회의 단일신론주의자들이 이들 오순절파의 뿌리임을 입증하려는 입장에서 연관성을 밝히고 있다. 지금도 양태론주의자들은 성부, 성자, 성령 각각의 인격과 독특성을 부인하고 있다. 현재 이런 입장을 따르는 이단적인 오순절주의자들이 미국에 본부를 두고 활동하고 있는데, 주로 두 개 교단이 중심을 이루고 있다(the United Pentecostal and United Apostolic Churches). 이들은 삼위일체를 거부하고, 하나님의 이름이 예수라고 나타났을 뿐이고, 오순절에는 성령으로 나타났다는 주장을 하고 있다.

5. 오순절파에서 추방된 단일신론자 브랜험

성령론을 왜곡시킨 저급한 신학, 잘못된 성령론은 하루 아침에 만들어진 것이 아니다. 해 아래 새 것이란 없다. 반드시 누군가에게 영향을 받아서 시작하는 것이요, 그래서 뿌리를 추적해 보면 잘못된 출발점을 발견하게 된다. 지금 미국 은사 운동을 하는 케네스 해긴(Kenneth Hagin)과 케네스 코플랜드(Kenneth Copeland)등은 기독교 신앙

---

14 David K. Bernard, *The Oneness of God* (Pentecostal Publishing House, 1983), ch. 10, "Modalistic Monarchianism."

이라기보다는 '뉴 에이지 운동'에 가까운 개념을 퍼트리고 있다. 이들의 뿌리에는 1950년대까지 거의 전설적으로 신비주의에 빠져서 삼위일체 하나님에 대한 개념을 완전히 혼란에 빠트린 윌리엄 브랜험의 영향이 크게 자리 잡고 있다.

남아메리카의 빈곤한 국가들, 아프리카 케냐 등 개발도상국에서 활발하게 오순절 은사 운동이 퍼져나갔다. 최근에는 1980년대 존 윔버의 능력 운동이 휩쓸고 갔고, 지금은 마이크 비클의 캔사스 기도의 집, 피터 와그너의 신사도 운동이 퍼져나가고 있다. 한 때는 이런 그룹에 속한 자들이 인기가 있었고 굉장한 사람들을 모았지만 지금은 모두 지나가고 말았음을 기억해야한다. 새로운 성령론이 아니라 이미 있었던 것들을 약간 변형시켜서 방황하는 자들을 규합하여 큰 힘을 발휘하고 있는 것처럼 보이는 것이다. 나는 이런 운동(movement)들은 교회를 세우는 것이 아니라 오히려 교회를 무너뜨리는 자들이며, 이런 운동들이 한국교회의 혼란을 가중시키고 있음에 대해서 분별력을 촉구하고자 한다.[15] 기독교계 전반에 퍼지고 있는 직통계시파의 살상을 밝혀내고 말씀 중심의 신앙을 지켜나가자고 호소하였다.

'유니테리언'은 양태론과 함께 삼위일체론을 크게 왜곡하는 사상이다. 성부 유일신론 혹은 단일신론으로 번역되는 이런 사상은 성경에서 크게 벗어난 이단적인 신학적 변질이다. 현재 전 세계적으로 오순절파는 성령론 중심의 사역활동에 치우치는 자들이 성부 유일신론에 빠져있는 자들이 많다. 결국 삼위일체 하나님을 믿는 교회들은 성령의 사역을 강조하면서 단일신론에 빠진 자들을 용납할 수 없었다. 이들 사이에 논쟁과 분열이 일어나게 되었다.

---

[15] 김재성, 『교회를 허무는 두 대적: 신사도 운동과 변질된 현대신학』 (킹덤북스, 2011).

수천 년 동안 공적인 회의와 결의를 거쳐서 기독교 교회가 고백한 신앙을 버리고, 하나님에 대한 교리를 왜곡시킨 자들이 바로 성령 은사 사역자들이다. 이들 분파주의자들은 마침내 세력을 규합하게 되었다. 그 중에 대표적인 사건이 미국 오순절 교단에서 고백하던 삼위일체 하나님에 대해서 받아들이기를 거부하는 자들, 단일신론파에 대한 이단정죄였다. 미국에서 1940년대 윌리엄 브랜험(William Branham,1909-1965)이 병고치는 사역으로 크게 위력을 떨쳤는데, 그는 삼위일체되신 하나님을 부인하고 오순절 은사 운동 그룹에서 주장하던 바에 따라서 한 분 하나님을 믿는 그룹(oneness Pentecostal group)에 속한 극단적인 신비주의자였다.[16] 이들이 믿었던 것은 단일신론으로 "하나님은 오직 한분으로만 존재한다"는 주장이다. 브랜험은 성부 성자 성령의 이름으로 세례를 주지 않고 오직 예수 그리스도의 이름으로만 세례를 준다고 고집하여 1948년도에 '하나님의 성회'교단으로부터 이단으로 정죄를 당하였다.[17] 이들 단일신론파들은 거의 정통신학을 공부하지 않은 채, 은사사역에 뛰어들어서 성령의 능력체험을 부르짖던 체험주의자들이었다.

오순절파 은사 운동가들의 신학적 빈곤은 결국 하나님의 초자연적인 간섭으로 나타나는 능력만을 중요시하여 균형 잡힌 하나님을 거부하는 이단으로 빠지게 하고 말았다. 이들이 주장하는 성령론과 오순절 사건에 대한 해석은 보다 근본적으로 왜곡되어 있는 것이다. 오순절 교단 가운데 단일군주론이라는 극단적인 이단에 치우친 교파가 미

---

[16] John Frame, *The Doctrine of God*, 627, "monotheism- the doctrine or belief in the existence of only one God."

[17] Resolution #7 of the 1949 General Council of the Assemblies of God (USA); 김재성, 『교회를 허무는 두 대적』, 38-41.

국에 본부가 있는 '연합오순절교단'(United Pentecostal Church International)이다. 지금도 양태론적 단일신론을 주장하고 있으며, 2011년도에는 버나드(D. Bernard) 목사가 총회장으로 선출되어서 이 교파를 이끌고 있다. 삼위일체 하나님에 대한 신앙을 거부하는 단일신론파 버나드와 그의 교단의 정체성을 분명히 알고 경계할 것이며, 복음적인 형제가 아님을 분명히 해야 할 것이다.

상당수의 한국교회 성도들이 성령의 사역과 인격을 무시하고, 그저 능력이나 은사로만 받아들이게 된 것은 하나님의 영광과 아름다운 존재에 대한 바른 해석을 듣지 못하였기 때문이다. 성령을 그저 하나님의 능력이나 힘, 신비로운 은사로 생각해서는 안 된다. 오순절을 그저 성령이 임하여서 놀라운 기적이 벌어진 날로만 생각해서는 안 된다는 것이다. 성령은 탄식하시고(롬 8:26), 기도하시며, 근심하는 인격을 가지셨고, 친히 적용하시는 인격적인 하나님이시다.

6. 찰스 피니와 체험주의가 빚은 혼돈

잘못된 성령론의 뿌리를 거슬러 올라가면 미국 제2차 부흥 운동기를 주도한 찰스 피니(1792-1875)의 영향을 목격하게 된다. 피니가 등장하면서 미국 교회에서 특수한 개인적 체험을 강조하는 왜곡된 형태의 부흥 운동이 일어났다. 피니는 칭의론을 근간으로 하는 정통 개혁주의 구원론을 왜곡하는 데 앞장섰다. 그의 자서전에 나오는 회심체험은 매우 독특하다. 그는 변호사로 일하던 중에, 자신의 구원에 대해서 아주 심각한 공포심과 두려운 의심을 품게 되었다.

그러던 어느 날 밤에, 거의 자신이 죽음에 이르는 것과 같은 생각에 사로잡혔고, 다음 날 아침을 먹고 출근 길에 마음속에 울려 퍼지는 확신의 음성을 듣고 사무실로 가지 않고 숲 속으로 홀로 들어갔다. 처음에는 기도가 잘 나오지 않아서 씨름하다가, 성령을 근심케 하였고 용서받지 못할 죄를 지었음을 각성하는 체험하고 돌아왔는데 어느덧 점심식사 시간이 되었더라는 것이다. 그런데 자기는 얼마의 시간이 흘렀는지도 몰랐고, 그저 짧게 여겨졌다는 것이다. 그날 밤에, 불도 없고 아무런 빛도 없는 방에 들어가서 문을 닫고 기도하고 있었는데 누군가가 다가왔다고 한다. 예수님이 나타났다는 것이다. 실제처럼 다른 사람을 보는 것처럼 똑같았다고 했다. 아무런 말씀도 하지 않았지만, 분명히 자기 앞에 있었다는 것이다. 어린 아이처럼 울면서 무릎을 꿇어 눈물로 죄를 회개하고, 예수님의 발을 씻었다고 한다. 그렇게 한참을 지내고 난 후, 자신의 사무실로 돌아온 뒤에 마치 전기에 감전되는 듯한 성령의 강력한 세례를 체험했다고 한다. 물론, 죽음의 공포가 사라졌고, 기쁨이 충만했다는 것이다. 이런 체험을 의존하는 것은 기독교의 구원론 전체를 왜곡하는 것이라고 마이클 홀튼 교수는 비판했다.[18]

찰스 피니는 미국 교회사에서 제2차 각성 운동을 일으키고, 근대 부흥 운동의 아버지라고 불리고 있다. 그러나 미국 청교도 신앙의 뿌리에 해당하는 칼빈주의 신학을 지키고 있던 장로교회에서는 극렬히 그의 신앙노선과 집회 방식을 반대하였다. 정규 신학대학에서 수학하지 않았고, 지방 변호사로 있다가 특이한 체험을 한 후에, 목사가 되었다. 피니는 장로교회에 출석하고 있었는데, 그의 교회에서부터 인

---

[18] Michael Horton, "The Disturbing Legacy of Charles Finney," www.issuesetc.org.

정을 받지 못했다. 피니는 집회와 기도시간에 여자들로 하여금 괴성을 지르게 하고, 초자연적인 기적 현상을 체험하여야 한다고 역설하였다. 그 자신의 극적인 체험을 모든 성도들이 가져야 한다고 생각한 것이다. 원래 장로교회 출신이요, 장로교단에서 목사안수를 받았지만, 그의 사상은 완전히 혼합된 형태였다. 오하이오주 오벌린 대학 학장으로 재직하면서, 흑인들과 여성들을 받아들인 최초의 대학을 운영했고, 노예 해방에 적극 찬동하는 등 파격적인 행동을 남겼다. 피니와 동시대 프린스턴 신학대학원 교수 도드(Albert Baldwin Dod, 1805-1845)는 피니가 1835년에 출판한 『종교의 부흥』이 신학적으로 건전하지 못하다고 거부하였다.[19] 도드는 칼빈주의 정통신학을 수호하는 구파 장로교회 신학자로서 피니가 인간의 전적 부패에 대해서 받아들이지 않고 있음을 비판하였다.[20]

성령의 능력과 체험을 강조하는 운동은 얼핏 겉모습에서는 매우 신선한 기독교 운동으로 보인다. 그래서 오순절을 중요시하는 오순절 교단과 은사 운동이 지금 큰 교세를 떨치고 있다. 전 세계적으로 퍼져나가서, 지금 미국과 남미, 아프리카 지역에서는 엄청난 교세를 자랑하고 있다. 하지만 경험과 체험을 중시하는 기독교인 숫자가 급격히 많아지면서 하나님을 깊이 연구하고 공부하는 성경교육이 부실하게 되었다. 이들 은사 운동계통 오순절파 교단 가운데는 상당수가 체계적인 성경신학에 근거하지 않고 있으며, 즉흥적인 안수를 중시하고 방언, 예언, 꿈, 병 고침, 쓰러짐, 동물 웃음소리 등에 집중하고 있다.

---

[19] Albert Baldwin Dod, "On Revivals of Religion" *Biblical Repertory and Theological Review* Vol. 7 No. 4 (1835): 626-674.

[20] Charles E. Hambrick-Stowe, *Charles G. Finney and the Spirit of American Evangelicalism* (Grand Rapids: Eerdmans, 1996), 159.

능력체험에 의존하여 인기를 끌고 있는 은사 운동이 퍼져있지만, 성령의 인격과 사역에 대해서 주장하는 것은 성경에 근거한 정통교회의 신앙고백과는 거리가 멀다. 마치 성령을 자신들의 마음대로 다룰 수 있는 신비한 능력으로만 취급하는 것이다. 은사주의파 초기 오순절주의자들은 자신들의 성령론이 어디에서 문제가 되는가를 알지 못했다.

피니의 영향으로 지금까지 부흥회로 모인 교회의 집회에서는 성령이란 무슨 특수 현상을 일으키는 마술과 같은 신비로운 기운으로만 취급하는 경향이 있어왔다. 성령은 곧 방언의 은사로 주장되기 일쑤였고, 병 고침과 같은 기적의 힘이라고 말해 왔다. 장로교회에서는 성령론에서 무엇이 가장 중요한 것인가를 강조하지 않고 그냥 무덤덤하게 잊어도 좋다는 식으로 덮어두었다. 더구나 칼 바르트의 신정통주의 신학은 기독론 중심 신학을 만들어서 큰 영향을 미치게 되었다. 성령은 잊혀진 삼위일체처럼 부분으로 생각하는 오순절 은사 운동은 과연 지금도 동일한 현상과 초자연적인 체험을 하게 된다고 주장한다.

제 3 장

생명과 회복의 영

　인간의 가장 큰 고통은 죽음과 지속적인 불행, 비극, 질병, 전쟁의 문제이다. 사람은 누구나 사후 세계에 대한 호기심과 두려움을 동시에 갖고 있다. 살아 계신 하나님을 섬기는 지상의 교회가 감당해야 할 가장 큰 과제는 인생의 생로병사에 대한 명쾌한 복음의 선포를 통해서 죽음으로부터의 해방을 주는 일이다. 사랑을 나눈 가족들의 죽음 앞에서, 자신의 불행이나 질병에 대해서, 끔찍한 비극적 상황에 대해서 극복하는 길을 제시하는 것이 복음이다.

　나는 수많은 장례식을 집례하면서 인간의 가장 큰 슬픔에 대해서 무기력과 절망감을 수도 없이 느꼈다. 죽음은 가장 깊고 끈끈한 인간관계의 종결이다. 나는 장례식을 집례할 때마다 성령의 위로가 없다면 이 무서운 사건을 극복할 대안이 아무 것도 없음을 절감한다. 더 좋은 천국에의 소망과 다시 만나리라는 믿음의 확신이 없다면, 오직 절망뿐이다. 그러나 생명의 영이신 성령의 역사가 있기에 지금 세상과 다음 세상에 대한 하나님의 위로와 은혜를 되새기고 있다.

1. 생명의 영

성령은 "생명을 주시는 영"이요, 성자의 구원사역을 전달하고 적용한다(사 61:1; 마 3:16; 12:18; 눅 4:18). 성령은 우리 안에 의와 진리와 거룩함으로 지으심을 받은 하나님의 형상을 다시 회복시켜서 구원의 은혜를 적용하는 일이다. 성령은 '바람처럼' 임해서 성도를 회개시키고 새로운 인격과 자아를 가지게 하여 예수 그리스도 안에 심어진 생명으로 옮겨 놓으신다. 성령은 한 사람의 영혼에 죄와 오염으로 더럽혀진 하나님의 형상을 회복시킨다. 이것은 요한복음 3장과 14장에서 16장에 이르는 다락방 강화에서 예수님의 가르치신 성령론이다.

어떤 사람의 말이나 주장이 신앙의 원리와 기초가 될 수 없다. 성경을 떠나서 경험에 의존하거나, 체험적인 것에 사로잡히면 주관주의에서 벗어날 수 없다. 성령에 대해서는 함부로 속단해서는 안 된다. 성령은 사람 속에서 생명의 역사를 일으키되 예수님을 믿게 하여 오직 주님께만 영광을 돌리게 한다. 성령은 죄를 미워하고 세상을 바꿔서 하나님 나라를 건설하도록 새 역사의 주역들을 세워서 일하신다.

내가 미국 펜실베니아에 살면서 치룬 장례식들은 지금도 생생하게 기억이 난다. 살만큼 장수를 누린 분들의 죽음이야 다소 가슴이 아프지만 어쩔 수 없이 받아들이게 된다. 하지만 아직 젊은 아들의 죽음을 포함하여 한 가족 세 번의 장례식, 아버지와 어머니 그리고 큰 아들의 장례식은 평생 잊을 수 없다. 의사였던 장로님과 권사님은 각각 노환으로 하나님의 부름을 받았으니, 장수의 축복을 누리다가 하늘나라로 가신 신실한 성도들의 죽음이었다. 그러나 큰 아들은 나와 비슷한 나이였으니 뜻밖이었다. 이 장로님의 가족은 일찍이 미국에 이민하여 큰 성공을 하였다. 아버지에 이어서, 둘째와 셋째 아들이 지역사회에서 유명한 의사가 되었다.

한국인들이 거의 없는 백인 거주 지역에서 살았던 까닭에 4남매는 여느 이민자들과는 다른 인생을 살았다. 문제는 이들 자녀들이 사회적으로는 성공했지만, 전혀 신앙적으로 기틀을 마련하지 못했다는 점이다. 그런데 의외로 이런 가정들이 상당히 많이 있음을 보게 된다. 성공한 자녀들은 교회에 충실하지 않는다는 사실이다. 2세들은 아주 좋은 명문 대학교에 진학하게 되면서 수년간 집에서 멀어지게 되고, 미국식으로 성장하여 직장을 갖게 되고 가정을 꾸리게 되면서 부모의 간섭이나 지배에서 떠나게 된다. 의사로 크게 성공한 둘째 아들은 일본계 아내를 얻었고, 역시 의사로 크게 이름이 난 셋째 아들은 미국계 백인 여인과 결혼했다. 딸은 역시 미국 백인 남편과 가정을 이루었다. 그런데 이들 2세들은 부모님의 신앙을 물려받지 못했다. 그래서 전혀 교회에 다니지 않는다. 다만, 내가 장례식을 할 때에 부모님이 관련된 신앙의 세계이기에 끔찍하고 어려운 일을 치르는 교회의 예식에 대해서 감사히 받아들였을 뿐이다. 물론, 한국말을 잘 알아듣지 못하는 분들이어서 영어로 집례를 마쳐야 했다.

장례식 후에 방문하게 된 둘째 아들의 집은 거대한 성과 같았다. 한국계 미국인 의사로 그렇게 큰 집에서 살아가는 사람은 아마 없을 것이다. 모두 최우수 교육을 받아서 의사로서는 매우 소문난 사람이요, 지역 병원에서는 매우 알려진 실력파 의사였다.

아버지 장로님과 어머니 권사님의 장례식을 연이어 마친 후에, 1년 정도 지난 어느 날, 갑자기 큰 형에 대한 도움을 요청하는 셋째 아들의 급한 전화를 받았다. 나는 직감으로 큰 아들이 아주 위독하다는 것을 느꼈다. 다른 두 동생들이 훌륭한 의사가 되어서 성공한 반면에, 큰 아들은 정반대의 길을 걸었다. 유명한 의과대학원에 진학은 했으나 졸업에 실패한 후, 군대에 갔다가 적응하지 못했고, 마지막에는 택시 운전사를 하기도 했다고 한다. 큰 아들은 부모님이 살던 집에서 쓸쓸히 최후를 맞이하고 있었다. 그는 결혼 생활도 순탄치 못해서, 홀로 살았다. 아마도 이혼하였던 것 같았고, 자식도 없었다. 죽음의 두려움과 공포에서 거의 기동을 할 수 없을 만큼 쇠약해져 있었다. 그는 침대에 기대어서 여동생의 보살핌 가운데 나의 권면과 전도와 기도를 감사히 받았다. 나는 직감적으로 이 사람이 오래 견디지 못하고 곧 죽게 되겠구나 하는 생각이 들었다. 안타깝기 그지없었다. 며칠 뒤, 그 여동생으로부터 장례식을 인도해 달라는 전화를 받았다. 그 장남, 평생 가족도 없이 혼자 살다가 죽었다. 성공한 부모님과 훌륭한 동생들 사이에서 흔적 없이 살다간 그의 나그네 인생이 너무나 불쌍해서 울었다.

2. 다시 태어난다

　　예수님은 성령을 받은 자의 첫 번째 변화를 '다시 태어남' 혹은 '중생'이라고 하였다. 다시 태어나는 것은 예수 그리스도 안에 있는 생명을 성령을 통해서 얻는 것이다. 혹은 좋은 가지를 나쁜 뿌리에 접붙여 심겨진 것이다.

> 진실로 진실로 네게 이르노니 사람이 거듭나지 아니하면 하나님 나라를 볼 수 없느니라…진실로 진실로 네게 이르노니 사람이 물과 성령으로 나지 아니하면 하나님 나라에 들어갈 수 없느니라 육으로 난 것은 육이요 영으로 난 것은 영이니 내가 네게 거듭나야 하겠다 하는 말을 놀랍게 여기지 말라(요 3:3-7).

이런 놀라운 성경의 사역으로 인해서 다시 태어난 자들에게는, 즉 예수 그리스도의 이름을 부르는 자들에게는 '하나님의 자녀'라는 칭호를 주신다. 단순히 칭호만을 주신 것이 아니요, 곧 변화된 신분을 주셨다. 예수 그리스도에게 심겨진 자가 되는 것을 의미한다.

> 영접하는 자 곧 그 이름을 믿는 자들에게는 하나님의 자녀가 되는 권세를 주셨으니 이는 혈통으로나 육정으로나 사람의 뜻으로 나지 아니하고 오직 하나님께로부터 난 자들이니라(요 1:12-13).

성령은 영혼과 우리 인격 전체를 감싸고 있는 마음을 새롭게 하여 하나님의 형상을 회복시킨다(엡 4:23). 하나님의 형상으로 지음을 받았으나, 에덴동산에서 추방된 이후로 고상하고 아름다운 모습을 잃어버렸다. 예수 그리스도의 보혈과 부활이라는 역사적인 구원이 완성하고자 하는 것은 바로 죄로 찌그러든 인간의 회복과 구출이다. 성령이 오셔서 새로운 출생이라는 신비로운 역사가 일어나서 우리 인간이 다시 하나님 앞에 의롭다 함을 얻는 놀라운 변화가 일어나게 된 것이다.

하나님의 형상이 회복되었다는 말은 성령으로 인해서 예수 그리스도와 연합되어서 '의로움과 거룩함'을 회복하였다는 말이다. 이제는 우리를 위해서 구원자 되신 예수님에게 있던 모든 것을 성령을 통해서 내려주신다. 지혜, 영특함, 힘, 지식, 하나님을 두려워하는 경건한 마음을 갖게 된다. 우리 성도들은 의롭다 함을 얻는 동시에 거룩함을 얻게 된다. 그래서 더 이상 구원 얻기 위해서 인간의 공로를 쌓거나, 선행으로 노력하여 얻으려는 헛된 망상을 버리게 된다. 이 모든 것이 성령에 의해서 믿음을 통해서 그리스도와 연합한 자가 된 믿는 자에게 이루어진다. 성령은 우리 안에서 생명의 역사를 일으켜서 매일 그리스도 안에서 하나님의 명령 앞에 순종하고 복종하며 예배하도록 만드신다. 예수 그리스도를 닮아서 살게 된 것을 감사하고, 봉사하고 섬기고자 가진 것을 사용하고 헌금하게 하신다.

성령이 오심으로 하나님의 형상이 회복되면, 인간은 행복을 다시 찾게 된다. 불행의 끝이요, 영원한 행복 시작이다. 다시 행복을 찾은 성도들이 부르는 찬송이 바로 "이 기쁜 소식을"(1890)이다. 미국에서 성령 운동이 벌어지던 때에 지어진 찬송이다.

> 이 기쁜 소식을 온 세상 전하세
> 큰 환란 고통을 당하는 자에게,
> 주 믿는 성도들 다 전할 소식은
> 성령이 오셨네 성령이 오셨네
> 내 주의 보내신 성령이 오셨네!

3. 영광스러운 형상의 회복

그냥 평범한 듯 살아가는 자연인, 보통 태어난 사람은 아무 것도 잘못이 없는 선한 일을 할 수 있으리라 기대한다. 그러나 자연인에게는 아무것도 기대할 수 없다. 굳이 수천 명을 죽게 만든 독일 사회주의 동맹 히틀러나 스탈린 같은 독재자를 예로 들지 않더라도, 세상의 모든 사람들은 자기 왕국을 세우고 있으며, 그 마음과 영혼은 죄악으로 일그러져있다. 사람은 상태를 완전히 바뀌어야만 살 수 있다. 거룩한 영이 영혼에 부어져서 새 사람이 되어야만 하나님과 교통하고 동행할 수 있다. 이 모든 사역이 성령에 의해서 진행된다.

예수님은 제자들에게 변화된 사람이라야만 천국에 들어갈 수 있다고 역설하였다. 그리고 이런 사역을 비밀스럽게 하는 성령에 관해서 많은 가르침을 주셨다. 특히 예수님이 집중적으로 하신 이런 가르침들이 요한복음 14장에서 16장까지에 많이 기록되어 있는데, 예수님이 구원사역을 완성하고 떠나신 후에 성령이 임하여서 그리스도 안에 있는 영원한 생명을 주시고, 제자들 가운데서 머물게 하시겠다고 말씀하였다. 예수님은 생명을 주시는 영(life giving Spirit)을 보내시는 주체이시다.

성령은 사람을 거듭나게 하여 죄와 죽음에서 영생을 얻게 만든다. 이런 일을 마치 바람처럼 은밀하게 수행하고 있다. 우리 눈에는 아무 것도 보이지 않는다. 단지 나뭇가지가 바람에 흔들리는 것처럼, 남은 자취를 통해서 알게 된다. 오늘도 성령의 새 바람이 불어와서 도와주시고 계시며 내 속에서 믿음을 지탱케 해 주셔서 살고 있다. 먹고 마시고 생각하고 움직이는 모든 일들을 믿음으로 감당하게 해 주신다.

성령은 모든 살아 움직이는 것들의 근원이 된다. 창조 사역에 참여한 성령님은 재창조의 능력과 권능을 부어주신다. 새 생명을 주시는 영이다. 그래서 중생의 영이라고도 부른다(엡 4:23). 영원하신 성령을 통해서 하나님의 백성으로 태어나게 된다.

> 이는 그리스도 예수 안에 있는 생명의 성령의 법이 죄와 사망의
> 법에서 너를 해방하였음이라(롬 8:2).

성령은 사망의 법에 사로잡혀서 묶여있는 영혼에게 생명의 능력으로 해방의 은총을 베푸신다. 예수 그리스도를 주님으로 부르게 하고, 찬미하여 예배하게 하는 생명을 부어주시는 분이 성령이다. 성령은 타락하여 잃어버린 하나님의 형상을 사람의 심령 속에서 다시 깨끗하게 완전히 회복시킨다.[1]

흑암에서 절망하는 사람이 다시 살아나게 되며, 앞을 볼 수 없던 시각장애인에게도 희망과 소망으로 이겨내게 해 주신다. 생명의 영으로 오셔서 우리 인생에게 부어질 때에 놀라운 현상들이 나타난다.

성령의 핵심적인 사역은 영적으로 죽은 사람을 예수 그리스도 안에서 다시 태어나게 만드는 일이다. 예수님이 이런 사실을 니고데모에게 설명해 주었지만, 그는 잘 이해가 되지 않았다. 예루살렘에서 행하신 예수님의 놀라운 표적을 보고서 하나님의 사람이라고 인정하였다. 그래서 밤중에 몰래 찾아와서 겸손히 가르침을 청했지만, 하나님 나라에 들어가기 위해서는 "물과 성령으로 거듭나야 한다"는 말에 혼란스러웠다. 어떻게 나이가 든 사람이 다시 태어난다는 말인가? 어떻

---

1 William Fitch, *The Ministry of the Holy Spirit* (Grand Rapids: Zondervan, 1974), 39.

게 가능할까? 어머니의 몸에 다시 들어가는 것은 불가능하지 않은가!

> 내가 네게 거듭나야 하겠다 하는 말을 놀랍게 여기지 말라 바람이 임의로 불매 네가 그 소리는 들어도 어디서 와서 어디로 가는지 알지 못하나니 성령으로 난 사람은 다 그러하니라(요 3:7-8).

왜 인간이 다시 태어나야만 하는가? 에덴동산에서 인류의 조상 아담이 타락하여 하나님으로부터 쫓겨났기 때문이다. 원래 창조된 사람은 하나님의 형상으로 빚어져서 온전하였다. 하나님은 점도 없고 흠도 없고 티가 없는 분이시다. 인간의 시초에는 그런 순결함과 거룩함이 있었다. 하나님께서는 "모든 것이 선하고 아름답도다"(창 1:31)라고 말씀 하셨다. 인간은 정말로 높은 자리에 세워졌다. 영원불멸의 축복을 누릴 수 있었다. 그러나 인간은 불행하게도 타락하고 말았다. 창세기 3장에 기록된 이야기는 하나님이 통치하는 것을 받아들이지 못하겠다는 도전이었다. 모든 면에 있어서 하나님과 결별하고 분리되고 말았다. 인간은 죽음을 맞이했다. 두려움의 권세 아래서 하나님의 임재를 회피하고 숨었다. 인간은 불행해지고 말았다. 도덕적인 면에서 볼 때에 하나님의 계명을 어기고 타락한 인간은 본질상 진노의 자식이 되고 말았다.

> 모든 사람이 죄를 범하였으매 하나님의 영광에 이르지 못하더니 (롬 3:23).

에덴동산에서 아담이 선택한 '자아중심'의 길은 불행이었다. 죄성의 영향을 인해 인간 내부에는 자만심이 넘쳐 흐르고, 본질적으로 하나님의 형상을 싫어하면서 썩어질 세상의 짐승들과 피조물의 이미지를 더 좋아하여 우상으로 받들게 되었다.

> 썩어지지 아니하는 하나님의 영광을 썩어질 사람과 새와 짐승과 기어다니는 동물 모양의 우상으로 바꾸었느니라(롬 1:23).

하지만 하나님은 구원의 길을 열어놓으시고 준비해 주셨다. 다시 한 번, 하나님의 형상을 따라서 살아가는 "의로움과 거룩함"으로 만들어진 새 사람을 지어주셨다

> 하나님을 따라 의와 진리의 거룩함으로 지으심을 받은 새 사람을 입으라(엡 4:24).

성령이 오셔서 새로운 생명이 주어진 표식과 내용은 아주 분명히 성경에 지적되어 있다. 성령이 중생케 하여 새 사람으로 만드는 재창조의 내용은 인간에게 이미 주어졌지만 일그러진 상태로 놓여있는 하나님의 형상(imago Dei)의 회복이다. 원래 인간은 하나님의 형상을 가지고 있어서, '참된 지식, 의로움, 거룩성'을 지니고 있었다.[2] 형상을 지닌 인간은 '합리적이며, 도덕적이며, 불멸적인 영적 존재'라는 사실

---

[2] 하나님의 형상에 대해서 더 깊이 연구하기를 원하는 분들은 다음 책을 볼 것을 권한다. Anthony A. Hoekema, *Created in God's Image* (Grand Rapids: Eerdmans, 1986), 『개혁주의 인간론』 (서울: CLC, 1990), 3장-하나님의 형상에 대한 성경적 가르침, 4장-역사적 개요, 5장-신학적 논의.

을 의미하는 것이고 또한 하나님의 형상은 물질적 본체로서가 아니라, 영혼의 기관으로서 인간의 육체 속에 존재하고 있으며, 더 낮은 피조물들을 다스리는 통치권을 갖고 있다는 사실 속에서 찾아 볼 수 있다.[3] 형상은 영혼의 원래 창조 시에 주어졌으나, 에덴동산에서 타락으로 인해서 추방되면서 잃어버린 것이다.

4. 예수 그리스도 안에서

구원은 예수 그리스도 안에 있는 사람으로 죄인의 신분과 지위가 변화되는 것이다. 그래서 사도 바울의 서신에서 무려 163회나 "예수 그리스도 안에"라는 문구가 사용되었다. 이렇게 신비로운 연합이 가능하게 되는 것은 성령의 사역 때문이다. 죄를 범한 인간의 타락으로 인해서 전적으로 상실되고, 일그러진 상태로 부패되어진 형상이 성령으로 인해서 다시 재창조 되는 것이다. 사도 바울은 갈라디아 성도들을 향해 다음과 같이 말했다.

> 너희가 다 믿음으로 말미암아 그리스도 예수 안에서 하나님의 아들이 되었으니(갈 3:26).

하나님의 온전한 형상은 예수 그리스도에게서 나타났다. 참된 지식, 의로움, 거룩함이란 막연한 개념이 아니고, 이상적인 표어가 아니다. 예수 그리스도의 인격과 사역에 들어있는 진리이다. 그래서 의

---

[3] Louis Berkhof, *The Manual of Christian Doctrine* (Grand Rapids: Eerdmans, 1953), 129-30.

로움과 거룩함과 참된 지혜를 얻은 자가 되는 일은 오직 예수 그리스도 안에서만 이루어져야 하는 것이다. 사도 바울은 에베소서 4:24의 내용과 똑같은 내용으로 중생의 내용이 동일하다는 것을 고린도전서 1:30에서도 설명하였다.

> 너희는 하나님으로부터 나서 그리스도 예수 안에 있고 예수는 하나님으로부터 나와서 우리에게 지혜와 의로움과 거룩함과 구원함이 되셨으니(고전 1:30).

존 칼빈은 이 구절을 예수 그리스도와 성령과의 긴밀한 연관성을 가르치는 중요한 의미가 있다고 역설하였다.[4] 그리스도가 거룩하신 영으로 가득 차 있으시면서 우리 인간과 같이 되셨다면, 그가 똑같은 성령으로 우리 안에 부어주셔서 함께 나누도록 하신다. 칼빈은 하나님으로부터 우리에게 오신 지혜, 즉 예수 그리스도와 신비롭게 연합하여서 그 안에 있는 사람에게는 '의로움'과 '거룩함' 즉, 칭의와 성화가 함께 동시에 주어진다고 설명하였다. 거듭난 사람에게는 예수 그리스도 안에 있는 구원의 두 가지 은혜(duplex gratia Dei)가 동시에 함께 주어진다.

---

4 John Calvin, *Institutes of the Christian Religion*, tr. Ford L. Battles (Philadelphia: Westminster Press, 1959), III.11.7.

제 4 장

성령의 인치심

하나님과 사람이 얼마나 다른가를 분명히 설명해 주는 것이 있다. 사람은 약속을 지키지 않지만, 하나님은 약속대로 실행하신다. 사람은 거짓되나, 하나님은 참되시다. 영적인 면에서 볼 때, 세상은 어두움으로 가득하다. 이 세상에 태어난 사람은 그 누구도 믿을 수가 없게 되었다. 사람은 어느 누구도 결코 믿어서는 안 된다. 존 에프 케네디 대통령의 숨겨진 여인이 등장했다하여 미국 언론이 크게 다루었다. 내가 캐나다에서 읽은 신문에서도, 권력자들은 항상 "깨끗한 옷과 더러운 옷"을 함께 가지고 있다고 비꼬았다. 어찌 권세자들 뿐이랴! 모든 인간은 이중적이요, 부도덕하다.

1. 부패한 인간성의 전인격적 변화

성경에 나오는 수많은 타락과 방탕의 스토리는 지금도 여전히 반복되고 있다. 성령은 사람의 총체적 변화, 전인격적 새창조를 주도한다. 사람의 타락과 방탕함과 악함으로 인해서 선한 것이 없으므로 구원에 이를 수 없다.

> 모든 사람이 죄를 범하였으매 하나님의 영광에 이르지 못하더니
> 그리스도 예수 안에 있는 속량으로 말미암아 하나님의 은혜로
> 값 없이 의롭다 하심을 얻은 자 되었느니라(롬 3:23-24).

사람의 추함과 더러움의 내용인즉 인류 역사를 살펴보아도 거의 반복적이며 동질적인 것이다. 어느 시대에나 어느 지역에서나 사람의 타락과 죄악에 물든 추한 상태는 항상 비슷하다. 단지 시대와 장소에 따라 그 주인공들이 약간씩 달라졌을 뿐이다.

기술문명과 과학, 평등사회를 위한 인권의 신장과 민주주의는 크게 발전하고 있지만, 여전히 죄악이 가득한 세상이다. 수천 년 전이나 지금 첨단 기계들이 생활을 편리하게 도와주는 시대나 사람은 하나도 변한 게 없다. 로마 제국 하에 살던 이스라엘 사람들이 당대 세상의 어두움을 더욱 더 절실하게 느꼈다. 예수님이 십자가에서 처형당하자, 모든 희망을 접고 엠마오로 돌아가던 글로바와 제자 한 사람은 슬픈 빛을 띠고 절망을 토로했다.

> 우리는 이 사람이 이스라엘을 속량할 자라고 바랐노라(눅 24:21).

이처럼 세상을 볼 때에 절망하며, 암흑기에 살아가던 성도들에게 메시아 예수 그리스도는 희망의 약속을 주시고, 그 꿈을 이루어주셨다. 예수님이 이 세상의 희망이 아니라고 생각하는 사람들이 불쌍하다. 이 약속을 거부하고 외면하면 죄악의 어둠을 벗을 수 없기에 안타까울 따름이다.

성령은 말씀에 따라서 약속한 바대로 오신 하나님의 선물이다. 성령이 주시는 은사들은 값 없이 주시는 은혜가 전달되는 수단이요, 흔적이다. 약속에 따라서 성령은 오순절에 하늘로부터 강하고 급한 바람과 함께 불의 혀같이 갈라지는 기적 속에서 이 땅위에 부어졌다. 그것은 하나님의 오래된 약속을 예수님이 실현하신 것이었다. 우리는 지금 우주적으로 가득 찬 성령의 충만하신 역사 속에서 살아가고 있다.

2. 성령의 약속

예수님이 승천하신 이후에야, 영광을 받으신 후에야 비로소 새로운 복음 사역의 시대가 열렸다. 민족과 혈통을 떠나서, 유대인이나 이방인이나 동일하게 복음을 듣고 구원을 얻는 길이 열렸다. 이를 실현하기 위해서, 예수님은 예루살렘에 모여 있던 제자들과 성도들에게 약속하신 대로 성령의 선물을 내려 보내셨다. 성령을 받아서 방언을 말하는 것이 중요한 것이 아니라, 예수님이 약속하신 그대로 보내주신 은혜가 임했음을 잊어서는 안 된다. 성령은 영광스러운 통치자 예수님이 친히 우리를 위해서 보내신 것이다.

> 예루살렘을 떠나지 말고 내게서 들은 바 아버지께서 약속하신 것을 기다리라…몇 날이 못되어 성령으로 세례를 받으리라…오직 성령이 너희에게 임하시면 너희가 권능을 받고 예루살렘과 온 유대와 사마리아와 땅 끝까지 내 증인이 되리라(행 1:4-8).

예수님의 약속! 그 약속을 사모하고 기다리는 기도가 있는 곳에 성령이 강림하였다. 주님의 말씀에 따라서 계획하신 바에 의해서, 약속하신 성령을 부어주신 것이다. 예수님의 약속은 새 언약의 실현이요, 놀라운 구원사역의 새로운 시작이 된다는 일종의 선포와 같다. 그곳에 모여 있던 모든 사람들이 오순절에 신비로운 체험과 함께 성령을 받았다(행 2:4).

약속의 실현은 원대한 하나님 나라의 진행과정에서 분기점을 이루는 사건이다. 이 약속이 이루어진 오순절은 인류 역사의 구원을 위해서 메시아를 아는 영이 강림하신다. 인종과 민족과 언어와 성별, 나이를 초월해서 차별없이 아무에게나 누구에게나 주시는 성령의 선물이지만, 약속을 믿고 기다리던 자들에게 내려주신 것이다. 약속하신 내용도 모르는 자들에게 함부로 아무렇게나 성령의 은사가 뿌려지는 것이 아니다.

약속하신 대로 이루시는 분이시기에, 그 약속을 들은 자들에게 주신 것이다. 베드로는 분명하게 기억하고 선포한다.

> 하나님이 오른손으로 예수를 높이시매 그가 약속하신 성령을 아버지께 받아서 너희가 보고 듣는 이것을 부어 주셨느니라(행 2:33).

베드로는 오순절에 내려진 성령이 그냥 오시는 것이 아니라, 예수님이 약속했던 것을 이루신 것임을 분명하게 인식하고 있었다.

그 약속은 이미 오래 전에 이스라엘 백성들에게 주신 것이다. 특히 베드로는 요엘 2:28-32에 있는 성령의 선물에 관한 예언이 바로 그가 참여한 오순절에 이루어졌다고 지적하였다.

> 이는 곧 선지자 요엘을 통하여 말씀하신 것이니 일렀으되 하나님이 말씀하시기를 말세에 내가 내 영을 모든 육체에 부어주리니 너희의 자녀들은 예언할 것이요 너희의 젊은이들은 환상을 보고 너희의 늙은이들은 꿈을 꾸리라 그때에 내가 내 영을 내 남종과 여종들에게 부어주리니 그들이 예언할 것이요 또 내가 위로 하늘에서는 기사를 아래로 땅에서는 징조를 베풀리니 곧 피와 불과 연기로다 주의 크고 영화로운 날이 이르기 전에 해가 변하여 어두워지고 달이 변하여 피가 되리라 누구든지 주의 이름을 부르는 자는 구원을 받으리라 하였느니라 이스라엘 사람들아 이 말을 들으라 너희도 아는 바와 같이 하나님께서 나사렛 예수로 큰 권능과 기사와 표적을 너희 가운데서 베푸사 너희 앞에서 그를 증언하셨느니라(행 2:16-22).

성령의 강림은 사람의 열정이나, 사람의 뜻대로 되는 것이 아니다. 구약시대에는 모세와 같은 종을 사용하셔서 예언, 환상, 꿈을 통해서 하나님의 뜻을 알게 하여 주셨다. 옛 시대에는 선지자를 세우셔서 하나님의 아는 지식을 특수한 방법으로 전달하였다. 그런데 이제 새 시대가 도래하리라고 약속하셨다. 차별 없이 모두에게 예수님을 알게 해 주시는데, 첫 사건은 전무후무한 하나님의 임재시에 나타나는 권능과 기적과 방언으로 받을 수 있게 하셨다는 것이다. 사방각지에서 예루살렘으로 오순절에 모여든 사람들이 모두 다 이해할 수 있는 언어(방언)로 알려주셨다. 평범하게 살아가던 자들, 남자, 여자, 젊은이, 노인들 누구든지, 헬라인이나, 유대인이나 모두에게 다 성령의 선물을 주셔서 메시아를 믿고 따르게 되었다.

사도행전 2:33에, 오순절에, "약속하신 성령을 아버지께 받아서… 이것을 부어주셨느니라"고 하였다. 성령을 받았다는 표현도 여러 차례 나온다. 성령은 이미 온 세상에 존재하고 계셨고, 이 세상의 모든 생명에 힘을 주시고, 능력을 행사하셔서 돌아보시고, 유지시키신다. 그런데 왜 예수님은 하나님으로부터 성령을 보내시겠다고 하셨고, 사람은 받는다는 표현을 사용하고 있는가?

이 성령강림이라는 표현을 사용하게 되는 이유는 위에 계신 하나님이 하늘로부터 초월적으로 백성에게 내려주셨기 때문이다. 새로운 차원의 사역을 시작하도록 오래전부터 주셨던 약속을 성취하신 것이다. 위로부터 내려오시는 성령이라는 표현은 초월성을 강조하시면서, 약속하신 대로 부어졌음을 구체화하는 표현이다. 그냥 옆으로 번지거나 퍼져나가는 것이 아니다. 하나님으로부터, 하늘에 올라가신 예수님으로부터 직접 내려왔다. 그것도 아주 먼 옛날에 아브라함의 복을 통해서 주시는 약속의 성취였다는 것이다. 그 내용인즉, 예수 그리스도를 보내셔서 이방인에게까지 구원의 은혜를 베푸신다는 약속이다. 그리고 이를 각 사람에게 적용시키는 사역을 하게 하고자 성령을 부어주신다는 것이다.

> 이는 그리스도 예수 안에서 아브라함의 복이 이방인에게 미치게 하고 또 우리로 하여금 믿음으로 말미암아 성령의 약속을 받게 하려 함이니라(갈 3:14).

> 또 새 영을 너희 속에 두고 새 마음을 너희에게 주되 너희 육신에서 굳은 마음을 제거하고 부드러운 마음을 줄 것이며 또 내 영을 너희 속에 두어 너희로 내 율례를 행하게 하리니 너희가 내 규례를 지켜 행할지라(겔 36:26-27).

오래 전에 메시아적 약속의 성취를 보여주셨다(사 52:15; 53:12; 시 2:8). 그 약속이 성취되었고, 다시 예수님은 성령을 보내시겠다고 약속하였다. 성령의 오심은 예수님의 승천과 승귀에 이어서 왕으로서의 신분에 복귀하심에 따라서 의존하는 사건이다. 하나님이 보내시는 성령이 아직 오시지 않았지만, 예수님이 존귀케 되고 난 이후에 오신 것이다.

> 이는 그를 믿는 자들이 받을 성령을 가리켜 말씀하신 것이라 예수께서 아직 영광을 받지 않으셨으므로 성령이 아직 그들에게 계시지 아니하시더라(요 7:39).

그리하여 오순절에 모여있던 성도들이 메시아 사역에 나서는 새 시대의 시작을 알리는 사건에 참여하게 되었고, 그 시작을 알리는 성령을 받았다. 그 제자들은 성령이 오셔서 깨우쳐 주시자 비로소 예수님의 구원사역을 이해하고 믿고 받아들이게 되었다.

성령을 받는 것은 곧 예수님의 영을 받아들이는 것이다.

> 만일 너희 속에 하나님의 영이 거하시면 너희가 육신에 있지 아니하고 영에 있나니 누구든지 그리스도의 영이 없으면 그리스도의 사람이 아니라(롬 8:9).

성령을 소유한 사람은 예수님을 인격적으로 받아들이는 것이다.

3. 성령의 인치심

예루살렘 교회는 예수님으로부터 성령의 선물을 받아서 시작되었다. 모든 교회는 이와 같이 성령의 선물을 받아서 예수 그리스도를 고백한 사람들의 모임이다. 다만 성령의 은사들은 각양 각색으로 다양하다. 모두 다 똑같은 성령을 받으며 거듭난다. 단지 각각 은사들은 서로 보충적으로 다르게 받는다.

성령을 누가 받을 수 있고, 어떻게 내려 주시는가? 내가 지금 받고자 하는 열심과 열정이 있다고 해서 즉시 부어주시는 것인가? 부흥회에서 금식하면서 기도한 후에 받을 수 있는 것인가? 그처럼 성령을 받는 것이 감정적이고, 즉흥적이며, 인간의 열성에 좌우되는 것인가?

"나는 성령 받았다"고 자신 있게 말하는 분들이 많지 않다. 그렇게 말하게 되면, 아직도 자신의 부족과 죄성으로 얼룩진 자아상을 속이고 자랑하는 것처럼 생각되기 때문이기도 하다. 이제 우리 한국교회 성도들은 지나친 무관심과 헛된 열광주의에 대해서 모두 다 경계해야만 하고, 건전한 성장과 성숙을 향해서 나아가야 한다. 많은 성도들이 성령을 받았다는 감사와 확신에 가득 차서 기쁨과 소망으로 신앙생활에 매진하게 되기를 소원한다.

한국에 기독교 복음이 들어온지 130년에 되어 가는데도, 여전히 이 기초적인 질문 하나를 제대로 답하지 못한다는 말인가! 이것이 허약한 한국교회의 현실이다. 빈약한 신앙수준을 말해주는 것이다. 어서 속히 성령에 대한 이해가 어린아이의 수준에 머물러 있지 말고 장성한 어른의 믿음으로 성장하기를 기원한다. 먼저 성경에 나오는 가장 기초적인 설명에서부터 출발하자.

성령을 받았느냐는 말은 그 기준이 너무나 애매모호하다. 무엇을 어떻게 보여주어야 "아! 당신은 성령을 받은 사람이군요!"라고 할 것인가? 오순절에 참여한 사람들만이 성령을 받은 것이 아니라, 모든 성도들은 성령의 인치심을 받아서 살아간다. 사도 바울의 설명은 너무나 분명하다.

> 그 안에서 너희도 진리의 말씀 곧 너희의 구원의 복음을 듣고 그 안에서 또한 믿어 약속의 성령으로 인치심을 받았으니(엡 1:13).

마치 도장을 찍듯이, 하나님이 주시는 은혜의 보증으로서 성도들은 성령의 인치심을 받는다. 성령을 받은 것은 먼저 사랑이 많으신 하나님이 예수 그리스도의 은혜를 따라서 사는 사람임을 보장하는 일을 시작하신 것을 의미한다.

성령은 스스로 하나님의 도장(sealing)이다. 성령으로 인해서 우리가 하나님의 것이 되는 것이요, 그 증거로서 우리에게 오셔서 영원토록 우리 안에 머물러 있다(요 14:17). 성령이 머물러 계신 사람들의 소속감과 소유권이 분명해진다. 우리 성도들은 하나님께 속한 자가 되며, 결코 우리 성도들을 떠나지 않고 머물러 계신다(요일 3:24). 사도 요한은 우리 주님 예수 그리스도께서 남기신 약속을 분명히 기록해 놓았다.

> 그의 성령을 우리에게 주시므로 우리가 그 안에 거하고 그가 우리 안에 거하시는 줄을 아느니라(요일 4:13).

모든 사람은 자신의 신분증을 가지고 살아간다. 만일 여러분이 외국에 다녀오려면, 어느 곳에서나 자신의 신분을 증명하는 '여권'(패스포트)이 있어야 한다. 자신의 정체성을 말해주는 신분증이다. 개인에 관한 모든 일에서 '주민등록증'이 있어야 한다. 언제 어디서 태어난 사람이라는 공적인 증서를 통해서 사람의 자격을 심사하게 된다. 그래야 그 사람이 누구이며, 무슨 일을 하였는가를 기록해 놓을 수 있다. 부모로부터 생명을 받아 태어난 사람은 모두 다 그 근거를 통해서 '신분'을 가진다. 마찬가지로, 성령은 각각 성도들을 하나님의 자녀가 되게 만들어주는 '기름부음'을 베푸신다. 때로는 영적으로 무지하여서 우리 각 성도들을 새롭게 만드시는 성령님의 활동과 사역을 이해하지 못할지라도, 특별한 역할을 감당하고 있다.

성령은 각 사람마다 기독교 신자라고 하는 '보증서'이자, '날인하는 도장'과 같은 역할을 해 주신다. 성령은 성도들에게 하나님이 내려주시는 영적인 신분증과 같다. 내가 한국사람이라는 사실은 아버지와 어머니가 대한민국 사람이기 때문에 받게 된 권리의 한 부분이다. 하나님의 자녀들은 보이지 않는 증서, '성령'을 받아서 자녀임을 인정받는다.

성도가 노력해서 성령을 받게 되는 것이 아니다. 먼저 하나님께서 성령으로 인을 치셔서 하나님의 자녀로 회복되어 새 사람을 만들어 놓으시는 것이다. 아멘!

우리를 성령으로 '인치셨다'는 말이 자주 나온다. 지금 세상은 도장으로 인을 치는 것 보다는, 각자 손으로 자기 이름을 서명하는 일이 일반적이다. 도장을 찍어서 자신의 신분을 입증하기보다는, 오히려 이름을 쓰는 것이 개개인의 신분을 확실히 구분시켜 준다. 하지만 옛 시대에는 문서의 권위를 입증하기 위해서 왕의 이름이 새겨진 도장을 찍었다. 왕의 명령은 인장이 찍혀진 문서를 통해서 전달되었다. 도장을 찍는 것은 무엇을 의미하는가? 이런 의미를 가장 잘 이해한 청교도 개혁주의 신학자들이 있었다. 성경에 나오는 인을 친다는 표현은 당시 군주의 이미지를 새겨서 자신이 모습을 확대재생산하는 효과를 나타내는 것과 일맥상통하는 것이라고 청교도 신학자 리차드 십스(Richard Sibbes, 1577-1635)는 해석하였다.[1]

사도행전 19:2에 나오는 것과 같이, 성령의 인치심이란 예수 그리스도의 왕권의 상징인 도장이 찍혀있는 문서를 만들어내는 것이다. 왕권의 상징이 찍혀있는 것은 그 누구도 거스르거나 부인할 수 없는

---

1 *The Works of Richard Sibbes* (1862-1864; Edinburgh: Banner of Truth, 1979-1983), vol. 3, 453.

권위를 가졌다. 하나님은 성령으로 각 성도들에게 도장을 찍어서 예수 그리스도의 형상을 확실하게 심어놓는다. 예수에게 속한 자의 모습으로 새롭게 변화시키는 것이다. 그래서 성령의 인치심이란 회개와 세례시에 나타나기도 한다.

> 하나님의 성령을 근심하게 하지 말라 그 안에서 너희가 구원의 날까지 인치심을 받았느니라(엡 4:30).

성령의 '인치심'(헬라어로 '스프라기스')을 받은 성도들은 각자 보증과 열매로서 주어진 성령에 대해서 자신의 분명한 의식을 가지게 된다. 마치 확증하는 문서를 가지고 있는 것과 똑같다. 하나님의 은혜에 대한, 구원의 복음에 대해서 확신을 가진다. 흔들리지 않는 견고한 확증을 가진다.

하나님은 무한하신 사랑에 근거하여 성령을 부어주신다. 인침을 받은 사람에게는 구원과 미래를 '보증'하는 예수 그리스도의 은혜가 주어진다. 성령은 믿는 자에게 구원의 은혜를 보장하여 주시는 것이다. 성령의 인치심을 받은 것은 비인격적으로 단지 어떤 은사나 능력을 받는다는 것이 아니다. 예수 그리스도 안에서 새로운 생명이 있는데 그것을 주시는 것이다. 성령의 인치심은 '담보' 혹은 '계약금'을 의미하는 것이다. 성령으로 인치심이란 결국 하나님이 '보증'한다는 의미로서 고린도후서 1:22, 5:5에도 사용되었다. 성령은 구원의 종국적인 성취와 영광에 대해서 보증이 된다.

인치심을 받은 사람에게는 하나님 나라의 '완성된 실재'에 대한 깊은 신뢰가 주어진다. 미래의 실재에 대해 확실히 믿고 나아가는 특별한 작동이 있다. 인치심이란 모든 신자 개개인에게 성령이 임재하고 있는 특별한 영향들을 말하는 것이다. 성도가 그리스도의 소유라고 하는 비밀스러운 확신을 포함한다. 성령이 그리스도인들을 위해서 예비 된 유업에 대해 확신시켜 주고, 그 유업을 받도록 하나님께서 믿음을 통해서 그들을 지켜 주신다고 하는 것을 깨닫게 한다.

성령의 인치심은 성도가 회심한 이후에 추가적으로 받게 되는 어떤 특정한 경험이나 추가적인 은사를 말하는 것이 아니다.[2] 성령의 내주로 말미암아 만들어지는 열매들이다. 어느 정도 믿다가 받게 되는 부수적인 영적 황홀함이 아니다.

인치심은 성도 각자의 체험이나 간증거리가 되기도 하지만 그보다 더 본질적으로 하나님과의 영적인 교제를 시작하게 되는 일이다. 그래서 '내가 과연 성령을 받았는가?' 자문자답하면서 특이한 초자연적이며 신비적인 체험 현상을 찾으려하는 대부분의 성도들에게는 확신이나 자신이 없어진다. 성도는 교회에서 세례를 받았고, 예수 그리스도에 대한 신앙을 고백했다. 따라서 내 마음에 예수님의 가르침을 인정하여 진리이시며, 생명이시며, 부활의 구세주이심을 받아들였다. 내가 예수님을 영혼의 목자로 삼으며, 좋아하고 따르려는 영적인 작용이 내 영혼에 분명히 들어있다.

그런데도 '당신은 언제 어떻게 성령을 받았느냐?'는 질문을 받으면, 당황하게 된다. 그렇다! 이미 성령을 받아서 인치심을 소유했으니, 체험이나 간증보다 먼저 하나님과의 영적인 교제와 교통을 나누고 있는 것이다. 예수 그리스도의 영적인 구원사역을 받아들이고, 새로운 생활을 따라가는 자는 인치심과 기름부으심 안에 있는 것이다. 성도들

---

2 싱클레어 퍼거슨, 『성령』 (서울: IVP, 1999), 209.

이 예수님을 믿고 따르고자 믿음을 지키는 신앙생활을 할 수 있는 것은 인간이 이해할 수 없는 성령님의 신비로운 부으심에 의한 것이다. 초월하신 하나님의 비밀스러우심과 신비로운 능력과 교통할 수 있다면, 이는 바로 성령의 부어주심 때문이다.

성령을 어떻게 어떤 방법으로 받았다고 해야 옳은 것인가?' '나는 특별한 신비적인 체험이 없는데, 그러면 아직 성령을 받지 못한 것인가?' 혹은 신앙생활을 오래 하는 분들도 '성령을 받았다는 내가 이처럼 맨송맨송한가?'라는 자기 진단에 빠지고 만다. '뭔가 뜨거운 불이 심장 속에서 타올라서 솟구쳐 오르는 감동으로 내 인생을 완전히 바꿔 놓아야 하지 않을까?'라는 막연한 상상에서 헤어 나오지 못한다.

성령을 받으면 단번에, 한번에, 확실히, 완전히 사람이 달라지는 것이 아니다. 제자들이나 사도들이나 모두 다 성령에 충만한 종들이었지만, 완벽한 인간이 아니었다. 성령체험으로 뜨거운 심령이 되었다 하지만 항상 지속되는 것도 아니다. 성령을 받은 사람들이라 하더라도 인격적으로 성숙하고 성장하는 과정을 거치게 된다. 제자들은 예수님을 만나면서 성령을 체험하고, 권능을 시행하고, 병자를 고치며, 죽은 자를 살리고, 귀신을 쫓아내면서 놀라운 힘과 능력을 발휘하였다. 그러나 아직도 여전히 한 편에서는 의심하고 있었다. 권세자들을 무서워하고, 당시 세상 사람들의 박해에 대해서 크게 두려워하였다. 그래서 제자들도, 사도들도, 일시적이지만 오해하고 착각하였다.

성령의 인치심은 무엇을 의미하는가를 다음과 같이 요약해 볼 수 있다.[3]

---

[3] Michael Barrett, "The Outpouring of the Spirit: Anticipated, Attained, Available," in *The Beauty and Glory of the Holy Spirit*, Joel R. Beeke & Joseph A. Pipa Jr. eds., (Grand Rapids:

첫째, 성령의 인치심은 거듭남을 뜻한다. 영적으로 죽었던 자에게 영적 생명을 창조해주는 성령님의 은혜의 행위이다. 인치심은 새로 태어나는 것을 의미한다. 이러한 성령의 창조적 행위는 죽어있던 죄인으로 하여금 회개하고 복음을 믿게 한다.

둘째, 성령의 인치심이란 내주하심이다. 이것은 믿는 자들에게 영적인 삶에 대한 확신과, 은혜의 유익들을 주기 위한 지속적이고 멈추지 않는 성령의 임재이다. 내주하시는 성령은 모든 믿는 자에 대한 하나님의 선물이다. 오직 그리스도를 믿음으로 인해서 얻을 수 있다. 성도들은 공유하게 된 모든 상속들과 유업에 대해서 계약금과도 같은 것을 얻게 되는 것이다.

셋째, 성령의 인치심은 권능을 주시는 것이다. 이것은 주님의 종에게 부여된 사역을 수행하고 성취할 수 있도록 성령께서 주시는 도움을 말한다. 성령께서 주시는 힘은 항상 섬김을 위한 것이고 하나님 나라의 모든 과제를 위해 필요한 것이다.

넷째, 성령의 인치심은 영향력을 공급받는 것이다. "술 취하지 말고, 오직 성령의 충만을 받으라"(엡5:18)라고 했던 바울의 명령에서 발견하게 된다. 포도주에 취하게 되면, 걷는 것과 말하는 것, 그리고 생각하는 것에 영향을 준다. 마찬가지로, 성령의 영향력 가운데 있게 되면 행동과 대화, 그리고 생각들이 통치를 받게 된다. 믿는 자들은 성령님의 인도하심, 죄를 깨닫게 하심 그리고 가르치심에 복종하도록 명령받았다. 성령님의 영향력에 굴복하는 것이 성화의 길이다. 성화의 전과정은 성령의 부어지심으로 가능하게 된다.

Reformation Heritage Books, 2012), 67-80.

4. 성령은 구속역사의 핵심 동력이다

우리는 이런 초자연적인 능력과 성령의 부어지심의 특징을 밝히기 위해서 성경신학적인 논의를 검토하고자 한다. 과연 제자들에게 부어진 능력은 어떤 변화를 가져왔는가? 구약에 연계된 큰 관점에서 오순절 사건을 들여다보면, 놀라운 변화가 있었음을 알 수 있다. 구약 시대와 예수님에게 부어진 성령과 오순절의 부어지심에는 어떤 차이가 있는가를 살펴보자.

1) 언약의 성취와 전진을 주도한 성령

성경에서 하나님의 의도를 가장 잘 설명해주는 구조가 언약관계이다. 언약은 하나님과 인간 사이에 맺어진 은혜롭고도 견고한 관례성을 보여준다. 구약성경에서만 3백 번 이상 언약이라는 단어가 사용되었다. 하나님과의 관련성을 맺는 언약과 하나님의 사람들에게 임재하는 성령을 동시에 주셨다. 언약의 성취와 전진에서 성령의 사역은 필수적인 중심요소였다.

> 너희가 애굽에서 나올 때에 내가 너희와 언약한 말과 나의 영이 계속하여 너희 가운데에 머물러 있나니 너희는 두려워하지 말지어다(학 2:5).

언약신학은 우리 앞에 놓인 "성령의 부어지심"이라는 주제에 대해 빛을 비추어주는 중요한 구조이다. 요엘 선지자는 하나님께서 그의 영을 부어주시는 날에 대해 예언하였고, 베드로는 오순절 날이 바로 그 날이라고 하였다. 오순절 날은 성령이 어떻게 역사하시는가에 대해 무언가 변화를 가져왔다.

언약신학을 통해서 우리가 얻게 되는 중요한 교훈은 타락 이후 모든 인간 역사의 목적, 초점 그리고 진보는 구속적이라는 것이다.[4] 모든 역사는 하나님께서 그의 백성을 저주로부터 구속하기 위해 그의 아들을 보내시는 때가 차기까지 전혀 차질 없이 또 실패 없이 움직였다(갈4:4). 그리고 그리스도의 속죄로 완성된 구속사역이 성취되었다. 구원의 완성을 위해(히 9:28) 그리스도께서 다시 오실 두 번째 때가 충만하기까지의 인류 역사도 역시 하나님의 분명한 의도 가운데 전진할 것이다. 그리스도의 승천 이후 세계 역사가 그리스도의 재림이라는 엄청난 사건을 향해 움직여가는 것처럼, 성육신 이전의 세계 역사도 그리스도의 초림을 향해서 지속적으로 진행해 왔었고, 마침내 자신을 낮추시어 이 땅에 오셔서 위대한 사역을 이루었다. 언약신학은 그리스도와 구속이 성경의 하나의 통일된 주제임을 인지하게 했으며, 따라서 구약과 신약 사이에는 고도의 일관성과 통일성이 있음을 보여준다.

복음의 첫 선포인 창세기 3:15은 구속사의 개요가 된다. 하나님은 죄의 저주를 반전시키기 위하여 그의 아들을 여자의 씨로부터, 그리고 죄 된 육체의 모습으로 보낼 것이라는 목적과 계획을 선포하였다. 하나님은 또한 여자의 씨와 사탄의 씨 사이의 적대성을 미리 내다보

---

[4] James C. VanderKam, "Covenant and Pentecost," *Calvin Theological Journal 37* (2002):239-254. Andrew A. Woolsey, *Unity and Continuity in Covenantal Thought* (Grand Rapids: Reformation Heritage Books, 2012). R. Scott Clark, ed., *Covenant, Justification, and Pastoral Theology* (Phillipsburg: P&R, 2007). Peter Golding, *Covenant Theology* (Ross-shire: Mentor, 2004). Michael Horton, *God of Promise: Introducing Covenant Theology* (Grand Rapids: Baker, 2006), 9. 우리는 약속이 깨어진 시대에 살고 있지만, 하나님의 약속은 불변하다.

았다. 하나님의 구속계획을 기록한 성경에는 저항과 극심한 어려움이 자주 나타나는데, 그 이유는 그리스도의 나라의 진보와 성취, 그리고 교회는 결코 좌절될 수 없는 진리임을 더욱 드러내는 데 목적이 있기 때문이다. 하나님은 자신의 다양한 섭리를 작동시키고 드러내면서, 서로 다른 방법들을 사용하여 그의 목적을 이루신다. 어떠한 것도 하나님의 목적을 방해할 수 없으며, 그리스도 안에 있는 하나님의 목적은 가장 확실히 보장된 일이다. 그리스도와 그의 나라는 승리할 것이다.

하나님의 나라를 진전시키기 위해서는 하나님의 영의 사역이 필요하다. 이사야는 다음과 같은 기본적인 원리를 언급하였다.

> 원수가 홍수같이 올 때에 주의 영께서 군기를 들어 올리사 그를 치실 것임이로다(이사야 59:19).

성령께서는 구속사역의 전진에 핵심이 되신다. 대적의 방해가 홍수같이 강하다 하더라도 성령은 대적을 향해 가시며 권능으로 대적의 행진을 멈추게 하신다. 성령께서 그 대적을 무너트리시고 그리스도의 나라를 전진시키기 위해 사용하는 핵심 방법 중 하나는 각각 하나님의 종들로 하여금 그 대적과 싸우도록 하는 것과 하나님 나라의 사역을 돕게 하는 것이다.

성육신 전의 시대에는 성령은 하나님께서 그의 아들을 보내실 때가 차기까지 모든 것이 이루어지도록 하기 위해 하나님의 종들 가운데서 역사하셨다. 성육신 이후로는 성령은 광범위하게 교회를 통해 역사하시어 승리를 성취하신다. 오순절에 있었던 성령의 부어지심은 그리스도께서 그분의 교회를 세울 것을 보증한다. 오순절은 교회로 하여금 땅끝까지 전진할 수 있도록 영적 권능의 계절을 가져왔다. 오순절 전과 후에 달라진 그분의 사역의 차이점은 권능을 부여하시는 것과 관련 있는데, 여기서 그 차이는 정도와 범위의 차이이지, 본질의 차이가 아니다.

2) 오순절 이전에 부어주신 성령의 권능

하나님의 사역을 감당하는 사람은 성령의 부어지심으로 가능한 능력을 발휘한다. 옛날이나 지금이나 장차 올 나라에서도 성령의 권능은 필수적인 요소이다. 구약에서 말하는 성령의 사역이란 봉사를 위해 성령의 능력을 부여해주는 것이고, 이것은 바로 오순절 날에 이르러 확장되었다.

예수의 성육신 이전에는 성령이 주는 능력에는 한계가 있었다. 오직 소수의 사람들에게만 주어졌다. 장막을 지을 수 있도록 브살렐에게 능력을 주신 것 (출31:2)을 제외하고는 성령의 능력은 오직 신앙생활을 지도하는 사람과 일상생활의 지도자에게 집중되었다. 사사 시대를 보면 하나님이 선택한 지도자들에게 그의 영으로 능력을 주셨던 많은 예를 볼 수 있다. 하나님은 사사들을 세우셨고 그의 영을 그들 위에 두셨으며, 그들을 통해 언약백성이 직면했던 위협을 이기게 하셨다. 이스라엘에 대한 이러한 위협들은 곧 하나님의 구속적 목적의 완성과 진보에 대한 위협이기도 하였다. 그리스도가 있기 위해서는 이스라엘이 있어야만 했다. 하나님의 구속계획을 이루어가기 위해 하나님의 영은 특별한 구원자들에게 임하였고, 그들로 하여금 모든 어려운 문제들로부터 민족을 지켜내게 하셨다. 어떠한 것도 하나님의 목적을 좌절시킬 수 없었으니, 승리를 확증하는 주된 방법은 능력을 부어 주는 성령의 사역이었다.

오순절 이전 성령의 능력은 일반적으로 기름부음 받은 사람들, 즉 장차 오실 메시아적인 직분을 감당하던 예언자, 제사장, 그리고 왕에게 주어졌다.[5] 주께서 한 사람을 이 직분 중의 하나를 위해 기름 부으실 때에, 그 사람의 재주나 능력의 없음으로 인해 포기하지 않으셨다. 주님은 능력을 주시는 궁극적인 요원이신 성령님을 통해 봉사에 필요한 능력을 공급하셨다. 가끔은 이렇게 능력을 부어주심은 실제 기름을 부어주는 예식에서 능력이 부어지는 것을 나타내 보이기 위해서 기름을 사용하여 구체적으로 형상화되기도 하였다. 훗날, 감람유(올리브 기름)가 지명된 '메시아'의 머리에도 부어짐으로써, 성별되고 구별된 자신의 사역을 감당하도록 성령께서 임하셨다. 이렇게 해서, 예언자들은 예언을 할 수 있게 되었으며, 제사장들은 제사를 위해 성별되었고, 왕들은 다스림에 필요한 권위를 부여받게 되었다. 구약은 이러한 사례들로 가득 차있는데, 예언자는 모세로부터 제사장은 아론으로부터 왕은 사울로부터 시작되었다. 이러한 직분들은 구속의 역사를 위해 모두 필수적이었다.

다시 말하지만, 비록 오순절 전에는 성령의 능력이 오직 지도자들에게만 제한되어 있었다. 하지만, 그 능력의 양적인 부분에서는 전혀 제한이 없었다. 하나님 나라의 일을 위해 성령의 능력이 얼마나 필수적이며 핵심적인 것인지 스가랴 4장에서 보게 된다. 스가랴 4장은 스

---

5 Michael Barrett, "The Outpouring of the Spirit: Anticipated, Attained, Available," in *The Beauty and Glory of the Holy Spirit*, Joel R. Beeke & Joseph A. Pipa Jr. eds., (Grand Rapids: Reformation Heritage Books, 2012), 71. 현재 미국 청교도 개혁신학대학원 구약 교수인 바렛 박사는 오순절 성령의 부어주심을 구약성경에서 연계된 확장이자 새로운 변화라고 풀이한다.

룹바벨에 비유한 촛대와 두 올리브 나무에 대한 환상을 기록한 것이다. 바벨론 포로 이후에 이스라엘 백성들의 지도자였던 스룹바벨은 성전 재건을 감독하는 자로 임명되었다. 원래 있던 솔로몬의 성전은 느부갓네살의 군대에 의해 파괴된 것이다. 성전 재건은 예수께서 오시는 때가 차기까지, 하나님의 구속 계획에 있어 핵심 요소였다. 메시아가 오실 때 성전은 제자리에 있어야 했다. 그러나 하나님의 섭리 가운데, 외부적인 저항과 내부적인 좌절로 인해 성전 재건은 중단되었다. 스가랴는 촛대와 그 촛대에 기름을 공급하고 있는 올리브 나무의 환상을 사용하여, 스룹바벨을 격려하고 동기를 부여함으로써 어려움에도 불구하고 하나님 나라에서 중요한 일을 지속할 수 있었다.

스가랴에게 보여주신 환상의 의미는 명확했다. 램프가 작동하도록 기름이라는 연료가 공급되어야만 하듯이, 성령께서도 스룹바벨이 주님을 섬기는 데에 필요한 에너지를 공급해줄 것이라는 것이다.

> 만군의 여호와께서 말씀하시되 이는 힘으로 되지 아니하며 능력으로 되지 아니하고 오직 나의 영으로 되느니라(슥 4:6).

하나님의 일을 감당함에 있어서는 성령의 개입이 절대적으로 필요하다는 것을 강조한다. 힘이라는 단어는 집단적인 세력을 말하는데, 사람들을 엄청나게 많이 모아놓고서 큰 건물을 세우는 것이 일반적인 공사의 해법이었다. 그리고 능력이라는 단어는 개인적인 능력이나 카리스마를 뜻한다. 애석하게도, 우리는 주님의 일을 할 때에, 너무 자주 이러한 것을 찾고 사람들에게서 나오는 힘에 의지하려 한다. 하지만 성령의 도우심이 없으면 구원사역은 흔들릴 수 밖에 없다. 반대로,

어떠한 장애물도 성령의 역사 앞에서는 방해하거나 막아서지 못한다.

여기서, 스룹바벨에게 적용된 가르침은 세 가지로 요약할 수 있다.

첫째, 성령의 능력이 부어진 봉사는 성공할 것이다. 스룹바벨을 거스르는 산은 평탄해지고, 성전의 완성을 이루는 모퉁이 돌은 제 자리에 놓일 것이다(슥 4:7).

둘째, 성령의 능력이 부어진 봉사는 격려를 불러일으킨다. 그 일이 마치 '수도관을 잡는 것'과 같이 작고 무가치해 보이더라도, 성령의 능력으로 이루어지는 일이라면 그것은 하나님을 기쁘시게 한다.

셋째, 성령의 능력은 필요할 때 언제든지 주어지게 된다. 올리브 나무에서 파이프를 통해 오일이 촛대에 직접 연결된 것은 소진되지 않는 오일의 공급을 말해주며, 따라서 성령의 능력에는 어떠한 부족함도 없다. 이렇게 봉사 지향적인 하나님 나라의 권능이 오순절에 이르러 매우 분명해질 것이었다. 그렇지만 또한 무언가 매우 놀라운 변화도 일어날 예정이었다.

3) 예수님의 지상사역에서 항상 함께하는 성령

봉사를 위해 능력을 주시는 성령님의 사역이 주 예수 그리스도 때에 이르러서 그 절정에 도달했다. 하나님의 아들은 구세주로서 자신의 공적인 사역을 시작하시기 위해 성령께로부터 능력을 받았다. 이것은 신약의 역사였을 뿐 아니라 구약의 예언이기도 했다(사 42:1; 61:1 참조). 예수님의 지상 사역 중에서 성령의 능력이 임하였던 직접적인 연관성을 충분히 다 드러내지는 않았지만, 성령께서 예수님의 사역에 중요한 영향을 준 것은 분명하다. 예수께서 세례를 받으실 때 일어난 성령의 기름부음과 능력의 부어짐이 예수님의 공생애 시작에 있어 너무나도 중요했기에 네 개의 모든 복음서에 기록되어 있다(마 3:16; 막 1:10; 눅 3:22; 요 1:32).

세례자 요한이 예수님께 세례를 베풀 때에 성령이 그 위에 내려온 것을 보았다는 것만이 중요한 핵심 사항이 아니다. 우리는 "성령이 내려서 누구 위에든지 머무는 것을 보거든 그가 곧 성령으로 세례를 베푸는 이인 줄 알라 하셨기에"(요1:33) 라는 말씀을 통해서 이 세례는 이미 예언되어 있었다는 것뿐만 아니라 이 세례가 예수께서 하나님의 아들이라는 것은 부정할 수 없는 사실임을 나타내는 표적이라는 것을 알 수 있다. 성령의 기름 부으심은 메시아적 증거였다.

하나님의 사역자들은 하나님 나라를 섬기기 위해서 성령님의 능력 주심을 경험했다. 하지만 구약 시대에 성령의 능력은 임시적이고 반복적인 성격을 가지고 있었다. 언제든지 특정한 과업이 주어졌을 때 거기엔 성령의 특별한 권능이 주어졌다. 세례 요한이 목격한 메시아에게는 성령이 지속적으로 머물러 있을 것이라 하셨다.[6] 그것이 가장 중요한 차이점이다. 세례 요한에게 보여주신 것의 핵심사항이 바로 이것이었다(요 1:32-33).

예수님에게 임한 성령은 더 이상 그를 떠나지 않았다. 예수 그리스도의 모든 사역은 성령의 능력 안에서 이루어졌다. 이해하기 어려운 것이기는 하지만, 적어도 이 진리는 구원사역에 있어서 삼위일체 하나님의 동역을 강조해 준다. 아버지는 중보자를 선택하셨고, 아들은 그 중보자의 역할을 수행하셨으며, 성령은 그 중보자에게 능력을 주

---

6 Jonathan Edwards, *A History of the Work of Redemption* (Edinburgh: Banner of Truth Trust, 2003), 7.

셨다.

웨스트민스터 신앙고백서에는 이러한 성경의 증거가 잘 요약되어 있다.

> 하나님은 기꺼이 자기의 영원한 목적 안에서 독생자이신 주 예수를 하나님과 인간 사이의 중보자, 선지자, 제사장, 왕으로 선택하셨고…주 예수는 그렇게 신성과 연합된 자기의 인성 가운데 거룩해지셨고 성령으로 한량없이 기름부음을 받으셨으며… 그분이 중보자와 보증인의 직책을 수행하도록 철저히 공급하셨다. 이 직책은 그분이 스스로 취한 것이 아니라 아버지에 의해 그것에 부르심을 입으신 것인데 성부는 그분의 손에 모든 권세와 심판을 맡기시고 그 일을 실행하라는 계명을 그분에게 주셨다(8.1-3).

오순절 날에 있었던 성령의 부어지심은 그리스도가 그의 구속 사역을 성공적으로 이루었기 때문에 가능할 수 있었다. 그래서 승리하신 그리스도는 그의 얼마 되지 않았던 제자들에게 권능을 기다리라고 하셨다(행1:4, 8). 이때가 바로 새로운 변화가 일어나는 때였다.

4) 성령의 부어지심에서 새로운 변화

오순절 이전에는 오직 지도자들에게 한정되었던 성령의 능력이 오순절 날에 이르러 그 제한이 벗겨지는 엄청난 변화가 일어나게 된다.[7] 일찍이 모세가 사역한 때부터, 구약은 더 많은 자를 포용하는 성령의 역사의 이점에 대해 암시를 주고 있었다. 모세는 다음과 같이 주장하였다.

> 여호와께서 그의 영을 그의 모든 백성에게 주사 다 선지자가 되게 하시기를 원하노라(민 11:29).

모세가 원하였던 이 일은 요엘이 수백년 이후에 예언하게 된다.

요엘이 예언한 날짜를 말하지는 않았지만, 상황적인 증거를 보면 기원전 9세기를 가리키고 있음을 알 수 있다. 이 시대는 아달리야 여왕이 배교자에 대한 법으로 통치하던 때이거나 또는 아달리야의 손자였던 소년 왕 요아스가 왕족에 대한 아달리야의 살인 음모로부터 살아난 이후 초기 통치 시절이었다. 그 때는 정치적으로나 영적으로 매우 어두운 때였고 또한 그리스도로 이어지는 하나님의 구속계획이 위기해 처하였던 시기였다. 하지만 사악한 여왕도 하나님의 목적과 계획을 좌절시킬 수는 없었다. 궁극적으로는 다가올 다윗의 자손에 대한 저항이었다. 주님은 요엘 선지자에게 영감을 주어 당시의 모든 비극적인 일들에 대해 신학적인 해석을 제공하고 또 하나님의 고정된 계획을 구체적으로 선포하도록 하셨다.

요엘이 선포한 메시지는 죄에 대한 심판이었다. 요엘은 우연히 일어나는 것처럼 보이는 재난들도 사실은 민족의 죄에 대한 하나님의 심판으로서 인류 가운데 일어나는 초자연적 개입이라는 것을 분명히

---

[7] Brian Edwards, *Can We Pray for Revival?* (Darlington: Evangelical Press, 2001), 33-36.

했다. 메뚜기 전염병은 민족이 회개하지 않으면 닥쳐올 것이다. 더 심각한 심판이 오게 될 것이었지만, 회개하면 축복을 향한 길이 열려 있다. 메뚜기 떼의 습격에 의해 충격에 빠졌던 민족에게 회복의 새 시대가 선포되었다. 그 동안의 피해에 대한 회복이었다. 요엘 2:21-32까지는 메뚜기 떼로 인한 황폐로부터 시작하여 오순절 날에 이르게 되고, 또 그보다도 더 멀리 미래의 날들에 이르는 축복에 대한 예언이 나와 있다.

요엘 2:28, 30, 32은 각각 모두 미래시제로 되어있어서 새로운 내용을 암시한다. 각각의 시작 부분은 모두 수미 쌍관 구조로 되어 있다. 구약에 나타나는 일반적인 문학적 장치로서, 한 문장의 시작과 끝에 동일한 소리를 반복함으로써 담화와 담화를 구분 짓는 것을 뜻한다. 시작과 끝에 "내가 나의 영을 부으리니"라는 말이 사용된다. 이 축복의 예언들은 일부는 즉각 성취되었고, 또 일부는 오순절 날에 이르러 성취되었고, 또 나머지는 주께서 다시 오시는 마지막 시대에 성취될 것이다. 하지만, 그 시간 간격을 상세히 말하지 않으면서 요엘은 영적인 능력과 초자연적인 표적들 그리고 구원을 확증하는 것들에 관해서 예언하였다.

요엘의 예언은 영적인 능력을 이방인들에게도 허락하신다는 약속이다.[8] 단순히 말하면, 하나님의 성령을 부어주심에 대한 약속이다(욜 2:28-29). 여기서 부어지심이란 말은 곧 섬김을 위해 능력을 주시는 성령의 사역을 의미한다. 구약에서 "부어준다"라는 동사는 말 그대로 물이나 피 같은 액체에서부터 실제 액체가 아닌 진노, 마음, 영혼 그리고 영과 같은 비유적 개념에 이르기까지 다양한 목적어를 대상으로

---

8 Barrett, "The Outpouring of the Spirit," 75-76.

삼는다. 각각의 예시에 있어 그것이 무엇이든 간에 완전히 아낌없이 비워낸다는 뜻을 가지고 있다. 확실히 이 단어는 그의 백성으로 하여금 그들의 능력을 넘어서 섬길 수 있도록 끝없는 능력을 주시는 주님의 공급하심을 설명해주는 적절한 단어다.

그 부어지심의 결과는 곧 성령님이 그의 능력으로 채우신다는 것이다. 요엘의 이 구절들에서 성령을 받는 자들은 하나님 나라 사역과 연관이 맺어지게 된다. 그 핵심은 단순히 그들이 예언하며 꿈을 꾸거나 환상을 보게 되는 것이 아니라, 그들이 성령의 능력으로 말미암아 "선지자" 사역을 수행할 수 있게 되었다는 것이다. 성령이 그들에게 부어지며 그들은 무엇인가를 수행한다. 요엘이 하는 예언의 특수성은 성령의 권능이 부어진다는 사실 자체가 아니라, 그 권능을 받게 되는 대상이 누구냐에 대한 것이다.

요엘은 성령의 능력이 더 이상 지도자에게만 제한되지 않은 때를 말하고 있다. 구약시대에는 제한적이었는데, 신약시대에는 포괄적으로 적용되어지는 때를 바라보도록 말한 것이다. 모든 계층의 백성들이, 남자와 여자, 젊은이와 노인이 성령의 능력의 실재를 경험하게 될 것이다. 더욱이 "모든 육체"라는 말은 이스라엘 백성에만 한정되지 않고 이방인들까지 지칭하고 있다. "모든 육체"가 물론 일반 인류를 지칭하는 것이라고 하더라도, 사실은 구체적으로 '이방인'을 의미할 수 있다(신 5:26; 렘 25:31 등). 만약, 이스라엘 백성으로 하여금 이교도를 종으로 삼을 수 있게 허락했지만 동족 이스라엘끼리는 종으로 삼지 못하게 했던 레위기 25:44-46의 가르침을 요엘이 염두에 두었다면, 요엘 2:29에서 남종과 여종에게 성령이 부어질 것이란 선포를 통해, 28절과 마찬가지로 한번 더 의도적으로 '이방인'을 의미한 것이 분명하다. 구약 시대에는 굉장한 영적 능력들이 많이 나타났지만, 요엘은 다가올 날에 다 이해하기 힘들 정도로 광범위하게 퍼지는 성령의 능력을 이야기한 것이었다. 요엘은 앞으로 다가올 놀랄만한 변화를 고대했던 것이다.

요엘의 예언에는 초자연적 표적들이 포함되어 있다. 요엘 2:30-31절에는 '주의 날'에 있을 마지막 징조와 심판과 관련된 하늘과 땅의 표적들을 묘사한다. 그 표적들은 완전히 초자연적인 것들이기 때문에 이것에 대해 그 핵심이나 역학관계를 추측하는 것은 의미가 없다. 하지만 그것들은 심판에 대한 경고라는 분명한 기능을 가지고 있다. 축복은 항상 다른 한쪽 편에는 저주를 내포하고 있다. 축복을 잃는다는 것은 곧 심판을 피할 수 없게 된다는 뜻이다.

이러한 예언의 내용들이 모두 동시에 일어나는 것이 아니라는 사실은 결코 예언의 적용을 감소시키지 않는다. 심판 때 일어나는 일들이 무엇인가라는 사실이, 심판이 언제 일어날 것인가라는 것보다 더 회개를 이루는 중요한 동기가 된다. 이 예언의 부분이 오순절 때 성취되지 않았고 따라서 오순절 날 성령의 기능에 어떤 변화가 있었는지에 대한 질문에는 답을 주지 못하더라도, 베드로는 이 부분을 그의 요엘에 대한 인용부분에 포함시킨다. 오순절의 축복을 놓치는 것은 궁극적인 심판의 저주의 한 측면을 경험하는 것과 같다.

요엘의 예언에서 세 번째 부분(욜 2:32)에는 영적 구원에 대한 영원한 선지자적 선포가 들어있다. 이 부분은 누구든지 주의 이름을 부르는 자는 구원을 얻을 것이라는 확신을 주고 있다.[9] 주의 이름을 부

---

[9] Thomas Goodwin, *The Work of the Holy Ghost in Our Salvation, Works of Thoams Goodwin, vol. 6* (Grand Rapids: Reformation Heritage Books, 2006), 8.

르는 것은 곧 주께 믿음으로 나아가는 것과 같다. 사도바울도 로마서 10:9-13에서 요엘의 예언을 인용하여 구원을 주는 믿음에 대해 설명하면서 부르심을 그렇게 이해하고 있었다. 요엘은 확신을 가지고 부르심과 구원받음을 연결시켰다. 부르심은 조건이었고, 구원받음은 보장되는 결과였다.

"구원받을 것이다" 라는 구절은 "안전해진다"는 의미를 가지고 있다. 히브리어와 헬라어 두 단어의 경우, 모두 육체적인 구출을 의미하지 않는다 해도, 둘 모두 확실히 죄인에 대한 하나님의 진노로부터의 영혼 구원을 뜻한다. 죄인인 자가 하나님으로부터 도망침으로써 하나님의 진노를 피할 수 있는 것이 아니다. 오히려 믿음 안에서 그 진노의 근원에 접근함으로써 긍휼의 하나님을 찾는다. 이를 통해서 하나님의 진노를 피하게 된다. 이것은 오순절 이전에나 이후에나 동일한 사실이었다.

"누구든지 주의 이름을 부르는 자"는 "구원을 얻는다"고 되어있고, 끝은 "주께서 부르시는 자"들은 "구원을 얻는다"고 되어있다. 이 본문의 모든 종말론적 의미에도 불구하고 그 메시지는 매우 분명하다. 미래의 하나님 백성에게 진리인 것은 과거나 현재의 하나님 백성에게도 동일하게 진리이다. 구원의 수단은 늘 동일했으며 앞으로도 동일할 것이다. 하나님께서 죄인을 부르시는 것과 죄인이 하나님을 부르는 것에는 분리할 수 없는 연결점이 있다. 많은 죄인들이 오순절 날에 구원을 받았지만 그 구원은 그 날에만 일어났던 특별한 일이 아니었다.

오순절 때에 부어진 성령의 능력은 무엇이 다른가? 부활하신 그리스도는 그를 따르는 120명의 남녀 모두에게 아버지로부터 약속된 것을 기다리라고 가르쳤다(행 1:4). 즉 백 이십여 명이 모두 다 성령을 받게 되었다는 점에 주목해야만 한다. 예수님은 그들에게 성령이 임하시면 그들이 권능을 받고 복음을 '땅 끝까지'(행 1:8) 전하게 될 거라고 하셨다. 다락방에 모여서 그들은 "마음을 같이하여 오로지 기도에 힘썼다"(행 1:14). 그러자 "오순절 날이 이르매 그들이 다같이 한 곳에 모였더니…그들이 다 성령의 충만함을 받고"(행 2:1, 4), 그 성령의 능력 안에서 그들은 다락방을 떠나 예루살렘 거리로 나가 "하나님의 큰 일"을 말하였다(행 2:11). 성령의 권능이 임함으로써 작지만 처음 세워진 신약교회의 모든 개인들은 봉사의 일과 사역을 함으로써 그 권능의 증거를 보여주었다. 모두에게 이해할 수 있도록 복음을 각 나라 방언들로 전파한 것이다. 이런 증거자들은 사도들이나 지도자뿐 아니라 모든 교회에 속한 성도들이었다.

그 날 예루살렘은 이해할 수 없는 일을 목격했다. 이러한 일이 그 전에 한번도 없었기 때문이었다. 베드로는 이 일이 요엘이 예언했던 성령의 능력이 광범위하게 퍼지는 일임을 깨달았다. 교회의 집단적 행동들에 대해 문제 제기가 있었을 때 (행 2:12-13), 베드로는 일어서서 "이는 곧 선지자 요엘을 통하여 말씀하신 것이니(행 2:16)"라고 선포하였다. 흥미롭게도 베드로는 충만한 때를 설명하면서 히브리 본문이나 70인 역(saptuagint)의 본문을 따르지 않고, "마지막 날에"라고 표현했다. 성령의 일하심이 너무나 명확했기 때문에 베드로는 이 일이 바로 요엘이 예언한 일이라는 것을 전혀 의심하지 않았다. 신약에서 "마지막 날에"(the last days)라는 표현은 예수께서 육체로 오시면서(히 1:2) 시작된 새로운 시대를 뜻하는 표현이었다. 그리스도의 부활 이후 첫 오순절은 놀랄만한 일을 일으켰다. 성령의 첫 부어지심이 '일반' 성도들에게 임한 지 오래지 않아 요엘이 고대했던 것처럼 이방인들도 동일한 능력을 받게 되었던 것이다(행 10:44-45; 15:8).

베드로가 요엘의 세 가지 예언을 모두 인용했다고 해서, 그것이 곧바로 요엘의 예언들이 오순절 날 한 순간에 모두 성취되었다고 주장했다는 뜻은 아니다. 요엘의 예언에 대한 베드로의 이해를 잘 살펴보아야 한다. 베드로는 재림의 주께서 오시는 날에 벌어질 최종 심판의 초자연적 표적들에 대해서 잘 알고 있었다. 예수 그리스도의 감람산 설교를 들은 사도이다. 베드로 자신도 하늘과 땅이 불에 녹는 주의 마지막 날에 대해 기술하였다(벧후 3:10-11). 모두다 다가오는 심판은 축복을 거부하지 말 것에 대한 경고의 메시지였다.

사도행전의 본문에서는, 베드로가 성령의 축복이나 능력의 증거들이 무엇이냐며 조롱하듯 질문했던 자들을 언급하고 있다. 그들은 성령의 부어지심이라는 놀라운 축복을 직접 목격하였지만, 복음을 거절한다면 심판의 위험을 맞이하게 될 것이다. 요엘의 예언 중 일부가 그들의 눈앞에서 성취된 것을 확신하게 되었으니, 나머지 예언들도 훗날 언젠가는 이루어질 것이다. 베드로는 요엘이 했던 것과 동일하게 예언을 적용하였고, 그 적용은 계속된다. 3천명의 영혼이 교회에 더하여졌다고 하는 사실은(행 2:41) 바로 요엘의 세 번째 예언 부분(욜 2:32)의 성취를 보기 위해 필요한 증거였다.

오순절에 부어주신 성령의 사역에는 큰 변화가 일어났다. 더 이상 성령의 능력이 지도자 직분을 가진 자에게만 제한되지 않았으며 모든 믿는 자에게 허락되었다. 정도에 상관없이 주님을 섬기기를 원하는 모든 그리스도인들은 누구든지 하나님으로부터 성령의 임재가 부어짐으로써 담대함과 확신을 가지고 섬길 수 있게 되었다. 신약 시대에 사는 교회의 지도자들은 오순절 이전의 사역자들과 마찬가지로 그들에게 하나님께서 주신 직분(엡 4:11-12)을 수행하기 위해 여전히 성령의 능력이 필요하다.

모든 그리스도인은 어떤 부분이든 그리스도의 나라를 전진시키는 일에 연관되어있어야 한다. 그것이 공적인 것일 수도 있고 보이지 않는 곳에서 하는 일일 수도 있다. 하지만 그리스도의 이름으로 그의 영광을 위해 이루어지는 일이라면 모두 오순절의 능력을 통해 이룰 수 있다. 오순절은 영적 능력이 모든 믿는 자에게 집단적으로 전파된다는 소식을 가져왔고, 그 능력의 공급에는 한계가 없다. 오순절은 변화를 가져왔을 뿐만 아니라 지금까지도 이어지는 어떤 시작을 만들어내기도 했다. 오순절이 과거의 일이라는 것은 분명하지만 동시에 오순절은 지금도 현존한다는 것 또한 분명하다. 오순절이 시작한 일들은 결코 멈추지 않았다.

어떻게 하면 우리 자신을 이런 능력으로 채울 것인가? 초대교회의 사례는 매우 중요한 실례와 법칙을 제공해준다. 초대교회 성도들은 성령으로 충만하기까지 기도와 간구를 멈추지 않았다. 예수님은 기도에 관하여 우리에게 가르칠 때 하늘에 계신 아버지는 "구하는 자에게 성령을 주시겠다"(눅 11:13)고 말씀하셨다. 성령으로 인한 거듭남은 하나님의 주권적 사역이라는 것과 성령의 내주하심은 조건을 따지지 않는다는 것, 그리고 성령의 영향 아래에서 사는 것은 순종해야 하는 명령임을 볼 때에 우리의 기도의 응답으로 주어지는 성령은 분명히 섬김을 위한 능력을 주시기 위함이다. 간구하는 자들에게 오순절의 능력이 부어질 준비가 되어 있다. 이제 우리에게 필수적인 것은 기도이다. "만군의 여호와께서 말씀하시되 이는 힘으로 되지 아니하며 능력으로 되지 아니하고 오직 나의 영으로 되느니라"(슥 4:6)를 기억하며 능력을 구하는 끊임없는 기도로 이어져야 한다.

구속 역사적인 임무를 수행하는 하나님의 나라가 전진하고 있다. 하나님의 나라 확장을 가능하게 하는 것은 복음전파이며, 모든 증인들에게는 성령의 능력이 필요하다. 오직 성령의 능력 안에서 그의 나라는 전진할 것이다. 성령의 능력을 입은 후, 오순절 성도의 첫 세대는 예루살렘에서 유다와 사마리아, 그리고 로마까지 교회를 전진시켰다. 그리고 이제 제자들이 성령의 오심을 통해 받게 된 것과 동일한 능력 안에서 땅끝까지 전진하는 일이 우리에게 남아있다. 우리 모두에게 주의 성령이 부어져서 날마다 전진하기를 소망한다.

The Glory and Blessing:
Reformed Doctrine of the Holy Spirit

제 5 장

성령을 받은 증거들

교회에서 주고받는 대화에서나, 혹은 설교에서나 여러분이 듣게 되는 설명들이 약간 서로 다를 수도 있을 것이다. 다음의 질문에 대해서 우리는 무엇이라고 말하는가?

① 성령의 세례를 받은 사람은 방언을 한다?
② 방언을 말하지 못하는 사람은 참된 기독교 신자라고 할 수 없다?
③ 방언을 말하는 사람은 영적으로 더 높은 경지에 도달해 있다?
④ 베드로와 바울과 같은 사도들이, 즉 신사도들이 오늘날에도 여전히 존재한다?
⑤ 병 낫기를 간구하였으나 응답을 받지 못한 성도는 충분한 믿음을 갖지 못했기 때문이다?
⑥ 우리가 성령의 인도하심을 받으면 되는 것이지 굳이 성경의 가르침과 지도를 따라가야 할 필요가 있는가?

⑦ 성령을 받은 지도자라면 성경의 무오류성을 부인하더라도 따라가야 한다?

위에 나오는 질문들은 한국교회만이 아니라 세계 여러 나라 교회에서나 신학교육기관에서나 흔히 듣는 질문이다. 성령을 받은 사람들에게 이런 질문들이 나오고 있다는 것은 참으로 성령론의 혼돈이 심각하다는 점을 반영하는 것이다. 성령론의 빈약함에서 나오는 무지가 이런 말들을 만들어냈다. 우리는 위의 질문에 대해서 앞으로 성경적으로 해답을 제시할 것이다.

성령을 받아서 거듭나지 않으면 하나님의 자녀가 될 수 없다. 성령을 받은 자는 그리스도 안에서 그 흔적을 가지게 된다. 그렇다면 성도가 성령을 받은 증거는 무엇인가? 예수 그리스도를 아는 마음을 가진 것이 성령의 증거이다.

> 우리가 세상의 영을 받지 아니하고 오직 하나님으로부터 온 영을 받았으니 이는 우리로 하여금 하나님께서 우리에게 은혜로 주신 것들을 알게 하려 하심이라…육에 속한 사람은 하나님의 성령의 일들을 받지 아니하나니…누가 주의 마음을 알아서 주를 가르치겠느냐 그러나 우리는 그리스도의 마음을 가졌느니라(고전 2:12-16).

성령을 받은 사람은 예수 그리스도의 마음을 가진 성도이다. 세상의 영을 받은 사람들은 결코 마음을 열어서 복음을 받아들이지 않는다. 그들이 가진 세상적인 학문과 의지를 포기하지 않는다. 그러나 성령을 받은 사람은 하나님이 은혜로 주신 것들과 예수 그리스도를 받아들여서 감사하며 영광을 돌린다. 진심으로 자신의 무가치함을 깨우치고, 예수 그리스도의 심장을 가지게 된다.

1. 믿음을 고백하는 자

성령의 기름 부으심으로 인해서 예수 그리스도를 고백하는 믿음을 심어 놓으신다. 예수님을 구세주로 고백하고, 자신의 삶을 변화시키기로 작정하였다면, 성령을 받은 사람이다.

성령은 타락한 영혼을 다시 새롭게 창조하여 하나님의 영광을 회복시킨다. 이원론을 극복한 종교개혁의 신학자 존 칼빈은 이 세상은 하나님의 영광스러움을 드러내는 무대이자 극장이라고 하였다. 하지만 인간의 부패와 반항으로 하나님의 영광을 반영하기를 싫어하고, 하나님을 영화롭게 하는 것도 거부한다(롬 1:21). 성령을 받음으로 주님이신 예수 그리스도에 대한 믿음이 발생한다.

> 성령으로 아니하고는 누구든지 예수를 주시라 할 수 없느니라 (고전 12:3).

성령을 받는다는 것과 믿음의 고백을 시작하게 된다는 것은 서로 분리된 것이 아니다. 믿음은 세상 지식을 많이 갖추고 많이 공부한 사람의 생각에서 나온 것이 아니다. 믿음을 얻기 위해서 고난과 수련을 많이 한 사람에게 주어지는 것이 아니다. 사도 바울은 율법을 준수해서가 아니라, '네가 들은 바를 믿음으로' 이루는 것이라고 하였다(갈 3:2,5). 그리스도의 진리를 믿는 것은 그리스도의 영을 받는 것이다. 그리스도에 대한 믿음이 생겨나도록 그분을 영접하는 일과 성령의 내주하시는 것은 실제로 동시에 일어난다. 그리스도가 우리 안에 오시고, 우리 속에서 살아계시는 것은 성령 안에서, 성령에 의해서 이루어진다. 예수님의 임재와 성령의 동거하심이 각각 별개의 내용이 아니다 (롬 8:8-9).

예수님이 성령으로 충만하시고, 성령과의 교통 가운데서 예수님 자신의 사역과 생애를 마치신 것처럼, 동일한 성령을 보내셔서 믿음으로 살아가게 하신다. 그리하여 성령은 믿음을 받은 성도들 속에 임재하게 된다. 믿음을 고백하는 그리스도인들은 모두 다 성령의 교통하심 가운데서 살아가도록 권고를 받는다.

예수님을 믿음의 주인으로 고백하는 사람은 성령을 받은 사람이다. 그리스도를 믿음으로 받는 것 외에 성령을 받는 다른 방법은 없다. 아멘!

비록, 실수하고 무너지고 넘어지더라도, 때로는 성령을 근심하게 만드는 자들이라 하더라도, 믿음으로 주님을, 온전하신 예수님을 고백하는 자들은 모두 다 성령을 받은 사람이다. 다시 말하지만 예수님을 따라서 성숙한 제자가 되고자 장성하려는 사람은 성령의 선물을 받고 있는 사람이다. 아멘!

성령을 받은 사람은 마음속에, 그 영혼 속에 찾아오신 성령으로 인해서 예수님을 구세주로, 생명의 주님으로 믿음을 고백하게 된다. 아무나 예수님을 믿는다고 고백하는 것이 아니다. 오직 성령님이 마음에 믿음을 심어놓아야 한다. 지식과 세상의 철학이나, 이성이나, 과학의 합리성만을 따르는 사람은 예수님을 영혼의 구세주로 받아들이지 않는다. 마음의 변화가 있어야 한다. 죄의 고백이라는 영혼의 성화와 씻음이 필요하다.

성령은 전능하신 하나님으로서 인간의 판단을 초월하는 구원의 능력을 행사하신다. 성령은 권능과 권세가 있다. 세상 지혜와 지식을 초월하여 큰 권능으로 찾아오신다. 우리 사람은 성령에 대해서 다 알 수 없지만, 누가 하는 말에서 믿음이 생겨나는 것이 아니요, 지혜의 아름다움에서 나오는 것도 아니다(고전 2:3-4). 언변이 유창한 목사의 말에서 믿음이 나오는 것이 아니다. 고상한 학문과 학식이 출중하고 넓은 신학자의 글에서 나온 것이 아니다.

> 하나님으로부터 온 영을 받았으니 이는 우리로 하여금 하나님께서 우리에게 은혜로 주신 것들을 알게 하려 하심이라(고전 2:12).

성령을 받은 사람들은 하나님의 선물로 오신 예수님이 예비된 구세주이심을 알게 된다. 예수님의 십자가와 부활은 사람이 생각지도 못한 일이다. 그 누구도 이전에 눈으로 보지 못하였고, 귀로 들은 바 없는 창세 이전에 정해진 비밀이었다(고전 2:7).

> 너희가 그 은혜에 의하여, 믿음으로 말미암아 구원을 받았으니 이것이 너희에게서 난 것이 아니요 하나님의 선물이라(엡 2:8).

여기서 행위와 대조되는 것은 믿음이다. 사람이 가진 믿음은 하나님의 선물이다. 우리가 행동을 착하고 성실하게 잘하고, 선행을 쌓아야 구원을 얻게 되는 것이 아니다. 오직 그런 것들을 주신 하나님의 은혜로 인해서 구원을 얻는다. 율법에 따라서 안식일을 잘 지키거나 절기를 엄격하게 준수해서 구원을 얻는 것이 아니다. 우리가 믿는 자로서 행동할 수 있는 것은 먼저 선물을 받았기 때문이다. 그리스도를 향해서 성령의 인도하심을 따라서 전인격적으로 지도를 받는다. 때로는 믿음의 수고와 고난도 받는다. 믿음으로 이겨내면서 박해를 참고 어려운 인생사의 가시밭길을 견디는 훈련을 통과한다.

에베소서 2:8에서, '이것이' 너희에게서 난 것이 아니고 하면서 은혜로 인해서 주어진 것인데, 과연 그 단어가 지시하는 것은 무엇일까? 앞에 나오는 은혜일까, 아니면 믿음일까? 더 파격적으로 구원함을 받게 되었다는 것일까? 이 세 가지 중에서 무엇일까? 이 구절에서 구원함을 받게 된다는 것(you have been saved)은 수동태 동사형으로 기록되었으니, 그것은 구원받는 것이라고 할 수는 없다. 그래서 결국 우리가 받은 이것은 믿음이라고 본다. '믿음'을 '선물'로 받는 것이다. 착한 행위, 공로의 결과가 아니다. 믿음의 결국, 즉 구원을 받는다. 은혜라고 번역되는 헬라어, 선물이라는 '카리스'와 믿음을 의미하는 '피스티스'가 모두 다 여성 명사이다. 그런데 이와 연계된 구원이라는 헬라어 '소테리아'도 역시 여성명사이다. 그래서 어느 쪽이 연계되었느냐는 신약학자들의 논쟁이 있다. 다시 말하면, '이것이'라는 지시대명사는 중성 단수가 나왔으니, 어떻게 여성명사를 받을 수 있느냐는 논쟁이 있는 것이다. 헬라어의 남성, 여성, 중성은 각각 표현하려는 대상의 성격을 구분해서 나눈 것이다. 믿음, 은혜, 구원 등의 단어는 여성으로 표현되었지만 얼마든지 중성명사로 받을 수 있는 여지가 있다. 따라서 칼빈을 비롯하여 개혁주의 신학자들은 비록 지시대명사, '이것이'는 중성이지만, 그 연계성으로 볼 때에는 '믿음'(여성명사)을 이어 받는 단어라고 본다. 선물로 받는 것은 구원이다라고 주장해도 크게 차이가 나는 것은 없다.

은혜도, 구원을 얻게 되는 것도, 모두 다 하나님의 선물이요, 그 수단으로 쓰여진 믿음도 성령의 선물이다. 하나님의 선물이라는 것을 강조하는 에베소서 6:23을 보면, 사도 바울은 "아버지 하나님과 주님 예수 그리스도로부터 온 믿음"을 간구하고 있다. 믿음이 아버지로부터 주어지는 것이기에 간구하여 받게 되는 것이다. 베드로후서 1:1에서도, "동일하게 보배로운 믿음을 우리와 같이 받은 자들"에게 문안하고 있다. 믿음은 하나님의 선물이요, 사람이 받는 것이다.

물론, 믿음은 하나님의 은혜에 근거하여 값없이 거저 받는다. 성도들은 성령을 통해서만 하나님의 진리를 깨달을 수 있다. 세상적인 지식과 지혜로는 하나님을 알 수 없다. 인간이 하는 노력만으로는 하나님을 찾아낼 수 없다. 하늘로부터 오신 성령이 가르쳐주시는 은혜를 받은 자만이 알 수 있다. 성령은 모든 성도들에게 역사하셔서 하나님의 말씀과 진리를 깨닫게 하신다(시 119:18; 딤후 3:16).

자신의 인격과 영혼 안에 성령을 모시고 있는 사람만이, 즉 성령께서 그 중심을 지배하고 있는 성도만이 예수 그리스도와 말씀을 받아들인다. 성령이 가르치고 계시기 때문이다.

다만, 성령을 받았는데, 아직도 기질이나 성격이나 전혀 눈에 띄는 변화가 없다고 한다면, 과연 어떻게 되는 것인가? 그렇다. 성령을 받아도, 이 세상에 살고 있는 한, 완전한 사람이 되지는 않는다. 아직도 세상에 살면서 온갖 죄를 범하는 자에게 성령님이 강권적으로 역사해서 새 사람이 되어야 하는 것이다. 성령 받은 사람에 대한 오해가 많다. 아예, 마귀의 간계를 완전히 제압해서 아예 죄를 생각지도 못하도록 만들어 놓아야 하지 않는가? 아직도 죄가 시퍼렇게 살아서 우리 성도들을 괴롭히는데, 성령을 받았다는 표적이 과연 무엇이라는 말인가? 무슨 신비한 소리를 들어야 하지 않을까? 뭔가 징조가 있어야 하지 않는가, 적어도 병이 나았다거나, 눈앞에 환상이나 비전이 나타나든가 아니면 무슨 소리가 들리든가, 꿈에라도 선명하게 나타나야 하는 것이 아닌가?

이런 것은 찰스 피니와 같은 부흥 운동 설교자들에 의해서, 20세기는 오순절 계통의 체험주의 설교자들에 의해서 교회 강단에 들어온 것이다. 특히 대형집회라든가, 신비주의에 빠진 기도원에서 성도들의 호감과 후원을 이끌어 내기 위해서 강조한 불건전한 사이비 기독교의 요소들이다. 전혀 성경적으로 성령의 역사를 바르게 해석하지 못한 것이요, 특히 저급한 감정주의자들의 기독교 부흥 운동이 외국에서 유행하는 방식을 타고 한국교계에 흘러들어온 것이다. 먼저 잘못된 해석을 바로잡기 위해서 오순절에 임한 성령강림을 바르게 이해하여야만 한다.

2. 진리 가운데 예배드리는 자

겸손한 마음으로 하나님을 두려워하며 순종하는 심령을 가지고 경외하기에 힘쓰는 사람은 성령을 받은 성도이다. 성령을 받지 않고서는 살아 계신 하나님께 드리는 참된 예배가 불가능하다(요 4:23-24). 그리스도의 구원사역을 믿는 자들에게는 성령이 진리를 가르쳐 주시고 내주하신다. 성령의 임재와 권능으로 예수 그리스도가 기름부음을 받았고, 그 모형으로 먼저 구약시대의 선지자, 제사장, 왕이 기름부음을 받았다.

내가 성령을 받았다는 말을 자신 있게 할 수 있는 것은, 지금 내 안에 성령이 내주하고 계시다는 성경의 가르침에 따른 것이다. 성령은 친히 믿는 자들 가운데서 인격적으로 긴밀하게 행하고 있으며, 구체적인 실체로 거주하고 계신다.

> 예수를 죽은 자 가운데서 살리신 이의 영이 너희 안에 거하시면 그리스도 예수를 죽은 자 가운데서 살리신 이가 너희 안에 거하시는 그의 영으로 말미암아 너희 죽을 몸도 살리시리라(롬 8:11).

> 너희는 너희가 하나님의 성전인 것과 하나님의 성령이 너희 안에 계시는 것을 알지 못하느냐(고전 3:16).

> 너희 몸은 너희가 하나님께로부터 받은 바 너희 가운데 계신 성령의 전인 줄을 알지 못하느냐 너희는 너희 자신의 것이 아니라(고전 6:19).

성령이 이미 영혼 안에 거주하고 있는데, 다시 성령을 받아야 한다는 말은 옳은 것이 아니다. 또한 성령을 받은 사람들에게는 하나님의 은혜가 지속적으로 주어지는 바, 단순히 하나님으로부터 영향력을 받는다는 식으로 생각해서는 안 된다.

  참된 그리스도인들은 현재 육체 가운데 살면서도, 그리하여 죽을 몸이지만 성령이 내주하시는 가운데 살아간다. 그리고 장차 부활하여 영의 세계에 합당한 새로운 사람으로 변화하게 될 것이다. 성령이 성부와 성자와 교통하시면서 가지는 생명의 본질을 우리의 생활 속에 가득 채우고 계신다. 성령이 내주 하시면서 성도들에게 영감을 주시고, 성경을 조명해 주시며, 섭리를 따르게 하고, 예수 그리스도와 성도들이 연합하게 해 주신다(요 14:20). 그리고 성령은 부활의 본질로 가득 채우고 장차 올 미래에 새 사람의 변화를 주도하실 것이다.

> 죽은 자의 부활도 그와 같으니 썩을 것으로 심고 썩지 아니할 것으로 다시 살아나며 욕된 것으로 심고 영광스러운 것으로 다시 살아나며 약한 것으로 심고 강한 것으로 다시 살아나며 육의 몸으로 심고 신령한 몸으로 다시 살아나나니 육의 몸이 있은즉 또 영의 몸도 있느니라 기록된 바 첫 사람 아담은 생령이 되었다 함과 같이 마지막 아담은 살려주는 영이 되었나니 그러나 먼저는 신령한 사람이 아니요 육의 사람이요 그 다음에 신령한 사람이니라 첫 사람은 땅에서 났으니 흙에 속한 자이거니와 둘째 사람은 하늘에서 나셨느니라 무릇 흙에 속한 자들은 저 흙에 속한 자와 같고 무릇 하늘에 속한 자들은 저 하늘에 속한 이와 같으니 우리가 흙에 속한 자의 형상을 입은 것 같이 또한 하늘에 속한 이의 형상을 입으리라(고전 15:42-49).

위에 증거 되는 부활의 강조는 매우 혁신적이다. 예수님은 살아나셔서 신령한 사람으로 만들어주시는 살아 계신 영이 되셨다. 성령이 각 성도의 영혼과 마음에 머물러 계시면서 가장 핵심적으로 사역하는 것은 영원한 진리의 전달(impartation)이다. 하나님의 말씀을 받은 성도는 성령을 받는 사람이다. 성령은 진리의 영이시며, 진리의 스승이다. 성도가 진리이신 예수님을 떠날 수 없도록 하며, 진리의 말씀인 성경을 가르치는 것도 성령이다. 성도의 지성적인 영역, 의지적인 결단, 감동과 영감을 받는 모든 것들이 다 성령의 전달 작업에서 일어나며, 이로 인해서 새로운 사람으로 변혁된다(transformation).

성령이 가르치는 내용은 하나님의 말씀이다. 그리고 성령의 교육 목표는 경건이다. 학식을 높이는 공부를 하더라도 단순히 지식적인 체계화에 머무르지 않고 가슴에 뜨거운 열정도 함께 불어넣으신다. 하나님의 사역은 반드시 교리적인 진리와 가슴의 열정이 함께 결합되어져 있다. 결코 진리와 경건이 따로 분리되는 것이 아니다. 아는 것과 사는 것이 다르지 않다. 만일 행동으로 드러나지 않는 신학이라고 한다면 이는 하나님을 아는 참된 지식을 속이는 것이다.

성령은 성도들에게 예수 그리스도와 연합되도록 결합시키는 '접착제'(bond)라고 존 칼빈은 강조하였다.[1] 그리고 성령은 단순히 접합시키는 것만으로 그치지 않고, 하나님의 사람들이 살아가는 동안에 어떻게 그 연합을 구체적으로 이루어지는가를 가르쳐 주신다. 성령이 교과서로 삼는 성경은 사람들의 심령을 파고들어가서 듣는 자로 하여금

---

[1] Calvin, *Institutes*, III.1.1. Mark A. Garcia, *Life in Christ: Union with Christ and Twofold Grace in Calvin's Theology* (Milton Keynes: Paternoster, 2008), 19: "the way we receive the grace of Christ appears fundamentally important in his teaching on salvation." 김재성, 『성령의 신학자, 존 칼빈』 (서울: 생명의 말씀사, 2004).

가슴으로 뜨겁게 느끼게 하며, 살아갈 수 있게 만든다. 성령은 하나님을 참으로 아는 사람의 행동에서 인격적으로 풍겨 나오게 가르쳐 주신다. 성령의 가르침을 받은 사람들, 특히 목회자들의 신학훈련이 이루어지게 될 때에, 교회는 더욱 든든히 서게 된다.

진리의 말씀을 깨닫고 이해하며 받아들이는 것과 하나님을 예배하는 것은 결코 분리되지 않는다. 예수님은 수가성의 여인에게 "진리와 함께, 성령과 함께" 하나님께 예배드리라고 가르쳐 주셨다. 얼마나 하나님의 진리를 이해하느냐는 것은 겸손히 순종하고 섬기는 사역의 현장에 나타난다.

하나님께 겸허한 마음으로 순종하고 예배드리는 자들은 성령을 받은 자들이다. 참된 예배는 성령의 인도하심으로 가능하기 때문이다. 만일 특정한 사람들만의 행사나 대형집회로 그치는 것이라면, 사람의 이념과 정치적인 목적 때문에 모였으므로 성령이 함께하는 것이 아니다.

3. 아멘으로 말씀을 받는 자

현대인들은 감각적인 것을 너무 좋아한다. 디지털 매체가 발전하여서 이젠 완전히 사람의 인식체계가 달라졌다. 직접 눈으로 보고, 손으로 만지고, 감정적으로 흥분되기도 하고, 순간적으로 희한한 체험을 하기 원한다. 쓰여진 하나님의 말씀을 읽고, 공부하고, 연구해서 은혜를 받으려 하지 않는다. 교리공부나 신학을 경멸하고 싫어한다. 그러나 성경을 비웃는 자들이야말로 성령이 없는 자요, 거짓 영의 인도를 받는 자들이다. 성경을 살아 계신 하나님의 음성으로 받아들이고 따라서 살아가는 사람이 성령을 받은 자이다.

　오늘날 가짜 성령 운동가들이 나타나서 새로운 계시를 주장하면서 성경을 무시하고 있다. 참으로 경계하고 또 경계해야 할 일이다. 이단과 사이비 기독교, 가짜 기독교를 시작한 모든 교주들이 새로운 계시를 받았다고 하면서 성경을 무시하였다. 성경을 믿으면 구태의연하고, 고리타분한 사람인가? 성경은 너무나 단순하고 재미가 없는가? 그렇지 않다. 성경은 성령의 감동으로 기록된 것으로 유일한 하나님의 말씀이다.

　누가 예수님의 고난과 부활신앙을 가질 수 있는가? 똑똑한 사람들만이 그 총명함이나 지혜로 받아들이는 것이 아니다. 성령의 비밀스러운 깨우심으로 하나님의 말씀을 받아들이게 된다. 그래서 말씀을 준비하신 성령을 받은 자라야만, 성경에서 죄인 됨을 깨닫고 회개하며 겸손하게 하나님의 진리를 받아들인다.

　복음의 핵심은 예수 그리스도의 고난과 부활하심으로 소망을 주신다는 가르침이다. 전체 사도 바울의 일정에서 드러나는 가장 핵심적인 복음은 예수 그리스도의 부활이었다. 사도 바울의 전도여행 말기에 로마에의 여정이 상세히 기록된 사도행전 21장부터 28장까지의 핵심내용은 부활에 관한 증거를 어떻게 하느냐에 달려있었음이 드러난다(행 25:19). 당시 로마에서 파송된 벨릭스 총독은 주후 52년부터 59년까지 유대를 관할하는 통치자로 있으면서, 헤롯 아그립바 1세의 딸 드루실라를 세 번째 아내로 맞아들여서 자신의 정치적인 야심을 채운 인물이다. 벨릭스는 전혀 복음에 관심이 없었다.

　주후 60년부터 62년까지 유대 총독을 역임한 베스도는 전임자인 벨릭스나 후임자인 알마누스와는 대조적으로 선한 총독이었다고 알려져 있었다. 벨릭스 총독이나 아그립바 왕과 유대의 실력자들도 모두 다 예수 그리스도의 부활체험에 대해서 증거 하는 사도 바울을 받아들이지 않았다(행 28:8).

마지막으로 사도행전 28:25에 보면, 사도 바울은 자신이 증언을 받아들이지 아니하는 로마 거주 유대인들을 만나게 될 때에, 그 정황이 마치 이사야 시대와 같다는 사실을 발견하였다. 영적인 타락과 정치적인 부패로 하나님을 거역하던 이사야의 시대는 무려 7백 년 전의 사건이었지만, 사도 바울은 이사야 6:9-10을 인용하였다.

> 성령이 선지자 이사야를 통하여 너희 조상들에게 말씀하신 것이 옳도다 일렀으되 이 백성에게 가서 말하기를 너희가 듣기는 들어도 도무지 깨닫지 못하며 보기는 보아도 도무지 알지 못하는도다 이 백성들의 마음이 우둔하여져서 그 귀로는 둔하게 듣고 그 눈을 감았으니 이는 눈으로 보고 귀로 듣고 마음으로 깨달아 돌아오면 내가 고쳐 줄까 함이라(사 6:9-10).

이런 놀라운 말씀을 이사야에게 전하신 분이 성령님이시다. 성경의 저자는 성령님이시며, 사람의 지혜가 아님을 의미한다. 성령은 모든 구약시대에 선지자들에게 말씀하신 분이시다. 그리고 사도 바울에게 말씀하신다. 선지자가 예언을 하고 성경을 기록하게 하신 분이 성령이시다. 사람은 알 수 없다. 성령에 의지하지 아니하면, 성경을 공부하고 연구하지만 의심하고 부인하는 이론개발에 빠지고 만다. 현대 자유주의 신학자들이 계몽주의 철학자들에 의해서 알게 된 인간이성의 자율주의에 빠져서 신령한 말씀에 담긴 예수 그리스도의 부활을 부정하고 말았다.

성령 받은 사람들은 예수님의 복음을 받으며, 순결한 심령으로 성경을 받아들인다. 눈으로 읽고, 귀로 듣고, 마음으로 사모하고 순종하게 되며, 사랑한다. 아멘!

말씀이 던져지면서 성령이 함께 역사하는 체험적인 기록이 많이 있다. 특히 신약성경의 초대교회시대와 오늘을 이어주는 신학자 어거스틴의 『고백록』에는 새로운 신앙의 세계에 눈을 뜨게 된 체험이 담겨있다. 그는 솔직하게 자신을 열어서 보여줌으로써 감동을 선사한다. 그 총체적인 변화는 하나님의 말씀에서 나왔다. 그는 힘든 과정을 거쳐서 우상 종교와 방종과 야망에 사로잡힌 삶에서 벗어날 수 있는가를 보여주었다. 어머니 모니카의 눈물어린 기도가 응답되었던 것이다. 페르시아에 널리 퍼져있던 유사 기독교의 일종인 마니교에 오랫동안 심취해 있다가 빠져 나왔고, 아리스토텔레스의 범주론, 신플라톤 학파의 서적들을 섭렵했었다. 그렇지만, 가장 결정적인 대목은 그가 로마 밀라노에서 수사학 교사로 있으면서 읽게 된 로마서 13:11-14이다.

> 또한 너희가 이 시기를 알거니와 자다가 깰 때가 벌써 되었으니 이는 이제 우리의 구원이 처음 믿을 때보다 가까웠음이라 밤이 깊고 낮이 가까웠으니 그러므로 우리가 어둠의 일을 벗고 빛의 갑옷을 입자 낮에와 같이 단정히 행하고 방탕하거나 술 취하지 말며 음란하거나 호색하지 말며 다투거나 시기하지 말고 오직 주 예수 그리스도로 옷 입고 정욕을 위하여 육신의 일을 도모하지 말라(롬 13:11-14).

이 성경의 말씀을 읽으면서 어거스틴은 자신에게 찾아오신 하나님의 음성을 듣게 된다. 성경이 살아 있는 것은 성령이 역사하고 계시기 때문이다. 세계적으로 유명하게 된 어거스틴 뿐만 아니라, 오고 오는 세대에서 진실한 마음으로 겸손하게 하나님의 말씀을 받는 사람은 살아있는 성령님의 은혜를 입은 자이다. 아멘!

제 6 장

오순절 성령강림

　　성령의 아름다우심과 영광을 이해하려 할 때, 가장 구체적으로 결정적으로 성령사역을 보여주신 오순절 사건을 기억해야 한다. 구원역사의 진행 과정에서 오순절은 매우 중요한 의미를 가지고 있다. 첫째, 인류 역사에 등장하는 처음 오순절은 모세가 시내산에 올라가서 40주야를 기도한 끝에 최초의 성문법 십계명을 받은 날이었다. 둘째, 오순절은 오랜 세월동안 유대인들의 감사절기였다. 하나님의 은혜로 밀과 보리를 추수하게 된 백성들이 하나님 앞에 나가서 감사하는 절기로 모였다. 셋째, 마침내 이 중요한 날에 예수님이 하늘 보좌에 오르셔서 약속대로 모든 민족에게 성령을 보내어서 메시아 되심을 선포하셨다.

　　성령은 창조 시에 온 우주를 순행하였고, 구약시대에는 선택적으로 유대인들에게 구원의 역사를 드러내셨지만, 마지막 시대에는 메시아의 구원사역을 믿고 따르도록 모든 민족에게 부여되었다. 오순절은 새로운 차원에서 역사하시는 성령이 부어져서 모든 방언과 나라에 하나님의 나라를 알게 하시는 획기적인 전환점이다. 오순절은 수확의 날이요, 감사제를 올리는 절기였고, 이런 구원역사의 연관성을 통해서 오순절의 날 성령강림에 대한 이해가 가능해진다. 성경은 구원역사의 기록이라서, 시간적 시대적인 진행과정이 들어있다. 따라서 오순절에 예수님의 구원사건을 목격한 제자들은 요엘의 예언이 이루어졌다고 감격하였다.

1. 오순절에 주신 율법과 성령

오순절의 의미를 바르게 파악하기 위해서는 처음 오순절과 마가의 다락방과의 연속성을 살펴서 그 깊은 연속성과 통일성을 찾을 때에 분명해진다. 첫 오순절은 모세가 시내산 정상에서 체험한 놀라운 사건이었다. 애굽을 떠난지 3개월 만에 시내광야에 도착했다(출 19:1). 모세는 시내산에 올라가서 40주야를 기도하며 지내다가 하나님의 율법을 받게된다. 그는 모든 것을 자세히 기록하여 후대의 성도들이 이해하도록 이정표를 세워놓았다. 이와 마찬가지로 예수님이 보내신 성령의 역사로 오순절에 강하고 급한 바람같이 갈라지는 권능이 나타났다. 그것은 성령의 새 바람의 출현이다. 이미 인류 역사상 첫 오순절에도 시내산 정상에서 모세 앞에 새 바람이 일어났었다. 그것은 계시가 처음 문자로 기록되는 놀랍고 위대한 사역의 날이었다.

첫째, 오순절은 말씀을 내려 주신 날이다. 문자로 처음 기록된 계명을 주시더니 이제는 가슴 속에다 부어주신 날이다. 먼저 처음 오순절에는 모세에게 돌판에 새겨주신 말씀을 내려주셨다.[1] 만민에게 하나님

---

[1] Gerald Bilkes, "Precursors to Pentecost," in *The Beauty and Glory of the Holy Spirit*, Joel R.

의 언약, 곧 약속을 선포하셨다. 마가의 다락방에서는 마음에 새겨진 말씀을 성령을 통해서 부어주신 날이다. 이 두 사건의 연속성과 통일성을 생각할 때에 성령강림의 놀라운 내용들을 밝히 이해하게 된다.

이런 유사성과 통일성에 대한 성경의 증거를 살펴보기 위해서는 모세의 시대로 거슬러 올라가야만 한다. 오순절을 처음 시작하고 제정하게 된 성경상의 정황들과 유대민족의 절기로 지켜내려온 오래된 가르침 속에서 그 의미를 파악하여야 한다. 신약시대의 오순절은 즉흥적으로 등장하는 날이 아니다. 이미 수천 년 동안 이 날을 지키게 하시고 그 의미를 알려 주시사 오순절 전통을 형성하였고, 그 연속적인 선상에서 새로운 역사를 시작하신 것이다. 오순절의 구약적 배경과 근거들을 이해하지 못하면 오순절에 대한 이해는 은사와 방언 같은 지엽적인 것으로 빠지고 만다. 이제부터 우리는 오순절이 정말 어떤 의미를 지닌 특별한 날인가를 구약성경의 배경과 흐름에서 찾아보고 성경적으로 그 의미를 풀어보고자 한다.

신약성경에서 오순절이 차지하는 중요한 의미를 바르게 이해하기 위해서는 먼저 구약시대의 계시 발전역사에서 그 연관성이 있음을 주목하게 된다. 성경의 사건이나 기록들은 모두 다 서로 연관을 맺고 있어서 무엇하나 그저 단순하게 나타나지 않는다. 오순절은 구원역사의 핵심적인 의미를 가지고 있었다.

처음 오순절이 언제 어디서 어떻게 지켜졌던가? 애굽에서 천신만고 끝에 기적적으로 광야에 나온 유대인들이 시내산 앞에서 머물렀다. 그곳에서 모세는 산꼭대기에 올라가서 40주야를 하나님과 함께 지냈다. 그리하여 유월절로부터 오십일이 되는 날이 오순절이다. 그

Beeke & Joseph A. Pipa Jr. eds., (Grand Rapids: Reformation Heritage Books, 2012), 53-58.

첫 오순절에 놀라운 하나님의 축복이 내려왔다. 오순절에 인류 역사상 최초로 성문화된 법조문을 받게 되었다. 기록된 문서는 고대사회에서는 엄청나게 중요한 의미를 가진다. 하나님과의 관계를 유지하게 하고, 성도들 사이에 도덕적인 원칙을 정해주신 것이다. 하나님의 지혜로서 모든 민족이 본받게 될 법이다. 처음 오순절은 사람을 위해서 율법을 주시는 놀라운 축복의 날이었고, 훗날 예수님의 제자들이 체험한 또 다른 오순절에 비로소 그 의미가 확연히 드러나게 된다.

오순절은 하나님의 손으로 돌판에 새겨진 말씀이 주어진 날이다.[2] 성경에 기록된 인류 구원의 역사에서 오순절은 매우 중요한 날이었다. 오순절에 모세가 시내산에서 율법을 받았다. 인류 최초로 하나님의 법이 담긴 돌판을 받은 날이다. 유월절에 애굽을 탈출한 이스라엘 백성들이 광야에 나와서 열흘 만에 모든 대열을 정비하고 시내산 앞에 멈춰선다. 그리고 지도자 모세는 산 위로 올라가서 40주야를 내려오지 않고 하나님과 대면하여 앞날의 지시를 받는다. 불, 바람, 신비적인 언어 등 모세는 하나님의 계시를 받는다(히 12:18-21). 모두 합해서 출애굽한 지 '오십일' 만에 십계명을 받은 날이다. 돌판에 새겨진 계명을 처음으로 받았으며, 그로 인해서 하나님의 법도와 광범위한 규칙이 제정되었다.

구원역사에서 첫 오순절은 모세의 출애굽과 광야시대에 절체절명(絶體絶命)의 피난길에 오른 백성들을 향해서 하나님의 십계명이 계시된 날이다. 첫 오순절의 십계명 선포는 처음이자 마지막이다. 그냥 저냥, 평범한 날이 아니다. 그리고 하루 이틀 기억된 날이 아니다. 오순

---

2 George B. Davis, "Acts 2 and the Old Testament: The Pentecost Event in Light of Sinai, Babel, and the Table of Nations," *Criswell Theological Review 7, no. 1* (2009): 29-48.

절은 예수님이 오시기 전에 무려 1,500여 년 전에 선포된 날이다. 따라서 그 구원역사에서 차지하는 의미는 매우 중요하다. 첫 오순절에 하나님의 법도를 선포하고 만방에 알리신 것이다.

예수님이 부활 후 40일을 증거 하시다가, 하늘나라로 올라가셨다. 그리고 돌판에 새겨주시는 대신에, 마음속에 율법을 기록해 놓는 성령의 선물을 부어주셨다. 예수님의 권능으로 성도들은 하나님의 율법을 수행하고 따를 수 있는 능력을 부여받는다.

시내산과 오순절에, 모세와 예수님이 하늘에서 모든 나라 모든 방언의 사람들에게 성령의 선물을 내려주신다. 모세를 통해서 그림자로 펼쳐 놓으셨던 것이, 예수님에 의해서 완성되고 분명히 드러난다. 거룩하신 예수님의 성품과 성결을 전달해 주시는 성령으로 인해서 부음 받았다. 이 연관성을 놓치면, 전체 성경의 역사에서 차지하는 의미를 놓치고 만다.

모세시대의 율법은 끝이 나고, 예수님의 복음시대가 성령의 선물을 통해서 새롭게 선포되었다. 모세시대는 임시적으로 잠정적으로 주신 율법을 따라 살게 하셨다. 이제 더 이상 모세의 율법으로는 하나님을 알고 섬기는 길을 가지 않는다. 이제부터는 예수 그리스도의 복음이, 십자가와 부활과 재림의 복음이 설교자들과 전도자들을 통해서 증거되며, 성령이 이를 수행하신다. 예수님의 약속에 따라서 기도하면, 성령으로 그 응답을 주시는 날이다. 성경에서 가장 중요한 날이니만큼, 오순절은 이전 구약성경에서 이미 충분히 연관성이 밝혀져 있음을 주목해야 한다. 이것이 성경을 보는 구원역사의 관점이다.

시내산과 오순절, 모세와 예수 그리스도 사이의 연속성과 독특성이 드러나야만 한다. 사도행전 2장, 성령강림절이라고 부르는 오순절은 먼 옛날에 일어난 첫 오순절, 구원역사에 매우 중요한 사건과의 연결 속에서 그 의미를 이해하고 찾아보아야 한다.

둘째, 첫 오순절에 받은 하나님의 계명은 "거룩하게 살아가라"는 원리였다. 동일하게 이방인들도 유대인들처럼 '거룩한 제사장'의 나라 백성으로 불러주셨다. 거룩하게 살 수 있는 것은 오직 성령이 임하여서 영혼을 말씀 안에서 주님 예수 그리스도에게로 인도할 때에만 가능하다.

첫 오순절과 마지막 오순절은 내용과 형식에서 연속성과 동일성을 가지고 있다. 이스라엘은 이제 다른 민족과는 달리 살아가야만 한다 (출 20:1-20; 신 5:1-21). 오순절에 예수님으로부터 성령을 받은 기독교인들도 역시 세상 사람과 똑같이 살아갈 수 없다. 원리는 동일하게 거룩한 삶이다. 성령이 바로 '거룩한 영'이기 때문이다. 성령을 통해서 예수님은 완전하게 인류 역사 속에서 하나님의 구원사역을 이루어놓으신다. 이제 새로 마음에 받은 성령을 보내신 예수님은 그의 법을 온 세상에 주셨다. 오순절 성령을 보내셔서 성령의 법을 주신 것은 유대인들이 겉으로 지켜야하는 제한적이며 율법적인 성격에서 벗어나서 완전한 자유를 주신 예수님의 축복이다.[3]

모세시대의 이스라엘 백성은 마치 군대와 같았고, 영적인 면에서는 어린 아이와 같았다. 엄격한 순종과 질서가 필요했다. 그것을 받는 과정도 순탄하지 않았다. 높은 산 위에서 추위와 바람을 이겨내야 했고, 가난하고 겸손한 마음으로 40일 동안이나 금식하여야 했다. 모세가 시내산에 올라가서 하나님과 함께 거룩하게 살아가는 것을 체험한 날이다.

돌판에 새겨진 십계명이 요구하는 것은 하나님을 사랑하고, 사람

---

3 G. Vos, *Biblical Theology*, 129.

을 사랑하는 마음이다. 이것은 글에서나 보이지 않는 성령의 법에서 나 전혀 다른게 없다. 성경에 기록된 사건들은 헛되이 쓰인 글이 아니다. 얼핏 보면, 상관이 없는 것처럼 보여도, 분명히 연관성을 설명하고 있다. 고대시대에 기록된 글로 주신 십계명은 결코 없어지거나 사라지지 않았다. 여전히 성령의 법으로 살아있다. 다만, 그 방법과 형식이 달라진다. 마치 어린아이가 성장하게 되면, 자식교육의 방법도 성숙해지고 달라지는 것과 같다. 부모의 간섭보다는 자신의 자유가 커지고 그 대신에 책임도 많아진다. 좋은 가정은 부모가 이런 원리의 변화를 인식하고 자녀들을 인격적으로 성장시킬 때에 이뤄진다. 항상 똑같은 엄격주의는 통하지 않는다. 성장하면서 책임과 특권은 항상 같이 연계되어 있다. 예수님은 성령의 법을 주시면서 성숙한 사람들이 새 양심을 가지고 거룩하게 살아가도록 하신 것이다.[4]

> 너희는 우리로 말미암아 나타난 그리스도의 편지니 이는 먹으로 쓴 것이 아니요 오직 살아 계신 하나님의 영으로 쓴 것이며 또 돌판에 쓴 것이 아니요 오직 육의 마음판에 쓴 것이라(고후 3:3).

돌판에 쓰는 것과 마음속에 하나님의 영으로 심어놓는 것과 대조되어 있다. 구약시대 모세에게 주신 것과 사도들에게 주신 성령의 강림은 서로 연속성이 있으면서도 엄청나게 큰 차이점이 있음을 지적하고 있는 것이다. 바로 이것이 성경적으로 오순절을 이해하는 열쇠이다.

성경에 나오는 사건들은 그 씨앗과 뿌리가 구약시대에 있고, 그 나

---

[4] Richard C. Gamble, *The Whole Counsel of God*, 392-3.

무와 열매가 신약성경에 나타난다. 성경에 나오는 모든 사건과 내용들은 서로 관련성을 가지고 있고, 보충적이며, 일체성을 이루고 있어서 이해와 교훈을 쉽게 얻도록 한다. 구원의 역사를 기록한 성경은 하나도 빠짐이 없이 서로 연관성을 가지고 있다. 이것을 구속역사의 연속성과 점진성과 통일성이라고 부른다.

유대인들이 노예생활의 압박과 고통에서 하나님께 울부짖었다. 모세를 지도자로 준비시킨 하나님은 양을 잡아서 그 피를 문설주에 바르고, 다음 날 애굽을 탈출하게 하셨다. 그 피가 묻어있는 집은 천사들이 뛰어 넘어갔다. '유월'(Pass-over)이라는 말은 천사들이 보여준 행동에서 나온 말이다. 이날에 양이 흘린 피는 훗날 예수 그리스도가 동일한 유월절 주간에 예루살렘 골고다 언덕 위에 세우진 십자가 위에서 어린 양처럼 사로잡혀서 흘린다. 이어서 오순절을 통해서, 율법을 주신 것이다. 유대인들은 이제부터 혼란과 혼돈에서 벗어나게 된다. 해야 할 규칙이 정해졌고 거룩한 백성의 도리를 알게 되었다.

마찬가지로, 예수님의 승천 이후에 제자들은 부르짖었다. 간절히 마음을 모아서 어떻게 해야 할 것인지 처절하게 간구드렸다. 약속하신 성령의 강림으로 인해서 어두움에 사로잡힌 자들에게 진리의 영이 임해서 밝혀주신다. 생명의 법으로 살려주신 것이다. 제자들은 온 세상으로 흩어져서 부활의 증거자가 될 수 있었다. 성령이 친히 함께 계셔서 가는 길을 인도하여 주셨다. 할 말을 이미 준비해 주셨다. 담대하게, 지혜롭게 살아가는 대처능력을 주셨다.

셋째, 처음 오순절에서는 바람과 구름으로 살아 계신 하나님을 보여주셨고, 마가의 다락방에서도 성령 임재의 독특함을 먼저 제자들에게 보여주셨다.

돌판의 기적을 주시던 시기에 이스라엘 백성들은 우상을 만들면서 하나님을 거부하는 반역을 꾀하였다. 하나님은 악하고 미련한 사람의 마음을 아시고 탄식하시고, 모세에게 임재의 권능을 나타내신다. 사람의 마음이 둔하고 목이 곧은 백성들이어서 하나님 앞에 순종하려 하지 않는다. 하나님이 진멸할 수밖에 없을 정도였다.

> 여호와께서 또 모세에게 이르시되 내가 이 백성을 보니 목이 뻣뻣한 백성이로다(출 32:9).

> 너희를 젖과 꿀이 흐르는 땅에 이르게 하려니와 나는 너희와 함께 올라가지 아니하리니 너희는 목이 곧은 백성인즉 내가 길에서 너희를 진멸할까 염려함이니라 하시니…여호와께서 모세에게 이르시기를 이스라엘 자손에게 이르라 너희는 목이 곧은 백성인즉 내가 한 순간이라도 너희 가운데에 이르면 너희를 진멸하리니 너희는 장신구를 떼어 내라 그리하면 내가 너희에게 어떻게 할 것인지 정하겠노라 하셨음이라(출 33:3-5).

> 이르되 주여 내가 주께 은총을 입었거든 원하건대 주는 우리와 동행하옵소서 이는 목이 뻣뻣한 백성이니이다 우리의 악과 죄를 사하시고 우리를 주의 기업을 삼으소서(출 34:9).

처음 오순절에도 모세에게 하나님의 임재시에 나타나는 전무후무한 기적을 보여주셔서 확신케 하여 주셨다. 하나님이 살아 계시다는 확증을 가진 사람은 이제 순종하고 복종하는 마음을 가지고 증거하게 된다. 마가의 다락방에서도 동일하게 강하고 급한 바람처럼 임하셔서 땅이 흔들리고 집을 감싸는 놀라운 권능을 체험하게 하신 것은 이와 동일한 체험이었다.

> 여호와께서 구름 가운데에 강림하사 그와 함께 거기 서서 여호와의 이름을 선포하실새(출 34:5).

> 모세가 이르되 원하건대 주의 영광을 내게 보이소서 여호와께서 이르시되 내가 내 모든 선한 것을 네 앞으로 지나가게 하고 여호와의 이름을 네 앞에 선포하리라 나는 은혜 베풀 자에게 은혜를 베풀고 긍휼히 여길 자에게 긍휼을 베푸느니라 또 이르시되 네가 내 얼굴을 보지 못하리니 나를 보고 살 자가 없음이니라 여호와께서 또 이르시기를 보라 내 곁에 한 장소가 있으니 너는 그 반석 위에 서라 내 영광이 지나갈 때에 내가 너를 반석 틈에 두고 내가 지나도록 내 손으로 너를 덮었다가 손을 거두리니 네가 내 등을 볼 것이요 얼굴은 보지 못하리라(출 33:18-23).

목이 곧은 백성들을 다루어야만 하는 모세에게 오순절에 돌판을 주시면서 하나님의 영광을 드러내셨다. 마찬가지로, 더디 믿고 마음에 의심이 가득 찬 제자들에게 하나님을 체험하게 하시고자 능력을 나타내신 것이다.

> 미련하고 선지자들의 말한 모든 것을 마음에 더디 믿는 자들이여(눅 24:25).

마가의 다락방에서도 하나님의 임재로 인해서 집 전체가 강력한 능력에 사로잡힌다. 모세가 먼저 보았듯이, 예수님의 제자들도 먼저 성령의 강림을 확인했다. 그 이후에 모세의 인도를 받는 백성들도 하나님이 살아계셔서서 그들을 구원하시며 험한 환경과 호전적인 대적들 사이에서 구원하시는 기적과 이적을 체험했다. 예수님의 제자들도 환난과 핍박 속에서 자신들을 죽이려하던 세력들로부터 보호를 받고 하나님의 약속을 널리 전파하는 일에 몸을 던졌다. 이렇게 먼저 실증을 체험하게 하시는 데에는 약속을 반포하는 사명자들로 삼으셨기 때문이다. 시내산 사건은 다시 반복하지 않아도 된다. 모세를 통해서 설명되고, 이해할 수 있는 말로 풀이해 주시기 때문이다. 살아 계신 하나님에 대해서 더 이상 머뭇거리지 말도록 제자들은 믿음을 주시는 하나님의 능력을 체험한 것이다.

2. 첫 수확의 감사 / 첫 이방인들의 수확

　　오순절에 성령이 임하여 예수님을 영접하는 자들을 형제 자매로 받아들이는 영적인 첫 수확을 거둬들였다. 곧 이방인들 가운데서 복음을 듣고 예수님께 돌아오는 영적인 수확을 거두게 되었다. 오순절은 우주적인 복음 선포와 그 첫 추수의 시작이다. 유대인들에게만 주셨던 구원의 은혜가 확장되었다. 이제는 민족주의, 인종주의, 율법주의가 사라지고, 성령을 받아서 회심한 이방인들이 돌아오는 새 역사가 일어난 첫 수확이 시작된 것이다.

　　오순절은 초대교회가 성령의 처음 익은 열매를 거둔 것이라고 즐거워하면서 하나님 앞에서 감사하였다 (고후 1:33; 엡 1:13-14). 하나님의 구원이 이방인들 가운데 전파되어서 처음으로 영혼의 수확을 하게 된 것이다.[5] 이 절기는 "여호와 앞에서 즐거워하라"(신 16:11)는 것이다. 첫 수확은 지상에 살아가는 사람들이 받은 물질적인 축복이었다. 먹을 것이 풍요롭게 되어서 풍성한 축복을 받게 되어야만 하나님 나라를 대표하는 이스라엘 민족공동체의 건설을 이루어갈 수 있다. 이와 마찬가지로 성령의 강림으로 개인적으로나 집단적으로 예수 그리스도의 영광이 함께 하였다. 그래서 풍성한 영적 축복이 넘치는 성령 공동체인 교회, '성령의 전'이 결성되었다.

오순절은 유대인들이 오랫동안 지켜온 가장 중요한 세 가지 절기 중에 하나이다. 유월절, 오순절(칠칠절, 맥추절), 장막절(초막절)은 모두 다 장차 오실 예수님의 구원사역을 미리 보여준 것들로서 유월절의 무교병과 어린 양과 깊은 관련을 맺고 있다(출 12:1-7; 레 23장). 예수님의 약속에 따라서 예루살렘에서 오순절에 모이게 된 제자들은 이런 유대의 전통을 익히 알고 있었다. 따라서 모세의 율법이 요구하는 날에 모인 것이다. 애굽에서 탈출한 백성들은 안식일 준수와 각종 규례를 지켜야만 했으며, 오순절에 대한 명령이 들어있었다.

> 그 첫 날에는 너희가 성회로 모이고 아무 노동도 하지 말지며(레 23:7).

유대인들이 가장 중요하게 지키던 세 가지 절기는 안식일 준수의 내용이 모두 들어있다. 유월절 후 첫 번째 주일날로부터 오십 일째 되

---

5 Patrik Fairbairn, Typology of Scripture (Grand Rapids: Kregel, 1989), 36.

는 날에 다시 모이게 되는 오순절도 마찬가지다. 수확한 것을 드리는 오순절은 다음과 같이 다섯 가지 내용의 제사를 드렸다. 가난한 사람이라 하더라도 참여할 수 있었으며, 그리 많은 재물을 바치는 것이 아니다.

① 소제: 소제물은 에바 십분지 이로 만든 떡 두 개를 가져다가 흔들어 드리되 그 떡 두 개는 고운 가루에 누룩을 넣어서 구운 것이다(레23:17).
② 번제: 1년 되고 흠 없는 어린 양 일곱과 젊은 수소 하나와 숫양 둘을 드리되 이것들을 그 소제와 그 전제제물과 함께 여호와께 드려서 번제로 삼았다(레 23:18).
③ 속죄제: 수염소 하나로 속죄제를 드렸다(레 23:19).
④ 화목제: 일 년 된 어린 숫양을 드렸다(레 23:18).
⑤ 요제: 제사장이 드릴 제사가 요제이다. 첫 이삭의 떡(소제)과 두 어린 양을 여호와 앞에 흔들어 요제를 삼게 되었다. 그 후에 요제물은 제사장에게 돌려 제사장이 먹게 되었다(레 23:20).

유월절이나 오순절이나 '아무도 일을 하지 않아야 한다'는 데 강조점이 있었으니, 하나님 앞에서 모이는 일종의 감사제였기 때문이다. 이런 무노동 안식일 전통을 고수하려던 그룹은 사독의 후예인 사두개인들의 전통이었다. 한편, 바리새인들은 이 기간에 '누룩 없는 빵'을 먹는 것에 대해서 더 강조를 했다고 한다. 유월절 주간의 둘째 날로부터 시작해서 오십일이 되는 날에 고정적으로 지키기를 원했다.

현대적인 달력으로 계산하면 유월절은 3월에서 4월 초 사이에 있고, 그로부터 오십일이 되는 성령강림절은 5월이나 6월 중반에 해당한다. 보리와 밀을 주식으로 하는 유대인들은 이 시기에 가장 중요한 농작물을 추수한다. 다 거둬드린 농작물의 일부를 하나님 앞에 가져다가 감사제를 지냈다(출 23:16; 레 23:15-21). 그래서 오늘날 널리 알려진 청교도들이 미국 땅에서 드린 추수감사제가 여기서 나온 것이다.

누가에 의해서 상세히 기록된 오순절은 풍성한 구원의 은총이 내려져서 영혼의 추수를 감사하지 않을 수 없었다. 이제는 모든 사람이 메시아적인 기름부음을 받았다. 이제는 사람을 대언자로 세우셔서 가르치지 않게 된다. 이런 점에서 모든 성도들은 제사장이요 왕이요 선지자들이다.

이제 이날 이방인 지역에서 온 사람들이 복음을 듣고 예수님을 믿게 되었다. 베드로의 설교를 듣고 수천 명이 거듭나서 회개하고 세례를 받게 되었다. 오순절은 믿음을 가지고 돌아오는 자들을 수확하는 영적인 추수의 날이 되었고, 감사의 절기가 되었다. 이것보다 더 감사할 일이 어디에 있겠는가! 영혼의 추수가 시작되어진 것이다. 오순절은 이방인의 영혼을 수확하시는 하나님의 구원역사가 시작된 날이다.

3. 전 세계를 향한 종말의 복음 선포

1) 바벨탑의 저주로부터 회복이 선포되다

오순절은 그 이전에 전조, 예표적인 사건들과 연계되어있다. 그 첫 번째 연결은 바벨탑 사건에서 발견된다. 누가는 오순절 날에 놀라운 외국어 방언 현상들이 수반되었음을 기록하였고, 강하고 급한 바람과 불이 동반되었다고 증언한다(행 2:2-3). 기적적으로 이스라엘 주변 국가들에서 온 사람들이 자기 지역의 언어로 동일한 하나님의 메시지를 듣게 되었다(행 2:11). 오순절은 언어를 혼란하게 흩어버리신 바벨탑 사건의 저주와 심판과의 연관성을 생각해야 한다(창 11:1-9). 바벨탑은 메소포타미아 지방 시날 골짜기에 있었으므로 예루살렘에서 동쪽으로 수 백 킬로미터가 떨어져 있는 곳에 세워졌을 것이다. 그 때에는 하나님께서 헛된 야망으로 하늘에까지 높아지려는 인간들의 욕망을 심판하시고 저주하였으며 흩어버리셨다(창 11:4).

그런데, 이제까지 지속되었던 저주는 끝이 났다. 예수님의 승천 직후 맞이하는 첫 오순절 날에, 혼돈과 분열의 상징이던 외국 언어로 수천 명이 함께 복음을 듣고 교제를 나누게 되었다. 성령의 감동과 구원이 모든 언어를 사용하는 사람들에게 골고루 내려왔다.[6] 놀랍게도 이제는 각 지역에 흩어져서 서로 다른 언어를 사용하는 사람들이라도 함께 모여서 축제를 즐길 수 있게 되었다. 예루살렘으로부터 시작된

---

[6] 바벨탑과 오순절과의 관련성을 자세히 다룬 웨스트민스터 신학대학원 비얼레 박사의 논문을 참고할 것. G. K. Beale, "The Descent Of the Eschatological Temple in the Form of the Spirit at Pentecost: Part 1: The Clearest Evidence," Tyndale Bulletin 56 (2005):76-83.

축복이 전 세계로 확산 되어나가기 시작했다. 땅 끝까지도 퍼져나갈 것이므로 구원의 우주적 축복이 시작된 것이다. 저주의 영향을 받아서 서로 분열되고 반복하고 대립하던 민족들과 국가들에게도 퍼져나가는 엄청난 권능이 강림했다. 하나님께서 아브라함에게 약속하신 말씀이 성취되는 것이다.

> 땅의 모든 민족이 너를 인하여 복을 받으리라(창 12:3).

오순절은 단순한 사건이 아니다. 성경에 나오는 많은 사건들 중에서 어쩌다 한 번씩 성령에 관련된 교훈을 다룰 때 취급해야 할 부수적인 선택 사항이 아니다. 때가 차매 오셔서 단번에 세상의 죄를 감당하시고자 십자가에 죽으시고, 부활하신 그리스도의 구원사역에 연계된 매우 중요한 사건이다. 성령의 강림으로 회심, 세례, 교제, 두려움, 찬양(행 2:37-47) 등이 온 회중에 퍼져나갔다. 죄악과 죽음에 사로잡혀있던 자들에게 성령을 부어주심으로 은혜, 자유함, 평화, 생명의 영역으로 들어와서 하나님의 백성이 가지는 공통의 구원 체험을 나누도록 하셨다(롬 8:1-4).

제자들에게 임한 성령의 강림에 관한 상징들과 그 효과에 대해서, 누가는 빈 그릇에 무엇을 채워 넣는다는 표현을 사용했다. 제자들의 마음은 공허하고 비어 있었다. 그 속에다가 성령을 채워 넣는다는 것이다. 수동태 동사로 성령이 채워졌다(행 2:4). 그 배면에는 능동적으로 성령을 부어주신 예수님이 사역하고 계신다. 예수님은 자신의 영으로 흘러넘치도록 채워주신다고 말씀하셨다(행 2:17). 인색하게 조금씩 찔끔찔끔 나눠주신 것이 아니다. 아낌없이 충만하게 넣어주셨다.

2) 구약에 나타난 성령의 임재

오순절 성령 강림의 예표가 되는 구약의 사건들을 기억해야만 한다. 하나님께서는 선지자들을 통해서 비밀을 미리 말씀하셨다(아 3:8). 요엘에게, 스가랴에게, 에스겔에게도 말씀하였다(욜 2:28-29; 슥 12:10; 겔 36:25). 개혁주의 성경 신학자들은 구약 성경에 담긴 예표, 전조, 모형들을 통해서 예수 그리스도의 오심에 관련된 그림자들이 있었음을 발견하였다.[7]

민수기 11:24-30에서 성령의 사역이 모세 시대에 백성들 가운데서 있었음을 보게 된다. 이것은 오순절 성령의 사역이 장차 어떤 모습으로 이루어질 것인가를 보여주었다. 백성들이 모세에게 원망과 불평을 늘어놓던 상황에서 하나님께서 특별한 조치를 취하였다. 모세와 칠십인의 장로들에게는 성령이 강림하여 대언자 역할을 감당하게 하신 것임을 보여주었다.

모세 시대에 성막에서 성령의 강림과 임재를 체험한 장로들이 밖으로 나가서 동요하는 백성들을 위로하고 지도하도록 했다. 하나님의 영광이 임하게 되자, 모세는 장로들에게 각자의 천막에 흩어져서 하나님의 인도하심을 전달하도록 조치했다. 마찬가지로, 오순절 날에 예루살렘에 모여 있던 제자들도 왕 되신 그리스도의 영광과 성령의

---

[7] 예수 그리스도에 관계된 구약 성경의 연관성을 추적하는 최근 학자들의 연구 성과들을 참고할 것. Michael Lawrence, *Biblical Theology in the Life of the Church* (Wheaton: Crossway, 2010). Gregory K. Beale and D. A. Carson, *Commentary on the New Testament Use of the Old Testament* (Grand Rapids: Baker, 2007). Graeme Goldsworthy, *Gospel-Centered Hermeneutics* (Downers Grove: InterVarsity Press, 2006). Sidney Greidanus, *Preaching Christ From the Old Testament: A Contemporary Hermeneutical Method* (Grand Rapids: Eerdmans, 1999). Vern S. Poythress, *The Shadow of Christ in the Law of Moses* (Phillipsburg: P&R, 1991).

강림을 체험하게 되었으며, 이들은 세상 밖으로 나가서 모든 민족에게 증거하라는 권능을 부여받게 되었다.

3) 엘리야에서 엘리사에게로

엘리야와 엘리사의 마지막 임무 인수 과정에서도 성령의 임재가 나타났다. 능력의 종 엘리야가 떠나가더라도 성령은 엘리사에게 지속적으로 임하였다. 열왕기상 18:20-40에서 엘리야는 바알 신을 섬기는 거짓 선지자들을 이겨내는 모습으로 참된 선지자요, 중재자 역할을 감당했다. 엘리야는 예수 그리스도의 직무를 가장 잘 드러낸 예표적인 선지자였다.[8] 엘리야가 하늘로 올라가던 시점에서는 엘리사에게 새롭게 역사하신다(왕하 2:2-6).

놀라운 것은 엘리사가 엘리야에게 역사하시던 하나님의 능력을 값절로 부어달라고 간청하였다(왕하 2:9-10). 대담한 요청이었지만, 엘리야는 자신이 그것을 줄 수 있는 것이 아니라고 대답하였다. 엘리사는 엘리야의 겉옷을 물려받았다. 구약 성경의 시대에, 근동지방에서는 옷을 물려받는 것은 유산을 승계하는 의미를 지니고 있었다.[9] 엘리야가 자신의 옷을 엘리사에게 넘겨주는 것은 이런 유산 상속의 의미가 내포되어 있다.

예수님께서도 제자들의 간청과 기도에 대한 응답으로 성령을 내려주셨다. 그런데, 모세와 엘리야가 예수님과 함께 변화산에서 모습을

---

[8] J. Severino Croatto, "Jesus, Prophet Like Elijah, and Prophet-Teacher Life Moses in Luke-Acts," *Journal of Biblical Literature vol. 124, no. 3* (2005):451-465.

[9] G. K. Beale, *The Temple and the Church's Mission: A Biblical Theology of the Dwelling Place of God* (Downers Grove: InverVarsity Press, 2004), 30.

드러냈다. 누가복음 8:28-36에 나오는 사건은 앞에서 언급한 구약과 신약의 연속성과 통일성이 그리스도 중심적이라는 것을 보여준다. 예수님은 하늘의 아버지께서 제자들에게 성령을 주실 것이라고 확언하셨다(눅 11:13).

오순절은 모든 믿는 자들의 연대와 유대감을 확인하고 계획하고 실현하는 계획적인 날이었다. 유대인이나 헬라인이나 종이나 자유자나, 우리는 모두 한 성령으로 세례를 받아 한 몸이 되었다(고전 12:13).

처음 오순절에 모세를 통해서 말씀하신 하나님은 유대 민족들을 통해서 계속해서 이 날을 고수하게 하셨다. 특이하게도 매번 오순절에 예루살렘에 올라가는 유대인들의 모임을 듣고 알게 된 이방 민족에게 하나님의 살아 계심과 임재를 알리시고 선포하신다. 노하기를 더디 하시며, 긍휼히 여기시고 불쌍히 돌아보시는 하나님을 알려주신다. 이방인들은 전혀 듣지도 못하던 하나님을 이 때부터 알게 된다. 십계명은 세계 인류 최초에게 내려주신 기록된 법, 즉 성문법이다. 마찬가지로 오순절에 임한 성령은 차별이 없는 하늘의 법을 전 세계 사람의 마음에 알리는 최초의 사건이었다.

이 절기를 지킬 수 있는 자의 신분에는 제한이 없었다.

"너와 네 자녀와 노비와 네 성중에 있는 레위인과 및 너희 중에 있는 객과 고아와 과부가 함께"(신 16:11) 지키는 것이다. 오순절은 이스라엘에 속한 자들이 지킨 절기이다. 즉, 이스라엘 자손만이 아니라, 그 이스라엘에게 소속되어 있는 다른 민족들도 포함된다. 노비와 객, 고아와 과부에는 이방인들이 상당수 있었다. 이들의 공통분모는 "이스라엘에 속한 자"라는 점이다.

오순절 성령 운동은 따로 한 특정한 집단이나 그룹만이 전유하는 고립된 작업이 아니었다. 도리어 유대인과 이방인, 특히 헬라인, 자유자와 노예 간의 막힌 담이 허물어지는 날이었다. 유대인들은 아브라함의 후손으로 매우 구별된 삶을 추구하여 왔다. 결혼과 교제에서 일상적인 교류가 금지되었다. 할례를 받은 민족이라는 독특성을 유지해야 했다. 하나님의 선택을 받은 민족이기 때문이다. 음식도 달리 먹어야 했다. 그러나 오순절로 인해서 이제는 더 이상의 구별이나 차별을 기준으로 삼지 못하게 되었다.

우주적으로 모든 민족과 모든 족속에게 예수 그리스도를 알게 하는 영이 부어졌다. 이제는 왕 되신 예수 그리스도께서 누구든지 다 받아주시고, 다 용납하신다. 이것은 십자가와 부활, 승천과 왕 되심의 지위를 얻으신 예수 그리스도의 지상사역이 완성되면서 시행된 첫 번째 사역이다. 예수 그리스도를 믿는 신앙 안에서 살아가는 사람들이라면, 멀리 떨어져 살고 있던 고린도 성도들이나, 편지를 보내고 있는 사도 바울이나, 터키 에베소의 성도들이나 모두 다 한 형제와 한 자매가 되었다.

우주적이며, 전 세계를 향해서 준비되고 제정된 오순절은 성령역사의 최절정을 보여주신 날이다. 당시 열두 제자들은 점진적으로 진행되던 구원역사의 성취과정을 지켜보았다. 예수님의 공생애, 죽으심, 장사지냄, 부활, 승천, 성령의 강림 등을 연속적으로 체험을 하였다. 그 이후에 믿게 되는 성도들은 이런 제자들의 단계를 따라서 다시 믿음을 세워나가는 것이 아니다. 오순절 이후에 사는 우리 성도들은 단계적으로 체험하는 것은 아니다.

제자들은 모두 다 구원역사의 절정을 맛보았으니, 기도로 모인 후에 성령을 받은 사람들이요, 성령의 선물과 열매들을 볼 수 있었다.

하지만 오순절에 임한 성령의 역사하심을 통해서 옛 언약에서 새 언약으로 바뀌는 전환점을 체험하고 목격하게 되었다.

열두 사도들이 예수 그리스도를 주님으로 삼고 믿음을 고백하는 것은 성령이 알게 하신 것이다. 누구든지 성령으로 말미암지 않고는 그리스도를 주님이라고 고백할 수 없다(고전 12:3). 사람의 지혜로 예수를 믿을 수 없다. 사람의 지식에서 받는 것이 아니다. 이는 오직 성령께서 알게 하신다. 마태복음 16:15이하에서 제자들은 예수 그리스도를 살아 계신 하나님의 아들, 메시아로 고백했다. 그들은 분명히 "깨끗하게 씻음을 받은 자들이고, 그리스도에게 연합된 사람들"이었다(요 15:1-11).

그러나 성령의 점진적인 역사로 인해서, 열두 제자들은 아직 약속되었던 성령의 역사를 다 맛보지 못하고 있었다. 사도행전 1:5에 주신 말씀을 따라서 제자들은 앞으로 일어날 성령의 역사를 기대하고 믿으면서 바라보아야 했다.

이러한 현상을 놓고서 표면적으로 분석해 보면, 성령체험의 양상이 오순절 이전과 오순절 이후가 판이하게 서로 달라져 보이는 두 단계처럼 해석된다. 그러나 결코 이것은 사도들 시대에 예수님의 신분에 따라서 사역하심이 달랐기 때문이다.

4. 독특하고 유일무이한 구원사건!

구원역사의 흐름을 간략해 보면, 시내산에서 돌판을 주신 일은 전무후무한 하나님 임재와 권능의 체험이었다. 그 전에도 없었고, 그 후에도 없었다. 돌판을 받은 이후로 모든 성도들은 그날에 주신 말씀의 영향을 받아서 살게 되었다. 이런 모든 하나님의 구원역사는 장차 예수님의 오심을 보여주는 준비와 예표였다. 그리고 예고된 바와 같이 예수님의 모든 구원사역이 진행되었다. 예수님은 승천 후에 결국 자신의 교회에 성령의 선물을 내려주시고 임재하시며 교통하시는데 집중되어 있다. 그래서 복음서의 저자들은 앞으로 장차 벌어질 교회시대의 모습을 여러 차례 암시하고 예시해 놓았다. 예수님의 승천 직후, 초대교회 모든 사람들은 이제 새롭게 시작된 복음의 우주적 선포, 메시아의 복된 소식을 증거하는 일에 임하게 된다.

예수님의 구원사역은 모두 다 유일무이한 특정한 사건(unique, epochal event)의 연속이었다. 예수님의 사역은 다시 반복될 수 없으며, 단번에 이뤄지는 구원의 완성이요 성취이다. 동정녀 탄생, 광야의 시험, 고난, 피 흘리는 죽음, 장사지냄, 부활, 승천을 통해서 속죄의 모든 과정이 한번에(once for all) 모두 끝이 났다. 단번에 승리하셨다. 이런 일은 다시 이 세상에 예수님이 오셔야 하는 것이 아니요, 또 다시 반복할 필요가 없다. 속죄도, 부활도, 단번에 그 효력이 완성되었다. 유일무이한 사건의 연속이다. 하나님의 아들이 독생자로 세상에 오셔서 이루어야 할 구원역사는 그 절정을 마쳤다. 성도들은 이제 그리스도 예수를 믿음으로 연합하고 참여하면 된다. 그 일은 성령이 믿음으로 받아들이게 하시고, 알게 하신다. 이제 왕 되신 그리스도는 약속한 바와 같이 자신의 영을 교회에 선물로 부어지게 하시고, 증거자로 세우시며, 내주하신다(눅 24:29; 행 1:4).

오순절 사건을 이해하는 데 중요한 성경적인 안목은 예수님의 유일무이한 구속역사의 절정을 보여주신 것으로 이해해야 한다.[10] 왜냐하면 예수님은 친히 '불과 성령'을 내려주신 분이시기 때문이다.

세례 요한의 증거에 의해서 예수님의 정체성이 분명하게 제시된 바 있다. 경건한 삶과 요단 강에서 세례를 베풀어서 깨끗한 양심의 회개를 불러 일으켰던 세례 요한은 메시아의 준비 사역을 감당했다. 그는 자신이 요단에서 물세례를 주는 것은 장차 오실 예수님과 비교가 될 수 없으니, 그분은 "불과 성령으로 세례를 주시는 분"(요 1:33)이라고 대조적으로 불렀다. 메시아의 길잡이로서 먼저 나타나서 그리스도의 오심을 선포했던 세례 요한은 의로운 죽음으로 마지막까지 예수님의 길을 보여주었다. 악한 시대에 의인 요한은 순교의 제물로 바쳐졌다. 세례 요한의 숭고한 희생은 예수 그리스도의 십자가를 먼저 맛보고 알게 하는 양심의 증언이었다. 시대의 양심으로 사람들의 마음에 담긴 악을 제거하는 설교자였지만, 그것은 제한적인 사역에 불과했다. 세례 요한 자신이 스스로 평가하기를 예수님의 사역과는 비교가 되지 않는다고 역설했다. 예수님은 "세상 죄를 지고 가는 하나님의 어린 양이다"(요 1:33). 세례 요한과는 달리, 예수님은 완성자이시다. 따라서 예수님의 사역은 성령과 불로 세례를 주신다는 말과 같이, 그 내용이 완전히 다르다(눅 3:15-17; 마 3:11-12; 막 1:7-8). 불과 성령으로 세례를 주시리라는 세례 요한의 말대로 오순절에 드러났다. 예언한 그대로 이뤄지는 성취와 완성이 예수님의 사역의 특징이다.

오순절, 사도 베드로의 설교는 모두 다 예수 그리스도의 구원사역에 관한 것이며, 그 가운데서도 "하나님이 오른손으로 예수를 높이시

---

10 Richard B. Gaffin, "The Holy Spirit and Charismatic Gifts," in *The Holy Spirit down to Earth* (Grand Rapids: Reformed Ecumenical Synod, 1978), 6.

매 그가 약속하신 성령을 아버지께 받아서 너희 보고 듣는 이것을 부어 주셨느니라"(행 2:33)고 증거한 부분이다. 부활(행 2:32, "이 예수를 하나님이 살리신지라")과 함께 하나님이 행하신 구원역사의 절정이 바로 제자들에게 임하는 성령의 강림이었다. 먼저는 예수님이 요단 강에서 세례를 받을 때에, 하늘에서부터 성령이 그 위에 임하였다. 즉, 예수님의 공생애에 임하는 기름부음의 선포가 있었다. 성령이 머물러 있던 그 예수님이 부활하신 후에, "내가 내 아버지께서 약속하신 것을 너희에게 보내리니 너희는 위로부터 능력으로 입혀질 때까지 이 성에 머물라 하시니라"(눅 24:49)고 선언하셨다. 바로 이런 계획과 약속이 성취된 오순절은 구속역사의 진행에서 그 절정에 해당하는 날이다.

사도 바울의 설명에 의하면, 살아나시고 승천하신 예수님은 "살려주는 영"이 되었다(고전 15:45; 고후 3:17). 높아지신 예수님은 성령의 사역 가운데 함께 동역하시고 동참하시는 것이다. 그리스도의 부활에서 보여준 처음 익은 열매들을 교회 생활 가운데서 체험하게 하신다. 오순절은 살려주는 영으로서 그리스도, 존귀하신 그리스도가 교회에 성령의 선물을 주신 사건이다. 사도 바울은 고린도전서 15:45에서, 예수 그리스도가 부활하시고 하늘로 승천하셔서 "살려주는 영"(the life-giving Spirit)이 되셨다고 설명했다. 처음 아담이 하지 못한 일을 하시는 마지막 아담이요, 처음 사람이 하지 못하는 일을 시작한 둘째 사람이다. 예수님은 자신의 부활로 인해서 이 두 사람의 일을 동시에 완성하시는 분이심을 "처음 열매"로 보여주셨다(고전 15:20).

살려주는 영으로서 활동하시며 통치하시는 그리스도가 자신의 교회에 나타나시는 날이 바로 오순절이다. 친히 왕좌에서 부어주시고, 내려 보내신 성령의 임재와 활동을 통해서 예수님은 자신의 교회를 떠나지 않으신다. "볼지어다 내가 세상 끝날까지 너희와 항상 함께 있으리라"(마 28:20)는 말씀이 이제 그 내용을 이해할 수 있도록 보여주신 것이다. 예수님은 자신이 제자들을 떠나서 하나님께로 간다고 말하면서도, 동시에 성령이 그들 가운데 찾아오신다고 약속하셨다(요 14:12). 그런데 성령은 그리스도의 영이므로, 결국은 그리스도가 제자들 가운데서 떠나지 않고 찾아오신다는 말이다(요 14:18, 19-23).

성령의 세례 혹은 부어주심은 그리스도의 몸을 구성한다. 에베소서 2:22에 성령 안에서 하나님의 머무시는 장소가 그리스도의 몸이다. 교회에 속하여 한 몸이 된 성도들에게는 성령의 선물을 주시고 하나님의 영이 머물러 계신다(고전 12:13).

오순절은 겨우 120명에 해당하는 적은 숫자가 참여한 것이지만, 하나님의 영원한 구원사역은 시간과 계획과 질서대로 이루어졌다. 그와 같이 오순절 사건은 그리스도의 완성된 구원역사의 절정에 다다른 사건으로서, 언약 공동체 안에 성령이 임재하고 역사하심을 드러낸 것이다.

예수님의 구원사역은 다시 반복할 필요가 없이 단번에 완성하셨다(the once for all accomplishment).[11] 오순절의 성령강림도 단번에 세상에 임하셨다. 지금 우리 시대에 똑같이 다시 반복되는 것이 아니다(non-repeatable). 또한 모든 성도들이 개인적으로 사도행전 2장과 꼭 같은 내용의 오순절을 체험하는 것이 아니다. 다시 성령을 사모하는 일부 특정한 사람들에게만, 혹은 특수한 교회시대에 오순절이 반복되어서 일어나는 것도 아니다. 이제는 연속적으로 흘러나가는 성령강림의 체험

---

11 Richard B. Gaffin, 『성령 은사론』 (Perspectives on Pentecost : studies in New Testament teaching on the gifts of the Holy Spirit), 권성수 역(서울: CLC, 1983).

을 나눠가지면 된다. 우리는 오순절과 깊은 관계를 가지고 살아가되, 개인적으로 체험하는 오순절이 있지만, 사도행전 2장과 동일하게 일어나야 하는 것이 아니다. 신약성경에 나오는 다른 교회에서 모두 똑같이 오순절체험을 한 것이 아니다. 오순절은 반복되지 않는다. 예수님의 지상 사역의 모든 부분들이 다시 반복될 수도 없는 것과 똑같다. 예수님이 다시 죽으실 필요가 없고, 다시 무덤에 들어가실 필요가 없다. 오순절의 성령은 우리에게 오셔서 지금 역사하고 계시면서 예수님에게 연결된 새 생명을 심어주고 있다. 성령은 살아 계신 생명의 영이시다.

오순절 성령강림은 단 한번 있는 독특한 사건이며, 성경전체가 증거하는 하나님의 구원역사의 일대 전환점이다. 이 날은 그리스도가 인종과 언어와 지역의 편견을 넘어서서 우주적으로 선포되고 증거되기를 시작된 날이다. 미국 웨스트민스터 신학대학원 개핀 교수를 비롯해서 개혁주의자들이 지지해온 해석이다. 19세기 말 아브라함 카이퍼 박사는 오순절은 근원적인 사역이요, 개개인에게는 적용적인 사역으로 맛을 보게 된다고 하였다. 오순절은 마치 공동저수장에 큰 물을 담게 하는 것과 같고, 개인이 각각 받아먹는 것은 그 물이 이미 와 있다가 목을 축여주는 "잔존효과"와 같다고 설명한 바 있다.[12] 개개인은 가정에 배달되는 시점이 다르다는 것에만 유의하면 된다고 하였다.

네덜란드 개혁주의 신학자 게할더스 보스 박사와 헤르만 리더보스 박사는 오순절을 구원의 역사(historia salutis)라는 안목을 가지고 이해하라고 가르쳤다. '구원의 역사'라는 말은 예수 그리스도의 생애에 초점

---

12 Abraham Kuyper, *The Work of the Holy Spirit*, tr. H. De Vries (New York: Funk & Wagnalls, 1900), 123-6.

을 맞추는 것으로, 탄생, 죽음, 부활, 승천, 성령의 강림 등으로 구성되는 역사적 사건들을 말한다. 개인에게 적용하는 '구원의 서정'(ordo salutis)으로 풀어서는 안 된다는 것이다. 구원역사의 중요한 사건들은 단번에 모든 것을 충족시킨다. 그래서 예수님의 태어남, 성장, 고난, 십자가에 죽으심, 장사됨, 부활, 승천 등 단 한번으로 그쳤다. 개혁주의 신학자들이 가장 선호한 해석은 '오순절은 단 한번뿐이요, 단회적이다'라는 해석이다.[13] 물론 그 효과와 영향은 지속적이다. 우리가 개인적으로 오순절을 체험하는 것이 아니라, 우리가 이미 일어났던 성령강림의 역사에 참여하는 것이다. 단 한번만이 강조되는 '단회성'이라는 단어는 '일회성'이라는 의미로 전락할 우려가 크다. 그래서 보다 더 좋은 단어를 찾고 있지만, 한국어로는 마땅한 용어가 없다. 히브리서에서 대제사장이신 예수님의 피흘리심은 '단번에' 드리심이며, 더 이상 다른 제사가 필요가 없다는 점을 역설한 것과 같은 맥락에서 사용하는 단어이다. 단 한번이지만, 완벽하여서 그 효과는 영원토록 지속된다는 뜻이다. 단 일회로 끝이 나서 그것으로 종결되고, 그 영향과 능력의 효과가 그치고 만다는 것이 아니다.

5. '높아지신' 왕의 선포

오순절 성령강림의 본질이 예수님의 승천 후에 높아지신 신분과 관계되어 있다. 그래서 성령을 높은 보좌에서, 혹은 하늘에서 아래로 부어주신다는 표현을 쓰는 것이다. 개혁주의 신학자들은 예수 그리스

---

[13] R. B. Gaffin, *Perspectives on Pentecost* (Philipsburg: P&R, 1979).

도의 신분과 관련해서 두 가지 표현으로 집약해 왔다. 예수님의 신분이 낮아지심과 높아지심으로 구별된다. 오순절 사건은 이제 영광의 보좌에 오르신 예수님, 본래의 자리에서 통치하시는 예수님의 선포이다.[14] 승천과 오순절은 서로 긴밀하게 연계되어 있다.

처음 오순절에도 모세가 잠깐 동안이지만 높은 산에 올라가서 하나님과 대면하고 난 후에 그의 얼굴은 광채로 뒤덮여 있었다. 지도력과 통치력을 입증하고 사람들 사이에 감히 넘볼 수 없는 높은 권세를 가진 모세, 하나님의 택한 종을 보여주신 분명한 증거를 가지고 나타났던 것이다.

> 모세가 그 증거의 두 판을 모세의 손에 들고 시내 산에서 내려오니 그 산에서 내려올 때에 모세는 자기가 여호와와 말씀하였음으로 말미암아 얼굴 피부에 광채가 나나 깨닫지 못하였더라 아론과 온 이스라엘 자손이 모세를 볼 때에 모세의 얼굴 피부에 광채가 남을 보고 그에게 가까이 하기를 두려워하더니…이스라엘 자손이 모세의 얼굴의 광채를 보므로 모세가 여호와께 말하러 들어가기까지 다시 수건으로 자기 얼굴을 가렸더라(출 34:29-35).

이제 부활하신 그리스도는 높아진 왕의 지위에 계신다. 높아지신 만왕의 왕, 예수 그리스도는 메시아적인 구원사역을 전 세계를 향해서 펼치신다. 믿음의 대상, 예수님의 신분이 바뀌었다. 때가 차매, 그리스도는 부활 승천하셔서 종말의 시대를 열어 가시는 분, 새로운 생

---

14 J. Van Genderen, *Concise Reformed Dogmatics*, 505.

명역사를 일으키시는 분, 새로운 신분으로 바뀌어서 이제는 만국의 왕이시다(시 110:1). 예수님은 이제 살려주시는 만왕의 왕, 통치자의 지위에 복귀하셨다. 먼저, 예수님의 지상사역 시기에 제자들은 이 땅에서 낮아진 그리스도, 고난 받는 예수를 먼저 믿고 받아들였다. 간혹 하나님의 아들로서, 인자로서, 메시아이심을 드러낸 기적과 이적을 행하셨다. 그러나 예수님을 아직 때가 이르기까지 말하지 못하게 하셨다. 고난당하시고, 모욕과 멸시와 천대를 받고, 죽임을 당했다. 그리고 무덤에까지 내려가셔서 장사되었다. 이 과정이 어떤 인간보다도 더 낮아지심이다.

오순절은 예수님의 인류구원을 향한 사역이 전개되어 나가는 관점에서 보아야 한다. 그리스도의 완성된 구원역사의 성취 중에서 그 절정이며, 그 기초 위에서 언약 공동체 안에 성령이 임재하고 사역한다는 것을 증거한다. 이런 의미에서, 제자들은 아직 구원역사의 절정이 오지 않았음을 기대했던 것이다.

> 예수께서 아직 영광을 받지 않으셨음으로 성령이 아직 그들에게 계시지 아니하시더라(요 7:39).

더욱이 성령의 선물은 그리스도 자신이 교회에 주신 선물이다. 왜냐하면, 그리스도는 자신이 친히 고난 받으시고, 친히 죽음을 감당하셨고, 높이 승천하신 분이시기 때문이다. 높은 곳에 오르신 예수님이 성령의 선물, 즉 성령의 세례를 아래로 부어주신다고 표현하는 것이다. 왕 위에 올라가신 예수님의 왕권적인 권위 행사인 것이다. 이로서 구원역사는 모두 단번에 완성하신 것이다. 오순절이 없다면, 아직 구원역사는 미완성이다. 예수님이 아직도 높아지신 것이 아니다라는 말이 되기 때문이다.

새로운 구원역사의 장을 펼치시게 되신 예수님은 먼저 성령을 보내셔서 제자들의 온 몸에 동참하는 체험을 주셨다. 제자들은 이제야 비로소 예수님을 이해하게 되었다. 사도행전 2장에 나오는 베드로의 감동적인 설교가 이를 반영한 것이다.

베드로는 사도행전 2:33에서, "내가 나의 왕을 내 거룩한 산 시온에 세웠나니…내게 구하라 내가 열방을 유업으로 주리니 네 소유가 땅 끝까지 이르리로다"고 하신 시편 2:6-8을 인용하였다. 예수 그리스도는 이제 거룩한 왕으로 시온에 오셔서 즉위식, 혹은 취임식을 시작하신 것이다. 성령을 부어주심으로 인해서 약속을 성취하셨다.

오순절에 나타난 방언과 예언의 현상들은 성도 개개인이 체험할 규범이 아니라, 메시아가 온 우주에 선포되고 알려지는 서막이다. 메시아 되심을 확증하고 알리는 그러한 중요한 구원역사의 분기점이다. 새 시대의 징표이자 새로운 언약의 시대임을 알리는 시작의 징표였다.

다시 말하지만 오순절은 왕으로서 만물을 통치하시는 예수님의 사건이다. 이제 말씀과 성령을 보내셔서 교회의 머리가 되시고, 자신의 사역을 지속하는 것이다.[15] 선지자들과 사도들에게 성령의 은사들을 주시고, 모든 입으로 예수를 고백하게 하는 사건이다. 오순절은 예수님의 신분이 달라짐을 알리는 사건이다. 성령을 체험하는 개인적이거나, 체험적인 것, 혹은 구체적인 은사의 현상들은 모두 다 부수적으로 따라오는 것들이다. 중요한 것은 놓치고, 부차적인 것을 더 중요하게

---

15 Calvin, *Institutes of the Christian Religion*, II.15.4. "Such is the nature of his rule, that he shares with us all that he has received from the Father."

올려놓은 오순절주의자들, 은사 운동가들의 해설을 따라가서는 안 된다. 오순절주의자들은 두 단계설, 즉 처음 믿을 때에는 미지근한 제자들이 오순절 성령의 세례를 받아서 새 사람이 되었다고 한다. 그런 것이 아니다. 본말을 전도시켜버리기 때문이다.

사도행전은 처음 1:8에 약속한 것이 이루어져서 세계로 성취되어 나가는 선교의 전 과정을 선명하게 구조적으로 드러내고 있다. 그리고 예루살렘, 사마리아, 가이사랴, 에베소는 각각 연계된 맥락으로 소개되어진 것이다. 이들 각 곳에서 벌어진 성령의 강림 사건들은 긴밀히 연관성을 갖고 있다. 이들 각각의 사건들을 규범적으로 정형화시키려는 것은 신학적인 흐름을 갖지 못한 왜곡임을 알아야 한다.

사도행전에 기록된 오순절 성령강림은 다른 곳에서도 동일하게 이뤄졌다. 이것은 이방인들에게 성령강림과 방언이라는 표적을 주셔서 유대인들에게는 무가치한 자들에게도 구원의 복음이 임했음을 확증하는 일이었다. 예루살렘의 성령강림과 동일한 현상과 체험을 하게 함으로써, 우주적으로 역사하시는 성령의 사역을 이해하게 하였다 그리고 실제로 성령은 모든 민족에게 회개의 영을 주셨다. 사도들이 안수해서 성령을 받았다는 것이 중요하게 보아야 할 장면이 아니다. 사도들을 통해서 성령을 알게 하시고 체험하게 함으로써, 이방인들이 예수님의 거룩하심 안에 있는 자가 되게 하신 것이다.

예루살렘에서 사마리아로, 다시 이방인들, 특히 로마 총독부의 본거지였던 가이사랴로, 다시 저 멀리 에베소 지방으로 널리 퍼져나가는 특징을 보여준다. 성령을 통한 그리스도 예수의 일관된 사역이요, 그리스도의 나라가 확장되어 나가는 세 중요한 장소를 열거함으로써 결정적인 단계들을 보여주는 것이다. 동일한 약속을 받아서 예수 그리스도를 고백하고 사도들은 예루살렘에서 그치지 않고 보다 넓은 지역들을 다니면서 구체적으로 성령이 임하신 사건들을 체험하게 된다. 사마리아에서 소수의 성도들이(행 8:4-25), 가이사랴에서는 로마 군인 고넬료의 집에서(행 10:1이하), 에베소에 이르러서(행 19:1-7) 동일한 성령의 강림이 있었다. 베드로와 요한, 사도 바울이 이런 일의 증언자들이요, 목격자들이다. 과거에는 유대인이 아니라서 전혀 복음과 상관없던 지역에서도 특수한 성령의 강림이 있었다. 성령을 부으심으로 인해서, 요한의 세례만을 알던 자들이 예수 그리스도를 알게 되고, 풍성하게 하나님을 믿는 지식을 갖게 되었다(렘 31:34).

영광의 왕으로 오시는 예수 그리스도께서 하나님의 나라를 펼쳐나가는 과정이 바로 성령의 부어주심이요, 성령을 체험한 제자들을 사용하여 증거하는 일이다. 왕 되신 예수님의 통치가 예루살렘에서 온 우주에 미치고 있음을 사도행전의 전체 기록이 보여주는 것이다. 사도행전은 성령행전으로 그치지 않고, 4복음서에 이은 예수 그리스도의 행전이다.

첫째 단계는 예루살렘에서, 제자들이 오순절에 모여들자 약속하신 대로 예수님이 성령을 쏟아 부어 주신 것이다.

둘째 단계는 사마리아에, 일곱 집사 중 하나인 빌립이 하나님의 나라의 복음과 예수 그리스도의 이름을 전파할 때에 믿음으로 받아들이고 세례를 받은 것이다. 이 소식을 듣고 베드로와 요한이 찾아와 그들을 위해서 기도할 때에 성령을 받았다. 그러나 땅이 흔들리고 진동했다거나, 권능의 불이 하늘로서 각 사람 위에 임했다는 오순절 사건과는 다르게 기록되어 있다.

> 이는 아직 한 사람에게도 성령 내리신 일이 없고 오직 주 예수의 이름으로 세례만 받을 뿐이니라 이에 두 사도가 그들에게 안수하매 성령을 받는지라(행 8:16-17).

처음에는 성령을 알지도 못했고, 받지도 못했지만, 사도들이 내려와서 예수님이 주시는 성령의 부으심을 설명하고 체험케 하였다. 이제는 높아지신 예수님의 시대가 도래했다는 것이 베드로의 핵심적인 강조점이다.

우리 시대의 성도들은 이런 기록을 읽을 때에 약간 혼돈하게 된다. 특히 오순절주의자들이 이 사건을 하나의 공식으로 만들어서 가르치기 때문이다. 오순절 교파에서는 모든 신자들이 시간적으로 점차 발전하는 단계, 혹은 이중적인 단계, 즉 성령의 중생케 하심으로 믿고, 나중에 성령의 세례를 받아서 방언, 각종 은사를 행한다는 식으로 말한다. 사마리아의 성도들이 성령체험을 한 사건은 예루살렘의 경우와 동일하게 예수 그리스도를 믿고 받아들이게 하는 특별한 은혜의 선물이었다.

셋째 단계는 가이사랴에서 베드로가 체험한 성령강림은 이방인들에게 주시는 획기적인 사건이라는 것이다. 고넬료의 집안에 성령이 강림한 사건은 예루살렘의 성령강림과 동일하다는 설명이 주어져있다. 베드로는 사도들과 성도들에게 예루살렘에서 체험한 것들이 이방인에게도 임했다고 보고했다. 성령을 받아서 고넬료가 무슨 다른 신비한 능력의 소유자가 되었다는 말이 아니다. 이탈리아 군대 지휘관의 한 사람이 유대 땅에서 근무하면서 하나님을 진실하게 믿고 기도하는 사람으로 변화하였는데, 마침내 그는 주 예수 그리스도를 믿는 자로 새롭게 받아들여졌다. 이제 예수님을 믿는 일이 모든 지역 모든 사람에게 가능하게 되었다는 의미이다.

> 내가 말을 시작할 때에 성령이 그들에게 임하시기를 처음 우리에게 하신 것과 같이 하는지라 내가 주의 말씀에 요한은 물로 세례를 베풀었으나 너희는 성령으로 세례를 받으리라 하신 것이 생각났노라…하나님이 우리가 예수 그리스도를 믿을 때에 주신 것과 같은 선물을 그들에게도 주셨으니(행 11:15-17).

넷째 단계는 멀리 떨어져 살고 있던 에베소의 성도들이 성령을 받은 것이다. 사도행전 19장을 보면 사마리아의 경우처럼, 에베소에서 일어난 성령강림 사건도 먼저 믿고 세례를 받았으나 아직 성령을 받지 못하였었다고 기록되어 있다. 사마리아의 경우처럼, 에베소 성도들에게 '너희가 믿을 때에 성령을 받았느냐'고 물었는데, '우리는 성령이 있음을 듣지 못하였다'는 대답을 듣게 되었던 것이다.

그러나 자세히 살펴보면, 에베소와 사마리아의 경우는 완전히 상황이 다르다는 것을 알 수 있다. 에베소에 있던 제자들이 성령을 받았다는 것은 아주 세심한 주의를 요한다. 이 사람들은 예수님의 부활과 재림 신앙을 온전히 배운 성숙한 제자들이 아니라, 이방지역에서 초보적인 회심과 회개의 과정을 거쳤던 사람들이다. 오늘날과 같이 정상적으로 믿음 생활을 하다가 성령을 받은 것이 아니다. 완전히 기독교에 대해서 모르고 있었다. 오순절의 제자들과는 전혀 다르다. 예수님에 대한 이해가 없던 자들이었다.

사도 바울이 만난 이들은 '어떤 제자들'이라고 되어있는 바, 이들은 예수 그리스도의 제자들이라고 볼 수 없는 자들이었다. 사도행전 18:25이 지적하듯이, 아볼로의 초기 사역에서는 요한의 세례만으로 하나님의 가르침을 전했던 것이다. 이들은 불과 성령으로 세례를 주시는 예수 그리스도를 만나지 못한 자들이었다. 그런 자들에게 세례와 안수를 받으매, 방언도 하고 예언도 하는 현상이 부수적으로 수반되었다. 새로운 언약의 시작에 대한 표시가 확증된 것이다. 오순절에 사도들이 받은 것과 동일한 성령을 받음으로써, 열두 명은 '복음의 약속'이 혈통이나 민족이 아니라, 모든 믿는 자들에게 성취되는 새 시대에 접어들게 된 것이다. 이들이 성령을 받은 것은 예수님을 아는 지식과 신앙을 바르게 받아들이게 되는 역사가 일어났다는 것이다.

전체적으로 사도행전의 성령강림 사건은 오순절에 예루살렘에서 시작되어서 점차 유대와 사마리아와 가이사랴와 에베소로 연결되는 일련의 연속적인 과정을 강하게 심어주고 있다. 종합하자면, 사도행전 1:8이 주시는 강조점을 따라서 성령의 선물을 부어주셔서 전 세계 복음화의 과정이었던 것이다.

사도행전에서 성령이 부어진 네 가지 사건들은 성령의 세례와 특별한 은사를 어떻게 이해하는가에 대해서 중요한 지침이 되고 있다. 오순절파와 은사주의자들은, 오순절 날 예루살렘에서(행 2:1-41), 사마리아사람들에게(행 8:5-25), 고넬료의 가정에서(행 10:1-11:18), 에베소에 있던 요한의 제자들에게(행 10:1-7) 주어진 것에 대해서 먼저 믿음을 가지고 있다가, 나중에 성령의 세례를 다시 받게 되는 "이중구조"라고 주장한다. 오순절파에서는 하나의 도식을 대입하고자 한다.

다시 강조하지만, 이 네 가지 사건들은 성령의 사역이라는 연속성을 갖고 있으면서도, 각각 유일하고도 독특한 사건들임에 주목해야 한다.[16] 오순절 교파에서는 이들 네 가지 사건들이 성령에 의해서 세례를 받은 사건이라고 말하면서, 오늘날 모든 기독교 신자들이 따라가야 할 규범이요 모형이라고 강조한다. 그러나, 성령으로 세례를 받은 시기가 각각 다르고, 특별한 이유와 상황이 반영되어 있음에 주목하지 않는다면 성경의 겉만을 맛보는 해석임에 주의해야 한다.

강하고 급한 바람과 땅이 흔들리고, 불의 혀같이 갈라지는 초자연적인 현상들은 오직 예루살렘 사건에서만 나타났다. 그 다음 어느 사건에도 찾아볼 수 없다. 사마리아에서는 사도들이 손을 얹기까지는 성령을 받지 못하였다. 초점은 사마리아인들과 유대인들을 하나로 묶는 일이 벌어진 것이다. 유대인들의 대표가 되는 사도들에게 의존적으로 사역을 감당하게 하면서도, 그들은 이제 하나의 성령 안에서 연합되었으니 사마리아인들도 영접하고 받아들이라는 가르침을 준 것이다. 고넬료의 집에서는 성령을 먼저 받고, 이어서 세례를 받았다. 에베소에서는 죄 사함의 회개만이 아니라, 메시아의 출현을 알게 되었다. 에베소에서는 세례자 요한의 세례만을 받은 사람들에게 예수 그리스도의 이름으로 세례도 받게 하였고, 방언과 예언을 하는 매우 독특한 체험을 보여준다.

사도행전의 네 가지 이야기들이 각각 서로 다르다. 더구나 한국 기독교 130주년에 즈음하여 신앙생활을 하는 우리들은 예루살렘의 제자들과도 다르고, 사마리아인들과도 다르고, 고넬료의 처지와도 다르며, 에베소에 있는 제자들과도 같지 않다. 구약시대의 성도들은 오순절의 성령체험이 없었어도 중생과 성화의 삶을 살았다. 그들에게 누

---

16 N. B. Stonehouse, "Repentance, Baptism, and the Gift of the Holy Spirit," in *Paul Before the Areopagus and Other New Testament Studies* (Grand Rapids: Eerdmans, 1957), 70-87.

가 안수하지 않았어도 하나님을 믿으며 의지하면서 살아갔다. 따라서, 성령의 세례는 믿음을 가진 성도가 다시 한번 더 도약해서 얻게되는 제2단계라고 할 수 없다. 성령의 세례란 성령의 권능부여를 의미한다. 신약시대에는 누구든지 예수 그리스도를 주님이라고 고백하는 자들에게 주어진다(행 11:17).

The Glory and Blessing:
Reformed Doctrine of the Holy Spirit

제 7 장

성령강림은 구원사의 중대 사건이다

성령의 영광과 아름다움을 이해하기 위해서 오순절 성령강림 사건에 대한 의미를 구속 역사의 구조와 전개(redemptive historical revelation)라는 큰 틀에서 살펴보아야 한다. 한 사건만 떼어서 따로 강조하는 것은 큰 오류를 범하게 만든다. 그래서 전체 하나님의 말씀의 안목에서 연속된 사건들의 의미를 파악해야 한다. 성경은 하나님의 구원역사의 진행과정을 보여주는 계시로서 내적 통일성과 연속성을 가지고 있다. 하나님의 치밀한 준비와 약속이 시행되는 전체 과정을 보면, 핵심 주제가 드러나는 바, 역사 속에서 일어나는 인류 구원의 사건들이다.[1] 하나님은 역사 속에서 구원의 사건들을 펼치시면서(deed revelation), 그것을 이해하도록 설득하고 설명하는 말씀 계시를(word revelation) 연속적으로 보여주셨다. 실제 역사 속에 오신 예수 그리스도의 사역으로 마침내 그 인류 구원역사의 대단원이 성취되었고, 최고의 절정을 이

---

1 Vos, *Biblical Theology*, 17-24.

루었다. 예수 그리스도의 죽으심과 부활이 모든 성경 계시의 핵심이요 초점이다. 그 기록인 성경을 통해서 우리에게 하나님이 하신 자비롭고 은혜로우신 일들을 깨닫게 하시는데, 예수 그리스도의 구원사역을 중심주제로 삼아서 설명을 해 주셨다. 특별계시인 성경을 통해서 세상의 창조, 인간의 타락, 인류의 번성 등에 대한 많은 정보를 제시해 주시지만, 보다 구체적으로 하나님이 하신 일들에 대한 설명은 생략되어 있다. 성경은 인류 구원에 관련된 것들을 중심으로 삼고 있기에, 특히 예수 그리스도의 구원사역에 초점을 두고 있기에 그 외에 것들에 대한 그저 게으른 인간의 호기심이나 단순한 지식적 욕구를 채워주는 주제들에 관해서는 관심을 두지 않는다.

성경의 전체 초점이 바로 예수 그리스도의 구원역사이기에 오순절에 펼쳐진 성령의 사역도 역시 여기에 연계되어 있다. 문제는 지금 전 세계 기독교 교계에 퍼져있는 변질된 은사 운동들은 특히 오순절 성령사역에 대한 접근에 있어서 너무나 개인중심의 체험신앙으로만 해석하고 강조되고 있다는 사실이다. 성령의 사역을 이해하려면 무엇보다도 먼저 오순절 성령강림사건에 대해서 설명하는 성경전체의 진술들과 구원역사에 연계된 신학적인 의미를 바로 세워야 한다. 일부 은사주의자들과 오순절주의 신학에서는 성령강림 사건의 중요성을 부각하고 있으나 성령강림의 의미와 내용은 정통 개혁주의 신학과는 전혀 다르게 해석한다. 성령을 거론하는 책이나 설교나 강의에서 과연 오순절 성령강림 사건의 핵심을 어떻게 설명해야 하는지 성경적으로 제시하고자 한다.

1. 오순절은 교회를 세우는 구원의 적용이다

구원역사는 인류의 불순종으로 말미암아 스스로 노력하여 성취할 수 없음을 보여준다. 오직 흠없고 보배로우신 예수 그리스도의 보혈과 십자가의 죽음 그리고 장사지냄과 부활을 통해서 이루어졌다. 이어서 성령을 부어주심은 바로 연속된 예수그리스도의 구원역사의 의미심장한 사건이다.

첫째, 구속역사에서 진행과정을 볼 때에 오순절에 강림한 성령은 구원을 교회에 적용하는 사역을 하였다. 이 날에 성령이 강림하여 가장 중요한 일을 하셨는데, 부활하신 예수님의 완성된 구원사역을 교회에 적용한 점이다. 이 날부터 예수님이 시작하는 교회가 역사 선상에 탄생한 것이다. 구원의 적용사역은 성령의 핵심적인 부분이요 본질적인 내용이다. 교회와 구원은 성령에게 절대적으로 의존한다.

예수님은 부활과 승천으로 모든 인류 구원의 역사를 완성하였다. 이제는 그것을 받아들이는 사람들에게 전달하여 구원을 얻게 하는 적용사역만 남았기에 성령이 그 역할을 수행하신 사건이다. 물론 만에 하나라도 그리스도께서 부활하시지 못했다거나 하늘로 승천하지 못하였더라면, 기독교의 가르침은 모두 헛된 망상이 되었을 것이다. 예수님은 승천하여서 영광의 보좌에 오르시어 원래 계획하시던 바에 따라서 인류 구원의 남은 사역을 영광스럽게 지속하시고 있다. 예수님이 영광스러운 보좌에 앉으시므로 인해서 우리는 성령을 받게 되었다 (요 16:7-14). 영광과 존귀한 능력의 주님은 인간에게 약속하신대로 주권을 펼치시는 바, 이제 때가 되매 오순절에 성령을 보내신 것이다. 그 성령이 오시지 않았다면, 타락한 인간들은 헛된 생각과 지식과 종교에 빠져서 그리스도의 사역의 의미와 중요성을 전혀 이해하지 못했을 것이다. 성도들의 마음에 성령이 없다면, 그리스도의 사역이 주는 위로와 은혜의 축복들을 전혀 즐거워할 수 없었을 것이다. 성령은 예수 그리스도를 믿는 자들에게 용서받았음을 알려 주시고, 지혜를 주시며, 위로하시고, 자녀 됨의 새로움을 주시고, 능력을 부어주셨다. 성령을 통해서 부활하신 그리스도의 능력에 접근하게 되었고, 우리를 강하게 하시는 자의 능력을 힘입어서 모든 일을 감당할 수 있게 되었다.

성령은 예수 그리스도의 구원역사를 적용하시고 보전하신다. 죄에 대해서, 의에 대해서, 심판에 대해서 깨닫고 회개하게 하신다. 십자가의 피로 하나님과의 화평을 이루게 하시는 놀라운 구원역사를 이루시고 승천하신 예수님이 그 백성들에게 성령을 부어 주셔서 "전에 악한 행실로 멀리 떠나 마음으로 원수가 되었던 너희를 이제는 그의 육체의 죽음으로 말미암아 화목하게 하사 너희를 거룩하고 흠 없고 책망할 것이 없는 자로 그 앞에 세우고자 하셨다"(골 1:21-22).

오순절에 오신 성령은 성도들에게 새로운 마음을 불어넣어서 하나님을 사랑하는 사람들로 변화시켜주셨다.

> 너희도 정녕 이것을 알거니와 음행하는 자나 더러운 자나 탐하는 자 곧 우상 숭배자는 다 그리스도와 하나님의 나라에서 기업을 얻지 못하리니 누구든지 헛된 말로 너희를 속이지 못하게 하라 이로 말미암아 하나님의 진노가 불순종의 아들들에게 임하나니 그러므로 그들과 함께 하는 자가 되지 말라(엡 5:5-7).

하나님과 화목할 뿐만 아니라 하나님의 나라를 기업으로 받는 자들이 되도록 영적인 성품들을 갖게 해주셨다.

> 우리가 아직 연약할 때에 기약대로 그리스도께서 경건하지 않은 자를 위하여 죽으셨도다 의인을 위하여 죽는 자가 쉽지 않고 선인을 위하여 용감히 죽는 자가 혹 있거니와 우리가 아직 죄인 되었을 때에 그리스도께서 우리를 위하여 죽으심으로 하나님께서 우리에 대한 자기의 사랑을 확증하셨느니라 그러면 이제 우리가 그의 피로 말미암아 의롭다 하심을 받았으니 더욱 그로 말미암아 진노하심에서 구원을 받을 것이니 곧 우리가 원수 되었을 때에 그의 아들의 죽으심으로 말미암아 하나님과 화목하게 되었은즉 화목하게 된 자로서는 더욱 그의 살아나심으로 말미암아 구원을 받을 것이니라 그뿐 아니라 이제 우리로 화목하게 하신 우리 주 예수 그리스도로 말미암아 하나님 안에서 또한 즐거워하느니라(롬 5:6-11).

예수 그리스도의 전체 구원사역은 신구약에 전개된 하나님 나라의 중심사건이다. 성경은 메시아로 오신 예수 그리스도의 왕권과 통치(christocracy)를 보여준다.[2] 오순절 사건은 그리스도가 이루어 나가는 구원역사(historia salutis)의 구조에서 가장 중요한 전환점이다. 성육신, 고난, 십자가의 죽음, 장사지냄, 부활, 승천에 곧 이어서 우주적으로 펼쳐진 구원역사의 적용을 시작하는 매우 중대한 전환점이다. 구원의 역사(historia salutis)는 주로 예수 그리스도의 탄생, 죽으심, 부활, 승천,

---

2 Genderen, *Concise of Reformed Dogmatics*, 506.

그리고 성령의 오심 등의 구원 사건들로 구성되어 있다.

먼저, 하나님이 인류를 구원하시려는 뜻에 따라서 구원의 계획이 만들어졌다.

> 여호와의 계획은 영원히 서고 그 생각은 대대에 이르리로다(시 33:11).

그리고 그 계획에 따라서 구원역사가 일관되게 아담에서부터 그리스도에 이르기까지 진행되었다.

> 곧 영원부터 우리 주 그리스도 예수 안에서 예정하신 뜻대로 하신 것이라(엡 3:11).

이처럼 영원하신 하나님 구원역사에는 뜻하신 바에 따르는 계획과 구조(historia salutis, plan and structure of redemptive history)가 담겨있다. 성경의 모든 사건들은 바로 인류 구원과 관계된 구조와 계획을 보여주는 사건들로서 일관성과 통일성을 유지하고 있다.[3]

오순절 성령의 강림은 베드로를 비롯한 120명의 개인적인 구원체험의 과정(ordo salutis, order of salvation)으로만 볼 수 없다. 구속역사의 구조와 개인적인 체험, 이 두 가지가 모든 구원사건 속에 함께 들어있다. 모든 구원역사는 연속성을 가지고 있어서 장차 드러나고 완성된다. 비록 성령이 구약시대에도 개인의 중생과 회개를 불러일으키는

---

[3] J. V. Fesko, *Justification: Understanding the Classic Reformed Doctrine* (Phillipsburg: P&R, 2008), 90.

사역을 했지만, 오순절까지는 교회에 완전히 성령이 부어지지는 않았다. 예수 그리스도가 이 세상에 성육신하여 직접 몸으로 율법의 요구에 따라서 정죄를 당하고, 율법의 모든 요구를 다 완성하고, 죽으시고, 부활하신 이후에 부어주셨다. 예수님의 대속적 죽음과 형벌이 없었다면, 성령도 부어질 수 없고 오순절의 사건도 일어날 수 없다. 이러한 구원역사의 전개구조는 객관적이요 공적이요 일반적이다. 그 구속역사의 흐름 안에서 개인을 변화시키고 체험하게 하는 주관적 적용이 일어나게 된다.

오순절은 특수한 개인의 체험으로 중요한 것이 아니라, 하나님의 나라가 전개되는 과정에서 왕 되신 그리스도의 선포가 이루어진 날이다. 그리스도의 통치를 보여주는 사건이다. 구원역사의 진행과정에서 메시아이시며 왕이신 예수님이 베푸시는 구원사역의 우주적 적용이 시작되는 특수한 분기점이었다.[4] 유대인에게서 온 백성으로 넘어가는 전무후무한 사건이다. 예수님의 구원사역 하나 하나가 항상 전무후무한 의미를 가지고 있었고 '단번에' 이루시는 것과 같이, 오순절은 매우 중요한 의미가 담긴 역사적인 사건이다. 예수 그리스도의 중보사역, 제사장, 선지자, 왕으로서의 사역이 완성되는 단계에서 높은 보좌에 영광을 회복하신 후에 이 사건을 통해서 모든 민족들에게 성령을 보내신 것이다.

> 하나님이 오른손으로 예수를 높이시매 그가 약속하신 성령을
> 아버지께 받아서 너희가 보고 듣는 이것을 부어 주셨느니라(행

---

[4] Calvin, *Institutes*, II.15.5. "For just as he fulfills the combined duties of King and Shepherd towards the godly who subject willingly and obediently; on the other hand, we hear that he carries a rod of iron to break them and dash them all in pieces like a potter's vessel."

2:33).

사도행전 2장에 사도 베드로의 오순절 사건에 대한 설명에는 분명히 구속역사의 진행과정이 서술형태로 전달되었다. 즉, 예수님이 십자가에서 죽고, 다시 살아나신 후에, 승천하시는 모든 구원역사의 진행과정을 언급하고 있다. 성령을 부어주시려면 먼저 하나님이 예수 그리스도를 높이시는 일이 있어야 했고, 그렇게 되기 위하여 먼저 구원역사가 완성되는 죽음이 있어야 했다. 그리고 다시 높은 보좌에 앉으신 예수님의 구원사역이 성령을 보내사 모든 민족들로 하나님을 믿어 알게 하심이라 하였다. 여기에 놀라운 하나님의 구원계획이 펼쳐져 있는 것이다. 이것을 떠나서는 오순절의 의미를 정확히 파악할 수 없다.

오순절은 승천하셔서 하나님의 우편 보좌에 앉으신 예수님이 새로운 차원의 하나님 나라를 성취시키는 구원역사의 전환점이다(행 5:31). 성령은 이미 오순절 이전에도 죄의 용서와 구원의 감격을 주셨다(사 11:2; 61:1-2). 이제는 땅 끝까지로 범위를 확산시키고, 이방인들도 참여하는 축복을 주시는 확대된 사역을 감당해야 한다(욜 2:28-31; 행 2:33). 복음을 증거하고 예수님이 시작한 구원사역을 지속적으로 감당하게 제자들을 강화시키고 필수적인 은사로 무장시켰다. 예수님이 집행하고 있는 구원역사의 지속적인 도구로서 성령으로 기름부음 받음이 필요하게 된 것이다. 성령을 받은 제자들은 예수님의 행하시며 가르치기 시작한 사역의 연속선에 있는 것이다. 주님은 부활 후에 아버지께서 약속하신 위로부터 임하는 능력을 주시겠다고 하셨는데(눅 24:47-49) 이것을 다시 강조하셨고(사 1:8), 마침내 입증된 것이다.

당시에 오순절을 체험하는 예수님의 제자들은 독특한 시대에 살고 있음을 놓치지 말아야 한다. 그들은 예수님의 구원역사가 점진적으로 드러나는 시대에 살았다. 그들이 체험한 구원역사의 전개과정은 이 후에 출생한 모든 기독교 신앙인의 시대와는 공통점이 있으면서도 차이점이 있다. 예수님의 제자들은 옛 언약 시대에서 새 언약의 시대로 전환되는 그 지점, 극적인 변환의 현장에 살고 있었다. 우리는 지금 완전히 변화된 새 언약의 시대에 태어났다. 따라서 우리가 다시 돌아가서 제자들처럼 그 단계를 거칠 필요가 없는 것이다.

하나님의 사역과 통치는, 특히 성령의 사역에 있어서도, 구속 역사의 구조와 전개라는 차원이 있고(historia salutis), 개인적인 적용과 체험(ordo salutis)이라는 두 가지 차원이 서로 긴밀하게 연결되어 있다. 먼저 관심을 가지고 크게 주목해야 할 것은 성경 사건들을 종합적이요 연속적이며 통일성을 가진 하나님의 구속역사의 전개와 구조(historia salutis)이다. 성경의 전체 맥락이 서로 연계된 구속역사의 전개와 구조라는 것은 여러 중요한 문맥에서 강조된다.

각각 독립된 사람들과 사건들이지만 깊은 연계성을 드러내는 것이 바로 구원역사의 전개과정이다. 예를 들면, 에덴동산에서 아담의 타락 직후에 선포된 창세기 3:15은 장차오실 예수 그리스도의 예표적 언급이다. 로마서 5:12-21에 보면, 인류의 첫 조상 아담과 예수 그리스도의 대조를 통해서 그 연관성과 독특성이 확연하게 제시된다. 첫 아담으로 인해서 죽음이 왔고, 둘째 아담으로 인해서 의가 주어졌다. 창세기에 나오는 아담이 먼 훗날에 오시는 예수 그리스도와 연관성을 깊이 가지고 있음이 밝혀져 있다. 각각 따로 나오는 주인공들이 아니라, 하나님의 구원역사를 입증하고 완성하는데 서로 중요한 내용들로 연결되어 있고 통일성을 가지고 있다. 고린도전서 15:20-28에는 아담 안에서 모든 사람이 죽고, 예수 그리스도의 부활로 살아나는 것을 증거한다. 아담의 죽음과 예수님의 부활은 서로 극명하게 대조된다. 고린도전서 15:35에서 성령은 예수 그리스도와 함께 연계해서 긴밀한 협조 가운데 "생명을 주시는 영"으로서 사역한다.[5] 또한 아주 오래전 족장들의 시대에도 구원의 계획이 선포된다. 구원역사가 진행되고 있었다. 창세기 49:8-12에는 야곱의 축복이 선포되었다. '실로가 오기까지' 하나님의 권위가 유다와 이스라엘을 떠나지 않을 것을 예언한다. 수천 년 전의 이야기들이 모두 다 예수 그리스도의 강림을 언급하고 있고, 그 과정은 일관된 구원역사의 구조 속에서 긴밀히 연결된 것이다.

오순절 사건도 역시 성경전체의 구속역사에서 그 의미와 중요성을 찾아야 한다. 헤르만 리델보스는 "오순절은 단번에 이루어지고 성취되는 구속역사(historia salutis)라는 관점에서 보아야지, 지속적이며 연속성을 가진 개인의 구원 체험(ordo salutis)으로 보아서는 안 된다"고 하였다.[6] 오순절 성령강림 사건은 각각 성도들이 어떻게 중생을 체험하고 어떻게 신앙생활을 해 나가는지 등 개인적인 적용과 체험을 가르치는 사건이 아니다. 예수님을 믿고 발전하는 신앙을 가지려면 모든 사람이 오순절과 같은 체험을 해야만 한다는 규정은 성경 어디에서도 찾을 수 없다. 도리어, 오순절은 보다 공적으로 그 현상을 목격하고 들었던 사람들 그 누구도 부인할 수 없게 성령의 놀라운 권능이 임하는

---

5 Vos, "The Eschatological Aspect of the Pauline Conception of the Spirit," in *Redemptive History and Biblical Interpretation*, ed. Richard B. Gaffin. (Phillipsburgh: P&R, 1980), 102.
6 Herman Ridderbos, *Paul: An Outline of His Theology* (Grand Rapids: Eerdmans, 1997), 48.

날이었다. 하나님 나라의 진보와 발전을 보여주는 보다 거대하고 의미심장한 구속역사적 차원의 큰 전환점이었다.

2. 오순절은 다가올 종말의 첫 서막이다

둘째, 구원역사의 전개과정이라는 계시의 관점에서 볼 때에 오순절 성령강림은 장차 다가 올 종말을 멀리 내다보게 하시고 하늘 나라의 축복된 모습을 처음으로 그 일부만이라도 맛을 보도록 해 주신 것이다. 오순절 성령강림은 마치 '계약금'(the down payment)을 먼저 주신 것과 같다. 집을 계약할 때에 먼저 일부를 서로 약속의 표시로 내는 것처럼, 앞으로 다가올 하나님의 집을 맛보게 하신 사건이다. 장차 믿는 성도들에게는 오순절 강림과 같은 모습들이 충만하고 완전한 모습으로 된 하늘나라가 주어진다.

올바른 성경적인 성령론은 예수 그리스도의 재림을 기대하는 종말에 대한 신앙과 서로 깊이 연결되어 있다. 성령은 그리스도가 세상에서 하늘나라로 떠난 이후에 그 공백기에 예수 그리스도를 대신하는 일을 맡았다. 요한복음 16:15에 "그가 내 것을 가지고 너희에게 알리시리라"는 증언과 요한복음 14:26에 "그가 너희에게 모든 것을 가르치고 내가 너희에게 말한 모든 것을 생각나게 하리라"고 하였다. 성령을 받아서 예수 그리스도를 마음에 믿고 살아가는 성도들은 마지막 날에 다시 오시는 예수님의 약속을 품고 있게 된다. 이점이 세상과의 불편한 관계를 초래하게 한다. 그리스도가 다시 오신다는 사실은 영원한 세상에 대한 기대와 관심으로 살아간다는 것이다. 구원이라는 것 자체가 종말을 내포하고 있어서, 믿는 자들이 가지는 현재 구원받은 은혜의 체험과 의롭다 하심을 받는다는 것은 마지막 날의 심판과 저주에서 놓여나는 기대를 포함하고 있는 것이다.[7] 그리고 그 누구에게도 의지하지 않고 철저히 그리스도에게만 의존해서 살아간다는 신앙의 고백을 품게 한다.

구원을 받은 성도들은 새로운 피조물이 되어서 마음에 새로운 생각을 품고 살아간다. 고린도후서 5:17의 새로운 피조물에게는 이미 시작된 새로움이 있지만, 모두 다 종말에 완성될 것들을 향한 기대가 있다. 그래서 종말의 절정을 향한 소망을 갖게 된다. 성령은 근본적으로 예수님의 다시 오심을 기다리면서 살아가는 영적인 관심을 품게 하신다.

> 그뿐 아니라 또한 우리 곧 성령의 처음 익은 열매를 받은 우리까지도 속으로 탄식하여 양자 될 것 곧 우리 몸의 속량을 기다리느니라 우리가 소망으로 구원을 얻었으매 보이는 소망이 소망이 아니니 보는 것을 누가 바라리요 만일 우리가 보지 못하는 것을 바라면 참음으로 기다릴지니라 이와 같이 성령도 우리의 연약함을 도우시나니 우리는 마땅히 기도할 바를 알지 못하나 오직 성령이 말할 수 없는 탄식으로 우리를 위하여 친히 간구하시느니라(롬 8:23-26).

예수님은 미래와 무관하신 분으로 그냥 머물러 계신 분이 아니다. 예수님은 이 세상의 종말에 모든 것을 결정하시는 가장 중요한 분이

---

[7] Vos, "The Eschatological Aspect of the Pauline Conception of the Spirit," 93.

다. 성령은 미래에 오실 재림의 주님을 기억하게 하고, 기도하면서 기다리는 삶을 지켜주신다. 그래서 성도들은 이 세상과 불편한 관계 속에서 성령을 따라 살아간다.

> 하나님의 성령을 근심하게 하지 말라 그 안에서 너희가 구원의 날까지 인치심을 받았느니라(엡 4:30).

성령의 강림을 보여준 오순절은 종말의 세계관을 확연히 드러내게 하여 믿는 자들로 하여금 멀리 예수 그리스도의 재림과 하나님의 나라를 바라보게 하는 역할을 감당하고 있다. 오순절에 일어난 일들은 우리 믿는 성도들이 장차 다음 시대에 살아갈 것들을 깨닫게 하려고자 확실한 징표와 상징을 밝히 드러내 주신 것이다.

오순절 사건을 정확하게 미리 말하였던 요엘의 예언은 '묵시적'이라는 특징을 갖고 있다. 미래에 될 일을 미리 알려주었다는 말이다. 즉, 성령이 오시는 때에 모든 시대의 마지막에 이르렀다는 사실을 선포한 것이다. 이런 마음으로 살아가도록 성령이 우리는 인도하시게 하심으로 이 세상에서 우리가 하나님의 나라의 마지막 시대에 살고 있음과 아직 완성된 나라는 아니지만 그 나라가 확장되고 있다는 것에 대해서 깨닫게 해 주신 것이다.

구원역사적 관점에서 오순절 성령의 강림을 해석하게 되면, 이 사건에서 종말론적인 긴장을 느끼게 된다. 구원역사의 계획과 구조(historia salutis)에 등장하는 모든 사건들은 예수 그리스도와의 연합을 통해서 이루어지는 구원이 '이미-아직 아니'(already-not yet)의 긴장 관계에서 풀이된다. 모든 성도들은 성령의 중생하게 하시는 사역으로 이미 그리스도와 연합하여 있으나, 아직 완성된 단계를 향해서 종말을 바라보고 사모한다.[8] 오순절에서 종말론적으로 성령의 연결점이 드러나는 것은 구약성경에 주어진 성령을 부어주신다는 요엘의 예언이 성취되어진 점이다. 요엘 2:28은 "그 후에 내가 내 영을 만민에게 부어 주리니 너희 자녀들이 장래 일을 말할 것이며 너희 늙은이는 꿈을 꾸며 너희 젊은이는 이상을 볼 것이며"라고 하였다. 베드로가 이 요엘의 예언을 인용할 때에는 "이 시대의 마지막 날에"(헬라어로 eschatais hemerais, in the last days)를 사용하였다는 점이 매우 놀랍다.

> 하나님이 말씀하시기를 말세에 내가 내 영을 모든 육체에 부어 주리니(행 2:17).

요엘의 예언이 이미 오순절에 성령이 임하심으로 성취되었지만, 아직 완전하고도 완벽하게 끝이 나지는 않고 종말의 날까지 연속된다.

하나님의 구원역사의 구조에는 이처럼 '이미-아직 아니'의 종말론적인 기대와 인식이 포함되어 있음에 주목하게 된다. '이미-아직 아니'는 예수 그리스도와 함께 십자가에 죽고 세례를 받았으며 생명의 새로움으로 주님과 함께 부활하여 살아가고 있는 개개인의 중생이 이루어진 모든 분야마다 다 들어있다(롬 6:4).[9] 성령의 인도 가운데서 살아가는 성도의 성화는 이미 예수님의 거룩하고도 온전하신 삶에 연계되어 이루어졌지만(already), 종말론적인 성령이 점진적으로 지속적으로

---

8 Geerhardus Vos, *The Pauline Eschatology* (1930; Phillipsburg: P&R, 1994), 10. idem, *Eschatology of the Old Testament*, ed. by James T. Dennison Jr. (Phillipsburg: P&R, 2001), 101-2.; idem, *Biblical Theology* (1948; Edinburgh: Banner of Truth, 1996), 322.

9 Richard B. Gaffin, *Resurrection and Redemption* (1978; Phillipsburg: P&R, 1987), 108-9.

마지막 아담의 형상을 따라서 만들어가는 과정을 아직(not yet) 남겨놓고 있다(고전 15:45-49). 우리를 의롭다 하심이 그리스도의 부활로 이미 이루어졌지만, 아직 영화에 이르지 않았으므로 마지막 최종단계에 도달한 것은 아니다.

성령은 '항상' 우리 가운데 머물러 계시면서, 의에 대해서, 죄에 대해서 심판에 대해서 증거하신다(요 16:16-17).

종말에 대한 여러 관점들에서 아주 극단적인 두 가지 부류가 발견된다. 종말론 학설들이 많은 것은 각각 어느 한쪽으로만 치우치고 있기 때문이다. 아주 빨리 다가오리라 하여 말세를 지나치게 부풀리는 경우가 많았다. 허무맹랑한 말로 과장하는 종말신앙이 자주 문제를 일으키곤 하였는데, 성도들이 그들의 일방성과 편협성을 미처 주목해 보지 못했기 때문이다. 이미 신약성경이 기록되던 시대에도 임박한 종말에 대한 기대가 지나쳐서 세상을 등지고 살아가는 모순이 있었다고 하였다. 오늘날에도 그러한 현상은 자주 일어난다. 종말에 대한 예언에 심취한 자들의 무책임한 이타주의, 말세주의는 경계할 일이다.

동시에 말세에 대한 기대와 소망을 갖지 않고 살아가는 방임주의와 무정부주의적인 태도에서도 문제가 발견된다. 알버트 슈바이처(1875-1965)의 『역사적 예수에 대한 의문』에는 종말론적인 하나님의 나라가 순간적으로 세상에 나타내는 것으로 재구성되어 있다. 속히 재림하리라는 경고와 함께 현재의 고난을 견디는 자는 구원을 얻는다는 논리이다.

셋째, 오순절 성령강림은 복음서의 가르침과 설교와 증거들이 참되다는 것을 확증해주고 증명하여 준 사건이었다. 예수님이 수없이 언급하신 그대로 문자적으로 성령이 오셨고, 놀라운 성취가 이루어졌다. 그동안 구약성경의 예언들과 예수님의 말씀에 예언된 일들이 성취되었다는 것을 보여준다.

구약성경에 보면 성령의 새로운 역사가 다가온다는 예언이 많이 들어있다.

> 마침내 위에서부터 영을 우리에게 부어 주시리니 광야가 아름다운 밭이 되며 아름다운 밭을 숲으로 여기게 되리라(사 32:15).

또 에스겔에게 주신 새 언약의 약속에 담겨있다.

> 내가 다시는 내 얼굴을 그들에게 가리지 아니하리니 이는 내가 내 영을 이스라엘 족속에게 쏟았음이라 주 여호와의 말씀이니라 (겔 39:29).

요엘 2:28은 거듭 인용되는 오순절에 대한 예언이다. 이처럼 구약성경을 읽어보면, 하나님을 믿는 자들이 그 이전과는 달리 새로운 방식으로 성령과 함께 살아가게 될 때가 올 것이라고 지적하셨던 것을 자주 듣게 된다. 따라서 오순절은 문자적으로 말씀하신 그대로 연장선상에서 그러한 예언들이 성취된 날이다.

그리고 예수님도 하늘 나라에 승천하신 이후에 성령을 교회에게 주실 것이라고 말씀하였다. 따라서 오순절의 성취는 성경의 무오류성과 예수님의 말씀이 틀림없다는 것을 입증하는 중요한 사건이다.

이렇게 여러 예언과 예수님의 말씀이 분명하게 성취되게 하신 것은 예수 그리스도의 믿는 자들의 믿음을 강화시키고자 하신 일이다.

이처럼 예수님이 성령에 대해서 약속하신 말씀과 예언이 이루어진 것은 그저 상징적으로만 약속하신 것이 아니라 문자적으로, 구체적으로, 사실 그대로 이루어진다는 것을 보여주려는 것이다.

넷째, 계시의 역사가 진행되는 과정에서 오순절이 가진 특별한 의미는 확정적인 성격을 가진다는 점이다. 히브리 민족에게서 있어서 선지자란 초자연적이면서도 아주 특별한 능력을 지닌 사람으로 나타난다. 선지자들은 일반 백성들에게 능력과 기사를 행함으로써 하나님의 대리자임을 인정받게 되었다. 그래서 유대인은 표적을 구하였다. 예수님은 요나의 표적 이외는 다른 표적이 없다고 하셨다. 세례 요한은 이러한 예수님의 출현을 알리는 증거자였다. 성령의 여러 기적들과 표적들과 기사들이 그들의 메시지를 확정시켜 주었다. 베드로는 여러 나라 말을 하는 것에 대해서 설명하는 중에 이러한 확정적인 일이 벌어졌음을 증거하였다. 과연 그 당시에 무슨 일이 벌어졌는가에 대해서 의심하는 사람들에게 자초지종을 설명하는 중에 그 사람들에게는 부활하신 그리스도의 능력의 증거들이 나타났다고 하였다. 오순절 성령강림은 복음의 메시지를 확정시키고자 사용하신 사건이다. 성령의 강림을 통해서 그들이 전하는 메시지가 하나님으로부터 나온 것이 확실하다는 것을 입증한 사건이다. 성령의 은사들이 주어졌으니 각 방언들과 예언들과 기적들이 나타나서 그리스도의 메시지가 참된 것임을 입증하고 확증하였다. 베드로와 사도 바울이 보여주는 모든 기적은 이런 동일한 확정적 효과를 가져다주었다.

오순절 사건의 기능은 사도들의 사역에 대해서 확정적 성격을 지니고 있다는 점에 주목해 볼 때에 또 다른 함축적인 의미를 한 가지 더 도출해 낼 수 있다. 오순절 사건은 특수한 기능을 하였기에 성령의 특수한 은사들의 종결이 그 내용 가운데 들어있다는 점이다. 복음의 메시지를 전하던 사도들에게 꼭 필요한 은사를 주신 날이 바로 오순절의 특수한 성격이기 때문이다. 특수한 사명을 지녔던 사도들과 선지자들은 교회의 기초를 세우는데 쓰임을 받았고, 이제 그들은 더 이상 존재할 필요가 없다. 따라서 그들에게만 제한적으로 주어졌던 특수한 은사사역들은 처음 기초를 놓는데 필요했던 은사들이기에 지금은 종결되었다고 본다. 오순절 사건은 교회의 설립이라는 특수한 전환점의 시작이었다. 계시의 시기적 특성이 제시되었다. 이 오순절 사건은 앞에 주어진 계시를 확증하여 주고, 새롭게 해석하는 계기를 갖게 하였다.

다섯째, 오순절 사건은 하나님의 나라의 전개가 우주적이며 국제적으로 확장된 시대가 시작한다는 것을 의미한다. 성령의 사역으로 하나님의 나라가 엄청나게 확대되기 시작하였다. 이제 유대인들은 그 나라를 빼앗기고 말았다. 이방인들이 차지하였다. 그 이전에 있던 것과는 전혀 다르게 새 나라, 새 시대가 열린 것이다.

> 그러므로 내가 너희에게 이르노니 하나님의 나라를 너희는 빼앗기고 그 나라의 열매 맺는 백성이 받으리라(마 21:43).

예수님 당시의 유대주의자들은 메시아에 대한 기대와 미래를 향한 하나님의 전개를 이해하지 못했다. 혈통을 따라 이어지는 극히 제약된 민족적 선민사상에만 집착하였다. 유대인들은 새롭게 펼쳐지는 하나님 나라의 전개과정을 받아들이지 않았다. 유대주의자들은 이원론에 빠져 있었으니, 세상에 있는 것과 하늘에 속한 것, 거룩한 것과 세속적인 것, 초월적인 것과 정치적인 것, 일시적인 것과 영원한 것, 감각적인 것과 영적인 것의 대조와 대립을 구조적으로 마음에 품고 있었다. 그러나 성경은 이 두 가지 모두 다 한 분 하나님의 통치와 주권 하에서 움직인다고 가르치고 있다. 인류의 구원역사를 기록하여 하나님의 통치와 다스리심을 알게 하려는 의도에서 주어졌다. 성경은 아주 구체적으로 사람들의 삶과 생활공간에 하나님을 체험하고 경험하는 것들을 특수하게 사명 받은 자들로 하여금 기록한 책이다.

3. 오순절 은사 운동가들의 문제점들

첫째, 오순절 성령강림은 제자들에게 임하는 두 번째 성령의 세례라고 하면서 이중구조로 해석하는 것, 방언과 기적체험이 모든 성도들에게 똑같은 방식대로 두 번째 단계로서 주어진다는 해석은 성경 전체가 강조하는 구원역사의 흐름을 무시하고 오직 개인적인 체험으로만 축소하는 해석이다. 오순절에 놀라운 사건들이 벌어졌는데, 왜 오늘 나에게도 그런 일이 없어야 하겠는가라는 식으로 접근하는 것은 안타깝게도 잘못된 성경의 적용이다. 오순절주의자들은 예수 그리스도 중심의 구원역사를 깊이 연결시키지 아니하고, 오직 개인적인 체험현상으로만 해석하여 신학적인 혼란을 초래했다. 오순절 사건을 방언의 은사가 나타나는 성령의 세례에만 초점을 맞추고 있어서, 개인적인 체험현상으로만 집중하는 오류를 드러낸다. 오순절 사건은 제자들이 성령세례를 받고 능력을 받은 것이 초점이 아니다. 하나님의 약속대로 세계 모든 사람들이 예수 그리스도의 복음을 듣고 구원을 얻도록

새로운 시대를 활짝 열어 놓으셨다는 것이 가장 중요한 핵심이다.

　성경에 나오는 사건들은 단순히 개인적인 이야기로 그치지 않는다. 사람의 자질구레한 일상들(에피소드)을 모아놓은 것이 아니다. 사람들의 이야기라면 결국 타락하고 죄를 지은 조상들의 실패한 보고서에 그치고 만다. 아브라함의 이야기가 단지 그 한 사람 자신만의 영웅담이 아니요, 모세와 다윗, 바울과 디모데의 기록들이 모두 다 원대하신 하나님 나라의 모습을 보여주는 중요한 단초들이다. 인간들은 끊임없이 실패하고 무너진다. 그 가운데 하나님의 영은 회복시키며 소생시킨다. 신앙 위인들의 족보는 결국 하나님의 보호와 인도를 제외하면 실패하였음을 보여준다. 믿음의 조상들이 남긴 족보 이야기로 그치는 것이 아니다.

　성경에 나오는 구속역사의 진행과정을 주목해 보아야 한다. 그리고 그 속에서 단 한번 나오는 독특한 사건을 공식적으로 모두 다 따라가야만 하는 '공식'으로 규정해버리면, 기독교는 혼란에 빠져들고 만다. 예를 들면, 구약시대의 안식일 준수를 고집하게 되면, 오늘날 안식교의 규범이 만들어지는 것과 같다. 이들은 오늘날에도 토요일만을 고집한다. 예수님이 부활하셔서 그것을 소중히 여기고 주일날에 모이게 된 새로운 변화를 받아들이지 못한다. 이처럼 역사적인 사건이나, 특정한 사람을 모델화하는 것은 성경을 따라 건전한 기독교 신학의 구조를 형성하지 못한다. 어떤 특정한 역사적 사건을 규범화시켜서는 안 된다.

　예를 들면, 지금 우리가 먹고 살고 집을 짓고 하는 등 모든 일을 구약성경의 한 집안 사건에서 모델을 찾으면 완전히 현대적인 기술문명을 거부하게 된다. 구약성경 시대는 농업과 목축이 주된 산업이었다.

아브라함의 족장시대를 기독교인의 모델로 삼아야 한다고 하면 우리는 지금 어떻게 살아야 하는가? 중세시대 유럽의 선조들이 살았던 방식으로 하나님의 백성들이 생활해야 한다고 하면, 아직도 마차를 타고 다니면서 자기 집안 주변을 벗어나지 못한다. 아미쉬, 메노나이트, 후터라이트, 형제들의 교회가 농경시대의 방식으로 살아가는 것에 집착하여 모든 문명과 동력을 거부하는 것과 같은 결과를 빚어내고 만다.

열왕기서에 등장하는 사건들, 엘리야와 엘리사의 사례들을 특정한 것으로 간주하지 않고, 모든 사람에게 항상 따라가야 할 공식으로 만들 수 있는가? 신학을 잘못 세우면, 예수님과 상관이 없는 수많은 규정과 공식에 얽매이게 된다. 그런데 고생은 하면서도 헛수고에 불과하다. 규칙을 많이 정해 놓고 기독교를 세우고자 했던 수도원 운동이 그리하다가 실패했다.

물론, 성경에 나오는 모든 사건들은 서로 관계성을 가지고 있다. 오순절 사건도 제자들 몇 사람의 개인적인 체험을 전하려는 것이 궁극적인 목표가 아니다. 이 사건 이후에 나오는 모든 사도행전에 중심을 이루는 활동 전체가 관련을 맺고 있다. 신약시대 모든 성도들과 교회들에게 미치는 중요한 사건이다. 불의 혀같이 임하신 성령의 역사하심이 단순히 신앙생활 하는 개개인의 신비체험에 관한 가르침으로 그치지 않는다.

바람처럼, 불처럼 임하시는 성령의 강림을 풀어보려면, 먼저 오순절 성령강림에 대한 성경의 증거들이 무엇을 의미하는지를 살펴보아야 한다. 일부 오순절 은사 운동가들이 주장하는 것처럼, 과연 오순절 사건은 제자들이 제2차로 능력을 받는 날이었던가? 오순절주의자들이 해석하는 것이 정말로 정당하다면, 모든 성도들이 예수님의 제자들처럼 처음에는 믿음으로 회개에 이르고 다시 한 번 성령의 권능과 은사를 체험하게 되는 것이란 말인가? 오순절은 '이중구조'의 두 번째 은사체험을 하는 공식을 주신 것인가? 처음에는 회개의 세례를 받고, 다시금 두 번째 열심히 기도해서 은사체험을 해야 하는 것인가? 이것은 모두 다 오순절주의자들, 특히 극단적인 은사 운동가들의 해석일 뿐이다. 20세기에 나온 방언, 치유, 능력체험, 예언은사의 활동을 주장하는 자들의 입장을 옹호하려는 주장일 뿐이다.

둘째, 예수 그리스도의 약속에 의해서 오순절이 임하는데도, 이 사건을 단순히 제자들이 성령의 세례를 받는 '제2의 새로운 단계'라고 해석하는 오순절파의 주장은 성경적 일관성을 모르고 있는 것이다. 오순절 성령강림 사건은 구원역사의 진행에서 전무후무한 성격을 지니고 있다. 이 날은 인류 역사에 단 한번 주어진 획기적인 계기가 된다. 단순히 개개인의 신앙생활에 대한 교훈으로 축소될 수 없다. 우주적인 의미를 지닌 날이다.

미국 최초 방언파의 창시자 찰스 파햄(Charles Farham, 1873-1929)처럼, 오순절 교단에서는 개인마다 주어지는 추가적인 성령체험을 하는 날로 해석하고 있다. 그래서 이중구조가 만들어졌는데, 이 경우에는 현저한 모순이 따르게 된다. 파햄은 신학을 정식으로 공부하지도 않았고, 건전한 목회자들의 방향을 벗어나서 외골수로 방언만을 추구하던 부흥사였다. 지금은 많은 이들이 파햄의 주장을 면밀히 검토하지도 않은 채 그저 따라가려고 하고 있는데, 이는 매우 안타까운 일이다. 오히려 파햄의 해석에서 벗어나서 개혁주의 신학에서 가르치는 바대로 성경이 밝혀주는 의미를 파악해야만 한다. 왜냐하면, 오순절 사건은 능력체험에만 그칠 일이 아니기 때문이다. 오순절 이후 시대를 살아가는 우리 성도들은 마지막 시대의 예언과 계시와 삼층천의 세계에 입신하는 자가 되도록 기도해서 받는 것이 아니기 때문이다! 21세기로 넘어와서는 방언이나 능력이나 은사체험 정도가 아니라, 아예 사도들처럼 예언하고, 입신하고, 계시를 말하자는 신사도 운동이 나와서 오순절 은사 운동은 시들해지고 말았다.

오순절은 인류 구원을 전개하시는 하나님의 계획과 뜻 가운데서 그 의미와 중요성을 찾아야 한다. 한 개인의 성령체험을 설명하는 것이 아니라는 말이다. 오순절 은사 운동가들의 설명에 의하면, 성령 받기 이전에는 비겁하여 도망 다니고 예수를 모른다고 부인하던 제자들이 이제 성령을 받아서 영적으로 강한 사람으로 한 단계 도약하게 되었다는 것이다. 오순절의 성령 체험은 처음 믿고 돌아서는 회심과는 구별되는 것이라고 하면서, 더 깊은 영적인 단계의 체험이라고 간주하는 것이다. 첫 단계는 회심과 중생이요, 둘째 단계는 성령의 부으심과 능력체험이라고 주장한다. 신앙에 대한 이중적 공식을 만들어 놓고 말았다.

오순절은 방언의 은사가 처음으로 나타난 날이다. 하지만 방언을 사모하고 강조하는 교회들은 이것을 내려 주신 본질적인 목적을 곡해하고 있다. 성령은 타락한 창조의 영광을 회복시킨다. 모든 언어가 서로 소통하는 방언 은사를 통해서 전 세계에 복음이 파급되게 하신다. 오순절 사건에서 최초로 계시된 것은 성령의 능력을 부어주심으로서 하나님의 형상이 회복되는 것이다. 오순절 성령을 받는 것은 새로운 시대로의 전환이 이루어지는 분기점이다. 지진이 터지듯이 충격과 여파가 흘러내려가는 시발점이다. 그 울림과 떨림이 이후로 지속되어 내려가는 것이다. 오순절은 다시 일어날 필요가 없다. 이 날을 시점으로 해서 모든 민족, 모든 언어, 모든 계층의 사람들에게 성령의 역사가 지속되어 우주적으로 전 세계적으로 퍼져 나가고 있는 것이다.

하나님의 구원역사를 전개하는 일들은 모두 다 한번 일어났다. 그것으로 충분한 근거가 되었기 때문이다. 예수님의 탄생, 죽으심, 장사지냄, 부활, 승천, 오순절 성령강림, 모두 다 한 차례로 충분하고도 완전히 이루어졌다. 이것은 다시 반복되는 것이 아니다. 우리가 이런 구속의 사건들을 믿음으로 받아들이고 동참하는 것이다. 사도행전 2장의 오순절 사건은 구원역사의 중대한 의미를 선포하는 날이었고, 메시아 되심을 선포하는 예수님의 기름부으심이 있던 날이다. 신약시대 이후를 살아가는 성도 개개인의 성령체험이 중요한 초점이 아니라, 하나님의 주권 하에 펼쳐지는 구원역사가 진행되는 절정을 보여주신 사건이다.

오순절의 성령강림이 있기 전이나, 그 후에도 성령은 여전히 개인적으로, 민족적으로, 교회의 공동체 속에서 역사하고 계신다. 성령의 임재와 역사는 지속적이며, 영속적이며, 우주적이다.

성령의 역사로 인해서 주어지는 개인의 체험이 필요없다거나, 신앙의 경험을 무시하는 말이 결코 아니다. 예수 그리스도를 믿고 있는 우리가 따로 성령을 받는 개인적인 체험을 해야 하는 것이 아니라, 우리는 이미 예수님과 연합하여 은혜를 받은 오순절 체험에 참여하고 있다는 말이다.

셋째, 우리가 열심히 모여서 기도하고 노력하면서 부르짖으면 오순절에 일어난 놀랍고도 신비로운 일들이 우리에게도 일어난다는 생각은 잘못된 것이다. 하나님의 구원역사 계획에 의해서 주신 일을 어찌하여 우리가 노력하고 매달려서 이룩할 수 있다고 생각하는가? 간사한 인간의 야심과 욕심으로 자랑하는 것이 뒤따르게 된다. 그리고 성령의 사람이 되는 것이 아니라, 영웅심에 사로잡혀서 교만하게 되어 마침내 망하고 만다.

성령이 각 성도들에게 구원의 성취를 적용하여야만 믿음을 갖게 되고 하나님을 온 몸으로 느끼고 알게 된다. 성령께서 성도들로 하여금 체험하게 하신다. 그런데 오순절주의자들은 원래 웨슬리파 감리교회에서 나온 부흥 운동의 주도자들, 특히 평신도들이 많았다. 이들은 성결 운동을 적극적으로 전개하되 인간중심적인 열정주의에 따라서 자신들의 노력을 강조했다. 이들 '성결 운동' 부흥사들에게 있어서 오순절 사건이란 '이른 비'에 해당했다. 그들은 처음 내린 성령의 비는 사도들과 제자들이 맛 본 특이한 체험으로, 마지막 때에 자신들이 열정적인 기도를 드려서 다시 한 번 재현해야 할 '늦은 비'라고 생각했다.

1890년대 미국에서 답답한 감리교회를 타파하고자 일어났던 성결 운동은 '늦은 비'의 축복을 사모하여 자신들의 시대에 초자연적인 성령역사를 구했다. 따라서 하나님의 구원역사와 그 진행을 중심에 두고, 약속을 성취하시는 하나님 중심으로 보아야 하는데, 자신들의 노력 여하에 달려있는 것으로 판단하였다. 기도의 응답을 약속하신 예수님이 전 우주적으로 메시아적인 증거를 하는 성령을 보내시는 것이라기보다는 자신들의 부르짖음에 대한 응답이 더 중요하다고 생각했다.

사도행전 2장을 들여다보면, 한마디로 전혀 예상치 못한 신비적인 기적과 현상들에 주목하고 있다. 사람이 할 수 있는 것이 아니라 주권자이신 하나님이 하신 일이요, 우주의 대통치자로 영원한 왕위에 오르신 예수님이 절대적인 주권을 행사하신 사건이 바로 오순절이다. 육체를 입고 이 세상에 오셨지만, 이제 영광 가운데 보좌에 오르셨다. 창조세계의 종말에 보여줄 첫 열매가 되신 분으로서 이제는 우리 안에 영광을 회복하실 자신의 영을 보내신다. '강하고 급한 바람, 땅이 흔들리는 지진과 진동, 불의 혀같이 갈라지는 신비로운 능력, 무엇보다도 혀가 꼬여서 터져 나오는 다른 나라 언어들' 이런 현상들은 땅 끝까지 가야 할 사람들에게 "예루살렘을 떠나지 말고 기도하라"는 예수님의 약속에 근거한 것이다.

예수님 중심의 분명한 구속 사역에 대한 인식이 없으면서, 어찌하여 이적과 기적과 같은 현상체험만을 기대하고 있다는 말인가! 이기적인 인간중심의 기독교가 될 수 없기에, 우리가 하는 열정적인 기도에 근거해서 성령의 강림을 체험하도록 해 주시라는 응답을 강요할 수 없는 것이다. 이 말에 대한 오해가 없어야 한다. 기도를 방해하거나, 반대하는 것이 아니다. 우리 성도들이 성령의 권능과 임재를 간구하는 기도를 드리지 않을 수 없다. 성령의 인도하심에 대한 간절함이 기도로 아뢰어지지 않으면 그것은 성경적인 성령의 신학이 아니다. 로마서 8장에 보면, 성령이 친히 우리를 위해서 기도하시고 탄식하신다. 우리가 기도할 때에, 분명한 목적을 가지고 성령을 간구하고 받아야 한다. 즉, 성령을 받는 것은 우리가 예수님의 영으로 인해서 하나님의 형상을 닮아가는 것이다.

> 우리가 다 수건을 벗은 얼굴로 거울을 보는 것 같이 주의 영광을 보매 그와 같은 형상으로 변화하여 영광에서 영광에 이르니 곧 주의 영으로 말미암음이니라(고후 3:18).

넷째, 오순절 성령강림은 초자연적인 성령체험의 모델이 되고 말았다. 초현실주의, 초자연적인 기적과 능력체험, 저급한 은사 운동의 전유물로 인식되어져서 그 본질이 크게 훼손되었다.

기독교는 이적과 기적, 표적과 은사를 믿는 종교이다. 하지만 신앙의 중심이 예수 그리스도가 아니라 신비체험으로 바뀌어버린다면 온전한 복음이 아니다.

예수님의 고난과 영광, 십자가의 고통과 부활의 영광이 초점에 있어야 한다. 오순절 성령강림을 잘못 인용하여 단지 성령은사를 개인의 신비롭고, 초자연적이며, 특이한 체험으로 이해하게 된 것은 19세기 미국 찰스 피니(1792-1875)의 현상적인 부흥 운동에서 나온 영향 때문이다.

피니는 구학파 장로교회의 신학을 거부하고, 개량주의파 부흥 운동을 일으킨 미국 제2차 부흥 운동의 주역으로 알려진 인물이다. 피니는 인간의 도덕적이며 영적인 타락에 대한 개혁주의 정통신학에 반기를 들었다. 장로교회의 구원론에서 '성도들의 견고한 보호하심'에 대해서 강력히 반대했다. 피니에 의하면 하나님은 전능한 통치자도, 인간은 죄를 용서받아야 할 부패한 죄인도 아니다. 피니의 『종교의 부흥에 대한 강의』(Lectures on Revivals of Religion, 1835)를 검토한 당시 프린스톤 신학대학원의 알버트 도드(Albert Baldwin Dod) 교수는 구학파 칼빈주의 정통신학의 입장에서 강조하던 인간의 영적인 부패를 완전히 거부하는 점과 당시 '뉴 헤이븐' 신학자 레이만 비쳐 등이 주장하던 바에 따라서 '도덕적 관리론'으로 속죄를 이해하는 것 등이 가장 잘못되어있다고 비판했다.[10]

---

10 Charles E. Hambrick-Stowe, *Charles G. Finney and the Spirit of American Evangelicalism* (Grand Rapids: Eerdmans, 1996), 159. C. Finny, *Systematic Theology* (1851), lectures, 79: "I have felt greater hesitancy in forming and expressing my views upon this Perseverance of the saints, than upon almost any other question in theology."

The Glory and Blessing:
Reformed Doctrine of the Holy Spirit

제 8 장

굳어진 이중구조: 두 번째 성령세례?

성령의 영광과 아름다우심을 가르쳐 주신 오순절 강림사건은 전지전능하신 우리 왕, 예수님의 주권적 사역이다. 그런데 이처럼 중요한 기독교의 핵심진리가 성경에 기록된 것과는 달리 하나의 체험적 공식으로 사용되고 있다. 성경적인 교회는 예수님의 십자가와 부활을 믿는 것이요, 이를 우리에게 알게 하신 이가 성령님이다. 그런데 이런 정통 교회와는 전혀 다르게 은사체험 운동이 전개되면서 혼란이 크다. 오순절 성령강림에 수반되었던 신비로운 현상과 체험을 각각 개개인이 지금도 경험하자고 하면서, 기존의 교회와 성도들을 흔들어 놓은 것이다. '성령 받으라!'는 말은 성도들을 혼란에 빠트리는 구호이다. 이미 예수 그리스도를 고백한 성도들은 성령을 받았는데, 또 다시 무슨 성령을 받으라는 것인가!

20세기 초반 성령체험을 간절히 원했던 은사 운동에서는 두 가지 단계가 있다고 주장했다. 첫 단계는 회심과 믿음의 단계이고 두 번째 단계가 성령으로 세례를 받는다는 것이다. 이것은 성령사역의 이중구조로 혹은 두 단계로서 매우 잘못된 구도이다. 성령사역의 두 번째 단계를 제자들이 체험한 사건이 바로 오순절 성령강림이라 하면서, 우리도 모두 다 이 두 번째 단계를 받아야만 한다는 것이다. 이런 극단적인 오순절과 은사 운동이 등장하면서 기존의 복음적인 성령이해와 개혁주의 신학과의 사이에 큰 충돌이 일어났던 것이다.

과연 성령의 사역은 처음에 믿음을 주고 회심시키기만 하고, 나중에 열심히 기도하면서 다시 성령의 세례와 은사를 베푸시는 이중구조로 이루어졌는가? 그렇다고 한다면, 성령사역의 삼중구조, 사중구조, 오중구조는 안되는 것인가? 성령사역의 단계가 여러 층, 여러 차원으로 이루어져 있다고 하면 결코 말도 안 되는 것이고, 꼭 이중구조라고 해야만 맞는 것인가? 이처럼 오순절 은사 운동에서 제시되어서 널리 알려진 성령사역의 이중구조라는 도식은 지난 백년 가까이 지내오면서 거의 진리처럼 굳어지고 말았다. 거의 모든 목회자들과 성도들이 이 공식에 빠져버렸다. 도무지 이 공식의 문제점을 되돌아보거나, 반성을 하려하지 않고 있다.

성령 세례와 체험중심의 오순절에 대한 해석은 지난 백여 년 동안 은사 운동가들에 의해서 전 세계로 퍼져나갔다. 그런데 이상한 것은 많은 교회에서 이 낡은 이중 구도에 대해서 진지하게 성경적으로 신학적으로 검토하기보다는 무작정 따라가고 있고 심지어 그런 해석에 집착하고 있다는 점이다. 그 이유는 무엇일까? 오순절에 대해서 폭넓게 성경 전체의 안목을 고려하지 않고 체험적인 부분에만 몰두하고 있기 때문이다. 성령이 강림해서 신비한 은사 체험으로 주어진다는데 왜 거부하느냐는 식이다. 성령의 체험이 과연 무엇인가? 그런 은사의 개인적인 체험에서 무슨 성령의 열매가 나왔느냐에 대해서는 전혀 반성하려 들지 않는다. 성령의 열매를 맺어서 예수님께 영광을 돌리고 있느냐, 과연 남에게 은사를 발휘해서 유익을 주고 있느냐 보다는, 내가 희한한 체험을 했다는 것에 더 빠져버리고 말았다.

1. 성령과 불로 주시는 세례는 오순절 사건이다!

오순절주의자들은 모든 성도들은 두 단계의 성령역사를 체험한다(two stage theology)고 주장한다. 첫 단계는 성령으로 인한 회개와 믿음이 주어지는 것이요, 둘째 단계는 성령으로 세례를 받는다는 것이다.[1] 그런데 두 번째 단계가 바로 오순절 성령강림 사건이라고 하는 것이다. 누가복음과 사도행전에서 이 성령의 충만함으로 들어가는 두 단계를 제시하고 있다고 주장한다. 첫째는 성령에 의한 회개이고, 둘째는 성령으로 인한 세례라는 것이다. 부르심을 받는 어떤 시점에서 사도들은 중생하였지만, 그 후에 오순절에서 성령의 새로운 체험을 하였다는 것이다. 그래서 그 후로 제자들은 성령의 세례로 인해서 다시 성령으로 충만해졌으며, 새로운 단계의 증거로서 다른 방언들을 말하였다고 본다. 여기에서 그들은 성령의 두 단계의 모델, 혹은 적어도 두 차원적인 새로운 사역이라고 주장하는 것이다.

과연 성령의 사역이 두 단계로 구성되어 있는 것인가? 처음에는 회개를 통한 믿음을 받고 그 후에 다시 성령 세례라는 것을 다시 받아야만 하는 것인지를 살펴보자. 성령으로 세례를 받는다는 표현은 모

---

[1] Ward, *Blessed by the Presence of the Spirit*, 92.

두 일곱 번 나온다. 이 가운데서 여섯 번은 '성령으로' 세례를 준다(en pneumati hagio)는 헬라어가 똑같은 단어구성과 용법으로 사용되었고, 이 구절들은 모두 다 동일하게 오순절에 대해서 미리 언급한 것이다. 성령으로 세례를 준다는 것은, 명백하게 오순절에 임하는 성령의 역할에 대해서 말하는 것이다. 개인의 성령체험이나 경험을 의미하는 말씀이 아니다.

> 나는 너희로 회개케 하기 위하여 물로 세례를 베풀거니와 내 뒤에 오시는 이는 나보다 능력이 많으시니 나는 그의 신을 들기도 감당치 못하겠노라 그는 성령과 불로 너희에게 세례를 베푸실 것이요(마 3:11).

> 나는 너희에게 물로 세례를 베풀었거니와 그는 너희에게 성령으로 세례를 베푸시리라(막 1:8).

> 요한이 모든 사람에게 대답하여 이르되 나는 물로 너희에게 세례를 베풀거니와 나보다 능력이 많으신 이가 오시나니 나는 그의 신발끈을 풀기도 감당하지 못하겠노라 그는 성령과 불로 너희에게 세례를 베푸실 것이요(눅 3:16).

> 성령이 내려서 누구 위에든지 머무는 것을 보거든 그가 곧 성령으로 세례를 베푸는 이인 줄 알라 하셨기에(요 1:33).

> 요한은 물로 세례를 베풀었으나 너희는 몇 날이 못되어 성령으

> 로 세례를 받으리라 하셨느니라(행 1:5).

> 내가 주의 말씀에 요한은 물로 세례를 베풀었으나 너희는 성령으로 세례를 받으리라 하신 것이 생각났노라(행 11:16).

이 구절들은 단 한 가지로 통일된다. 성령으로 세례를 주신다는 것은 오직 오순절 성령강림 사건으로 인해서 예수님이 장차 특별하게 내려 주시는 은사들을 의미한다. 그것을 약속해 주시는 분은 예수 그리스도이며, 그분이 성령을 보내서 생명의 영으로 그의 백성들에게 내려 주신다. 여기서 성령의 세례는 두 번째 받은 어떤 특수한 은사체험이 아니라, 세례 요한과 대조적으로 예수 그리스도께서 장차 오순절에 내려 주실 '불과 성령'에 대해서 언급한 것이다.

마지막으로 단 한 구절에서만 약간 다른 관점이 성령으로 세례를 준다는 구절의 의미로서 나온다. 하지만 이것도 역시 두 번째 받는 성령의 세례라는 개념은 전혀 들어있지 않다.

> 우리가 유대인이나 헬라인이나 종이나 자유인이나 다 한 성령으로 세례를 받아 한 몸이 되었고 또 다 한 성령을 마시게 하셨느니라(고전 12:13).

윗 구절들에서 사도 바울이 강조하는 것은 한 몸이 된다는 사실이다. 성령으로 세례를 받아 한 몸이 된다는 것은 성령이 주도하는 것이 아니라, 예수님이 성령의 사역을 주관하시고 사용하신다는 역할이 강조되어 있다. 성령의 세례를 통해서 예수님이 머리가 되는 하나의 몸에 가입하게 된다. 따라서 성령으로 세례를 받는다는 것은 신자들이 믿음 생활을 하다가 다시 한 번 더 획기적으로 회심 체험을 한다는 것이 아니다. 회심은 성령의 사역으로 인해서 이미 일어난다. 성도가 영원히 목마르지 아니하는 영생하는 물을 마시는 것은 성령의 역사로 회심하는 중생의 때, 바로 그 처음부터 마시게 된다. 한 몸이 되는 것은 성령을 받게 된 처음 단계를 말하고 있는 것이다(요 4:13-13; 7:37-39).

  모든 그리스도인들은 그리스도에 의해서 한 몸으로 세례를 받는다. 성령은 그 세례의 수단이다. 이것은 그리스도가 그의 백성들의 성장과 발전을 위해서 설정해 놓으신 신비롭고도 자유로운 성령이라는 수단을 동원하시기 때문이다. 예수님은 성령을 통해서 전 세계 모든 민족에게 세례를 베푸신다. 따라서 성령으로 세례를 베푸신다는 것은 두 번째 단계가 아니라, 전 인류를 향하신 예수님의 구속사역의 놀라운 전환기적 사건이었음을 알아야 한다. 누가복음과 사도행전에서 오순절은 개인에게 주는 성령세례로서의 의미와 함께 보다 더 큰 일의 대표적인 사건이었다는 말이다. 곧 전 인류를 향한 구속역사의 사건이었다.

2. 부활 신앙으로 이미 뜨겁게 감격하였다

  예수님의 제자들은 오순절을 통과한 이후에 성령의 사람이 된 것이 아니라, 그 이전에 부활 사건을 체험하면서 확고한 믿음 위에 굳게 선 그리스도의 사람들이 되었다. 예루살렘에서 제자들은 그들이 기대하던 새로운 세상이 열리지 않고, 예수님이 죽으시는 십자가 사건에 실망하고 낙심하여 일시적으로 믿음이 흔들렸다. 박해와 추궁 앞에서 두려움에 잠겨 일순간 무너진 제자들의 믿음은 상상치도 못했던 예수님의 부활을 체험하면서 완전히 달라졌다.

누가복음 24장에 자세히 기록된 엠마오의 선상에 나타난 두 제자, 글로바와 또 다른 제자는 부활하신 주님을 만나게 되면서, "가슴이 뜨거워졌고" 예루살렘으로 즉시 달려가는 역동적인 새 사람이 되었다(눅 24:32-33). 제자들은 부활신앙을 가지게 되면서 완전히 새로운 눈을 뜨게 되었다.

다시 반복하지만 성경의 증거를 통해서 제자들의 변화와 믿음의 진보를 살펴보자. 이들은 오순절을 통과한 이후에야 비로소 새 사람이 된 것이 아니요, 그 이후에야 가슴이 뜨거운 사람이 된 것이 아니다. 예수님의 구원 성취가 하나씩 하나씩 전개되면서, 죽으심과 장사지냄과 부활과 승천을 목격하면서, 놀랍고도 분명한 하나님의 능력과 권능을 깨달아 알게 되었다. 선지자들의 예언과 예수님의 해석대로 미리 약속하신 하나님의 계획이 성취되어짐을 알게 된 것이다. 처음에는 믿지 못하고 잘 이해할 수 없었지만, 이제 부활사건이 일어난 이후에 분명히 예수님의 제자들은 예수님의 구원경륜이 무엇인가를 차차 이해하게 되었다.

> 이르시되 미련하고 선지자들이 말한 모든 것을 마음에 더디 믿는 자들이여 그리스도가 이런 고난을 받고 자기의 영광에 들어가야 할 것이 아니냐 하시고 이에 모세와 모든 선지자의 글로 시작하여 모든 성경에 쓴 바 자기에 관한 것을 자세히 설명하시니

라(눅 24:25-27).

　　예수님의 설명을 들으면서, 구약성경에 약속된 메시아에 대한 가르침은 십자가와 부활에 있음을 알게 되었다. 예수님이 친히 가르쳐 주신 것을 들으면서, 제자들은 낙심하였다가 깨우치게 된 것이다. 그 이전에는 진보가 빠르지 못했었고 '더디 믿었다.' 그러나 부활 사건을 목격하면서 제자들의 안목은 완전히 바뀌게 되었다. 물론 아직 성령의 강림을 통해서 전 우주에 전개될 복음전파와 영혼의 수확을 목격하지는 못했지만, 이미 그들 개개인의 깨달음과 확신은 놀랍게 달라져 버렸던 것이다.

> 열한 제자 및 그들과 함께 한 자들이 모여 있어 말하기를 주께서 과연 살아나시고 시몬에게 보이셨다 하는지라 두 사람도 길에서 된 일과 예수께서 떡을 떼심으로 자기들에게 알려지신 것을 말하더라(눅 24:33-35).

　　열한 명의 제자들은 이미 이때에 확신의 사람들로 큰 믿음을 갖게 되었다. 한마디로 엄청난 변화를 겪었다. 부활하신 예수님이 성경을 열어서 자신이 누구인가, 구약성경은 예수님에 대해서 무엇을 증거하는가를 깨닫게 해 주실 때에, 혼란과 의심을 사라지고 엄청난 감격과 찬송이 가득히 채워졌다. 예수님이 친히 가르침의 메시아 사역의 핵심은 십자가와 부활, 고난과 영광이었다. 기독론은 이 가르침에서 완결판이 주어졌던 것이다.

> 모세의 율법과 선지자의 글과 시편에 나를 가리켜 기록된 모든 것이 이루어져야 하리라 한 말이 이것이라 하시고 이에 그들의 마음을 열어 성경을 깨닫게 하시고 또 이르시되 이같이 그리스도가 고난을 받고 제삼일에 죽은 자 가운데서 살아날 것과 또 그의 이름으로 죄 사함을 받게 하는 회개가 예루살렘에서 시작하여 모든 족속에게 전파될 것이 기록되었으니 너희는 이 모든 일의 증인이라 볼지어다 내가 내 아버지께서 약속하신 것을 너희에게 보내리니 너희는 위로부터 능력으로 입혀질 때까지 이 성에 머물라 하시니라 예수께서 그들을 데리고 베다니 앞까지 나가사 손을 들어 그들에게 축복하시더니 축복하실 때에 그들을 떠나 [하늘로 올려지시니] 그들이 [그에게 경배하고] 큰 기쁨으로 예루살렘에 돌아가 늘 성전에서 하나님을 찬송하니라(눅 24:44-53).

예수님에 관한 모든 예언들은 구약성경에 나와 있으니, 십자가와 부활을 믿으라는 것이다. 성령강림이 있은 후에 메시아를 바로 알고 믿으라는 것이 아니다. 성령강림을 체험해야만 예수 그리스도의 십자가와 부활에 대한 신앙을 가지게 되리라는 것도 아니다. 이미 부활의 엄청난 능력을 체험하게 된 제자들은 말로 표현할 수 없는 큰 기쁨으로 가득 차 넘치는 감격을 가지고 찬송하면서 예수님의 증인들이 되었다. 그리고 이어서 전개되는 예수 그리스도의 기름부으심, 즉 성령강림으로 인해서 드디어 이들은 전 세계에 퍼지는 복음역사의 시작을 목격하게 된 것이다. 그리고 더욱 힘차게 세계를 향해서 증인들로 나가게 되는 것이다.

3. 믿음의 단계에서 성령 세례로?

성령은 단지 무능력하고 무기력한 제자들에게 신비롭고 역동적인 능력만을 주시기 위해서 임한 것이 아니라, 전 세계 불신자들의 회개와 회심과 구원의 감격으로 다가왔다. 사마리아인들(행 8:4-24), 고넬료의 회심(행 10:1-11:18), 아볼로와 열두 제자들(행 18:24-19:6)과 바울의 회심과 선교사 파송(행 9:10-11)을 분석해 보면 분명해진다. 따라서 오순절에 임한 성령은 이미 예수 그리스도를 알고 받아들인 제자들이 능력으로 전도하고 선교하기 위해서 받은 제2의 축복(second blessing)이라고 이해해서는 안 된다. 오순절파에서는 제자들이 이미 예수님의 사역을 통해서 구원을 경험했지만, 오순절 이후에 세계선교를 위한 능력을 얻기 위해서 성령을 받을 필요성이 있었다고 말한다. 그래서 이중구조의 첫 단계는 중생이요, 둘째 단계는 성령 세례로 도식화하였고, 그것을 규범화하여 모든 사람들이 성령세례를 다시 받아야 한다고 주장하고 있다.

성령역사의 두 단계설을 증거한다는 사도행전의 여러 사건들을 살펴보자. 가장 먼저 오순절 사건과 유사하게 취급되는 것이 사도행전 19장이다. 바울이 에베소인들에게 "너희가 믿을 때에 성령을 받았느냐?"고 물었을 때에 에베소 성도들은 깜짝 놀라고 있었다. "우리는 성령이 있음도 듣지 못하였노라"고 했다. 바울이 그들에게 그리스도를 설교한 후에, "안수하매 성령이 그들에게 임하시므로 방언도 하고 예언도 하니"(행 19:1-7)라고 되어있다. 이것은 성령사역의 두 단계를 의미하기 보다는 신앙생활의 초기에 기독교의 핵심이 되는 예수 그리스도와 그의 성령을 알지 못하던 자들에게 확실하게 복음을 전파해 주는 것을 알게 되는 것으로 보아야 한다.

누가복음과 사도행전은 인류 구원의 대 전환점, 즉 유일무이한 우주적 전개가 벌어지고 있던 역사적 사건으로 오순절을 증거하고 있다. 즉 오순절은 단 한번 일어났으면서도 모든 세대를 대표하는 사건이다. 단회적인 것이면서도, 그날에 일어난 성령 세례는 모든 세기에 걸쳐서 모든 인류 가운데 흘러넘친다. 그리스도의 보혈이 그리스도의 몸으로부터 예루살렘으로 넘쳐흐르고, 유대, 사마리아, 땅 끝까지 힘차게 권능으로 역사하고 도달한다(행 1:8). 예수 그리스도를 주님으로 믿게 된 모든 사람은 제자들이 받았던 것과 같은 선물을 받는다. 따라서 성도들이 오순절과의 관계에 들어가게 되는 것은 마치 그들이 그리스도의 죽음, 부활, 그리고 승천과의 관계에 들어가는 것과 같다.

> 우리가 다 한 성령으로 세례를 받아…한 몸이 되었고(고전 12:13).

사도행전에 기록된 오순절 사건은 그 이후에 다시 재현되지 않았다. 자세히 살펴보면, 오순절에 제자들이 체험한 것과 같은 현상은 그 이후에는 그 어디에서도 일어난 적이 없었다. 보다 정확하게 사도행전의 기록을 비교해 보자. 제자들이 오순절 사건에서 기다리던 중에 받은 것은 하늘로부터 불의 혀같이 갈라지고 강하고 급한 바람 소리가 온 집에 가득한 것이었다. 그러한 물리적인 현상이 동반된 곳은 그 이후 사도행전에 나오는 성령강림의 사건 기록에서 결코 반복된 적이 없다.

고넬료의 집과 에베소에서 성령을 받았다고 하는 것은 매우 독특한 면모를 갖고 있다. 오순절의 특수한 환경과 형편을 구성하는 물리적인 요소들은 사도행전 그 전체적으로 더 이상 반복되지 않았다. 성령을 받을 때에 임재의 현상이 고넬료의 집에서와(행 10:46) 에베소에서 있었던 것은 확실하지만 예루살렘처럼 온 집안을 압도하는 물리적인 현상은 없었다(행 19:6). 사마리아에서의 성령강림은 매우 단순해서 불의 혀같이 갈라지는 것은 없었다(행 8:17-18). 세 사건 모두 다 각각 특유한 면면을 갖고 있다. 세례를 받은 에디오피아 국고 내시, 다소의 바울, 루디아, 빌립보의 간수에게는 성령강림의 현상이 기록되어 있지 않다.

사마리아, 에베소, 고넬료의 집에서의 성령강림 사건은 예루살렘에서 일어난 성령강림과 동일한 공식으로 묶을 수 없는 요소들을 가지고 있다. 여러 곳에서 발생한 성령강림은 각각 뚜렷한 중요성을 지니고 있으며, 독특한 측면들을 갖고 있다. 사마리아와 가이사랴는 사도행전 1:8의 계획이 진행되는 과정이었다면, 에베소에서는 완전히 복음을 모르는 이방지역에서 벌어지는 새로운 구원역사의 전개과정이었다. 에베소에서의 성령강림은 옛 언약의 세계, 즉 요한이 베푼 회개의 세례로부터 새 언약의 세계로의 전환점이었다. 세례 요한의 물세례가 아니라, 예수님이 주시는 '불과 성령'의 세례가 시작되는 전환점이다. 오순절은 그 중대한 변화에 대한 표식과 같은 사건이 벌어진 것이다. 그래서 사도행전에 서술되어 있는 여러 가지 성령의 역사들은 이중구조를 공식으로 가르쳐준 것이 아니다. 성도들의 초기 체험과 성령세례라는 등식을 증언하는 기록들이 아니다. 누구나 이런 공식에 따라서 보편적으로 반복해야하는 것으로 보아서는 안 된다.

성령의 은혜를 이중구조로 받는다는 것을 반대하는 영국 신학자

피치 박사의 연구를 참고해 보자.

> 나는 성령으로 세례를 받으라는 말을 명령으로 기록하고 있는 곳을 신약성경 그 어디에서도 전혀 찾아볼 수 없었다. 나는 회심을 넘어서서, 은혜의 두 번째 사역을 강조하는 곳을 찾지 못했다…성령으로 세례를 받고, 방언 말하기를 시작해야 한다는 것이 모든 기독교 신자들에게 체험해야 할 의무로 부과되어져 있다고 주장하는 것은 사도들이나 선지자들이 가르친 것이 전혀 아니다. 성령과 함께 걸어가고, 성령으로 충만하라고 하는 것은 오늘날 소위 신오순절주의에서 요구하는 것과는 아주 다른 것이다.[2]

믿음과 성령세례를 각각 다른 것이라고 주장하면서, 이중구조를 만들어낸 은사 운동이 퍼져나가면서 오해가 비롯되었다. 1900년대 초반, 오순절파 은사 운동에서 주장하는 방언 은사를 사모하고 추구하던 일부 극단적인 무리가 만들어낸 것이 지금은 널리 퍼져서 명확치 않은 구조가 만들어졌다. 지금 한국교회 안에서도 그저 평범한 신앙생활 하는 자들은 뜨겁고 놀라운 "추가적인 은사체험"(additional blessing)을 해야 한다는 생각에 빠져있는 것이다.[3] 이것은 이중구조로 성령의 사역을 구조화한 것이다. 보통 성도들은 회심하여 신앙생활을 하다

---

[2] William Fitch, *The Ministry of the Holy Spirit* (Grand Rapids: Zondervan, 1974), 8: "I find there no emphasis in the need for a second work of grace comparable to, but going beyond, conversion."

[3] J. W. Ward, "Pentecostalist Theology" in *New Dictionary of Theology* (Downers Groves: IVP, 1988), 503: "baptism in the Spirit as a second experience after conversion."

가, 성령으로 인한 방언체험을 가진다는 것이다. 일부 방언과 오순절 운동가들은 '제2의 축복'을 누리려면 열심히 기도하고 노력하여 받으라는 것이었다. 차츰 방언을 말하는 운동은 확대되었다. 신비한 병 고침도 역시 '제2의 축복'(second blessing)에 포함되었고, 능력과 신비로운 체험을 받아야 한다고 역설하였다. 그래야 권능을 체험하고 강하고 담대한 신앙생활을 한다는 것이다. 베드로를 비롯한 사도들이 처음에는 거듭난 신앙으로 살아가다가 오순절에 성령을 받아서 방언을 말하고 은혜를 체험하였다는 것이다. 이런 '이중구조'가 과연 모든 성도들에게 동일하게 적용되어야 하느냐를 놓고서 논쟁하게 된 것이다.

오순절 계통과 웨슬리파 교단을 제외하고는 대부분이 이런 이중구조를 반대한다.[4] 사도들과 초대교회 성도들은 시기적으로 성령의 우주적, 총체적 사역이 시작되기 이전에 주님을 믿고 사역하던 사람들이었다. 그러므로 얼핏 보기에는 이중구조처럼 보인다. 예수님의 제자들만은 성령이 충만하게 임해서 새로운 언약의 사역을 모든 민족에게 일으키기 이전에 유대인 중심의 제한적 구원사역에 임하고 있었던 것이다. 사도들은 오순절 성령강림 사건 이후로는 이런 충만한 성령의 사역을 모든 그리스도인들이 회심과 함께 지속적으로 즐거워하며 감사하며 살아가게 되었음을 입증하고 있다(행 2:38; 5:32).

일반적으로 교회에서 신앙생활을 하던 성도들은 이런 가르침을 받으면서 혼란에 빠진다. '나도 저 사람들처럼 열심을 내서 방언을 받든지, 성령체험을 해야 하겠구나' 하는 반성과 함께 열심히 기도하다가, 오순절파 교회로 옮겨가게 된다. 추가적인 은사를 사모하라고 하는

---

[4] James I. Packer, "Baptism in the Spirit," 73, "It is difficult to make the two-stage experience a universal norm." idem, *Keep in Step with the Spirit* (Leicester: IVP, 1984).

가르침은 과연 옳은 것인가? 과연 오순절 이전에는 중생의 체험만을 가지다가, 예수님의 제자들과 구약시대를 거쳐서 초대교회에 이르게 된 성도들이 했던 것처럼, 우리 모든 성도들이 믿음을 가지고 난 이후에 한참 지나서 나중에 오순절에서 성령체험을 따로 가져야 한다는 말에 현혹되는 것이다.

그러면 이들 예수님의 제자들이 소위 오순절 성령체험도 하지 않고도 그 이전에 이미 여러 지역에 나가서 귀신을 쫓아내며, 병을 고치며, 죽은 자들을 살리는 능력을 행했다는 것인가?(마 10:1,8) 예수님은 제자들에게 영적으로 깨끗하다고 이미 선언하셨고, 이들이 세상에 속한 사람들이 아니라 하나님께 속한 사람들이라고 선포하셨다(요 15:19; 17:6, 10, 16). 오순절 교파에서 주장하는 것처럼 어느 특정한 오순절에 성령으로 세례를 받아서 방언을 말하게 되었으며, 성령의 권능으로 채워져서 용감하고 능력 있게 부활하신 주님을 증거하게 되었다는 것이 아니었다.

더구나 한국교회에서 일부 오순절 계통의 교회들이 방언 은사를 강조한 이후로, 성령의 영광과 아름다운 사역을 너무나 곡해하고 말았다. 한국교회 심령부흥회와 같은 특별한 영적인 모임, 특히 성령으로 충만하다는 부흥사들이 교회의 강단에서 자주 성도들에게 다소 거칠게 거론하는 질문이 바로 이런 이중구조의 영향에서 나온 것들이다. 그런데 이런 질문을 받으면, 뭐라고 답해야 할 것인가를 모르는 기독교 신자들이 너무나 많다. 성령을 받았다고 자신 있게 말하기가 쑥스럽고 멋쩍다. 교회에 열심히 출석도 하지 못하는 처지에 있는 분들은 아예 고개를 떨군다. 반대로, 자신 있게 성령 받았다고 말하려 하는 성도들도 그 내용을 설명하기가 쉽지 않다. 그저 어정쩡하게 된다.

비록 기독교 신자들이 흠결 없는 의인이 아닐 지라도, 죄인들에게 내려주시는 성령의 은혜와 선물을 받았다. 그런데 자신 있게, 당당하게, 확신에 차서 성령을 받았다고 말하지 못하는 이유는 무엇일까? 스스로 겸손하려고 낮추려는 것인가? 우리 한국교회 성도들이 성령에 대한 이해가 분명하지 못하기 때문이라고 본다.

4. 이중구조를 만든 성결 운동과 '늦은 비' 운동

"방언을 받았느냐? 꿈이나, 예언이나, 환상을 보았느냐?"라는 식으로 성령체험을 강조하는 교회와 목회자들이 등장한 이후로 이런 혼란이 야기되었다. 1890년대부터 미국에서 일부 감리교회 순회설교자들이 '성결 운동'을 하면서 성령의 역사하심으로 '늦은 비'가 내려온다고 주장하였다.[5] 그 '늦은 비' 운동가들에게서 영향을 입은 찰스 파햄은 유독 성령의 체험 중에서도 '방언'을 강조하였다. 이로 인해서 감리교회를 떠나서 방언을 사모하는 집회를 인도하면서 오순절파 교단이 형성되었다. 처음에는 주로 흑인들과 여자들이 참여하더니, 지금은 남미와 아프리카 그리고 일부 아시아 국가에 오순절 교파가 퍼져나가고 있다. 그래서 많은 수의 동조자들이 가입되어 있는 것도 사실이다. 하지만 이들이 모두 다 건전한 기독교 신앙을 따라가고 있는 것이 아님을 차분히 점검해 보아야 하겠다.

방언이나 성령 운동을 하는 교회가 모두 다 이단적이라거나 잘못

---

[5] 김재성, 『교회를 허무는 두 대적, 신사도 운동과 변질된 현대신학』 (용안: 킹덤북스, 2011), 제1장, 3, "19세기 성결 운동, 늦은 비와 하베스트"(추수)를 참고할 것.

되었다는 것은 아니다. 그들 가운데서도 진실한 마음으로 하나님을 사모하는 성도들이 있음을 부인하지 않는다. 하지만 오순절주의자들이 방언이나 신비적인 체험을 강조하고, 사도행전 2장의 재현만을 기독교 신앙의 핵심체계라고 주장하는 것은 복음 전체를 분명하게 드러내는 일이 아니다. 성경전체의 맥락을 무시하고, 모두 다 흥미로운 극히 개인적인 체험현상이라는 일부분을 가지고 잘못된 길로 인도하고 있는 것이다.

사도들과 함께하던 120명이 모두 다 방언체험을 가졌으니, 모든 기독교인들도 공개적으로 모인 교회에서 방언을 말하기를 사모하고 받아야만 성령을 받는 것인가? 이렇게 방언을 말하는 것만이 기독교의 핵심이며, 신앙의 성숙이요 점진이며 증거인가? 오순절주의자들이 말하는 것처럼 방언을 해야만 성령의 은사를 받아서 거룩한 성도로 세워진다는 것이 아니다.

로마서 8:9은 "누구든지 그리스도의 영이 없으면 그리스도의 사람이 아니라"고 명확하게 설명하고 있다. 신자가 되는 것은 예수 그리스도를 받아들이고 새로 거듭난 체험을 갖게 되는 것이지 따로 성령을 받아서 방언을 하는 것이라고 주장하는 내용은 성경에 없다. 성령을 받지 않았다면, 기독교 신자가 되어서 예수 그리스도를 메시아로 고백할 수 없다. 성령께서 먼저 돌과 같이 굳어버린 사람의 심령을 녹이기 전까지는 회개할 수도 없고 그리스도를 구세주로 받아들일 수도 없다.

예수 그리스도의 십자가와 부활, 재림의 소망으로 구성된 복음을 제쳐놓고 방언 말하는 것을 성령 운동이라고 증거하는 것은 극단적인 신비주의자들, 타락한 감정주의자들의 왜곡일 뿐이다. 윤리적 타락에 빠지고 말았던 찰스 파햄이 걸어간 길이 그러하기에 주의해야만 한다.

　방언이야말로 성령의 세례라고 오순절주의자들은 주장한다. 예수 그리스도를 받아들이고 회개하는 것만으로는 불충분하다고 본다. 더구나 구원받은 사람이 성령의 능력을 받으면 더 이상 죄를 범하지 아니할 수도 있다고 부추긴다. 이것은 존 웨슬리(1703-1791)의 '완전성결'을 흠모하던 일부 감리교 운동에서 나온 것이다. 웨슬리는 개개인의 체험을 강조하였고, 미국에서도 널리 퍼져나가서 19세기말 '성결운동'이 일어났다. 웨슬리파를 추종하는 자들은 모두 다 개인적인 성결을 갈망했다. 그들은 더욱 깊은 은혜를 사모하면서 웨슬리가 체험했다는 '완전성결'을 추구했다. 점차 믿음을 확고히 하기 위한 자기 노력과 열정의 결과들을 원했다.

　이렇게 서로 강조점이 다른 기독교파가 난립하게 된 것은 참으로 안타까운 일이다. 오래 전부터 지역별로, 시대별로 서로 다른 해석들이 강조되었기 때문이다. 영국출신 웨슬리파 열정주의자들은 이처럼 기존의 신앙에다 추가적이며 차원높은 체험을 갈망하였다. 이들에게서 20세기 초 오순절파 운동이 파생되어 나온 것이므로, 알미니안주의 구원관을 따르는 공통점이 있고, 이중구조의 맥이 통하고 있다. 웨슬리를 따르는 감리교회에서는 인간의 구원에 있어서 각자 개개인의 선택과 결단을 강조한다. 칼빈주의자들은 하나님의 주권과 선택을 더 강조하고 있다. 그래서 구원의 적용을 해석하는 두 가지 입장이 서로 대립하고 있다. 이런 차이가 나게 된 것은 인간의 본질과 죄의 영향에 대한 해석이 서로 다르기 때문이다.

　인간의 원죄에 대한 해석을 놓고 오래 전에 기독교 신학자들 사이에 논쟁들이 있었다. 4세기에 어거스틴과 펠라기우스가 논쟁했고, 17

세기에는 칼빈주의자들과 알미니우스주의자들이 다시 또 격돌했다. 칼빈과 개혁주의자들은 죄의 영향과 타락을 볼 때에, 인간은 전적으로 부패하여 선에 이르는 능력이 없기 때문에 오직 하나님의 은혜에 의지하여만 살 수 있다고 믿는다. "죄의 삯은 사망이요"(롬 6:23), 그 결과 죽음과 형벌이 왔다. 칼빈주의자들은 전적 부패와 인간의 무능력을 심각하게 보고, 오직 하나님의 은혜에만 의존한다. 죄의 본질과 영향에 대한 판단이 달랐던 웨슬리파에서는 부패한 본성이지만 의지적인 것은 아직 손상되지 않아서 스스로 결단할 수 있다고 믿는다.[6] 아직 선의 가능성이 살아 남아있어서 스스로 노력하여 성취하기를 기대하던 17세기 알미니우스주의에 따라서 웨슬리와 그를 추종하는 부흥운동가들은 인간의 이었다. 기존 교회에서 인정을 받지 못하던 이들 웨슬리파는 즉각적인 반응과 호응을 얻고자 했었다. 그 당시에 일반적인 성도들은 거의 문자를 읽지 못하는 수준이었고, 그저 설교자의 증거에 따라 귀를 기울이며 신앙생활을 했었다. 이런 문제를 다루는 것은 신학자들이나 수준 높은 목회자들의 몫이었다.[7]

1890년대부터 시작되었던 감리교파에서 일부가 주도한 성결 운동에서도 각각 기독교 모임마다 감정적이요 즉흥적인 체험을 더욱 사모하게 되었다. 기록된 말씀의 증거보다는 일시적으로 가슴에 와 닿는 개인적 체험을 가지라고 하는 설교를 들으면, 대부분이 예수 그리스도에 대한 개인별 만남을 사모하게 된다. 웨슬리파 순회전도자들은 즉석에서 사람들의 결단이 회심체험을 만들어낸다고 보았다. 개인의

---

6 Millard J. Erickson, *Christian Theology* (Grand Rapids: Baker, 1985), chapter. 29.
7 전통적으로 개혁주의에서 가르치는 인간타락의 역사성과 영향을 부정하는 개신교 현대 신학자들은 칼 바르트, 벌카우어, 에밀 부르너, 불트만, 라인홀드 니버 등이다.

체험이 높이 여김을 받게 되면서 호응을 얻게 된 것이다. 그런 현상에서 영향을 입은 파햄과 그를 따르는 오순절주의자들이 이런 웨슬리파 개인체험의 요소를 새로운 방언체험과 같은 성령의 은사로 대체시킨 것이다. 새것이 나타나면 옛것은 쉽게 잊혀지게 된다.

더구나 체계적인 신학공부를 하지 못한 파햄과 같은 평신도 출신 목회자들은 정통 개혁주의 교회의 고백들을 전혀 알지 못했다. 20세기에 나타난 방언체험을 강조하는 오순절주의자들은 문자를 전혀 해독하지 못하는 저소득층, 문맹층에 널리 퍼져나가면서 감정적으로 뜨거운 체험신앙을 부추겼다. 세상에서는 아무것도 아닌 그들이 지체 높고 많이 배운 기성교회 성도들이 받지 못한 것을 얻었다는 희열은 말할 수 없는 자긍심의 요소였다. 구원받은 신자가 방언을 말할 때에야 비로소 성령으로 세례를 받는다니, 수적으로 많은 여성도들이 단순하게 가르침을 그대로 받아들였다. 이들은 나도 이제부터 열심히 기도해서 이 특수 은사를 받아보자는 열정주의에 따라서 자녀들에게도 영향을 미쳤다. 특히 흑인들 가정에서는 목회자를 존중하는 여성, 특히 어머니의 역할이 절대적이다. 사회적으로 흑인 목회자들은 그들 가운데 유일한 지식층이었다. 1960년대 마틴 루터 킹 목사가 전면에 나서서 흑인들의 인권향상을 위하여 앞장서게 된 것은 그들 사회의 지도자가 바로 목회자들이었다는 반증이다. 비슷한 양상은 남미와 아프리카 전도활동에서도 작용했다. 주로 백인들, 지주들, 도시인들, 사회적으로 지식적으로 신앙교육을 받은 교회들은 이런 움직임에 대해서 냉담했다. 전혀 움직이지 않았다. 대신에 아무런 사전 신앙교육을 받지 못한 사람들은 성령을 받아 방언을 말하는 것이 은혜의 두 번째 사역이요 외적 증거를 얻는 것이라고 주장하는 말에 아무런 점검 없이 무조건 따라가게 된 것이다.

개혁신앙을 가진 교회에서는 구원의 유일한 조건이자 근거는 믿음이라고 강조한다.

> 그러므로 우리가 믿음으로 의롭다 하심을 받았으니 우리 주 예수 그리스도로 말미암아 하나님과 화평을 누리자(롬 5:1).

하나님의 율법 앞에서도 신자는 '화평'을 누리게 되며, 정죄를 당하지 않는다. 참된 신자들은 "그러므로 이제 그리스도 예수 안에 있는 자에게는 결코 정죄함이 없나니"(롬 8:1)라고 확신하게 된다. 다시 요약하자면, 오순절 운동에서는 이런 것은 1차적인 은혜의 과정에서 일어난 것이고, 여기에 성령의 세례에 해당하는 방언 은사를 받아야만 한다고 주장하는 것이다. 성령 안에서 세례는 회심체험 이후에 오는 두 번째 체험으로서 오늘날에도 기적적이며 성령의 은사들이 가능하다는 것이다.

5. 성령 세례란 방언인가? 파햄의 방언 운동

그러면, 이런 성령역사의 이중구조가 나오게 된 배경을 다시 한 번 역사적으로 추적해 보자. 사도행전 2장에 나오는 오순절 성령강림은 기독교 역사의 전환점이자, 예수 그리스도의 십자가와 부활의 능력이 펼쳐지는 놀라운 현장이었다. 그런데 이 사건은 과연 어떻게 이해하고 받아들여야 하는가? 우리는 다음 장에서 상세히 추론해 볼 것이다. 먼저 오순절은 나약하게 믿어온 제자들이 한 단계 올라서서 강력한 권능의 사람으로 변화한 사건인가? 그래서 모든 성도들이 각각 개인적으로 믿음 생활을 하는 중에 반드시 체험해야만 하는 것인가? 오순절의 재현을 주장하는 사람들은 진정으로 회심한 성도라고 해도 다시 한 번 성령의 세례를 받아야만 된다고 해석한다. 이러한 오순절주의자들의 주장에는 비성경적인 내용들이 너무 많이 포함되어 있음이 드러나고 있다. 성경에 나오는 오순절 성령의 강림만을 따로 떼어서 강조하면서, 전체 성경과의 조화와 연계성을 무시해 버리고 신비한 능력과 병 고침과 방언 등에 집착하는 극단적인 신앙행태가 나오고 말았다.

먼저 역사적으로 어떻게 해서 오순절주의가 20세기 초엽에 시작되었는가를 살펴보자. 성령 운동을 사모하던 일부 이단적인 자들의 비성경적인 강조점들이 혼란한 시대에 널리 퍼져나갔음을 알 수 있다.

미국 캔사스 주에서 방언을 사모하던 감리교회 출신 평신도 설교자 찰스 폭스 파햄(Charles Fox Parham, 1873-1929)이 오늘날의 방언파 오순절 운동을 일으킨 장본인이다. 토페카에서 자신이 세운 벧엘성경대학이라는 자그만 학교를 중심으로 활동했다. 폭스가 영향을 가장 크게 받은 사람은 미국 메인주와 런던에서 자신이 받았다고 주장하는 비밀계시를 따르는 자들을 인도하던 샌드포드(Frank Weston Sandford, 1862-1948)였다. 샌드포드의 실로를 방문해서 머무는 동안 파햄은 깊은 영향을 받았는데, 특히 주목한 것은 1900년도 7월 달에 방언을 받았다는 가르침이었다. 샌드포드는 성령의 직접적인 계시와 병 고침을 가장 중요시했다. 침례교 신학교를 중퇴한 샌드포드는 자신을 엘리야와 다윗과 같은 선지자라고 동일시했고, 자신에게 절대적인 충성을 요구했다.

 1901년 1월 1일, 파햄이 성경학교에서 가르치던 여학생 가운데 아그네스 오즈먼(Agnes Ozman)에게 안수하면서 사도행전에 나오는 방언이 재현되었다고 주장했다. 파햄이 학생들에게 방언 은사를 강조하여 나타난 현상이었다. 그녀가 중국 방언을 사흘동안 말했다는 것이다. 그리고 1906년에 로스엔젤레스에서 이를 증언하던 집회에 다시 방언현상이 재현되었다고 하였다. 방언과 같은 성령의 세례를 받아야 한다고 주장하면서 오순절주의자들이 등장했다.[8] 물론, 이들의 언어가 사도행전이나 고린도교회의 방언이었는지 아무도 모른다. 당시에는 중국선교가 무르익어 가던 시절이다. 중국 방언을 받았다고 말하던 자들이 더 있어서 모두들 중국으로 몰려갔었는데, 그 중에 단 한 사람도 중국 사람들과 대화나 강의를 알아듣지 못했다. 이들의 중국 방언은 거짓이었다. 그런데도 상당수가 감정적인 흥분상태를 분별하지 못했다. 오늘날 오순절 교단에서는 방언은 기도에 필요한 능력을 돕는 것일 뿐이요, 선교현장에서 직접 사용할 언어는 아니라고 수정해서 가르치고 있다.

 파햄의 집안은 열정주의자들의 집회소와 같은 분위기였고, 더욱이 파햄의 아내 사라는 퀘어커파 출신이었다.[9] 파햄은 평신도 설교자로서 기존의 교회 권위와 교단체계를 싫어하고 거부했다. 아픈 자들의 병을 고치고, 방언을 통해서 직접적인 체험을 더욱 더 간절히 사모했다. 권위 있는 교회체제이던 감독제 감리교회가 큰 조직이었으나, 파

---

[8] Edith L. Blumhofer, *Restoring the Faith: The Assemblies of God, Pentecostalism, and American Culture* (Urbana and Chicago: University of Illinois Press, 1993). 56.

[9] Sarah E. Parham, *The Life of Charles F. Parham, Founder of the Apostolic Faith Movement* (Baxter Springs, Kan.: Apostolic Faith Bible College, 1930).

햄은 결국 탈퇴했고 많은 논쟁을 불러일으켰다. 오히려 성령이 직접적으로 자신에게 말씀하는 것을 명상하기를 좋아했다. 병 고침의 은사를 발휘하는 집회를 개최하였고, 성결 운동에서 강조한 사도적 은사 회복 운동을 주도하였다.

> 웨슬리파 성결 운동에 나온 것이 파햄의 방언 운동이요, 여기에다가 신비적인 브랜험의 치유와 기적이 더해졌고, 폴 케인 등이 흉내를 내다가 존 윔버의 빈야드 능력 운동이라는 새로운 모습으로 나타나더니 마침내 비클의 예언 기도와 와그너의 신사도 운동으로 변형되었다.

시대의 변화와 함께 세계 교회는 갖가지 기독교 신앙 운동의 흐름이 전개되어 큰 혼란을 초래하고 있다. 웨슬리파 성결 운동에서부터 사도적 은사를 사모하는 방언 운동이 나왔고, 1940년대 말기에 치유와 기적을 추구하는 신비주의 운동이 확산되었다. 브랜험을 추종하던 자들은 점차 확산되어서 1970년대 텔레비전 스타 목사들이 배출되었다. 오순절 은사 운동은 매스컴의 영향으로 전 세계로 널리 퍼져나갔다. 그리고 1980년대에 제3의 물결이라고 하는 빈야드 운동, 능력체험이 나타났다. 마이크 비클이 주도하는 은사 운동의 극단은 예언기도에 집착하면서 사람들을 모으고 있다. 2000년대에는 신사도 운동이 새로운 계시와 예언을 강조하고 있다. 각각 세대를 달리하면서 일부 오순절 계통의 연속성을 가진 사상들이 이어져 내려오고 있다. 특히 정통 기독교의 근본인 성경을 떠나 개인의 체험과 경험을 더 우선시하는 '개인화된 기독교'가 세워지고 있음이 일목요연하게 드러난다.

21세기 극단적인 신학자들이 주장하는 종교다원주의는 이미 에큐메니즘 신학에서 그 뿌리가 내려진 것들이다. 탈교파를 부르짖는 복음주의 운동은 오순절주의자들이 내놓은 새 이름이었다. 그리고 더 거슬러 올라가면, 미국 남북 전쟁 이후에 웨슬리파 성결 운동에서 크나큰 영적 흐름이 형성되었다. 1890년대 말기, '성결 운동'이 미국 전역에서 크게 확산되었다. 존 웨슬리의 열정주의에 감동하여서 성령의 부어주심을 간구하던 열정적인 부흥 운동이었다. 하나님 나라의 재림과 마지막 시대의 전쟁과 지진과 기근이 오리라는 종말관이 큰 부흥을 가져왔으며, 파햄에게도 영향을 끼쳤다. 성결 운동은 찰스 피니(Charles Finney), 마한(Asa Mahan, 1800-1889), 팔머(Phoebe Palmer, 1807-1887)의 부흥 운동에서 영향을 입은 사람들이 마지막 시대에 '늦은 비'를 사모하고 널리 부흥 운동을 일으키고자 직접적인 성령체험 현상을 추구하였다. 일리노이 주 시온치유 센터의 도위(John Alexander Dowie), 시카고의 무디(D. L. Moody) 성경학교, 뉴욕 주 나약에서 심슨 목사(A. B. Simpson-크리스천 미숀 엔 얼라이언스 교단 창설자), 보스톤에서는 고든(A. J. Gordon-오늘날 고든신학교의 창설자), 메인 주에서는 샌드포드, 토레이(R. A. Torrey, 1856-1928) 등이 많은 영향을 주고 있었다. 이들은 주로 성령의 세례는 회심 이후에 주어지는 증거와 봉사를 위해서 주어지는 성령의 권능이라고 가르쳤다. 종래의 개혁주의에서는 성령의 능력이란 성화를 통해서 거룩한 생활을 하게 한다고 강조하던 것과 다른 입장이다.

그런데 여기서 주목할 것은 파햄이 방언을 강조하게 되면서 이들 성결 운동과도 결별한다는 사실이다. 이들 성결 운동 지도자들은 파햄의 오순절 운동을 받아들이지 않았다. 파햄은 '교회'라는 말보다는

'회중'이라는 말을 더 강조하였다. 그가 세운 학교가 모태가 되어서 오늘의 오순절 운동이 확산되었지만, 그는 결국 독불장군이었다. 파햄은 자신과 같이 전도하던 아프리카계 아메리칸인 흑인 제인 세이무어 목사와도 결별하고 말았다. 집회에서 성령의 역사를 사모하는 것이 너무나 감정주의에 빠진다는 비판을 놓고 대립하였다.

그러면 성경적인 신앙과는 전혀 상관이 없는 이들 신비적인 체험주의가 차츰 사람들의 마음에 호소력을 가지게 되는 것은 무엇 때문이었을까? 나는 이런 극단적인 은사체험의 경향들은 전쟁의 비참함과 경제공황의 비극적인 생활고 속에서 유일한 희망과 대안이 아니었을까 추측해 본다. 지진이 일어나서 많은 사람들이 크게 흔들렸고, 1920년대 말은 제1차 세계대전과 미국의 경제 대공황이라는 비참한 시대상황이 전개되고 있었다. 이런 사회적 혼란기에 새로운 방언 운동은 사람들에게 큰 종교적 위안으로 큰 호소력을 지니게 되었다.

그리고 1945년경에는 제2차 세계대전으로 인해서 미국과 세계는 또 다시 공포와 불안에 빠지고 말았다. 수없는 죽음을 목격한 사람들은 능력자들을 찾아다니게 되었고, 병 고침을 강조하면서 나타난 신비적인 이단적인 은사 운동은 또 다시 혼란한 사회에서 호소력을 가지게 되었던 것이다. 1950년대에 제2차 세계 대전 이후로 세계는 이제 전쟁에 대한 혐오와 염증을 느끼게 된다. 미국과 소련을 축으로 하는 양대 세력이 재편되자 세상은 평화와 일치를 원했다. 교단, 교파, 종파를 초월하여서 교회일치를 추구하자는 '에큐메니즘' 운동이 일어나게 된 것은 유엔의 출범과 무관하지 않다. 세계교회협의회(W.C.C.)가 만들어져서 세계 기독교를 망라하자는 '정치신학'이 나온 것이다. 전통 개혁주의 가르침 가운데서 멀어지고 말았다. 교회가 지켜온 신조와 신앙질서보다는 오히려 초교파, 탈교단, 범교파주를 역설하는 교회일치와 연합을 시도했다.

　세계는 전쟁의 상처가 너무나 컸기에 이제는 싸우지 말자는 타협주의가 영향을 미치게 되었다. 교리의 차이나 신학적인 논의는 사라지고 모든 것이 서로 좋은 것이니, 교파와 교단을 초월하자는 초교파적인 복음주의는 주로 오순절 계통의 집회인도자들과 독립적인 교회들, 일부 침례교에서 앞장을 선 '운동'(movement)이다. 빌리 그래함 목사와 대학생 선교회(C.C.C.)의 빌 브라이트 박사가 이끄는 교회 밖 선교와 전도는 큰 운동을 만들어냈다. 이들 교회 밖 단체들이 이끄는 '운동'은 큰 흐름을 만들어냈다. 전도와 세계선교를 향해서 열심을 내는 매우 좋은 영향을 끼친 것도 사실이다. 전통적인 교회마다 전도대회를 개최하고 선교하자는 것에 관심을 가지게 하는 크나큰 대세로 등장하였다. 하지만 진리의 전통을 굳게 붙잡고 있던 교회들이 퇴조하고, 새로 초교파와 독립교회를 지향하는 '운동'과 움직임들이 일어나 강한 구심점을 갖게 되었다. 일부 '운동'은 교회를 허무는 이단적인 것들이었고, 신비주의에 빠져 능력체험을 강조하면서 무지한 대중들 속에서 호응을 얻었고 크게 약진하게 되었다.

　은사 운동가들과 오순절주의자들의 오류는 예수 그리스도의 몸 된 교회를 소홀히 생각하는 잘못된 교회관을 가지고 있으므로 깨우쳐 주어야 할 것이 많다. 그들이 강조하는 것처럼 오순절에만 성령이 역사하신 것이 아니기 때문이다. 태초부터 하나님의 영이 수면에 운행하고 계신다. 그리고 구약시대에도 성령은 역사하였다. 그리고 예수님과 함께 동행하시면서 모든 지혜와 능력으로 임했다.

The Glory and Blessing:
Reformed Doctrine of the Holy Spirit

제 9 장

성령의 선물과 은사들

교회나 어떤 신령하다는 치유사역자, 부흥사, 능력 전달자가 따로 있어서 성령을 조종하거나 마음대로 다루는 것이 아니다. 성령과 그의 사역에 대해서는 교회는 그저 따라서 순종하며 사역에 임하는 것이다. 성령의 간섭과 사역은 성경대로 받아들여야 하고, 물론 마음 문을 활짝 열어야 한다. 성령이 있는 곳에는 어느 곳에서나 구원의 열매가 있고, 교회가 세워져서 그 안에서 수많은 은사가 나타나고, 하나님의 은혜로 인한 기적들이 펼쳐진다. 모든 성령의 은사들은 교회의 교화와 유익을 위해서 주신 것들이다.

성령의 은사들은 교회 밖에서도 물론 나타난다. 사람으로 태어나면 모두 다 예외 없이 나름대로 재능을 갖는다. 이것은 모두 다 인격을 창조하신 하나님이 모든 생명체에게 주신 자연적인 은총이다. 보편은혜이다. 사람은 하나님의 형상으로 지음 받아서 창조적이며 내재적인 능력을 갖게 되기 때문이다. 하나님을 믿지 않는 자들에게도 재능을 주신다. 일반은총이라고 부르는 여러 가지 능력을 주신다. 하지만 우리가 이런 자연적인 능력만 가지고 살아가는 것이 아니라, 성령이 오셔서 회개케 하여 베푸시는 특별한 구원의 은혜를 받는다. 성령을 통해서 중생의 은혜를 주시되, 다양한 은사를 주셔서 교회와 하나님 나라를 세우는 사역을 감당하게 하신다.

성령의 비밀스러운 사역 속에서 회심과 중생을 통해 거듭난 기독교 신자에게는 역시 성령의 은사들이 주어진다. 그런데 성령은사들 가운데서 방언이나 병 고침, 환상, 기적 등에 집착하는 오순절 은사 운동이 일어나서 프로테스탄트 교회는 큰 혼란을 겪고 있다.

예를 들면, 미국 은사 운동가 베니 힌은 자신의 손에 왔다는 성령의 능력으로 안수를 하여 사람을 쓰러트린다. 케네트 헤긴은 설교 도중에 자신을 둘러싼 하나님의 영광으로 인해서 구름 가운데 있었다고 주장한다. 새벽 다섯 시에 예수님의 방문을 받았다고 말한다. 이런 것들이 과연 성령의 은사들 혹은 '은사적 선물'인가? 이런 체험을 해야만 하는 것일까? 그리고 이런 주장들에 대해 과연 어디까지 믿을 수 있을 것인가?

한국에서도 많은 성도들이 개인적으로 관심과 흥미를 갖고 있는 이적과 기적들, 일상적인 관점에서는 믿을 수 없는 이런 신비적인 일들이 일어나고 있다. 그럴수록 어떤 은사가 나타나고 있다면, 성경의 가르침을 위주로 살펴보아야 할 일이다.

오순절에 일어난 사도행전 2장의 기적들만으로는 성령의 은사들을 충분히 알 수 없기에 로마서 12:3-8, 고린도전서 12-14장, 에베소서 4:4-16에 나와 있는 것을 살펴보아야 한다. 일반적으로 성령의 여러 은사들이 무엇을 의미하는지를 신약성경의 전체 관점에서 살펴보고,

각각의 은사들에 대한 관련성을 밝혀보자.

1. 선물과 은사의 근본적 구별

성경에서 사용된 은사들을 이해하기 위해서는 좀 더 엄밀한 의미에서 성령의 선물과 성령의 은사들(charismatic gifts)을 구별해서 보아야 한다.[1] 이것이 성령의 사역을 이해하는 기본적인 관점을 제시해 주기 때문이다. 하나님은 모든 사람에게는 자연적인 재능이나 능력을 주신다. 이것은 보편적인 은혜요, 일반은총이다. 이것과는 달리, 특별한 성령의 선물을 주신다. 그리스도의 몸 된 교회 안에서 모든 성도들에게 공통으로 체험하게 하시는 부분이다. 그 안에서 각각 맡겨진 은사들에 따라서 사역을 달리하게 하심으로서 하나님의 공동체가 역동적으로 움직여 나가게 된다. 이 두 가지를 분명히 구별할 수 있어야 한다. 모든 교회에 경험하게 하신 것이 성령의 선물(gift of the Holy Spirit)이다. 하지만 이 선물을 받은 성도가 교회 안에서 다양한 사역을 감당하게 하려고 성령의 은사들(gifts of the Holy Spirit)을 나누어 주셨다. 은사들은 점차 성장하면서, 성숙하면서 받아들이는 다양한 단계와 측면들이 있다.

성령의 선물은 오순절 사건에서 처음으로 새로운 언약의 형태로 기도에 참석한 사람은 누구에게나 부어졌다. 이 날에 대한 베드로의 설명이 가장 중요한 근거가 된다.

---

[1] Richard Gaffin, "The Holy Spirit and Charismatic Gifts," 8.

하나님이 말씀하시기를 말세에 내가 내 영을 모든 육체에게 부어 주리니 너희의 자녀들은 예언할 것이요, 너희의 젊은이들은 환상을 보고 너희의 늙은이들은 꿈을 꾸리라 그 때에 내가 내 영을 내 남종과 여종들에게 부어 주리니 그들이 예언할 것이요(행 2:17-18).

하나님이 오른손으로 예수를 높이시매 그가 약속하신 성령을 아버지께 받아서 너희가 보고 듣는 이것을 부어 주셨느니라(행 2:33).

성령의 선물은 믿는 자들에게 예수님이 부어주시는 새로운 생명이다. 불과 같은 이미지로 부어졌다. 불은 모든 죄악을 태우고, 때로는 새로운 능력을 갖추게 하는 힘의 상징이다. 성령의 출현은 마지막 날을 예언하고 고대하던 요엘의 예언이 성취되었음을 공표하는 일이다. 오랫동안 기다려 온 성도들은 주님의 약속이 이루어지는 현장에서 성령의 선물을 받았다.

첫째, 예수님의 선물은 성령의 부어주심이다. 예수님은 성령을 부어주시겠다고 하신 대로 값없이 믿음이라는 선물을 은혜로 인해서 주셨다. 우리가 거저 받았으니 하나님의 선물이다. 자격을 갖추고 받은 것이 아니다. 그냥 거저 받았다. 성령은 그리스도에 의해서 이제 억제할 수 없는 분량으로 '부어졌고', 지리적으로나 인종적으로 제한 없이 '모든 백성들에게' 나누어지게 되었다. 이 성령의 부으심은 앞으로 다가올 시대에 드러나게 될 예수님의 권능이 공개적으로 발표되어진 사건이다.

> 너희가 그 은혜에 의하여 믿음으로 말미암아 구원을 받았으니
> 이것은 너희에게서 난 것이 아니요 하나님의 선물이라 행위에서
> 난 것이 아니니 누구든지 자랑하지 못하게 함이라(엡 2:8-9).

보편적으로 사용하는 '성령의 선물'은 그리스도 안에서 나타난 구원과 관련된 사역을 의미한다. 에베소서 6:23에서 '아버지 하나님과 주님 예수 그리스도로부터 온 믿음'을 간구하는 데서 확실히 드러난다. 성령은 생명을 얻는 회개를 불러일으키고(행 11:18), 장차 올 하나님 나라의 유산을 미리 맛보는 축복에 참여하게 한다(롬 8:23; 고후 1:22; 5:5; 엡 1:13-14).

둘째, 좀 더 세분하여 나누어보면, 모든 거듭난 성도들에게는 성령이 주시는 특별한 선물, 즉 분량대로 받게 되는 믿음의 은사들이 있다. 이것은 믿는 사람이라 하여도 각각 하나님의 쓰임에 따라서 그릇이 서로 다른 것이다.

> 내게 주신 은혜로 말미암아 너희 각 사람에게 말하노니 마땅히
> 생각할 그 이상의 생각을 품지 말고 오직 하나님께서 각 사람에
> 게 나누어 주신 믿음의 분량대로 지혜롭게 생각하라(롬 12:3).

각 사람에게 나눠주신 믿음의 분량대로 생각하라는 것이다. 각각 받은 자가 자신의 믿음에 대해서 계산이 되는 것이다. 이것이 바로 믿음의 선물이다. 하지만 로마서 12:6에서 "우리에게 주신 은혜대로 받은 은사가 각각 다르니 혹 예언이면 믿음의 분수대로"라는 해설이 이어진다. 사람마다 다른 은사들이 있다는 것이다.

성령의 은사들은 각각 다르고, 활동들이 다양하다. 교회 안에서 은사들을 받은 자들은 다른 사람들과 구별이 되는 다양한 사역들(고전 12:4-6)을 맡았다. 특정한 사역에 국한되기도 하고, 종말론적인 사역에 수반되는 것들이다. 은사들은 무한정 무작정 주어지는 것이 아니라, 종말에 온전한 것을 향한 수단적인 것들이다. 고린도전서 13:8-13에 기술된 것과 같이, 예언과 방언 말하는 것은 제한적이며, 부분적이며, 임시적인 성격을 띠고 있다. "예언도 폐하고, 방언도 그치고, 지식도 폐하리라" 예언이나 방언이나 지식이나 한결같이 일부분적으로 사용되는 한시적인 성격을 가진다. 믿음, 소망, 사랑을 불어넣기 위해서 주어진 일시적인 은사들이다.

간추리자면, 성령의 선물은 모든 성도들이 차별 없이 체험하고 구원의 감격에 이른다. 하지만 성령의 은사들은 모두 다 똑같이 받는 것이 아니라, 보편적으로 나누어주시되 제한적이며 차별성이 드러난다. 모두가 다 사도가 아니기에 모든 성도들이 다 예언과 방언과 지식의 은사들을 다 받는 것이 아니다. 심지어 사도들이나 선지자들이라고 하더라도 다 모든 은사들을 받은 것이 아니었다. 은사들이 그저 특수한 초자연적 기적이 아니었다. 특히 방언하고, 예언하고, 병 고침을 행사하는 것만이 은사들에 속한 것이 아니었다. 특별은사는 남에게 행하는 것만이 아니라 고난을 견디는 것이기도 하고, 독신으로 살아가는 것이기도 하다.

2. 은사와 은혜와의 관련성

로마서 12장, 고린도전서 12장, 에베소서 4장에 나오는 은사들과 사역들을 살펴보자. 교회 안에서 수행되는 수많은 종류의 활동들과 앞에 나오는 성경에 나오는 은사 목록에 담긴 사역들과 어떤 구별이나 차별있을까? 은사를 받아서 행하는 사역과 비은사적인 행동들과 별로 차이가 나지 않는다.

"은사"라는 말은 헬라어 "카리스마"를 번역한 것이다. 헬라어에서는 단수와 복수가 서로 의미가 달라지는 경우가 있다. 단수로 쓰인 "카리스"는 "은혜"이고, 복수로 쓰인 "카리스마"는 "은사"이다. 주로 신약성경 중에서도 사도 바울이 압도적으로 많이 사용했다. 사도 바울은 이 단어들을 신학적으로 중요한 의미를 부여해서 사용하고 있는 바, 대체로 매우 다양하게 널리 채용하고 있음을 보게 된다. '은사'라는 단어가 단지 교회 안에서 성도들을 교화시키고 덕을 세우려는 목적에서 특정한 사역에만 국한해서 사용한 것이 아니다. 로마서 12:6이나 고린도전서 12:4에서 잘 나타난다. 아주 다양하게 쓰였던 것이다.

고린도후서 1:11을 보자.

> 너희도 우리를 위하여 간구함으로 도우라 이는 우리가 많은 사람의 기도로 얻은 은사로 말미암아 많은 사람이 우리를 위하여 감사하게 하려 함이라(고후 1:11).

사도 바울은 은사를 언급하면서, 자신이 절망에서 건짐 받은 사건을 지적하였다(고전 1:10). 은사는 사도 바울 자신의 경험, 즉 하나님의 구원체험이었다.

고린도전서 7:7에서는 은사가 독신생활의 고통스러운 환경과 조건을 이겨내는 것이었다.

> 나는 모든 사람이 나와 같기를 원하노라 그러나 각각 하나님께 받은 자기의 은사가 있으니 이 사람은 이러하고 저 사람은 저러하니라(고전 7:7).

목회 사역의 신실한 노력들을 위해서 디모데에게 주어진 능력이 바로 은사라고 되어있다. 설교하고, 준비하고, 방문하고, 권유하고, 사람들을 가르치는 것 등이 모두 다 은사에 속한 것이다(딤전 4:14; 딤후 1:6).

로마서 11:29에서 은사들이라고 복수로 사용되어진 것을 주목해 볼 수 있을 것이다.

> 하나님의 은사와 부르심에는 후회하심이 없느니라(롬 11:29).

이스라엘 백성들이 하나님으로부터 받은 다양한 언약들을 언급하면서 은사들이라고 하였다. 로마서 5:15과 16절에서도 동일한 용법이다.

> 그러나 이 은사는 그 범죄와 같지 아니하니 곧 한 사람의 범죄를 인하여 많은 사람이 죽었은즉 더욱 하나님의 은혜와 또한 한 사람 예수 그리스도의 은혜로 말미암은 선물은 많은 사람에게 넘쳤느니라 또 이 선물은 범죄한 한 사람으로 말미암은 것과 같지

> 아니하니 심판은 한 사람으로 말미암아 정죄에 이르렀으나 은사는 많은 범죄로 말미암아 의롭다 하심에 이름이니라(롬 5:15-16).

의로움의 선물과 하나님의 은혜가 넘치게 주어졌다는 것이다. 즉, 은사란 새로운 생명이자 영원한 생명을 의미한다.

로마서 6:23에서도 은사는 영원한 생명을 뜻한다.

> 죄의 삯은 사망이요 하나님의 은사는 그리스도 예수 우리 주 안에 있는 영생이니라(롬 6:23).

다시 말하지만 은사는 단순히 교회 안에서 어떤 특정한 사역에만 국한 되는 것이 아니라, 때로는 매우 광범위하게 영적인 삶에 대해서 매우 폭넓게 사용되었다. 은사(카리스마)라는 단어는 많은 것을 포함하는 용어이다. 동시에 용어의 사용을 비교해서 살펴볼 때에, 항상 '은혜'(카리스)와 '은사'(카리스마)는 상호 대칭적으로, 혹은 교환적으로도 많이 쓰이고 있음을 알 수 있다. 모든 은사들은 은혜의 표현이다. 하나님의 은혜가 나타나는 곳에는 항상 은사들이 드러난다.

교회의 시작과 지속이 가능하게 된 것은 오직 하나님의 은혜에 의해서만 가능하게 되는 바, 모든 교회는 어떤 행사에서나 어떤 모습에서든지 하나님의 은사가 합당하게 드러나야만 하는 것이다. 믿음의 생명은 은혜에서 나오는 것이기에(엡 2:8), 처음부터 마지막까지 오직 은사적이라야만 한다. 은혜는 항상 은사들을 수반하고, 은사들이 드러나는 곳에는 하나님의 은혜가 머문다.

은사라는 것을 교회에서 시행하면서, 오직 몇 가지만으로 축소시키는 것은 사도 바울의 서신 전체에서 가르치는 것을 왜곡하게 된다. 성령의 은사들과 성령의 열매를 나누어서 다루는 것도 역시 사도의 가르침에 어긋나는 방법이다. 비록 받는 사람들의 수용능력이 제한되고 부족해서 어떤 은사들은(예컨대, 예언) 감히 드러낼 수 없을 지라도, 하나님의 은혜의 능력이 지배하는 곳에는 은사가 역할을 하게 되어 있는 것이다. '기독교인'이라는 말과 '은사를 받은 자'라는 말은 동의어이다.

3. 삼위일체 하나님이 주시는 은사

우리는 삼위일체 하나님이 은사를 주시는 분임을 잊어서는 안 된다. 성령만이 은사를 주시는 분으로 해석하는 것은 매우 좁은 시각이다. 물론 로마서 12장, 고린도전서 12장, 에베소서 4장에 나오는 은사들의 목록을 보면 대부분이 영적인 은사들이다. 성령의 사역은 승천하여 높은 곳에 계신 그리스도의 사역과 기능적으로 일치하며 서로 뗄 수 없다. 따라서 에베소서 4:7에는 "우리 각 사람에게 그리스도의 선물의 분량대로 은혜를 주셨나니 그러므로 이르기를 그가 위로 올라가실 때에 사로잡혔던 자들을 사로잡으시고 사람들에게 선물을 주셨다 하였도다"라고 되어있다. 그리스도께서 선물을 주신다. 성령의 사역과 분리할 수 없지만, 선물을 주시는 분은 그리스도이다. 로마서 12:3과 고린도전서 12:28에는 선물을 주시는 분은 하나님으로 되어있다. 따라서 삼위일체 하나님의 각 위격이 따로 언급되는 것은 상호 작용이 있음을 암시하는 것이다. 성령이 교회 안에 입김을 불어넣으시는 것이기도 하지만 이것만 알고 있는 것은 한쪽만을 보고 있는 것이다.

고린도전서 12장에서 14장에서는 성령의 나타나심으로 은사들이 주어진다. 성령의 뜻에 따라서 은사를 나누어 주시는 것이다(고전 12:12). 매우 자연스럽게 교회에 어떤 특정한 선물을 주시는 분이 성령이심을 드러낸다. 로마서 1:11에, "내가 너희 보기를 간절히 원하는 것은 어떤 신령한 은사를 너희에게 나누어 주어 너희를 견고하게 하려 함이니"라고 시작하지만 이 은사가 무엇인가를 밝힐 수 없는 것이 성령으로부터 오는 것이기 때문이다.

The Glory and Blessing:
Reformed Doctrine of the Holy Spirit

제 10 장

은사의 의미와 목적

한국교회의 역사적인 면모들을 살펴보면 놀라운 은혜를 받았고 걸출한 지도자들과 성도들이 남다른 일을 감당하여 왔음에 감탄하게 된다. 1907년 평양대부흥 운동과 백만 명 구령 운동을 전개하였다. 그동안 놀라운 전도의 열매와 부흥의 축복을 누리게 하셨는데, 여기에는 수많은 은사들이 사용되었다. 믿음을 가진 한 사람 한 사람에게 주신 은사들은 결코 작은 것이 아니다. 은사를 발휘하고 올바르게 사용하여 하나님을 기쁘시게 하고 교회를 세우게 되면, 많은 열매를 맺게 된다.

하나님께서 교회에 주신 최고의 선물은 성령이다. 성령은 중생하게 하시고, 여러 가지 은사들을 주셔서 믿음을 가진 성도들이 사역에 임하게 하신다. 이 은사들은 모두 다 예수님을 영화롭게 하려고 주신 것이다. 예수를 믿지 않는 사람들에게도 하나님의 '일반은총'이 주어진다. 보통 사람이 가지는 능력과 자질 뛰어난 재능에 추가해서, 오직 거듭난 사람에게만 주어지는 것이 성령의 은사들이다.

한국교회가 성령의 인격과 사역에 대해서 잘 모를 뿐만 아니라, 은사에 대해서도 착각하고 있음이 자주 목격된다. 성령의 은사는 한순간에 모든 것을 해결하는 해답이 될 수 없다. '빨리빨리'를 좋아하는 우리 한국교회 성도들은 성령체험도 역시 그렇게 남달리 특별하게 사모한다. 우리가 힘써 모이는 새벽기도는 예수님이 이른 새벽에 기도하신 것을 따르는 것이다. 비록 한국인들의 문화 속에 찬물을 떠놓고 누군가에게 빌던 기도가 있었다고 하더라도, 성경에서 나온 기도를 따르는 것이 새벽기도이다. 그런데 어느 사이에 새벽기도보다는 '특별'새벽집회라고 광고하고 안수기도를 하면서 사람들을 모이게 하는 행사로 변질되어 버렸다. '특별'이라는 말이 가져오는 힘과 위력은 무엇인가? 왜 이렇게 해야만 성도들이 관심을 가지고 기도회에 모이는 것인가? 열심을 다해서 모이는 금요철야기도회의 목적도 어디에 있는가? '빨리, 어서! 내 문제를 해 주시옵소서'에만 매달리고 있는 것은 아닌가? 새벽마다, 집회마다 기도하는 간구는 무엇 때문인가? 남다른 은사를 구하는 이유는 어디에 있으며 신속히 받아야 하는 이유는 무엇인가? 나를 쳐서 복종케 하고 제물로 드려서 하나님의 뜻에 합당하게 쓰임 받고자 함에 있어야 한다. 나의 욕심을 버리고 오직 하나님의 목적에 따라서 주신 은사들을 사용하도록 힘을 주시기를 간구해야 한다. 그래서 불평하지 말고 인내하며, 더 고난을 견디고 이겨야 한다.

성령 받아야 산다! 성령을 체험해야 한다! 아멘이요, 옳은 말이다. 하지만 유명 목사나 강사의 안수기도를 받아서 즉각 문제를 해결하려는 식으로 착각하고 있는 것은 아닌지? 성령은 아무나 그 이름만 말한다고 해서 만병을 치료하는 약처럼 역사하는 것은 아니다. 성령은 아름답고 영광스러운 하나님이시다. 아무나 큰소리치면서 나눠

줄 수 있는 것이 아니요, 그렇다고 찾아오시는 성령님을 거부할 수 있는 것도 아니다.

성령의 선물을 받았다는 것은 무엇을 말하는 것인가? 성령을 체험한다는 것은 무엇인가? 성경에 소개된 설명을 보면, 우리가 성령의 은사를 받게 되면 남을 위해서 사용하게 된다고 가르친다. 각각 개인적으로 자기를 위해서 사용하는 것이 아니라, 교회와 이웃을 위해서 사용하라고 주신 것이 성령의 은사들이다. 은사를 주신 하나님은 허망한 욕심과 자기 과시를 허용하지 않으신다. 그래서 은사를 구해도 주시지 않는 것이다.

1. 은사들의 목록

신약성경에서 주로 은사의 목록으로 거론되는 곳은 로마서 12:6-8, 고린도전서 12:8-10, 고린도전서 12:28, 에베소서 4:11이다. 여기에 언급된 대표적인 은사들이 초대교회의 형성에 결정적으로 기여한 것이다. 은사들은 그리스도를 영화롭게하고, 교회의 덕을 세우려는 데 목적을 두고 주신 것들이다. 그리스도를 영화롭게 하려고 주어진 특수한 능력들이다. 이것을 잊어버리면 본질을 놓치는 것이다. 하나님의 아들 예수 그리스도를 통하여 우리에게 보여주신 하나님의 은혜를 알고, 하나님을 경외케 하려고 주신 것이다. 은사의 나열이 중요한 것이 아니다.

여기에 열거된 은사들은 성령 은사들의 모든 종류를 모두 다 열거한 것이 아니라, 선별적으로, 대표적인 것을 보여주신 것이다. 이 모든 은사들은 전능하신 주님, 왕의 왕이 되시며, 모든 하늘과 땅의 주인 되신 그리스도의 능력과 권능과 권세를 드러내는 것이다. 은사는 사람의 힘이나 지혜에서 나온 것이 아니다. 사람의 능력으로 만들어 내는 것이 아니다. 우리가 조작하고 움직여서 되는 것이 아니라는 사실이다. 하나님의 일은 오직 죄악 된 육체 가운데 오신 예수님의 은혜임을 인지하고, 우리를 통해서 역사하시고 계시는 그분의 능력을 드러내고자 함이다.

> 우리에게 주신 은혜대로 받은 은사가 각각 다르니 혹 예언이면 믿음의 분수대로, 혹 섬기는 일이면 섬기는 일로, 혹 가르치는 자면 가르치는 일로, 혹 위로하는 자면 위로하는 일로, 구제하는 자는 성실함으로, 다스리는 자는 부지런함으로, 긍휼을 베푸는 자는 즐거움으로 할 것이니라(롬 12:6-8).

로마서 12장에 나오는 은사들을 보면, 신령한 은사들을 잘 알지 못하는 자들에게 하나님의 나라에 속한 능력과 은혜를 알게 하시려는 목적이 들어있다. 로마에 사는 이들은 자연적인 재능을 받았고, 그것만이 전부인 양 착각하고 살아가고 있었다. 성령은 사람의 일반적인 재능을 넘어서는 특수한 은사들을 부어주셔서 완전히 다른 방식으로 교회를 세우시고 계시는 것을 깨닫게 하려 하셨던 것이다. 지혜, 믿음, 기적, 병 고침, 지식, 영들 분별함, 방언과 통역, 가르침, 지도력, 도와줌, 새롭게 함 등은 성령이 하시는 일로서 일반 사람으로서는 도무지 상상조차 할 수 없는 영역이었다. 진실함과 지혜와 지식은 사람의 마음에 관련된 것이 분명한데, 지식적인 것이요 배우는 것을 활용한다. 사람의 자연 은총으로는 전혀 알 수 없는 초월적인 것들을 알아내는 지식이기에 세상의 지혜와 관원들, 학자들이 짐작할 수 없는 영역이다. 믿음은 은사 중에서도 기초적인 것으로 걷고, 먹고, 생활하고 살아간다.

은사들을 종합적으로 살펴보면, 예수님의 생애에 담긴 말씀사역과 행동사역과의 연관성이 깊다고 본다.[1] 예수님은 말씀으로 가르치시고, 직접 행동으로 보여주시고 시행하시므로 구원사역을 완성하였다. 마찬가지로 이 은사들은 어떤 것들은 주로 말씀과 관련이 있고(word-charisma), 어떤 것들은 행동으로 발휘하는 은사(deed-charisma)였음을 보게 된다. 물론 이 두 가지는 완전히 분리시킬 수 없다. 말씀의 은사를 받은 사람이 남을 도와주고 격려하는 권유도 할 수 있는 것이다. 외형 상으로 드러나는 특징이 두 가지로 요약될 수 있다는 말이다.

병 고침의 은사는 야고보서에서 지적한 바와 같이, 장로들의 임무요 은사였다. 의학이 발전되어 나가는 과정이지만, 초자연적인 방법으로 치유 받는 병 고침의 은사가 무시될 수 없는 것이다. 성령으로 충만한 장로들이 병든 자를 위해서 기도하도록 되어있었고, 초대교회는 그런 사역을 무시한 적이 없다.

> 어떤 사람에게는 성령으로 말미암아 지혜의 말씀을, 어떤 사람
> 에게는 같은 성령을 따라 지식의 말씀을, 다른 사람에게는 같은

---

[1] 예를 들면, 예수 그리스도의 인격과 사역을 놓고서, 주로 현대 신학자들은 사역에 대한 연구를 통해서 그리스도의 인격을 정립하는 쪽으로 흘러왔다. 필립 멜란히톤이 스콜라주의에 대한 반발로 시작한 이런 연구방법은 슐라이어마허를 통해서 확산되고 불트만과 틸리히에 이르러서 더욱 굳어졌다. 인격과 사역을 분리시키는 연구로 인해서, 그리스도의 총체적 진면목이 흐트러지고 말았다. cf. Millard J. Erickson, *Christian Theology*, ch. 31, "기독론적인 방법에 관한 현대적 쟁점들."

성령으로 믿음을, 어떤 사람에게는 한 성령으로 병 고치는 은사
를, 어떤 사람에게는 능력 행함을, 어떤 사람에게는 예언함을,
어떤 사람에게는 영들 분별함을, 다른 사람에게는 각종 방언 말
함을, 어떤 사람에게는 방언들 통역함을 주시나니(고전 12:8-
10).

고린도교회에서 가장 문제가 되었던 것은 방언의 은사였다. 자세히 들여다 보면, 사도 바울의 지적은 결국 방언 은사의 남용과 오용에 문제를 제기하려 한 것을 알 수 있다. 다른 어떤 은사보다도 방언이 더 오용되고 있었던 것이다. 그래서 이 방언 은사 때문에 서로 분열하게 된 것이다. 방언은 분명히 하나님이 선택하신 수단이었다. 방언과 예언의 은사는 다음 장에서 자세히 다루고자 한다.

은사의 목적은 예수 그리스도의 주 되심과 주권을 만천하에 드러내는데 있고, 교회를 세우는 일에 유익하게 쓰시고자 주신 것이다. 은사를 발휘하는 과정은 섬기고, 봉사하는 일을 통해서이다. 바울서신 이외의 책에서 은사를 거론한 곳은 베드로전서 4장인데, 간단하지만 전체적인 관점을 잘 제시하여 준다.

무엇보다도 뜨겁게 서로 사랑할지니 사랑은 허다한 죄를 덮느니
라 서로 대접하기를 원망 없이 하고 각각 은사를 받은 대로 하나
님의 여러 가지 은혜를 맡은 선한 청지기 같이 서로 봉사하라 만
일 누가 말하려면 하나님의 말씀을 하는 것 같이 하고 누가 봉사
하려면 하나님이 공급하시는 힘으로 하는 것 같이 하라 이는 범
사에 예수 그리스도로 말미암아 하나님이 영광을 받으시게 하려

함이니 그에게 영광과 권능이 세세에 무궁하도록 있느니라 아멘 (벧전 4:8-11).

모든 은사들은 교회 안에서 목회적인 성격으로, 다시 말하면 사역을 감당하게 하시되 다른 성도들을 도와줌으로써 교회가 세워지고 강화시키게 하는데 그 기능을 발휘하고 있다. 은사란 교회 안에서 사용되기 위해서 주시는 것이다.

2. 은사는 불변하는가?

모든 은사들은 각기 그 주어진 목적과 필요에 합당하게 사용되고 있는가를 점검해 보아야 한다. 한번 주어진 은사가 항상 불변하게 동행하는가? 그렇지 않다. 변절한 제자 가룟 유다의 경우를 살펴보면, 은사를 받은 사람은 항상 경건하게 자신을 살피고 돌아보아야 한다. 언제든지 사탄과 마귀의 유혹에 넘어갈 수 있고, 자신의 오만과 교만에 사로잡힐 수 있다. 은사보다는 자기 명예와 인기를 더 따라가게 되면 순수한 은사는 사라지고 만다.

일부 극단적인 오순절 은사파에서 주장하듯이, 성도의 회심체험 이후에 방언과 같은 은사가 추가적으로 주어진다고 할 경우에도 과연 이런 추가적 은사를 한번 받으면 영원히 불변하는 능력으로 주어져 있다는 말인가? 신약성경 곳곳에서는 성령의 세례를 언급하고 있는 바, 이것은 성령의 선물, 혹은 은혜를 의미한다. 그런데 그런 성령의 세례를 받을 때마다 방언의 은사가 추가적으로 항상 수반되어졌던가? 결코 그렇지 않다. 어떤 은사라도 불변하는 것은 없다. 어떤 은사든지 합당한지? 바르게 사용되고 있는지 점검하고 검증해야 한다.

예를 들면, 수많은 교회에서 예배시마다 설교를 통해서 말씀의 은사를 발휘하는 목회자들을 생각해 보자. 모두 설교할 수 있는 공적인 '인증'을 교회기관에서 받아야만 한다. 장로교회에서 목회자에게 '강도권' 즉, '설교할 수 있는 면허'를 준다. 이것은 목사 안수와는 별개의 것이다. 목사로서 한 지역교회를 돌아보는 사역자가 아니고, 단지 설교자 혹은 선포자로서 자격을 받는다. 내가 미국에서 이런 '노회 고시부'에서 만났던 지원자가 있었는데, 선교지에 나가서 의료사역을 하면서 성경을 가르치고자 '설교할 수 있는 면허'를 받으려 신청하였다. 물론, 이런 분들은 시험이 쉽지 않다. 신학대학원에서 전문적으로 훈련을 받지 못했기 때문이다. 그런데 이렇게 말씀을 전하고 증거하는 은사를 받았다고 하더라도, 객관적으로 공개적으로 검토를 받은 후에 그 직분에 임하게 하는 것이다. 어떤 경우에도 예외 없이 교회 안에서 은사를 발휘하고자 하는 경우에는 어떻게 열매를 맺고 있는지에 대해서 점검해보고 돌아보아야 한다. 과연 자신이 순결한 마음으로 성령이 주신 은사를 정당하게 활용하고 있는지 검토하여야 한다. 객관적으로 혹은 특수하게 그 은사가 교회의 유익을 주고 있는지 심사숙고해야만 한다. 그래서 치리를 맡은 당회 혹은 제직회, 운영위원회가 제대로 기능을 발휘해야 하는 것이다.

직분과 은사는 항상 대립하고 충돌하고 긴장관계에 있는가? 그렇지는 않다. 어떤 집사는 은사를 받아서 열정이 넘치고 열심히 특별하다. 그런데 그 문제를 다루는 최종 결정은 담당 장로가 당회에서 결정하게 된다. 이때에 이들 둘 사이에 대립하고 갈등해야만 한다면, 이는 큰 모순이요 혼돈이다. 서로 은사를 존중하고 절제하는 마음으로 해결하도록 하였다. 디모데전서 4:14과 디모데후서 1:6-7에서 보면, "그러므로 내가 나의 안수함으로 네 속에 있는 하나님의 은사를 다시 불일듯 하게 하기 위하여 너로 생각하게 하노니 하나님이 우리에게 주신 것은 두려워하는 마음이 아니요 오직 능력과 사랑과 절제하는 마음이니"라고 하였다. 은사 받은 자들과 사도들이 서로 싸우거나 다투지 않았다. 사도들과 집사들 사이에 갈등이나 대립이 없다. 열심과 질서의 성령은 서로 다른 것들을 주장하고 관장하는 것이 아니다. 동일한 한 성령이요, 한 주님이시요, 한 하나님이시다.

3. 가짜 은사주의자들

성령의 은사와 거짓 은사를 구분해야 한다. 은사를 받은 사람이 속이기도 하고, 전혀 받지 못한 자들이 마치 진짜로 받은 것처럼 속이는 경우도 있다. 자기 과시를 위해서 이용한 것이다. 잘못 적용하기도 하고, 잘못 사용하기도 한다. 고린도교회에서 이런 성령의 은사는 상업화되어서 경쟁심과 질서의 혼란, 질투심과 표독스러움의 원천이 되기도 했다. 이들은 오직 한 가지 은사를 가지고 있으면서 많은 은사를 받은 자들을 능가한다고 생각했던 것이다.[2]

첫째, 종종 은사를 받은 자들이 자기 자랑이나, 어리석은 우월의식에 빠져서 착각하는 경우가 많다. 말씀의 은사를 받았다 하더라도, 수천 명 수만 명을 사로잡는 능력이 있다하더라도 자신의 재능에 도취

---

[2] Fitch, *The Ministry of the Holy Spirit*, 33.

되어서는 안 된다. 남을 설복할 수 있고, 설득할 수 있는 은사라는 것은 웅변술이나 수사학의 기술을 터득하면 누구나 할 수 있는 것이다. 성경의 진리를 전달하는 재주나 능력을 믿고 있다면, 성령의 영광을 탈취하는 것이요, 은사를 주신 성령 하나님의 아름다우심을 무시하는 일이다.

둘째, 어떤 사람이 가진 재능을 하나님의 은사라고 속단하거나 단정해서는 곤란하다. 언변이 뛰어난 말쟁이, 수다쟁이, 개그맨들은 얼마든지 분위기와 어휘와 표정으로 사람들을 울고 웃게 하는 능력이 있다. 그런 것처럼, 청중을 휘어잡는 능력이 있다고 해서, 은사라고 해석하는 것도 금물이다.

고린도전서 12:6-7에, "또 사역은 여러 가지나 모든 것을 모든 사람 가운데서 이루시는 하나님은 같으니 각 사람에게 성령을 나타내심은 유익하게 하려 하심이라"고 하였다. 선하신 하나님의 뜻이 이루어지도록 은사들이 복음 사역의 현장에서 빛을 발한다. 공동의 선을 위함이다. 어떤 은사가 발휘되든지 목표는 동일하다. 오직 교회의 유익과 덕을 세우기 위함이다. 은사를 받은 각 개인의 유익으로 그치는 것이 아니라, 전체 몸에 대해서 공동체적인 도움을 주기 위함이다.

사탄은 자긍심을 부추겨서 자신들의 행동이 얼마나 잘못되었는지를 전혀 인식하지 못하도록 망쳐놓는다. 사도 바울은 고린도교회가 받은 은사가 하나님으로부터 온 것이라는 점에는 추호도 의심이 없었다. 그러나 이런 은사들이 잘못된 목적으로 남용될 수 있음을 알았고, 무가치한 목적으로 왜곡된다는 것을 간파했다.

은사가 바르게 사용될 수 있도록 지도해주는 안전장치가 필요하다. 그렇지 않으면, 은사 받은 자들이 넘쳐서 재앙이 되고 말 것이다.

믿음의 다양성을 존중하되 충성하는 마음을 잃지 않아야 한다. 충성하는 믿음을 가지려면 무엇보다도 가장 중요한 것은 그리스도가 주인이라는 인식이다. 이처럼 그리스도의 위대함과 왕권을 강조하게 되면, 안전장치가 만들어진다. 오직 그리스도의 영광, 오직 그리스도의 주 되심 앞에 굴복하는 것이다. 우리 주님은 성령에 대해서 설명하면서, "그가 스스로 말하지 않고…내 영광을 나타내리니"(요 16:13-14)이라고 하셨다.

어떤 교회, 어떤 모임에서라도 성령의 은사가 발휘되는 곳이라면, 오직 성령이 높이기를 좋아하는 예수 그리스도가 존귀히 여김을 받아야만 한다. 각자 받은 성령의 은사를 드러내기 좋아하고, 성령에 대해서만 말하기 좋아하는 것은 은사가 남용되고 있는 것이다. 하나님의 백성들이 모인 곳에서는 오직 예수 그리스도가 높임을 받아야만 한다. 조금이라도 예수 그리스도가 약화되고 있다면, 은사가 오용되고 있는 징조이다. 오직 예수 그리스도의 영광만을 추구하라.

은사의 남용을 막을 수 있는 또 다른 안전장치는 성경, 하나님의 말씀을 합당하게 옹호하고 지키는 것이다. "모든 성경은 하나님의 감동으로 된 것으로"(딤후 3:16), 성령의 은사들은 성경의 가르침과 달리 나갈 수 없다. 그리스도의 영은 진리의 영이라서, 성경 말씀을 가지고 증거하고, 확증하고, 해석하고, 제시한다. 성경말씀을 배척하는 성령은 합당한 은사가 아니다. 성경을 배제시켜놓고 지혜의 영을 따로 주신 적이 없다.

그리스도의 몸 된 교회는 질서가 세워져야하고, 규칙이 지켜져야 한다. 하나님은 혼돈의 창조자가 아니시다.

> 온유한 자를 정의로 지도하심이여 온유한 자에게 그의 도를 가
> 르치시리로다(시 25:9).

교육과 교화가 통해야 하고, 온유한 심령으로 성령을 받은 자들은 하나님의 말씀을 배워야 한다. 성령이 주시는 방언을 말하고, 예언을 받아서 말하려는 자들은 이미 기록된 하나님의 말씀과 충돌할 수 없다. 바르게 은사를 사용하는 길은 이미 주어진 하나님의 말씀과 조화를 이루어야 한다. 그것이 최고의 은사로서 주어진 사랑이 지배하는 공동체의 모습이다.

4. 영웅주의는 반복된다

성령의 인격과 사역, 성령의 영광과 아름다우심은 많은 성령 운동가들의 타락과 함께 빛을 잃고 말았다. 미국에서 상업 텔레비전 방송 프로그램에 나와서 청중들의 인기를 끌면서 널리 유명해진 성령 운동가들이 많았다. 그런데 이런 유명세를 타고 자랑을 일삼던 영웅주의자들은 세대를 두고 다시 반복되고 있다. 한 사람이 지나고 나면, 더 많은 자들이 또 다른 변형을 들고 나타난다. 참으로 경계해야 할 일이다.

미국교회와 한국교회의 사례가 거의 비슷하다. 희한한 계시와 입신, 성령체험을 자랑하고 다니던 윌리엄 브랜험(William Branham, 1909-1965)은 전혀 신학을 체계적으로 이수한 적이 없다. 그는 신비적인 간증으로 사람들에게 자신의 능력을 과신하게 했다. 많은 병자들과 전쟁 부상자들이 많았던 시기에 치유의 기적으로 사람들을 불러 모았

다. 가난하고 불우한 어린 시절에 신비체험을 했다고 주장하면서, 자신을 엘리야와 같은 선지자라고 주장했다. 그의 은사 운동은 제2차 세계대전의 후유증으로 피폐해진 미국사회에서 뜨거운 반응을 불러일으켰다. 하지만 우리가 그를 거짓 선지자로 규정하는 것은 그는 삼위일체 하나님이라는 교리를 '마귀의 교리'라고 주장하였기 때문이다.[3] 그 밖에도 하와의 타락은 뱀과의 성적인 관계를 맺은 것이며, 자신의 가르침을 받지 않은 자들은 사탄의 피를 받은 자들이 되고 만다는 극단에 치우쳤다. 오직 브랜험을 따르는 자들이야말로 '하나님의 씨앗'을 받은 자들이라고 주장하였는데, 그가 말하는 '신부들'은 '새로운 피'를 받은 자들이다. '늦은 비 운동'을 일으킨 성결 운동과 오순절파 방언 운동에서 완전히 새로운 각색을 하여 자신의 영웅주의에 빠지고 말았다.

브랜험은 나중에는 자기 자신이 요한계시록 3:14과 10:7에 나오는 천사라고 선언했다. 급기야 삼위일체 하나님의 이름으로 세례를 주지 말고 오직 예수님의 이름으로만 세례를 주다가 이단으로 정죄를 받았다. 침례교회에서 나와서 오순절 교단으로 가입한 브랜험은 기성 교회에 대해서 부정하는 입장을 발표했다. 1977년까지 모든 교파와 모든 교회들이 W.C.C.(World Council of Churches, 세계교회협의회) 즉 교단과 교파를 초월하여 일치 운동-에큐메니즘에 가담할 것이요, 이 교회일치 운동을 주도하는 조직체는 결론적으로 로마 가톨릭의 지배하에 움직이게 될 것이라고 예언하였다. 하지만 그는 이러한 모순된 주장으로 오순절 교단에서 이단으로 제명당했다.[4] 해방 직후, 한국의 이단

---

3 http://www.forgottenword.org/branham.html
4 David Barrett, "Third Wave," *Dictionary of Pentecost and Charismatic Movements*, Stanley

중에서 박태선, 김백린, 문선명 교주도 브랜헴과 유사한 은사 운동의 남용으로 거짓 기독교를 퍼트렸다. 한국전쟁의 황폐 속에서 종교적 유토피아를 홍보했고, 기독교의 기본진리를 왜곡하여 오직 자신들을 따르는 추종자들을 만들었다. 굉장한 은사를 체험했다고 자랑하는 브랜헴으로부터 거짓 성령 운동이 나왔음에 유의해 볼 필요가 있을 것이다.

브랜헴이 사망한 직후, 그에게 영향을 입은 새로운 세대가 1970년대에 부흥 운동가로 나타나면서 은사 운동은 폭발적인 인기를 끌었다. 이들 부흥목사들은 상업적인 텔레비전 방송에 막대한 기금을 내고 출현해서 엄청난 공신력을 가진 설교자로 부각되었다. 이들에게는 후원이 줄을 이었다. 폴 케인, 짐 베이커, 지미 수웨것, 오럴 로버츠, 베니 힌, 케네스 히건, 잭 코에, 에이 알렌, 티 오스본, 모두 한 때 오순절 운동으로 유명세를 얻은 텔레비전 스타 목사들이었다.[5] 오순절 계통 은사주의자들은 방언, 병 고침, 귀신을 쫓아내는 것, 권능을 체험하는 것 등 강조하면서 마치 자신들만이 성령을 나눠주고 다니는 사람인 것처럼 행세했는데 이런 자들이 차츰 엄청난 재정을 탕진하고 윤리적으로, 도덕적으로 무너지고 말았다. 영웅처럼 군림하던 이들로 인해서 기독교 교회가 큰 충격과 타격을 입었다.

20세기 초 오순절주의자들과 과격한 성령은사 운동가들이 등장하면서 세계교회가 성령의 은사에 관한 논쟁을 하게 되었다. 그런데 20세기 성령론은 큰 혼란에 빠져들고 말았다. 성령에 관하여 진술할 내용들이 무엇이냐를 놓고서 대립하게 된 것이다. 하나님의 말씀에 기

M. Burgess & Gary McGee, eds., (Grand Rapids: Zondervan, 1988): 843-4.
5 John MacArthur, *Charismatic Chaos* (Grand Rapids: Zondervan, 1992), 360.

초할 것이냐 아니면 체험주의자들이 느낀 경험과 놀라운 기적, 이적, 환상, 현상들을 따라가야 할 것이냐의 문제였다.

미국 기독교의 영향을 크게 받고 있는 한국교회의 성령론이 급진적인 은사 운동가들 때문에 변질되고 말았다. 방언이 자랑거리가 되고, 방언 은사가 성령의 징표라고 생각하여 떠벌리고 다니는 소영웅주의자들이 넘치게 되었다. 윤리적인 면에서 아무런 열매도 없이 살아가는 자들이라 하더라도 권능과 기적와 병 고침과 예언과 안수하여 치유하는 능력이 일어나는 자들에게는 사람들이 몰려가고 있다. 예언과 투시의 능력을 보이며 새로운 사도라고 주장하는 자들이 과연 어떠한 인격의 소유자인지를 점검하지 않고 무작정 휩쓸리고 있는 것이다. 과격한 오순절주의자들과 극단적인 성령 운동가들에 대해서 시기하고 질투하는 마음에서 나온 비판이라고 치부하지 말고, 지금까지 유명하다는 분들의 영적인 상태를 하나님의 말씀에 비추어서 점검해 보아야 한다. 과연 성령의 권능을 받은 사람답게 경건하게 살아가는지? 가정생활은 어떠한지? 그가 목회자라면 섬기는 교회가 건강한지? 자녀들은 바르게 양육되어 있는지? 형제우애를 잘 지키는지? 사랑이 넘치는지? 겸손하고 진실한지?

한국교회가 성경적인 성령론에 입각해서 건전한 성장을 하지 못했다는 반성과 함께, 더 걱정스럽고 안타까운 것은 한국교회에 팽배해 있는 무사안일주의이다. 성령 받았느냐는 질문 앞에서 자신 있는 답변을 갖지 못한 성도들 가운데 상당수는 오늘도 그냥 어정쩡하게 교회에 나왔다가 돌아간다. 성경적으로 정확하게 성령에 관한 것을 모르면서도, 전혀 알려고 노력하지 않는 성도들이 도처에 너무도 많다. 성령 받는 것이 무엇이냐에 대해서 열심을 내어서 질문하고 분명하게 정립하고자 하지 않는다. 평소에는 기도생활을 게을리 하다가 어떤 새벽특별집회에 나가서 한 번에 해결하려고 한다. 성령체험과 기적적인 능력을 받을 수 있다는 어떤 부흥집회에 참석하여 문제를 해결 받는 것이 아니다.

"성령 받았느냐?"는 상투적인 질문을 받게 되면 매우 당황하고 어떻게 대답할 줄을 모르면서도 별로 대수롭게 여기지 않고 그냥 교회에 적당히 다니고 있노라면 언젠가 해결되겠지. 글쎄 목사님에게 물어볼까? 언젠가 내게 필요하다면 알려주시겠지? 성도들은 처음에는 "글쎄요?!"하다가, 과연 성령을 받는 것이 방언하는 것인가? 아닌가? 아니면 성령의 은사와 선물은 무엇인가에 대해서 확실히 하지 못하고 만다. 신앙생활에서 가장 나쁜 것은 영적인 것이므로 어렵다는 핑계를 대고 더 이상 복잡한 것은 생각하지도 않고, 알려고 하지 않으려는 점이다. 신학자들도 다 풀지 못해서 논쟁하지 않느냐, 그러니 덮어두자는 식이다. 그러나 문제는 거기서 끝나는 것이 아니다. 모든 것을 덮어두고 지내다가는 언젠가 문제가 커지고 만다. 별 수 없는 인간이 자신의 인생문제가 꼬이고 얽히게 되면, 신비적이고 전능한 종들을 찾아서 특별한 능력으로 문제 해결을 시도하는 것이다. 하나님 앞에서 자신의 문제를 모두 다 내놓고 기도하면서 해결하려는 것이 아니라, 소위 영적인 권능, 계시, 예언을 한다는 사람에게 이끌려 가서 마침내 분별없이 헛된 교훈에 빠져들고 만다.

제 11 장

사도적 특수 은사

성령의 은사들에 관한 논쟁 가운데 가장 중심에 오르고 있는 주제는 방언과 예언이다. 은사에 대해서 중요한 성경의 가르침이 있으니, 먼저 기본적으로 세 가지를 기억하여야 한다.

첫째, 성령의 열매에서 맨 처음 부분이 사랑이며(갈 5:22), 가장 좋은 은사라고 강조되는 것도 역시 사랑이다(고전 12:31; 13장). 사랑보다도 더 중요한 성령의 은사는 없다.

> 사랑은 언제까지나 떨어지지 아니하되 예언도 폐하고 방언도 그치고 지식도 폐하리라(고전 13:8).

사랑의 은사는 제쳐두고, 여러 은사들 가운데서 예언과 방언, 병 고치는 은사를 강조하는 현대 일부 오순절파 은사 운동에 대해서 동의할 수 없는 이유이다.[1] 우리는 무엇보다도 사랑의 은사를 간구해야 한다. 사랑의 은사만이 영원하다. 사랑의 은사는 허다한 죄를 덮는다. 지금 우리 한국교회에 필요한 성령의 은사는 사랑이다.

둘째, 예언과 방언, 이 두 가지 은사는 모두 다 하나님의 뜻을 선포하려는 목적으로 계시적인 사역에 주로 쓰였고, 교회의 기초석을 세운 사도의 직분과 깊은 관련성을 가지고 있다. 하나님의 계시는 사도들에 의해서 성경에 기록되어있다. 지금은 특별계시가 종결된 시대이기에 더 이상 사도적 계시가 추가되지 않으며, 오직 성령의 조명 가운데서 그 말씀을 읽고 은혜를 받는다. 지금도 계시가 날마다 성도에게 주어진다고 주장하는 오순절파 은사주의자들, 진보주의 신학자들, 직통계시파의 주장에 대해서 분명히 그 문제점을 밝혀보고자 한다.

셋째, 한국교회의 은사론은 기도원 집회시간이나 부흥회를 통해서 들려진 것들이 주류를 이루고 있다. 차분히 성경을 읽고 배우는 시간에 균형잡힌 교육을 받은 것들이 아니다. 성령의 은사를 가르치는 자에 따라서 매우 주관적이요, 개인적이요, 세상적이며, 체험적인 것들만이 강조되고 있다. 성령의 은사가 과연 전혀 알아들을 수 없는 말을 하고, 아무도 알 수 없는 미래의 일에 대해 예언을 말하는 것인가? 부흥사들은 성령은사를 남달리 받은 신비로운 능력의 소유자라고 말한다. 성령은 사람들을 쓰러지고, 넘어지는 현상을 통해서만 역사 하는가? 자신이 전혀 이해하지 못하는 이상한 말을 하고 난 후에 스스로 기분이 좋아져서 하나님의 능력을 체험했다고 만족하는 경우가 많다. 현대인들이 이렇게 신비로운 종교적 체험을 원하고 있어서 기독교는

---

1 Genderen, *Concise of Reformed Dogmatics*, 702-3: Nills Bloch-Hoell, *The Pentecostal Movement* (1964); F. D. Bruner, *A Theology of the Holy Spirit* (1976).

이상한 종교가 될 위험에 처해있다. 방언과 예언은 그런 종교적 욕구를 충족시켜주는 좋은 재료가 되고 있다. 그러나 고린도교회에 주신 사도 바울의 교훈들은 이런 성령의 은사들의 남용을 경계하고, 가짜 은사들을 단호히 배척하려는데 초점이 있었다.

1. 은사의 공통점

고린도전서 14장의 방언에 관련된 가르침들은 앞에 나오는 12장과의 연관성을 통해서 이해하여야 한다. 고린도교회를 움직이는 영적인 은사들을 종합적으로 다루고 있는 과정에서 방언과 예언의 은사를 설명한다.

첫째, 고린도전서 14장은 방언이 아니라 예언에 대한 가르침이 중심을 이루고 있다. 예언이 중심주제라는 말은 방언은 그보다는 약간 덜 중요한 위치를 차지하고 있다는 추론이 가능해 진다.

> 사랑을 추구하며 신령한 것들을 사모하되 특별히 예언을 하려고 하라(고전 14:1).

> 나는 너희가 다 방언 말하기를 원하나 특별히 예언하기를 원하노라 만일 방언을 말하는 자가 통역하여 교회의 덕을 세우지 아니하면 예언하는 자만 못하니라(고전 14:5).

둘째, 매우 의도적으로 예언과 방언을 대조하고 있는 바, 실은 방언 사역을 하게 되는 것은 결국 예언의 기능을 하는 것이라는 암시이다. 방언 은사가 발휘되는 곳에서는 기본적으로 예언은사의 역할이 발견된다. 예언이 중심이고, 방언은 그런 기능을 하는 부수적인 은사이다. 그러면서도 방언은 기능적으로 예언과 별로 크게 다르지 않다. 예언적 역할을 하도록 사용된다. 왜냐하면 예언과 방언은 서로 보충적이요, 서로 필수적으로 묶여져 있어서 함께 세워지고 작동하도록 주어진 은사이다.

> 방언을 말하는 자는 자기의 덕을 세우고 예언하는 자는 교회의 덕을 세우나니(고전 14:4).

예언이 없는 가운데 주어진 방언은 교회 안에서 성도들에게 아무런 유익이 없게 된다. 오직 예언만이 교회의 성도들을 덕을 세우고 교화시키는 수단이기 때문이다. 방언은 필수적으로 통역이 되어야만 하고, 해석된 방언은 예언과 거의 같은 수준의 기능을 발휘했다.

> 그러므로 방언을 말하는 자는 통역하기를 기도할지니 내가 만일 방언으로 기도하면 나의 영이 기도하거니와 나의 마음은 열매를 맺지 못하리라(고전 14:13-14).

셋째, 예언과 방언이 서로 비슷한 작용을 하는 은사라고 하는 이유는 이 두 가지 은사들이 모두 다 '말씀' 혹은 '단어'를 사용하는 공통점을 지니고 있기 때문이다. 행동이나 행위를 통한 은사가 아니라, 언어로서 전달되는 말씀을 사용한다. 찬송이나 기도도 역시 똑같이 언어를 방편으로 하여 하나님께 나아가며 영광을 돌린다. 인간의 언어로 노래하고, 인간의 말로 하나님께 아뢴다. 언어는 매우 중요한 의사소통의 수단이며, 방언과 예언은 모두 다 똑같이 언어를 사용하는 공통분모가 있는 은사들이다.

다만, 방언과 예언과의 연관성에 대해서 다시 주목해 보아야 한다. 방언과 예언의 공통점을 밝혀주는 시사점이 우리의 관심을 끈다. 방언을 처음 언급한 오순절 사건 보고에 이어서 의미를 풀이하는 사도행전 2:17-18에는 요엘의 예언이 인용되어있다.

> 하나님이 말씀하시기를 말세에 내가 내 영을 모든 육체에 부어 주리니 너희의 자녀들은 예언할 것이요 너희의 젊은이들은 환상을 보고 너희의 늙은이들은 꿈을 꾸리라 그 때에 내가 내 영을 내 남종과 여종들에게 부어 주리니 그들이 예언할 것이요(행 2:17-18).

그런데 이 예언이 이루진 날, 즉 오순절의 성령강림으로 받은 것은 예언이 아니라 방언이었다. 마가 다락방 안에서 주어진 것은 각 지방의 방언이었다. 다시 말하지만 이것은 오래전에 주어진 요엘의 예언이 이루어진 것이다. 특히 필자가 진하게 강조한 것처럼, 요엘은 장차 성령이 임하는 날에 모든 계층의 성도들은 예언을 하리라고 했었다. 그런데 정작, 오순절에 모인 성도들은 성령의 강림 가운에서 방언을 말했다. 따라서 여기서 한 가지 추론할 수 있는 것은 이처럼 예언과 방언은 상호 교차적이었을만큼 긴밀한 관계 속에 있었다는 점이다. 오순절의 '방언'은 요엘에 언급된 '예언'이다. 이들이 하는 예언이나 방언이나 모두 예수 그리스도의 부활을 증거하는 것들로서 기능적으로 차이가 없기에 나온 표현이라고 본다. 방언은 예언의 한 종류라고 간주할 수 있다. 고린도전서 13:1-2을 보면, "사람의 방언", "천사의 말" 그리고 "예언하는 능력" 등이 언급되어 있다. "모든 비밀과 모든 지식을 알고"라는 표현이 나오는데, 이것은 결국 신비로운 것을 전달하는 방언 은사와 예언은사의 공통분모인 것이다.

넷째, 고린도전서 14장에서 바울사도는 교회의 공적인 모임에서 방언을 말하도록 분명하게 지적하고 있다. 이 경우에 여전히 방언은 전체의 유익을 위해서 사용되어야만 했다.

> 그러므로 온 교회가 함께 모여 다 방언으로 말하면 알지 못하는 자들이나 믿지 아니하는 자들이 들어와서 너희를 미쳤다 하지 아니하겠느냐(고전 14:23).

물론 개인적인 방언의 유익을 언급하는 부분도 있다. 하지만 사도 바울 자신은 남보다 더 많은 방언을 말하고 있지만, 교회에서는 깨닫는 말로 남을 깨우쳐주기 위해서 알아들을 수 있는 말 다섯 마디 하는 것이 알아듣지 못하는 말 일만 마디 보다 더 낫다고 했다(고전 14:18-19).

교회 안에서 예언하는 것과 방언하는 것을 모두 지도하려는 사도 바울의 의도를 중심으로 삼아야 한다. 그가 성도 개개인이 자신의 경건한 생활에 필요한 체험의 차원에서 방언을 사용하도록 권장하고 있다는 추론을 성급하게 할 수 없을 것이다. 전체적인 문맥은 방언의 은사가 개인적으로 사용되더라도 공적으로 사용될 때에 남용되거나 잘못 사용되는 일이 없기를 바라고 있음이 드러난다. 개인적인 은사사용이 교회 내에서 통역자를 동반하여 발휘되는 공적인 사용과 무관하거나 분리되지 않는다. 공적으로 방언 은사가 사용되어서 그것을 받은 사람들에게 받게 하는 혜택에 주목하라는 것이다.

은사문제에 있어서 가장 교훈적인 부분은 사도 바울 자신이 덕을 세우기 위해서 노력하라는 것과 함께(고전 14:4), 환상과 계시를 보았지만 말하지 않고 이해하지 못하는 성도들을 위해서 인내하면서 노력하였다는 부분이다(고후 12:1-7). 심지어 자신의 사도성을 옹호하는 데에도 이런 남다른 은사들이 근거가 된다.

> 사도의 표가 된 것은 내가 너희 가운데서 모든 참음과 표적과 기사와 능력을 행한 것이라(고후 12:12).

사도 바울의 개인적인 체험은 결코 한 사람의 유익을 위해서 주신 것만이 아니라서 사도적 교회를 세우는 사역과 전혀 무관하지 않다. 사도 자신에게는 자만하지 못하도록 가시가 있었고, 이를 듣는 성도들에게도 덕을 세우게 하는 것이 중요하였다.

> 이 모든 것은 너희의 덕을 세우기 위함이니라(고후 12:19).

방언을 시행하고 전달하는 원리는 다른 은사들을 개인적으로나 공개적으로나 사용하는 방법과 마찬가지로 원리를 적용해야 한다.

> 다 병고치는 은사를 가진 자이겠느냐 다 방언을 말하는 자이겠
> 느냐 다 통역하는 자이겠느냐(고전 12:30).

역시 은사를 받은 사람들이 제한적이었음을 암시하고 있고, 쓸데 없는 은사혼란에 빠지게 할 수는 없음을 유의해야 한다. 방언의 공적인 사용은 매우 제한적이다. 단지 두세 명 정도만 교회 안에서 행하라는 것이다.

> 만일 누가 방언으로 말하거든 두 사람이나 많아야 세 사람이 차
> 례를 따라 하고 한 사람이 통역할 것이요 만일 통역하는 자가 없
> 으면 교회에서는 잠잠하고 자기와 하나님께 말할 것이요(고전
> 14:27-28).

다섯째, 성경에 나오는 방언의 은사는 어떤 유익을 주었던가? 흔히 방언을 강조하는 설교자로부터 듣게 되는 것은 이 은사를 받은 사람에게는 확신이 생기고 그리스도에 대한 깊은 헌신의 마음이 일어나며 기도의 열정과 자유로움이 주어진다고 말한다. 그러나 실제로 성경 어디에서도 그런 강조를 발견할 수 없다. 방언 은사는 결코 평범한 모든 성도들에게 누구든지 받아서 사용하는 저급한 싸구려 은사가 아니었다는 말이다. 고린도전서 12장부터 14장까지 전체를 살펴볼 때에, 더구나 13장에서는 방언 은사의 유익을 강조하는 것을 전혀 볼 수 없다. 도리어 그 반대의 경고와 경계가 압도적이다. 신앙을 유지하고 헌신하게 하는 것은 각각 개인이 받은 은사에 의지해서 가능한 것이 아니기 때문이다. 은사는 사역을 위해서 주신 것이지, 개인의 신앙성장

과 성숙을 위한 것이 아니다. 도리어 개별 성도의 성숙한 제자도를 이룩함에 있어서는 성화와 고난과 인내와 훈련이 필요한 것이다. 방언을 아무리 잘해도, 예언을 할 수 있더라도, 그 은사의 사용에서 사랑이 없으면 헛된 것이다(고전 13:1-2).

2. 예언

전체적인 관점에서 예언을 살펴볼 때에, 신약성경에서 강조되는 것은 모든 믿는 자들은 예언자들로서 사역을 감당하고 있다는 가르침이다. 우리는 모두 다 왕같은 제사장들이요, 선지자들이요, 택한 백성이다. 구약시대에는 특수한 직분으로 선별된 사람들만이 예언의 은사를 사용했다. 그러나 이제 신약의 새로운 언약공동체는 하나님의 말씀을 모든 사람들에게 열어놓았다. 접근이 가능하고, 해석도 알게 하시고, 증거하는 일에서도 모든 성도들이 임무를 감당하게 되었다. 유대인들이 하던 일을 모든 신약성도들이 감당하게 되었다.

> 그런즉 유대인의 나음이 무엇이며 할례의 유익이 무엇이냐 범사에 많으니 우선은 그들이 하나님의 말씀을 맡았음이니라(롬 3:1-2).

이제 신약시대에는 모든 성도들의 마음속에 증거된 말씀을 새겨주셨다(렘 31:33; 겔 36:27; 고후 3:3; 요일 2:27).
이처럼 우주적으로 보편화시키는 새 언약공동체의 활동이 오순절의 특수한 모임에서 그 첫 시작을 알리는 신호탄을 엄청난 역사와 함께 드러낸 것이다. 그날의 특수한 체험을 사도행전 2:17-18에 설명하였다.

> 하나님이 말씀하시기를 말세에 내가 내 영을 모든 육체에 부어 주리니 너희의 자녀들은 예언할 것이요 너희의 젊은이들은 환상을 보고 너희의 늙은이들은 꿈을 꾸리라 그 때에 내가 내 영을 내 남종과 여종들에게 부어 주리니 그들이 예언할 것이요(행 2:17-18).

신약성경을 전체적으로 보면, 성령을 받은 모든 사람들이 다 예언했다하는 기록이 거의 없다. 오직 여기 오순절에 일어난 사건 설명에서만 나타난다. 이는 매우 특수한 사건이었다. 일반적으로 신구약 전체에서 예언의 은사는 아무나 하는 보편적 은사가 아니었다. 구약시대와 크게 다를 바 없이, 신약시대에도 일부 소수의 사도들이나 성도들이 맡았으며, 모든 사람이 하도록 주어진 은사는 결코 아니었다. 그런데 오순절에는 그들이 모두 다 예언한다고 했다. 매우 예외적이 아닐 수 없다. 예언은 계시적인 특성을 지닌 은사이다. 예언의 기본적인 의미는 하나님의 말씀을 교회에다 가져오는 전달이자 전파이다. 이런 예언의 기능을 하도록 마가의 다락방에 모였던 성도들에게는 아주 특수하고도 특별하게 극히 한시적으로 오순절 바로 그 날에 모든 사람이 예언을 하도록 허락되었던 것이다.

이런 특수한 경우를 사도행전 19:6에서도 보게 된다. 사도 바울이 에베소에 이르러 "그들에게 안수하매 성령이 그들에게 임하시므로 방언도 하고 예언도 하니"라고 했으니, 이런 경우가 신약시대에 도래한 새로운 예언은사의 사례인 것이다. 그 자리에 있던 초대교회 성도들 모두 다 받은 은사는 아니다. 하지만 이들 특별한 사람들에게는 선지자나 사도나 예언자로서 구별되어 세움을 입지 않았어도 예언하고 방언하는 은사를 주셨던 것이다.

예언은 아주 특별한 경우에는 제한적이지만 일부 성도들에게 주어진 은사였다. 고린도전서 12-14장에 나오는 예언은 바로 이런 특수한 현상, 특별한 경우에 해당한다고 생각된다. 왜 그런가 하면, 아무에게나 다 주어진 은사가 아니라 소수에게 제한적으로 주신 은사였던 것이다. 거의 대부분의 신약성경에서는 거의 언급이 없으나, 고린도교회에서만큼은 이런 특수한 예언 은사에 대해서 상세히 설명해야 할 필요성이 발생했을만큼 특별하게 필요로 했다고 보인다. 물론 로마서 12:6에 있고, 또한 에베소서 4:11에 예언의 은사가 소개되어 있다. 이처럼 예언의 은사가 로마 교회에서나 에베소 교회에서나 고린도교회에서나 공통적으로 필요한 이유는 무엇인가?

고린도전서 14장에서 사도 바울이 마음에 두고 있는 것은 예언은사가 가져오는 '영적인 분별력'이며, 이를 위해서 방언 은사와 함께 주어지는 예언의 은사가 발휘되어야 한다는 것이다. 모든 가르침의 핵심을 이루고 있는 고린도전서 14:6을 보자.

> 그런즉 형제들아 내가 너희에게 나아가서 방언으로 말하고 계시나 지식이나 예언이나 가르치는 것으로 말하지 아니하면 너희에게 무엇이 유익하리요(고전 14:6).

외국어로 말하는 방언을 듣는 것으로 그친다면, 무슨 내용을 전달 받았는지 전혀 알 길이 없다. 그러니, 계시, 지식, 예언이 동원되어서 교육이 필요하게 된다는 설명이다. 다시, 고린도전서 14:19에서 반복된다.

> 그러나 교회에서 네가 남을 가르치기 위하여 깨달은 마음으로 다섯 마디 말을 하는 것이 일만 마디 방언으로 말하는 것보다 나으니라(고전 14:19).

다시 지속되는 고린도전서 14장의 내용은 6절과 19절에 이어서 26절에서 30절에까지도 예언이 은사의 핵심을 이루고 있음을 밝히 드러내고 있다.

> 그런즉 형제들아 어찌할까 너희가 모일 때에 각각 찬송시도 있으며 가르치는 말씀도 있으며 계시도 있으며 방언도 있으며 통역함도 있나니 모든 것을 덕을 세우기 위하여 하라(고전 14:6).

극히 조심스럽게 예언의 은사를 취급하고 있음에 유의해야 한다. 더구나 아주 구체적으로 예언은사에 대해서 지시하는 고린도전서 14:29-33을 보자.

> 예언하는 자는 둘이나 셋이나 말하고 다른 이들은 분별할 것이요 만일 곁에 앉아 있는 다른 이에게 계시가 있으면 먼저 하던 자는 잠잠할지니라 너희는 다 모든 사람으로 배우게 하고 모든

> 사람으로 권면을 받게 하기 위하여 하나씩 하나씩 예언할 수 있느니라 예언하는 자들의 영은 예언하는 자들에게 제재를 받나니 하나님은 무질서의 하나님이 아니시요 오직 화평의 하나님이시니라(고전 14:29-33).

교회의 덕을 세우기 위해서는 무엇이 옳은 가르침인가를 분별하는 영이 필요하였고, 가르침을 주는 예언은사가 중심에 있어야만 되었다. 예언의 내용에 대해서 어떤 권위를 부여하는지에 관해서는 전혀 언급이 없다. 다만 시행과정에서 극히 조심하고 유익과 덕을 위해서 사용할 것만이 지시되어 있다.

예언의 은사는 진리에 입각한 것들을 분별하고 구분하기 위함이었다. 교회 안에서 유행하거나 시행되는 것들이 혹시라도 거짓 영에게서 나온 것인지의 여부를 판단해 내는 것이 바로 예언은사였다. 초대교회는 참된 성령의 인도하심에 모든 것을 따라가야만 했는데, 항상 그런 것이 아니었다.

> 사랑하는 자들아 영을 다 믿지 말고 오직 영들이 하나님께 속하였나 분별하라 많은 거짓 선지자가 세상에 나왔음이라 이로써 너희가 하나님의 영을 알지니 곧 예수 그리스도께서 육체로 오신 것을 시인하는 영마다 하나님께 속한 것이요(요일 4:1-2).

바른 영을 진단하는 것이 교회를 위해서 가장 중요했다. 예언의 은사는 이런 그리스도의 증거를 판단하게 하고, 가르치는 것이 가능하게 했던 것이다. 예언의 은사는 '입증'하고 '판단'하는 기능을 하면서,

예언을 받아서 전달하기도 하기 위해서는 취할 것과 버릴 것을 분별하게도 하고(살전 5:21), 사도들 자신에게 전달된 예언을 받아서 스스로 점검하게 만들어 주었다(엡 5:10).

예언의 내용에 관해서는 고린도전서 14:3에, "그러나 예언하는 자는 사람에게 말하여 덕을 세우며 권면하며 위로하는 것이요"라고 지적하였다. 즉, 예언은 교회 안에서 덕을 세우도록 격려하고, 참된 것을 받아들이도록 권면하는 일이요, 변호와 옹호가 포함된 위로의 성격이 강조되어 있다. 상당히 많은 성도들이 예언이란 반드시 미래의 일을 앞서서 말하는 것(forth-telling)이라고 생각하는 일종의 고정관념을 가지고 있다. 예언이 특수한 예견, 예측하는 것과 관련이 있음에 틀림없다. 예를 들면, 흉년이 들리라 한 것과 사도 바울이 체포되리라고 한 아가보의 예언이다(행 11:28; 21:10). 사도행전에 나오는 아가보의 예언은 고린도교회의 경우와 같이 지역교회 안에서 기독교 예언자가 활동하였던 것을 보여주는 사례인데, 구약성경과 신약성경에서 연속적으로 기능을 하고 있던 가장 두드러진 예언사역을 보여주고 있다. 이런 예측에 해당하는 예언이라 하더라도 덕을 세우게 만들고 격려를 주기도 하며 위로를 줄 수 있을 것이다.

3. 방언

우리는 성경이 가르쳐 주시는 바에 따라서 사도적 은사의 종결에 대해서 설명하고자 한다. 다시 말하면, 예언이 종결될 때에 방언 말하는 것도 중지되었음을 밝혀보고자 한다. 방언 말하는 것에 대한 전통

개혁주의 신학의 반론이 많이 나와 있으므로 참고할 자료는 풍성하다. 1970년대 미국에서는 예언과 방언 은사의 종결에 대해서 충분한 검증과 논의가 있었다.[2]

우리가 철저히 검토한 신약성경은 사도행전 2장과 고린도전서 12-14장이다. 초대교회 시대에 사도들과 성도들이 방언을 말하는 것은 복음의 선포행위였으므로, 특별계시의 종결과 함께 방언도 종결되었다는 것이 개혁주의 전통에 따르는 가르침이다. 구약성경의 신비로운 것들을 신약성경의 사도들과 선지자들이 증거하기 위하여 외국어로 말하였던 것이고, 베드로는 사도행전에서 그리고 바울은 고린도전서에서 동일한 문맥을 인용하여 설명한 것이다.

1) 방언은 외국어였다

예수님은 부활 직후에 제자들에게 나타나서 다음과 같이 말씀하셨다.

> 믿는 자들에게는 이런 표적이 따르리니 곧 그들이 내 이름으로 귀신을 쫓아내며 새 방언을 말하며 뱀을 집어올리며 무슨 독을 마실지라도 해를 받지 아니하며 병든 사람에게 손을 얹은즉 나

---

2 Anthony A. Hoekema, *What About Tongue Speaking?* (Grand Rapids: Eerdmans, 1966). Robert G. Gromacki, *The Modern Tongues Movement* (Nutley, NJ: P&R, 1976). Douglas Judisch, *An Evaluation of Claims to the Charismatic Gifts* (Grand Rapids: Baker, 1978). Vern Poythress, "Modern Spiritual Gifts as Analogous to Apostolic Gifts: Affirming Extraordinary Works of the Spirit within Cessationist Theology," *The Journal of the Evangelical Theological Society* 39/1 (1996): 71-101. Robert L. Thomas, *Understanding Spiritual Gifts - A Verse-by-Verse Study of 1 Corinthians 12-14*.

으리라(막 16:17-18).

여기서 처음으로 '새 방언'을 말하리라는 성령의 은사와 표적이 제자들에게 알려졌다. 그러면 예수님이 말씀하시는 '믿는 사람'은 과연 누구일까? 그들에게 나타난다는 초인적인 능력은 어떻게 연결되는 것인가? '방언'에 대한 예수님의 말씀은 말씀하신 그대로 곧 이루어졌다. 누가는 사도행전 2:4에서 모여 있던 자들이 '다른 언어'로 말하기를 시작했다고 하였다. 다만 문제는 현재까지도 '믿는 자들'에게 동일한 표적이 따르는가 하는 질문이다. 사도들이나 선지자들이 아닌 모든 다른 성도들에게도 동일하게 주신 말씀인가? 그 해답은 신약성경과의 조화를 통해서 해석되어야 할 말씀이다. 사도 바울이 성령 안에서 '새 사람'으로 지음을 받아서 그리스도 안에서 연합된 백성이라고 하였다. 우리는 '새 사람'이나 '새 방언'을 말하는 자는 모두 동일한 성도요 동질의 신앙요소를 가진 사람이라고 본다(엡 2:15).

(1) 구약성경의 방언-외국어를 통한 선포

방언에 대해서 언급한 구약성경을 찾아보면 극히 적다. 그런데 놀라운 사실은 고린도전서에 나오는 방언에 대한 교훈이 이사야 선지자에 의해서 이미 선포되었었다는 점이다. 비록 단 한 구절이지만 신약과 구약 사이에 직접적으로 연결이 되어 있음에 놀라지 않을 수 없다.

그러므로 더듬는 입술과 다른 방언으로 그가 이 백성에게 말씀하시리라(사 28:11).

그런데 이사야의 예언이 곧 바로 고린도전서 14:21에 인용되어 있다. 이 두 본문을 연구하면, 초대교회의 방언 말하는 현상이 구약성경에 이미 알려졌으므로 우리는 어렵지 않게 그 의미와 연관성을 파악할 수 있는 것이다. 이사야 성경의 문맥을 이해하기 위해서 구약성경의 역사를 거슬러 올라가서 방언의 용례를 조사해보면, 고린도전서에 언급된 방언이 구원역사의 과정에서 무엇을 의미하는지 충분하게 이해될 수 있는 것이다. 이처럼 성경은 연속성과 통일성과 점진성의 성격을 가지고 있으며, 동일한 성령이 말씀하는 것이므로 밀접한 관련이 있다.

> 다른 방언을 말하는 자와 다른 입술로 이 백성에게 말할지라도 그들이 여전히 듣지 아니하리라 하였으니 그러므로 방언은 믿는 자들을 위하지 아니하고 믿지 아니하는 자들을 위하는 표적이나 예언은 믿는 자들을 위함이니라(고전 14:21-22).

구약성경에 담긴 긴 구원역사의 전 과정에서 방언이 언급된 것은 불과 두 차례 뿐인데, 이처럼 구체적으로 고린도전서 14장과 직접적인 연관을 가지고 있음을 기억해야 한다. 다시 말하면, 방언이 어느 날 갑자기 등장하는 것이 아니라, 이미 이사야에서 언급된 것을 사도들이 체험하였고, 다시 바울이 설명하였다는 것을 기억해야 한다. 사도행전 2장의 사건을 함께 묶어서 방언을 다루어야만 한다.

이사야 28:11은 하나님은 자기 백성들에게 '외국어'로 메시아의 복음을 말하는 것임을 분명히 알 수 있다.[3] 구약성경에서 '방언'에 대한

---

[3] Leonard J. Coppes, *Whatever Happened to Biblical Tongues* (Pilgrim Publishing Company,

언급은 첫째, 사람이나 동물이 몸의 기관에서 내놓는 말을 의미했고 (애 4:4; 시 140:3), 둘째, 언어와 유사한 형태(수 7:21), 셋째, 언어의 기관으로서 간주되기도 했고(출 4:10), 넷째, 알아들을 수 있는 인간의 언어라는 뜻이기도 했다. 에드워즈 영 박사는 이사야 28:11은 바로 외국어에 해당한다고 보았다. 바벨론의 침략자들은 이스라엘 백성들에게는 모두 다 외국어를 말하는 사람들이었다. 그들로 하여금 말하게 할지라도 듣지 않았다는 것이다. 구약성경에서 방언을 언급하는 부분은 모두 다 사람들이 분명히 이해하는 언어를 의미했다.

> 너를 언어가 다르거나 말이 어려운 백성에게 보내는 것이 아니요 이스라엘 족속에게 보내는 것이라(겔 3:5).

그 밖에 '방언'이라는 단어가 나오는 스가랴 8:23, 이사야 66:18에서도 사람들이 모여서 외국어로 들은 것을 말한다.

방언이 '외국어'임을 지적하여 주는 이사야 28:11과 매우 밀접한 연관이 있는 구약성경의 언급이 두 군데 있다.

첫째, 구원역사의 전개 과정에서 이미 하나님은 신명기 28:49에 거역하는 이스라엘 민족에 대해서 이방인을 통한 심판이 있을 것임을 선포하셨다.

> 멀리 땅 끝에서 한 민족을 독수리가 날아오는 것 같이 너를 치러 오게 하시리니 네가 그 언어를 알지 못하는 민족이요(신 28:49).

1977), 37-61. E. J. Young, *Isaiah* (Grand Rapids: Eerdmans, 1969).

둘째, 예레미야는 다시 한 번 정확하게 신명기의 그 예언이 이뤄진 것을 지적하였다.

> 내가 한 나라를 먼 곳에서 너희에게로 오게 하리니 곧 강하고 오랜 민족이라 그 나라 말을 네가 알지 못하며 그 말을 네가 깨닫지 못하느니라(렘 5:15).[4]

그러므로 이 세 구절은 매우 긴밀하게 서로 연결되어있다. 이사야 28:15-18은 하나님의 심판을 선포한 것이다. 사도 바울은 정확하게 옛 예언을 회고하여 지적한 것이다.

이사야 28:11에 '더듬는 입술'과 '다른 방언'으로 하나님께서 자신의 백성들에게 말씀하셨다는 구절에 쓰인 히브리어는 '라카그'(lacag)인데, 주로 '조롱하다', '놀리다'는 뜻이다. 이 단어가 사용된 구약성경 전체를 주목해 보면, 방언의 성격과 특성이 드러난다. '라카그'는 구약성경에서 '웃는다'(욥 22:19; 시 2:4; 렘 20:7), '경멸하다'(왕하 19:21; 사 37:22; 잠 30:17; 시 22:7)와 '얕잡아보다'(시 44:13-14; 79:4) 등과 상통한다. 특히 이스라엘 대적자들의 방언 행동이라는 것은 그들이 그 상대방을 조롱하는 행동이었다. 히스기야 왕이 하나님께 기도하여 나라를 구해 주시기를 간구하였을 때에, 대적자들이 방언으로, 즉 히브리 언어로 이스라엘을 조롱하였다. '라카그'는 머리를 흔드는 앗수르 왕 산헤립의 오만한 행동이 반영된 언어적 표현이었다(왕하 19:21).

---

[4] P. Robertson, "Tongues: Sign of Covenantal Curse and Blessing," *Presbyterian Guardian*, vol. 44, no. 3 (March, 1975), 46; *Westminster Theological Journal*, XXXVIII, I(Fall, 1975), 43.

느헤미야가 무너진 예루살렘 성을 건축한다는 소식을 듣고, 산발 랏이 유대인을 향해서 화를 내면서 모욕하였다. 여기서도 히브리어 '라카그'가 사용되었다.

> 산발랏이 우리가 성을 건축한다 함을 듣고 크게 분노하여 유다 사람들을 비웃으며 자기 형제들과 사마리아 군대 앞에서 일러 말하되 이 미약한 유다 사람들이 하는 일이 무엇인가, 스스로 견고하게 하려는가, 제사를 드리려는가, 하루에 일을 마치려는가 불탄 돌을 흙 무더기에서 다시 일으키려는가(느 4:2-3).

다윗은 자신의 대적자들로부터 행동으로 언어로 조롱을 많이 당했다.

> 나를 보는 자는 다 나를 비웃으며 입술을 비쭉거리고 머리를 흔들며 말하되(시 22:7).

시편 27:6-9에 나오는 조롱과 멸시는 예수님에게 해당하는 것을 미리 역사에 등장시킨 것이기도 하다. 단순히 다윗 한사람에게 해당하는 조롱만은 아니었다. 역시 이 구절에 등장하는 전체적인 의미와 가장 일맥상통하는 단어가 '라카그'이다. 또한 바벨론 포로기간에 이스라엘은 대적자들에게 조소를 당하고 조롱거리가 되었다(시 79:4). 여기에 쓰인 단어가 역시 '라카그'이다.

이사야 28:11에 쓰인 '라카그', 즉 '방언'이라는 단어는 구약성경에서 이처럼 경멸과 모욕에 해당하는 의미로 사용되었는데, 이 단어를 가장 분명하게 이해하도록 도움을 주는 곳은 이사야 33:19이다.

> 네가 강포한 백성을 보지 아니하리라 그 백성은 방언이 어려워 네가 알아듣지 못하며 말이 이상하여 네가 깨닫지 못하는 자니라(사 33:19).

이 구절에서도 '라카그'가 사용되었는데, '이상한 방언'이라는 것은 '어려운 말'이다. 따라서 '라카그'는 신명기 28:49에서도 역시 외국어로 말하는 것이다. '라카그'는 조롱하는 말이기도 하였으나, 직접적으로 외국어와 연결되어 있음을 알 수 있다.

'라카그'는 이사야 32:4에서 다소 변형된 형태로 사용되었다.

> 조급한 자의 마음이 지식을 깨닫고 어눌한 자의 혀가 민첩하여 말을 분명히 할 것이라(사 32:4).

여기서 이사야는 의도적으로 '라카그'와 유사한 단어를 채용해서, 이사야 28:11에서 의미하는 '외국어'와 '어눌한 혀'는 차이가 있음을 드러냈다고 볼 수 있다. '라카그'가 외국어라는 것은 10절과 13절에서도 나타나있다. 어린 자녀들이 단순한 소리를 낼 때에 어른들은 그것을 짐작으로 알아듣게 되는 것처럼 하나님이 그의 백성들에게 메시지를 보내셨다. 하지만 하나님을 모욕하는 이스라엘 백성들에게 주신 것은 지루하고 의미 없이 반복되는 음성이었다. 하나님은 단순한 진리를 전달하려 하셨다. 그러나 그 백성들은 나아가야 할지, 물러서야 할지, 어떻게 해야만 하는지를 가르쳐 주시는 하나님의 말씀에 담긴 진리를 이해하지 못했다(사 6:9).

따라서 이사야 28:11에 나오는 다른 방언이 의미하는 바에 따라서 구약성경의 사례들을 종합해보면, 신약시대에 나타나는 사도행전 2:4의 방언은 외국어임이 분명해진다. 구약성경에서 방언이란 이스라엘의 대적자들이 사용한 외국어였다. 신명기 28:49, 예레미야 5:15에서 살펴본 바와 같이 외국어를 말하는 이방인들의 손에 맡겨진다는 것은 하나님의 심판의 약속이었다.

(2) 사도행전의 방언은 외국어

> 성령이 말하게 하심을 따라 다른 언어들로 말하기를 시작하니라…우리가 우리 각 사람이 난 곳 방언으로 듣게 되는 것이 어찌 됨이냐(행 2:4, 8).

누가의 증거에 따르면, 성령께서 말하게 하신 것이 방언이다. '말하기를'이라는 동사로 여기에 쓰인 헬라어는 '아포프테게스타이'인데, 부정사이다. 특별히 관심을 끄는 단어이다. 단지 사도행전에만 나오는 이 단어는 사도행전 2:14에 사용되었다.

> 베드로가 열한 사도와 함께 서서 소리를 높여 이르되 유대인들과 예루살렘에 사는 모든 사람들아 이 일을 너희로 알게 할 것이니 내 말에 귀를 기울이라(행 2:14).

즉 예언적인 선포에 대해서 주목하라는 의미이다. 이것도 역시 성령이 말하게 하신다는 사실이 함축되어 있다.

　성령께서 '말하게 하다'는 선지자가 예언을 말하게 될 때에 진리를 강하게 부어주는 것을 뜻하는 동사로 사용되었다. 이 단어의 배경을 담고 있는 히브리어는 예언이라는 말이다. 히브리어를 헬라어로 번역한 구약성경에서 이 단어는 모두 여섯 번 사용되었다. 역대상 25:1에 보면, 성전에서 노래하는 자들이 찬양을 부를 때에, 찬송을 만들 때의 모습이 바로 이 단어로 표현되어있다. 시편 59:7에는 믿지 않는 자들의 입에서 나오는 나쁜 말들, 하나님을 모독하는 말을 한다는 뜻이다. 에스겔 13:9, 19, 미가 5:12, 스가랴 10:2에서도 거짓된 증거를 말하는 선지자들이 헛된 예언을 한다고 할 때에 이 헬라어가 쓰였다. '말하다'는 동사이지만 이 단어의 명사형, '선포', '선언'이라는 명사형 태로는 '아포프테그마'(apophthegma)인데, 구약성경에서 두 차례 사용되었다. 사람이 이해할 수 있는 선포를 의미했다. 신명기 32:2에서는 '레마'(선포된 말씀)에 해당하는 데, 교리를 위하여 히브리어 단어를 나타낸다. 에스겔 13:19에서는 거짓 선지자들의 거짓된 선언과 설교를 의미했다.

　따라서 "베드로가 소리를 높여…내 말에 귀를 기울이라"고 할 때에, 구약성경을 헬라어로 번역한 70인경에서 사용하던 바 그대로 사도행전 2:14에서도 동일한 의미를 갖고 있음에 의심의 여지가 없다.

　분명히 예언적으로 말을 하고 있다는 뜻이다. 특별히 그가 선포하게 될 메시지의 배경에는 열한 명의 사도들이 모두 함께 서서 집단적인 권위를 가지고 지켜보는 가운데였다. 여기서는 사도직에 대한 강조가 있음에 유의해야 한다. 사도행전 2:4이나 2:14이나 동일한 성령에 의해서 말을 하게 되었다. 다만 2:4에서는 다른 방언으로 말하였다는 것이 차이점이다.

사도행전 26:25에서도 다시 한 번 똑같은 동사가 사용되었다. 사도 바울이 베드로 총독 앞에서 증거하는 말이다.

내가 미친 것이 아니요 참되고 온전한 말을 하나이다(행 26:25).

사도 바울이 부활하신 예수님을 만났다고 증거하자 그를 미쳤다고 비난하는 자들에게 변명한 말이다. 구약시대의 선지자들도 역시 미친 사람으로 취급을 받았다(왕하 9:11).

다른 나라 방언을 말하는 것은 성령의 산물이라고 표현되어 있다. 그들로 하여금 예언적으로 밖으로 분출하듯이 하나님의 말씀을 소리 내도록 하였기 때문이다. 방언들을 말하는 것도 역시 똑같은 하나님의 말을 하는 것이다. 사도행전 2:4 이외의 구절에서 이 단어가 사용될 경우에는 알려진 인간의 언어로 말하는 것을 의미했다.

사도행전 2:4의 방언이 외국어라는 사실은 듣는 자들의 반응에서 나타났다. '아포프테게스타이'라는 동사는 알 수 있는 언어로 복음의 예언적 선포를 위한 메시지에 제한적으로 쓰여진 단어이다(행 2:6, 8, 11). 누가가 그 사건을 풀어내려고 지속할 때에, 독자들은 전혀 놀라지 않게 될 것을 염두에 두었다. 누가는 듣는 자들이 복음을 자기 자신들의 언어로 듣게 되었다고 보고하였다(행 2:6, 8, 11). '아포프테게스타이'는 전달자의 능력을 설명하는 단어인데, 그 방언의 내용은 예언적인 것이며, 자신들의 언어로 듣게 되었을 뿐만 아니라 이해하였다.

사도행전 2장에 나오는 '방언 말하기'는 외국어로 복음의 비밀을 선포하는 것이었다. 방언을 듣고 난 후에 그 현장에 있던 자들이 놀라면서 나타낸 반응은 이들 방언 말하는 자들이 술 취한 자들이라는 비난이었다. 그러나 이들은 대낮에 술에 취해서 남의 나라 언어를 말할 수는 없었다. 누가의 설명에 의하면, 방언을 말하는 자들에게 조롱하는 반응이 두드러졌다.

> 또 어떤 이들은 조롱하여 이르되 그들이 새 술에 취하였다 하더라(행 2:13).

그러나 베드로는 분명히 이러한 오해가 잘못임을 변증하였다.

> 때가 제 삼 시니 너희 생각과 같이 이 사람들이 취한 것이 아니라(행 2:15).

2) 오순절 방언은 요엘의 예언 성취

방언이 외국어였다고 한다면, 이제 이어서 방언의 내용에 대해서 살펴보아야 하겠다. 방언이 단순한 외국어로 아무런 내용이 없이 전달되었던 것이 아니라, 예언을 전달한 것이다. 방언을 말한다는 것은 예언을 전달하는 행동이었다.

사도행전 2:16-17에서, 베드로는 오순절에 주어졌던 방언의 내용에 무엇인가를 풀이하였다.

> 이는 곧 선지자 요엘을 통하여 말씀하신 것이니 일렀으되 하나님이 말씀하시기를 말세에 내가 내 영을 모든 육체에 부어 주리

니 너희의 자녀들은 예언할 것이요 너희의 젊은이들은 환상을 보고 너희의 늙은이들은 꿈을 꾸리라(행 2:16-17).

베드로의 설명에 의하면, 요엘 2:28의 예언이 확장되고 성취된 것이다. 약 120명의 믿는 자들이 전부 외국어를 말했으며, 이들은 하나님의 계시를 받은 자들이 되었다.

사도행전의 기록자 누가는 오순절에 방언을 말하게 된 것은 요엘 선지자에게 주셨던 예언이 이루어진 것이라고 하였다. 그 예언의 기록이 완전하게 성취된 것이다. 말세에 약속된 성령이 부어졌는데, 아주 흡족하게, 아주 넘치도록, 주셨으며, 그들은 모두 다 성령으로 인하여 예언을 하였다. 방언을 말하게 된 것은 요엘을 통해서 주신 예언이 이루어진 것이라고 했다. 외국어로 복음을 선포하는 것은 예언의 행동이었다.

예언이 성경적으로 어떤 성격을 가지는지 잠시 돌아보아야 한다. 구약성경에서 예언의 본질은 하나님의 계시를 말로서 미리 보여준다는 것이다. 물론, 예언은 꿈으로도 나타났고, 예를 들면, 요셉에게 주신 예언들이 그러했다. 예언은 환상으로도, 에스겔에게 보여주셨다. 하지만 대부분의 예언들은 입으로 전달되는 구두 계시였다. 기록된 말씀으로서 계시한 것과 함께 선포되는 말로서 하나님의 계시가 드러나게 하였다. 모세는 그런 구두 계시의 전달자였다.

내 말을 들으라 너희 중에 선지자가 있으면 나 여호와가 환상으로 나를 그에게 알리기도 하고 꿈으로 그와 말하기도 하거니와 내 종 모세와는 그렇지 아니하니 그는 내 온 집에 충성함이라(민

12:6-7).

그 이전에는 하나님이 직접 사람에게 나타났지만 이제부터는 모세를 통해서 사람들에게 하나님의 뜻을 전달한 것이다.

> 옛적 이스라엘에 사람이 하나님께 가서 물으려 하면 말하기를 선견자에게로 가자 하였으니 지금 선지자라 하는 자를 옛적에는 선견자라 일컬었더라(삼상 9:9).

예언자들의 말씀이 있었지만 거짓 선지자들도 있어서, 꿈을 꾸었다고 증언했다.

> 너희 중에 선지자나 꿈 꾸는 자가 일어나서 이적과 기사를 네게 보이고 그가 네게 말한 그 이적과 기사가 이루어지고 너희가 알지 못하던 다른 신들을 우리가 따라 섬기자고 말할지라도 너는 그 선지자나 꿈 꾸는 자의 말을 청종하지 말라 이는 너희의 하나님 여호와께서 너희가 마음을 다하고 뜻을 다하여 너희의 하나님 여호와를 사랑하는 여부를 알려 하사 너희를 시험하심이니라 (신 13:1-3).

오바댜와 이사야 같은 선지자들이 꿈이나 환상이나 비전을 보았다. 그러나 바벨론 포로기에는 하나님으로부터 온 환상이 없었다(사 29:9-12; 애 2:9). 꿈과 환상은 하나님이 주신 메시지였다(단 1:17; 2:1, 19; 7:1).

(1) 요엘 예언의 중요성

오순절 성령강림 사건을 놓고서 베드로가 지적한 요엘의 예언은 너무나 중요한 것이다. 그 수많은 구약성경 중에서 유일하게 요엘의 예언이 연결된 것이라고 베드로가 언급한 근거는 무엇이었던가? 그리고 어째서 요엘의 예언이 중요한가? 성령이 부어지게 된다는 것은 하나님의 참된 백성들의 회복과 이스라엘의 심판을 특징짓는 척도로 사용되어진 결정적이 사건이었다. 요엘의 예언과 연관된 구약성경의 배경을 검토해 보면, 하나님이 구체적으로 기적적인 징표들을 보이시는 것은 대적자들에 대한 하나님의 심판의 상징이었다. 표적들과 함께 예언을 주셨는데 이방의 신들을 정복하는 하나님의 전지전능하심의 표현이자 심판의 집행 과정의 일환이었다.

> 보라 여호와의 날 곧 잔혹히 분냄과 맹렬히 노하는 날이 이르러 땅을 황폐하게 하며 그 중에서 죄인들을 멸하리니 하늘의 별들과 별 무리가 그 빛을 내지 아니하며 해가 돋아도 어두우며 달이 그 빛을 비추지 아니할 것이로다(사 13:9-10).

거만하고 오만한 자들에게 대한 심판이다. 하나님 앞에서 그들의 교만을 낮추고자 하심이었다.

에스겔 선지자가 전파한 내용을 보면, 하나님이서 이집트를 심판하실 때에도 신비로운 현상을 나타내셨다.

> 하늘을 가리어 별을 어둡게 하며 해를 구름으로 가리며 달이 빛을 내지 못하게 할 것임이여 하늘의 모든 밝은 빛을 내가 네 위

에서 어둡게 하여 어둠을 네 땅에 베풀리로다 주 여호와의 말씀 이니라(겔 32:7-8).

요엘 선지자는 주전 8세기 경, 웃시야 왕 시대에 이스라엘을 점령하게 될 바벨론의 침략에 대해서 미리 예언하였다. 이사야와 예레미야의 예언과 상통하는 부분이 많다. 장차 하나님의 백성들에게는 축복의 날이 올 것이요, 대적자들에게는 심판이 올 것이다(욜 3:15-16). 예언의 내용이 아주 짧지만, 장차 예루살렘의 회복을 향한 강력한 격려와 소망의 메시지였다. 더구나 장차 구세주가 올 것이므로 더 이상 다른 빛이 필요하지 않다고 하는 것을 가르쳐 주셨다(사 60:19). 따라서 하늘 빛이 어두워지는 것은 구속적인 축복과 대적자들에게 대한 심판이다.

3) 성령강림과 방언은 동시적인가?

오순절에 임한 성령의 강림과 방언은 동시적으로 나타나 있고, 전체 사도행전을 통해서 중요한 현상으로 기술되었다. 또한 사도행전 10:47에 고넬료의 집안 사람들이 성령을 받았는데, 베드로는 우리들이 받은 것과 같았다고 하였다. 같은 성령을 받은 것이므로, 사도행전 2장에 나오는 방언을 받은 것으로 추정하고 있다.[5] 그래서 예루살렘에서 베드로는 그 사건에 대해서 내용을 설명하였다.

---

5 P. Robertson, "Do Not Forbid to Speak in Tongues," *Presbyterian Guardian*, vol. 44, no. 5 (May, 1975), 76.

> 내가 말을 시작할 때에 성령이 그들에게 임하시기를 처음 우리
> 에게 하신 것과 같이 하는지라(행 11:15).

그러면 성령은 방언 은사를 항상 동시적으로 내려 주시는가? 신약성경 전체를 살펴보면 항상 방언 은사가 일어났던 것은 아님을 알 수 있다. 사도행전 19:6에 보면, 에베소에 있던 새로운 신자들이 세례를 받았고, 사도 바울이 손을 얹었는데, 그들에게 성령이 임하였다. 성령이 임한 효과는 방언을 말하고 예언도 하는 것이었다. 그 현상과 사도행전 2장과 10장에서의 사건들이 한 치의 차이도 없이 똑같은 것인지는 알 수 없다. 믿음을 가진 성도들에게 성령의 강림과 관련해서 직접적으로 방언이 주어졌다. 사도행전 10:44에 보면, 모든 사람들이 말씀을 듣고 있을 때에 성령이 강림하였다. 중생과 성령의 역사가 함께 관계되어서 주어졌다. 그러나 반드시 방언 말하는 현상이 수반되었는지에 대해서는 잘 알 수 없다. 사도 바울은 로마서 6:1-11과 골로새서 2:11에서 성령 세례에 대해서 설명하는 바, 전혀 방언에 대한 언급이 없다.

따라서 방언 말하는 것은 중생의 필수적인 증거는 아니다. 방언 말하는 것을 규범으로 정할 수 없다. 참된 중생자들은 성령의 세례를 받은 것이지 방언을 받은 것이 아니다. 사도들이 활동하던 신약성경의 초기에서 방언을 말하는 것이 반드시 필요한 체험이라고 강조되지 않았다. 사도행전 10장에서는 성도들이 먼저 물세례를 받았고, 나중에 성령의 세례를 받았다고 되어 있고, 사도행전 19장에서는 요한의 세례를 받은 후에 나중에 성령을 받았다. 따라서 방언 말하는 것과 성령 체험이 항상 동시적인 것이 아니다.

4) 고린도교회의 방언

사도 바울은 고린도교회의 방언이 외국어라는 것을 충분하게 설명하였다. 그 증거는 바울이 인용한 이사야 28:11에 들어있다. 고린도전서 14:1-19을 해석하는 근거는 바로 구약성경 이사야에 담겨있다. 고린도전서 14:20에 인용된 이사야서를 주목해 보면, 외국어로 선포되는 방언이 바로 심판의 도구라는 것이다. 그 내용은 예언적인 것이며, 구약 성경에 담긴 메시아를 통한 성취가 핵심이다. 외국방언으로 전달하는 효과는 불신자들을 향한 심판적이며 파괴적인 것이고, 믿는 자들에게는 구원의 축복이다. 고린도전서 14장에 나오는 방언은 바로 이러한 효과를 가진 것이다.

그러면 어떻게 해서 방언이 심판적 예언이 되는 것인가? 앞에서 방언현상은 이사야 28:11에 약속되어있었다는 점에 주목하였다. "조롱하는 입술과 다른 방언"을 말하는 혀는 이사야 시대에 하나님에 대해서 모독하는 자들에 대한 언급이다. 고린도전서 14:20 이하에 나오는 방언 말하기가 무엇을 의미하는지 일치한다. 이스라엘 사람들은 하나님을 조롱하되 어린 아이들처럼 말하면서 하나님의 율법을 버릇없이 흉내 내었다. 고린도전서 14:19-21을 다시 읽어보자.

> 그러나 교회에서 네가 남을 가르치기 위하여 깨달은 마음으로 다섯 마디 말을 하는 것이 일만 마디 방언으로 말하는 것보다 나으니라 형제들아 지혜에는 아이가 되지 말고 악에는 어린 아이가 되라 지혜에는 장성한 사람이 되라 율법에 기록된 바 주께서 이르시되 내가 다른 방언을 말하는 자와 다른 입술로 이 백성에

게 말할지라도 그들이 여전히 듣지 아니하리라(고전 14:19-21).

사도 바울은 위 구절에서 고린도 사람들을 향해서 방언을 말하여도 듣지 않으리라 하신 말씀을 인용해서 강력하게 경고하는 것이다. 방언의 은사를 받았다는 사실만으로 다 되는 것이 아니다. 분명한 하나님의 말씀을 무시하고 방언을 말하는 자들을 높이는 자들이 된다면, 마치 어린 아이들처럼 방언을 말하는 자들이 되는 것이다.

고린도전서 14:10-11은 그들이 받았던 방언이 외국어임을 분명히 밝혔다.

> 이같이 세상에 소리의 종류가 많으나 뜻 없는 소리는 없나니 그러므로 내가 그 소리의 뜻을 알지 못하면 내가 말하는 자에게 외국인이 되고 말하는 자도 내게 외국인이 되리니(고전 14:10-11).

사도 바울은 방언 말하는 것과 원시적으로 살아가는 문맹자들의 언어가 동일하다는 뜻이다. 모든 인간의 언어는 '소리'(voice)와 '뜻'(sense)으로 구성되어 있다. 모든 외국어를 공부하는 과정에서 이런 사실이 분명히 입증된다. 어떤 언어라도 '뜻'을 이해하지 못하면, 아무 의미가 없는 '소리'를 듣는 것에 불과하다. 해석되지 않는 외국어는 전혀 높낮이가 없는 음악과 같아서 듣는 사람에게 아무런 의미가 없다. 문맹자들은 아무리 외국어를 들어도 고상한 교양을 얻을 수 없다. 특별한 의미를 가지려면, 반드시 통역이 필요하다. 고린도전서 14:16에서, 방언을 알아듣지 못하면 아무런 소용이 없다고 지적하는 부분에서도, 외국어를 지칭하는 것이 분명하다.

결론적으로, 사도 바울은 방언에 대해서 구약성경에 나오는 예언의 성취라고 설명하고 있으며, 그 복음이 외국어로 선포된다고 약속되어졌음을 상기시킨다. 왜냐하면 방언은 알아듣지 못하는 언어이기에, 통역이 필요했었다.

5) 방언의 의미와 그 중요성

방언 은사가 다른 은사에 비해서 중요한 의미를 갖는 것은 예언의 한 종류에 해당하는 것이기 때문이다. 따라서 예언이 중지되면서 함께 종결되었다는 것에 대해서도 검토해 보고자 한다.

(1) 예언의 성취

구약성경의 많은 구절들이 메시아의 시대를 예언하였고, 신약성경에서 인용되어져 있다. 그리고 그 예언은 예수 그리스도의 구원사역으로 완성되었고, 더 이상 다른 예언들은 없다. 메시아가 성취하는 것으로 최종 완성된다. 예언은 성취되고 끝이 난다. 그래서 예수 그리스도의 구원역사를 목격한 증인들이 마지막 선지자요, 최종적인 사도인 것이다.

앞에서 언급한 바와 같이, 고린도전서 14장에서 이사야 28:11의 외국 방언이 인용되었고, 그 예언은 성취되었다. 이사야 28장 다른 구절들도 역시 사도 바울이 여러 곳에서 인용하고 있다. 메시아 예언이 가득한 이사야에서 28:16은 사도 바울이 무려 세 곳에서 언급하고 있다.

> 그러므로 주 여호와께서 이같이 이르시되 보라 내가 한 돌을 시온에 두어 기초를 삼았노니 곧 시험한 돌이요 귀하고 견고한 기촛돌이라 그것을 믿는 이는 다급하게 되지 아니하리로다(사 28:16).

에베소서 2:20, 고린도전서 3:11 그리고 로마서 9:31-33에서 이스라엘 백성들이 하나님의 나라 건설을 방해하고 있음에 대해서 지적한 것이다. 이런 여러 구절에서 가장 고귀한 주춧돌이 예수 그리스도와 연결되어있다. 베드로는 이사야 28:16을 예수님에 대한 예언으로 인용하였다(벧전 2:6).

> 사람에게는 버린 바가 되었으나 하나님께는 택하심을 입은 보배로운 산 돌이신 예수께 나아가 너희도 산 돌 같이 신령한 집으로 세워지고 예수 그리스도로 말미암아 하나님이 기쁘게 받으실 신령한 제사를 드릴 거룩한 제사장이 될지니라 성경에 기록되었으되 보라 내가 택한 보배로운 모퉁잇돌을 시온에 두노니 그를 믿는 자는 부끄러움을 당하지 아니하리라 하였으니 그러므로 믿는 너희에게는 보배이나 믿지 아니하는 자에게는 건축자들이 버린 그 돌이 모퉁이의 머릿돌이 되고 또한 부딪치는 돌과 걸려 넘어지게 하는 바위가 되었다 하였느니라(벧전 2:4-8).

여기서 베드로는 예수 그리스도의 역할을 언급한 이사야 8:14과 시편 118:22을 인용한 것이다. 걸림돌 취급을 당하고, 부딪치는 돌이 되고, 버림을 당한 돌이 되었지만, 훗날에 가장 귀하고 아름다운 돌이 되었다.

시편 118:22은 베드로전서에 인용되었을 뿐만 아니라, 예수님 자신이 인용하였다. 마태복음 2:12-26, 마가복음 12:10-11, 누가복음 20:17-18이다. 심판에 대한 구약성경의 예언은 이스라엘이 나라를 빼앗기게 된다는 예수님의 가르침을 확증해 주는 것이다. 구약성경의 예언들이 메시아에 대한 것이며, 예수 그리스도가 모든 예언의 최종적인 대상이다.

(2) 저주 언약의 상징

방언은 처음부터 축복의 상징이 아니라, 저주의 상징이었다. 바벨탑에서 하나님을 향하여 오만하던 인간들의 언어가 나뉜 이후로 의사소통이 어렵게 되었다. 구약성경의 방언 예언은 저주의 언약이었음이 드러난다. 방언은 구원역사의 과정에서 저주의 출현이다.[6] 소통을 방해하는 외국어의 등장은 심판의 상징이다.

> 온 땅의 언어가 하나요 말이 하나였더라 이에 그들이 동방으로 옮기다가 시날 평지를 만나 거기 거류하며 서로 말하되 자, 벽돌을 만들어 견고히 굽자 하고 이에 벽돌로 돌을 대신하며 역청으로 진흙을 대신하고 또 말하되 자, 성읍과 탑을 건설하여 그 탑 꼭대기를 하늘에 닿게 하여 우리 이름을 내고 온 지면에 흩어짐을 면하자 하였더니 여호와께서 사람들이 건설하는 그 성읍과 탑을 보려고 내려오셨더라 여호와께서 이르시되 이 무리가 한 족속이요 언어도 하나이므로 이같이 시작하였으니 이 후로는 그

---

[6] P. Robertson, "Tongues: Sign of Covenantal Curse and Blessing," 46.

하고자 하는 일을 막을 수 없으리로다 자, 우리가 내려가서 거기
서 그들의 언어를 혼잡하게 하여 그들이 서로 알아듣지 못하게
하자 하시고 여호와께서 거기서 그들을 온 지면에 흩으셨으므로
그들이 그 도시를 건설하기를 그쳤더라 그러므로 그 이름을 바
벨이라 하니 이는 여호와께서 거기서 온 땅의 언어를 혼잡하게
하셨음이니라 여호와께서 거기서 그들을 온 지면에 흩으셨더라
(창 11:1-9).

방언은 언약의 상징으로서 양날의 칼과 같아서, 한편에서는 하나님의 축복의 상징이요, 다른 한쪽에서는 하나님의 저주를 표현하는 도구였다. 오순절에 임한 방언은 혈통적으로 역사적으로 형성되어 내려온 아브라함의 후손 이스라엘 민족에게서 하나님의 나라를 옮기시는 시작을 의미한다. 단순히 몇 사람이 이상한 외국어를 말했다는 것으로 끝나는 사건이 아니다. 예수 그리스도께서 이것을 약속하셨다.

예수께서 이르시되 너희가 성경에 건축자들이 버린 돌이 모퉁이의 머릿돌이 되었나니 이것은 주로 말미암아 된 것이요 우리 눈에 기이하도다 함을 읽어 본 일이 없느냐 그러므로 내가 너희에게 이르노니 하나님의 나라를 너희는 빼앗기고 그 나라의 열매 맺는 백성이 받으리라 이 돌 위에 떨어지는 자는 깨지겠고 이 돌이 사람 위에 떨어지면 그를 가루로 만들어 흩으리라 하시니(마 21:42-44).

그리고 이런 말씀이 이루어져서 오순절에 이방인들에게 복음이 선포되어 하나님 나라의 문이 열리게 되었다. 이사야의 예언과 시편에서 언급된 머릿돌이 그냥 단순한 기초석이 아니라, 새로운 집에 들어가지 못하는 자들에게는 심판의 돌이 된다. 이사야 28장의 예언과 고린도전서 14장에 인용한 사도 바울의 의미가 분명히 이 구절과 연결되어져 있음에 유의해야 할 것이다. 방언은 하나님의 백성들에게는 은혜로운 축복의 상징이다. 오순절 사건을 듣고 알게 된 사람들은 3,000명이나 회개하고 세례를 받았다(행 2:41). 역사적으로 보면 주춧돌이 되는 그리스도와 관련을 맺고 있다. 물론 방언은 한시적으로 주어졌을 뿐이고, 기초석이 놓이고 난 후에 종결되었다(엡 2:20).

동시에 오순절에 하늘에서 성령이 강림하여 방언 현상이 일어난 것은 저주 언약의 상징이다. 고린도전서 14:22에, 방언은 믿는 사람을 위한 징표가 아니라 믿지 않는 사람을 위한 특별한 징표라고 하였다. 우리는 이 구절을 이사야 28:11에서 인용하여 해설을 첨가한 사도 바울의 의도에 대해 면밀히 살펴야만 한다. 방언이 어찌하여 믿지 않는 자들을 위한 증거라는 것인가? 믿는 자들을 위해서는 아무런 역할도 하지 않았다는 말은 무엇을 의미할까?

방언의 특수한 역할은 하나님을 신뢰하지 않는 이스라엘 사람들에 대한 심판으로서 완벽하게 복음에 대한 이해의 기회를 차단해 버리는 것이다. 방언은 믿지 않는 자들에게 특별한 의미를 갖는다. 방언은 언약적인 저주의 말씀에 대해서 변함없는 하나님의 충실하심을 증명하는 것이다.

더욱 놀라운 것은 사도 바울이 공적인 예배 시간에 방언보다는 오히려 예언을 하도록 권고한다는 사실이다. 직설적으로 이것을 명령한 바는 없지만, 질서있게 주어진 순서대로 두세 사람이 받은 예언을 증거하라고 권장하였다. 고린도전서 14:1-19에서 사도 바울은 해석자가 없는 방언은 알아들을 수 있는 예언이나 해석된 방언에 비하면 약하다는 것을 분명히 가르쳐 주었다. 방언은 믿지 않는 자가 참석한 예배 시간에는 공개적으로 허락하는 것이 바람직하지 않다는 언급을 기억해야만 한다(고전 14:23-24). 방언이 허락된다하고 하더라도 반드시 통역자가 있어야만 하고, 결국 그 기능은 예언과 같이 성도들에게 덕을 세우는 것이라야만 한다. 방언은 믿지 않는 자들을 위한 은사이니, 불신자가 없으면 하지 않아야 한다.

(3) 전환점의 표식

방언은 하나님의 구원역사의 전체 과정에서 중요한 전환점을 드러내는 표식이다. 예언과 달리, 방언은 언약적 심판과 축복의 상징으로 유일한 기능을 담당했다. 이제는 유대인 중심의 구원활동에서 벗어나서 세계의 모든 민족들과 나라들과 방언들에게로 옮겨가게 된다는 상징이다. 언어를 넘어서고, 그 언어가 형성된 민족과 전통을 뛰어넘어서 복음이 역사하게 된다. 과거에는 히브리 민족공동체의 결속과 고립을 통해서 하나님의 나라가 지속되고 계승되었지만, 이제부터는 모든 언어에 복음이 전파된다.

신약시대의 선지자들은 갑자기 자발적으로 하나님의 놀라운 역사들을 모든 인류의 모든 언어들에게 전달하기 시작하였다. 이것은 결코 실수가 아니었다. 그야말로 다시없는 전환이 시작된 것이다. 하나님은 더 이상 한 민족에게만 말씀하지 않으신다. 이 세상의 모든 사람들에게 모든 언어로 말씀하신다. 방언의 징조는 변화의 징조이다. 하나님의 사람들을 위해서 새로운 날이 밝아왔던 것이다.

고린도전서 13:8-12에서, 사도 바울은 예언도 그치고, 방언도 폐하고, 지식도 그치리라고 선포했다. 오직 사랑만이 영원하리라. 사도들과 선지자들을 통해서 주시는 지식이 완성되면, 부분적인 방언과 부분적인 예언이 모두 다 중단될 것이다는 지적이다. 바울은 지식(gnosis)을 계시(apokalypsis)와 예언(propheteia) 중간에 위치시켰다. 이 세 단어들은 모두 다 신비로운 지식을 지칭하는 단어들이다. 지식은 지혜(sophia)와도 다른 것이다. 방언, 예언, 지식이 세 가지는 하나님의 언어적 계시의 수단들이라는 공통점이 있다. 그래서 완전한 것이 올 때에는, 즉 기초가 세워진 이후로는 모두 다 중단된다. 어린 아이와 같이 불완전한 것들은 이제 사라지게 된다(고전 14:20). 부분적으로 말하는 것은 마치 어린아이와 같은 상황이고, 어른이 된 이후의 상태는 온전한 것이 주어진 것과 같다. 부분적으로 아는 것은 마치 어두침침한 거울을 보는 것과 같다. 완벽한 것이 올 때에는 완전한 지식이 현존하게 된다.

고린도후서 3:16-18에서 바울이 또 다시 사도적 지식의 우월성을 옹호하려던 것과 비교해 보라. 그러나 언제든지 주님께로 향할 때에는 그 비밀이 벗겨진다. 이제 주님은 영이시다. 주님의 영이 있는 곳은 어디든지 자유함이 있다. 그러나 우리들, 우리 자신들은 모두 다 변화하여서 수건을 벗어버린 얼굴을 주님의 영광을 비춰주는 거울 안에서 보게 된다. 영광에서 영광으로, 마치 주의 영처럼, 변화된 주님의 이미지를 분명하게 우리 성도들이 가지게 된다. 우리 성도들이 가지게 된 빛에 대해서 고린도후서 4:5-6에 다시 한 번 언급하였다.

> 우리는 우리를 전파하는 것이 아니라 오직 그리스도 예수의 주 되신 것과 또 예수를 위하여 우리가 너희의 종 된 것을 전파함이라 어두운 데에 빛이 비치라 말씀하셨던 그 하나님께서 예수 그리스도의 얼굴에 있는 하나님의 영광을 아는 빛을 우리 마음에 비추셨느니라(고후 4:5-6).

고린도후서 3장과 4장에서 사도 바울이 가진 사도적 권위는 심지어 모세보다도 더 우월하다는 것이고, 고린도전서 12장과 14장에서는 그 어떤 선지자들이나 방언을 말하는 자들보다도 훨씬 더 뛰어난 지식을 가지고 있다고 역설하였다. 고린도후서에서는 사도적 가르침을 통해서 모든 것을 보게 된 자들은 얼굴과 얼굴을 대하여 보는 것처럼 분명하게 온전한 것을 받은 자들이라는 것이다. 예수 그리스도의 얼굴을 보는 자들이므로 성령에 의해서 거듭난 자들이라고 가르쳤다.

(4) 비밀을 전하는 예언적 기능

방언은 하나님의 뜻을 언어로 계시하는 수단이었다. 예언은 그리스도 안에서 구원의 성취를 선포하는 것을 목적으로 한다. 이제 하나님의 나라가 모든 사람들에게 공개된다. 이것을 핵심으로 해서 신약시대 사도들과 선지자들이 전파하였고, 방언을 통해서도 알려진 것이다.

불행하게도 이사야 시대에 이스라엘 종교지도자들은 하나님을 배신하였다. 제사장들(레 10:11; 미 3:11; 말 2:7; 대하 17:9)과 선지자들은 하나님의 백성들을 교육하는 직무를 성실하게 수행하지 않았다. 도리어 그들은 공개적으로 하나님을 조롱하였고, 나라 전체가 불신앙과 배교에 빠지고 말았다. 하나님은 외국 침략자들을 사용하셔서 심판을 예언하도록 하였다. 이사야의 예언 중에는 외국의 침략자들을 통해서 구원의 복음이 선포된다는 역설적인 내용이 포함되었다. 이방인들이 사용하던 언어로 하나님의 진리를 선포하게 될 것이다. 외국어로 말하는 것들은 바로 이스라엘 사람들이 버린 하나님의 구원의 메시지였다. 그러나 그 백성들은 전혀 들으려 하지 않았다.

옛적에 모세를 통해서 알려주신 메시지는 하나님이 그들 가운데 계시면 일시적이나마 평안을 주신다는 것이었는데(민 10:33), 약속의 땅에 정착하게 하시면 보다 오래동안 함께 하실 것이요(신 12:8; 왕상 8:56; 시 132:14), 영원히 구원하시는 장소가 될 하늘나라에서는 함께 안식을 취하게 될 것이다(시 95:11).

이 신학적인 주제가 그리스도 안에서 완성되었다는 것이 히브리서 3장과 4장에 자세히 설명되어 있다. 이방인들이 선포한 메시지는 장차 메시아의 사역에 관련된 것이요, 불신자들에게는 심판을 가져올 것이다.

메시아에 관한 선포에서 사용한 상징적인 표상이 '모퉁이돌'이다. 하나님은 교회의 기초석으로 준비하셨다.

> 너희는 사도들과 선지자들의 터 위에 세우심을 입은 자라 그리스도 예수께서 친히 모퉁잇돌이 되셨느니라(엡 2:20).

하나님께로부터 구원을 받게 될 백성들은 이 메시지를 받아들이고 믿어야만 하는 기초가 확실하게 놓여진 것이다.

> 내게 주신 하나님의 은혜를 따라 내가 지혜로운 건축자와 같이 터를 닦아 두매 다른 이가 그 위에 세우나 그러나 각각 어떻게 그 위에 세울까를 조심할지니라 이 닦아 둔 것 외에 능히 다른 터를 닦아 둘 자가 없으니 이 터는 곧 예수 그리스도라(고전 3:10-11).

예수 그리스도는 모든 사람들이 근거로 삼아야 할 기초가 되고, 그리스도 안에서 하나님의 나라가 이방인들에게 공개된다.

예수 그리스도의 가르침이 바로 기독교의 근거이다. 예수님은 비유를 사용해서 대중들에게 가르침을 주셨으나, 제자들에게 다시 설명하였다.

> 천국의 비밀을 아는 것이 너희에게는 허락되었으나 그들에게는 아니되었나니 무릇 있는 자는 받아 넉넉하게 되되 없는 자는 그 있는 것도 빼앗기리라 그러므로 내가 그들에게 비유로 말하는 것은 그들이 보아도 보지 못하며 들어도 듣지 못하며 깨닫지 못함이니라 이사야의 예언이 그들에게 이루어졌으니 일렀으되 너희가 듣기는 들어도 깨닫지 못할 것이요 보기는 보아도 알지 못하리라(마 13:11-14, cf. 막 4:11; 눅 8:10).

비유로 선포된 진리는 감추어진 보화와 같았다. 듣고 보았던 사람이라도 알 수 없는 부분이 있었다. 모든 사람에게 선포되었으면서도, 일부에게만 알려질 수 있는 신비로운 비밀이었다. 하지만 하나님 나라의 진리들은 이해될 수 있었다. 로마서 11:25에서 이방인들이 충분하게 들어오기까지 이스라엘 백성들에게는 알려주지 않았다고 하였다. 로마서 16:25-26에서는 이 비밀이 이제야 계시되었음을 지적하였다.

> 나의 복음과 예수 그리스도를 전파함은 영세 전부터 감추어졌다가 이제는 나타내신 바 되었으며 영원하신 하나님의 명을 따라 선지자들의 글로 말미암아 모든 민족이 믿어 순종하게 하시려고 알게 하신 바 그 신비의 계시를 따라 된 것이니(롬 16:25-26).

사도 바울은 비밀에 부쳐졌던 것이 알려지게 된 것이라고 여러 곳에서 언급하였다(엡 1:9; 5:32; 6:19; 딤전 3:9, 16; 살후 2:7). 비밀이지만 진리임을 충분히 알게 하신다. 이 비밀은 특별한 내용을 가지고 있기 때문이다. 고린도전서 2:7에 보면, 사도들이 선포하는 복음이 과거에는 감춰진 비밀이라고 했다. 하나님의 성령에 의해서 알게 된다(고전 2:10). 성령이 사용하는 것은 하나님이 주신 언어계시이다. 바울, 베드로, 아볼로 모두가 다 동일한 메시지의 선포자들이었다. 그리스도의 종들이요, 하나님의 비밀을 맡은 청지기들이었다. 신실한 대변자들이었다(고전 4:2). 그들이 갖고 있던 지식의 근거는 예수 그리스도이다. 고린도전서 15:15에서, 사도 바울은 그가 지금 쓰고 있는 것이 신비로운 것임을 지적하면서 하나님께 나온 계시이기 때문이라 하였다. 고린도전서 13:2에서는 모든 지식과 모든 비밀을 아는 것이 예언이라고 풀이한다.

방언을 말하는 것은 신비로운 것을 증언하는 것이다. 이것은 하나님의 계시에서 나온 것이다. 이 용어는 결국 사도적, 계시적 영역에서 아주 제한적으로 주어진 것들이다. 방언을 말하는 것과 관련해서 살펴보면, 비밀스러운 것을 드러내는 것은 분명히 예언하는 것이다. 방언을 말하는 것은 새로운 언어적 계시를 의미한다. 이런 방언은 오늘날에는 불가능하다.

성경은 종결되었고, 기초석은 놓여졌다. 성경적으로 볼 때에, 방언을 말하는 것이 외국어를 의미한다면, 해석이 요구되는 것이다. 그러나 이미 기초가 놓여졌기 때문에 그러한 일이 오늘에 일어난다는 것은 불가능하다.

해석된 방언들은 예언과 동일한 기능을 했다. 예언과 해석된 방언은 하나님의 영감을 받아서 하나님의 비밀을 아는 지식을 전달하는 은사였다는 점에서 동일하다. 예언은 교회를 세우고, 성도들에게 미덕을 훈련시키는 기능을 하는 것이다(고전 14:4). 방언이 통역될 때에 교회의 유익으로 받아들여졌다.

방언이 해석될 때에는 예배시간에 사용되었다. 이 때에도 설교자의 지도하에서 한 사람씩 말하게 하였고, 다른 사람들은 조용히 듣도록 했다. 이것은 선지자들의 음성과 같았다. 선지자들의 영들은 선지자들에게 지배를 받는다. 통역된 방언이나 예언은 거의 같은 기능을 하였다. 그들은 교회 안에서 성도들에게 하나님의 언어 계시를 선포하도록 성령의 감동을 받은 자들이었다. 예언에 대해서는 고린도전서 14:30에 분명히 언급되어 있고, 방언은 고린도전서 14:2에 설명되어 있다. 고린도전서 13:2에 예언은 비밀을 아는 것이 포함되어 있다고 설명되어 있는데, 고린도전서 14:2에서는 방언도 동일하게 비밀을 알고 이해하는 것이라고 언급되어 있다.

⑸ 황홀한 기능

방언을 설명할 때에 가장 힘들고 어려운 부분은 황홀한 상태에서 자기 자신과 하나님과의 사이에 관련된 영적 상황을 체험한다는 부분이다. 고린도전서 14:14 이하에서 자신도 뜻을 이해하지 못하지만 영으로 부르는 찬송, 기도, 감사, 축복 등이 언급되어 있다. 물론, 이런 방언은 다른 사람에게 통역해 줄 수 없으므로 공적인 예배에서는 금지된다. 방언을 하면서 신비로운 비밀을 선포하면서 본인에게 황홀한 체험을 줄 수 있을지 모른다.

⑹ 사도적 특별계시의 종결

축복과 심판의 성취는 단 한번에 영원한 사건을 통해서 이루어졌다. 사도행전 2장에 기록된 사건은 하늘에서 마지막 상징들이 연결되었는데, 최종적으로 이스라엘을 분리시키고, 이방인들에게 하나님의 나라를 열어주는 시작이었다. 이사야 28:11을 인용해서 사도 바울이 고린도전서 14장에서 설명하는 주제가 바로 이것이다. 이제 예수 그리스도가 머릿돌이 되어서 새롭게 나타났다.

신약 시대에 기초를 놓는 중요한 사건은 단 한번에 영원하게 계획하신 바에 따라서 진행되었다. 방언을 말하는 것은 언약의 상징이자, 가장 놀라운 성취의 사건이다. 이 상징은 단 한번에 영원한 기초를 놓도록 하시는 구원의 경륜에 따라서 일어났다.

마지막 계시의 전달수단이 언어적 도구들을 사용하는 것이었는데, 예수 그리스도의 구원사역이 완성되어서 온전한 것이 주어짐으로서 더 이상 지속될 필요가 없게 되었다. 따라서 사도들은 계시 종결을 선언했고, 이런 도구적인 은사들도 역시 종결되었다. 방언은 전환기적인 성격을 가지고 있었고, 사도적인 시대와 예언적인 시대가 끝이 나면서 동시에 종결되었다.

6) 방언의 본질

앞서 지적한 바와 같이, 예언의 은사가 교회에 주어지는 언어적인 은사라고 한다면, 방언의 은사 역시 언어를 사용하는 은사라고 하는 점에 있어서 기능적으로는 예언과 같은 역할을 감당한다. 하나님의 뜻을 교회에 알려주려고 주시는 은사이다. 방언도 역시 예언처럼 계시의 형식을 통해서 새로운 하나님의 뜻을 주시는 방법이었다.

(1) 방언 말하는 자는 오직 듣는 것만을 전할 뿐이다

먼저 방언의 근거와 근원을 살펴보자.

> 그러므로 방언을 말하는 자는 통역하기를 기도할지니 내가 만일 방언으로 기도하면 나의 영이 기도하거니와 나의 마음은 열매를 맺지 못하리라(고전 14:13-14).

여기서 방언은 나의 영에게 성령이 주시는 언어를 받아서 말하는 것이라고 하였다. 방언은 직접적으로 성령으로부터 오는 은사라는 사실이다.

물론 통역이 필요한 은사다. 이것은 방언을 말하는 자의 마음이나 생각은 전혀 관련되어 있지 아니하고, 끼어들어갈 여지가 전혀 없는 은사이다. 방언 말하는 자의 지식이나 학식이나 능력으로 방언이 발

생하는 것이 아니다. 방언 말하는 자의 혀가 성령에 사로잡혀서 발음되는 것들은 전혀 자신의 의지와 상관이 없이 발설하게 된다. 다만 자신의 혀가 하나님께 사로잡혔다는 것만은 의식할 수 있다.

성령에 사로잡힌다는 것은 전달자의 마음대로 할 수 없다는 것이기는 하지만 전혀 자기 자신과는 상관없이 앵무새처럼 무감각하게 말한다는 것은 아니다. 전달하는 사람도 은혜를 받게 되고, 그 뜻을 깨우치는 것이 분명하다.

> 이와 같이 너희도 혀로써 알아 듣기 쉬운 말을 하지 아니하면 그 말하는 것을 어찌 알리요 이는 허공에다 말하는 것이라 이같이 세상에 소리의 종류가 많으나 뜻 없는 소리는 없나니 그러므로 내가 그 소리의 뜻을 알지 못하면 내가 말하는 자에게 외국인이 되고 말하는 자도 내게 외국인이 되리니 그러므로 너희도 영적인 것을 사모하는 자인즉 교회의 덕을 세우기 위하여 그것이 풍성하기를 구하라(고전 14:9-12).

(2) 방언의 특성

신약성경에서 고린도교회에 소개된 방언은 주로 계시적인 기능을 감당하였고 공적으로 하나님의 뜻을 드러내는 방편이 되게 하고자 통역이 동원 되어야만 비로소 의미를 알려주신다.

> 방언을 말하는 자는 사람에게 하지 아니하고 하나님께 하나니 이는 알아 듣는 자가 없고 영으로 비밀을 말함이라(고전 14:2).

방언도 역시 하나님의 비밀에 관한 것을 말하는 은사이다.

사도 바울은 여러 다른 성경에서도 이런 비밀스러운 것을 알게 하는 계시가 주어지되, 인간으로서는 접근할 능력이 없고 다만 오직 주권적으로 하나님께만 속하였음을 토로한 바 있다. 로마서의 마지막 부분에서 계시의 비밀을 지적하였다.

> 나의 복음과 예수 그리스도를 전파함은 영세 전부터 감추어졌다가 이제는 나타내신 바 되었으며 영원하신 하나님의 명을 따라 선지자들의 글로 말미암아 모든 민족이 믿어 순종하게 하시려고 알게 하신 바 그 신비의 계시를 따라 된 것이니(롬 16:25-26).

에베소서에서도 그리스도를 알게 하고자 '비밀'을 알게 하시는 것이라고 설명하였다(엡 1:9; 6:19). 성도들이 먼저 받은 사도를 통해서 비밀의 세계에 대해서 깨우침을 얻고 알게 된다.

> 곧 계시로 내게 비밀을 알게 하신 것은 내가 먼저 간단히 기록함과 같으니 그것을 읽으면 내가 그리스도의 비밀을 깨달은 것을 너희가 알 수 있으리라(엡 3:3-4).

계시의 비밀을 전하는 자로서 사도 바울은 오직 그리스도 안에서 계시된 바를 전달하고자 하였다(고전 1:26-27). 그리고 특별한 구원의 여러 측면들을 소개하고자 했다(롬 11:25; 고전 15:51; 살후 2:7). 모두 다 비밀스러운 계시이다.

방언은 예언과 같은 기능을 하는 은사로서 성령의 역사로 인해서 비밀을 알려주시는 직접적인 방법이었다. 하지만 오직 이런 은사들을 말하는 것만이 전부가 아님을 경고한다.

> 내가 예언하는 능력이 있어 모든 비밀과 모든 지식을 알고 또 산을 옮길 만한 모든 믿음이 있을지라도 사랑이 없으면 내가 아무 것도 아니요(고전 13:2).

방언이나 예언이나 비밀을 알려주는 계시이지만, 기독교 신앙인이 받아야 할 은사는 오직 그런 것들만이 전부가 아니라 사랑이라는 은사가 있어야 한다. 여기서 강조하는 바는 은사를 발휘하는 자가 조심 없이 하게 되면, 기본적인 역할을 하지도 못하는 상황이 발생할 수 있는 것이다. 한순간에 방심하면, 은사가 날아가 버릴 수 있다. 교회를 세우는 일에 쓰임을 받지 못하고, 도리어 무너트리고 만다는 것이다.

방언의 은사는 통역이 없으면 다른 사람들에게는 무가치한 소리에 불과하게 된다. 전혀 접근성이 없다. 의미를 모르는 소리와는 소통이 불가능하다. 예수님의 비유가 전해졌을 때에, 유대인들 가운데 상당수가 그 의미와 뜻을 바로 깨닫지 못하였다. 그들의 언어로 들려졌건만, 깨우침을 받지 못하고 말았다.

> 대답하여 이르시되 천국의 비밀을 아는 것이 너희에게는 허락되었으나 그들에게는 아니되었나니 무릇 있는 자는 받아 넉넉하게 되되 없는 자는 그 있는 것도 빼앗기리라 그러므로 내가 그들에게 비유로 말하는 것은 그들이 보아도 보지 못하며 들어도 듣지 못하며 깨닫지 못함이니라(마 13:11-13).

예언의 은사와 같이, 방언의 은사도 역시 계시적인 기능을 하도록 성령이 주신 은사이며 서로 분리시킬 수 없는 중요한 기능을 하였다.

(3) 천사의 방언, 하늘의 언어인가?

신약성경 세 곳에(막 16:17; 행 2장; 롬 12-14장) 나타난 방언이란 과연 무엇인가? 그 당시에 다른 지역에서 사용하던 외국어인가? 아니면 알려지지 않은 말인가? 천국에서 사용하는 언어인가? 종교적으로 흥분해가지고 도취된 자들이 내어놓은 언어와 비슷한 소리일까? 성령의 세례를 받은 표시로서 지금도 계속된다는 은사주의자들의 주장이 사실인가?

먼저 이런 질문들을 해결하려면 성경 속에 어떻게 기록되어 있는가를 자세히 들여다 보아야 한다. 사도행전 2장에 나오는 방언은 고린도교회에서 사도 바울이 발견하여 언급하게 된 방언과 같은 것인가 다른 것인가? 엄밀하게 성경본문만을 놓고 보아야 하다.

통역도 없이 나오는 방언은 고린도전서 13:1에 언급된 '천사의 말', 즉 '하늘의 언어'를 의미하는 것이라고 주장하는 자들이 있다. 뒤에서 언급하겠지만, 이 문장은 가설법적 표현방법에서 나온 것이다. "만일 천사의 말을 한다고 한다면", 즉 실제로는 없지만 가정해서 강조하려는 표현법에서 나온 것이다. 그리고 더 중요한 것은 천사들이 말할 때에는 항상 인간의 언어로 전달했었다는 점이다. 성경에 기록된 모든 천사들의 말은 항상 사람의 언어로 이해되고 들려졌다. 다만 천사들의 말은 근원이 하나님이었을 뿐이다. 따라서 지나치게 상상력을 발동하여 '하늘의 언어'라고 격상시키려는 논리적 비약과 문법적 오해를 피해야만 하는 것이다. 천사들은 영적인 존재들로서 극도로 제한적으로 그들 사이에서만 상호 소통하는 것으로 나타나있고, 단 한번도 사람들에게 그런 언어가 공개된 바 없다. 성경 전체를 통틀어서도 평상시에 천사들과 성도들과의 언어적 교류는 전혀 없다. 단지 하나님의 뜻을 전달하는 것 뿐이었다. 육체적으로 외모를 갖추고 있는 경우와는 다르다는 것을 성경 전체에서 미루어 짐작할 수 있다.

① 방언은 당시 사용되고 있던 다른 지방 언어이다

사도행전은 역사적인 서술과 전체 복음화 과정을 기록한 책이다. 그래서 칼빈을 비롯한 성경주석가들은 사도행전의 방언은 분명히 외국어임에는 틀림없다는 데 동의하고 있다. 그런데 고린도교회에서 발견되는 방언들도 역시 그러한가? 사도행전을 기록한 의사 누가의 설명은 거의 일관되게 이 방언은 그 당시에 사용 중이던 외국어로서 듣는 자들이 모두 다 놀라운 감탄을 하게 되었다. 즉, 에베소에서 바울이 안수하매 방언과 예언을 함께 받았고(행 19:6), 사도 베드로가 고넬료에게 복음을 전하자 성령이 임했는데, 방언을 말하였다(행 10:46). 역시 사도행전 2:11에 증거하듯이, 오순절 사건에서는 각각 자신들 지방언어로 알아듣는 방언현상을 체험하게 되었다.

그런데 문제는 통역이 강조되고 있는 고린도교회에서 나온 방언도 역시 외국에서 당시에 사용하던 언어일까에 대한 질문이 남아있는 것이다. 하나님께 말한다는 방언의 성격이 언급되고 있기 때문이다(고전 14:28). 너무나 많은 의견들이 있어서 논쟁이 그치질 않는다.

과연 방언이 하늘의 언어인가? 오순절파에서는 사도 바울이 언급한 '천사의 말'(고전 13:1)이라는 구절이 있으니까 방언은 천사의 언어이거나 하늘의 말이라고 생각하는 경향이 있다. 오순절 은사주의자들은 방언은 하나님께만 통하는 언어이며, 기도할 때에 개인적으로 방언의 은사를 받는다고 주장한다.

사도 바울이 고린도전서 13:1에서 언급한 '사람의 방언'과 '천사의 말'은 사랑의 은사를 강조하기 위해서 제시하는 가설적인 대조법이다. 본문에서 '천사의 말'이란 것이 무엇인가에 대해서 자세히 언급하지 않았으니 우리는 상세히 알 수는 없다. 방언을 말하는 자가 의미도 모른채 무의식 속에서 말하는 경우에는 통역하는 사람이 없다면 전혀 알 수 없는 것이지만, 개인적으로 기도하는 경우에는 의식하면서 알고 있는 언어임에 틀림없다는 해석도 있다.[7] 그러나 계속해서 은사 전체를 풀이하는 그 다음 구절에 보면, 사도 바울이 말하는 '신비한 언어'를 안다고 하는 것은 여러 가지 인간에게는 초월적인 은사들 중에 하나임을 열거하는 것이다. 성령이 주신 능력자가 아니라면 불가능한 것들 중에 하나다. 모든 비밀과 지식을 알 수 있는 능력, 자신의 재산을 가난한 자들을 위해서 기부하는 자선행위, 자신이 몸을 불태워서 희생하는 것 등은 그저 평범한 사람이 하는 것이 아니다. 이런 일들이 누구에게나 가능한일이 아닌 항목들이다. 설령 이론적으로라도 이런 불가능한 일을 해내는 사람이, 실제로는 없지만, 있다하더라도 사랑이 없으면 아무 것도 아니라는 것이다.

고린도전서 13:2-3에 사용된 헬라어 동사, '네가 할지라도'라는 표현방법은 직설법(indicative)이 아니라 가설법(subjunctive mood) 혹은 가상법적인 표현을 위해서 쓰는 것이다. "네가 천사의 말을 한다고 가정하더라도"는 헬라어 표준 문법에서 가설법적인 문장으로서 비실재적인

---

7 Anthony C. Thiselton, *The First Epistle to the Corinthians New International Greek Testament Commentary* (Grand Rapids: Eerdmans, 2000), 988.

것을 표현하는 방법이다. 실재가 아니라, 단지 생각으로만 가능한 것을 표현하는 형식에서 쓰는 용법이다. 반대로 직설법은 실재하는 것을 나타내는 표현방법이다.[8]

고린도전서 13장 외에는 성경 어느 곳에도 천사의 말 혹은 하늘의 언어라는 말이 나오지 않는다. 성경에서 천사가 나타나는 곳에서 사람과 의사를 소통하는 경우에 사용된 언어는 그 당시 그 사람이 쓰는 인간의 언어(human language)로 말했었다(눅 1:11-20, 26-37; 2:8-14).

실제 언어로 그 당시 사람들이 사용하고 있는 '방언'이라고 분명하게 드러나는 사도행전 2장과 지금 은사주의자들이 주장하는 '하늘의 언어'라고 말하는 고린도전서 12-14장의 방언은 서로 어떤 관련성이 있을까? 이 두 성경에서 사용된 방언이라는 헬라어는 '글로싸'(glossa)이다. '글로싸'는 복수라서 '여러 언어'를 의미한다. 그런데 사도행전에서는 방언이라는 헬라어는 복수로 '글로싸'(tongues)를 썼다는 것을 기억해두자. 고린도전서에서는 방언이라는 단어가 단수와 복수 모두 다 사용되었다.

'글로싸'라는 헬라어는 신약성경에서 모두 50회 가까이 사용되었다. 야고보서에 사용된 경우 언어를 말하는 몸의 기관을 의미하고 있고, 대부분 다른 민족과 다른 나라에서 사용하는 말이다. 방언은 사도행전 2: 6, 요한계시록 5:9, 7:9, 10:11, 11:9, 13:7, 14:6, 17:15에서도 역시 동일하게 외국어를 의미하고 있다. 사도행전 2장에서 방언은 어느 지역에서 온 사람이든지 알아들을 수 있는 언어였다. 예루살렘에 각처 사방에서 모여들었던 유대인들이 자신들이 살고 있던 지역

---

[8] H. E. Dana and J. R. Mantey, *A Manual Grammar of the Greek New Testament* (Toronto: Macmillan, 1957), 170.

의 언어로 복음을 들었다(행 2:6). 누가는 모두 열다섯 지방에서 온 사람들이 알아듣는 언어였음을 기록하였다(행 2:8-11). 무슨 환상의 상태에서 말한 언어도 아니요, 환각상태에서 말한 것도 아니었다.

가장 문제가 되고 있는 것은 고린도전서에서 약 20회 가까이 사용된 방언이 무엇이냐에 대한 해석에 달려있다. 일부에서는 이들이 환상의 상태에서 말하는 하늘의 언어가 있다고 주장한다. 그러나 나는 도대체 어떤 근거에서 이들 고린도전서에 나오는 방언이 다른 지방 언어가 아니라는 것인지 찾아볼 수 없었다. 오순절주의자들의 입장을 지지하는 그 누구의 글에도 분명한 해답을 시원하게 볼 수 없었다.[9]

방언의 목적은 복음의 메시지를 분명히 전달하려는 것이다. 성령은 사도 바울에게 전혀 알려지지 않은 '방언'이 있어서 기록하라고 하지 않았다.

> 이와 같이 너희도 혀로서 알아 듣기 쉬운 말을 하지 아니하면 그 말하는 것을 어찌 알리요 이는 허공에다 말하는 것이라(고전 14:9).

'말하다'는 헬라어 '랄레오'(laleo)인데, 무슨 뜻인지 모르는 말이란 세상에 존재하지 않는다. 어디서나 사용되는 '말'(Word)이란 지식적으로 누구나 소통이 가능한 언어를 음성이나 문자로 표현하는 것이다.

---

[9] Gordon D. Fee, *The First Epistle to the Corinthians* (Grand Rapids: Eerdmans, 1987). Arnold Bittlinger, *Gifts and Graces, A Commentary on I Corinthians 12-14* (Grand Rapids: Eerdmans, 1967). Ralph P. Martin, *The Spirit and the Congregation: Studies in I Corinthians 12-15* (Grand Rapids: Eerdmans, 1984). D. L. Baker, "The Interpretation of I Corinthians 12-14," *Evangelical Quarterly* 46 (1974).

아무도 이해할 수 없고 알아들을 수 없으며 전혀 의미도 없는 말이란 상상조차 할 수 없다. 하나님의 초자연적인 은사가 주어져서 예루살렘에 모여든 성도들이 전혀 알지 못하던 방언이지만 그곳에 모여든 다른 지방 사람들이 깨닫고 이해할 수 있는 말로 전파하였던 것이다.

사도 바울은 교회 안에서 방언을 말할 때에 통역자가 있어야 한다고 말하였다(고전 14:13, 27). 이런 명령을 하게 된 배경에는 방언의 은사가 아무도 모르게 개인적으로 기도시간에 사용하는 언어라거나, 즉흥적으로 어떤 환상적인 상태에 들어가서 하늘의 언어를 말하는 것이 아니라는 것이다. 통역이라는 헬라어는 '헤르메네우오'(hermeneuo)인데, '번역'(translation)이다. 요한복음 9:7과 히브리서 7:2에서도 사용되었다. 통역의 은사는 전혀 배우거나 알지 못하는 언어를 초자연적인 능력으로 다른 사람들이 들어서 교훈을 받게 하는 것이다(고전 14:5). 환상의 상태에서 말하는 것을 통역하던 것이 아니었다. 고린도전서에서 말하는 방언은 뭐가 뭔지 알 수 없는 말(gibberish)이 아니라 누군가 통역할 수 있는 언어였다.

고린도교회에 보낸 편지에서 사도 바울의 마음 속에 있던 이 방언이란 단어는 분명히 인간의 언어를 의미한다는 또 다른 증거는 고린도전서 14:21-22에 있다. 여기서 방언은 믿지 않는 이스라엘 사람들에게 주는 징표라고 하였다.

> 율법에 기록된 바 주께서 이르시되 내가 다른 방언을 말하는 자와 다른 입술로 이 백성에게 말할지라도 그들이 여전히 듣지 아니하리라 하였으니 그러므로 방언은 믿는 자들을 위하지 아니하고 믿지 아니하는 자들을 위하는 표적이나 예언은 믿지 아니

하는 자들을 위하지 않고 믿는 자들을 위함이니라(고전 14:21-22).

여기서 사도 바울은 이사야 28:11-12을 인용한 것이다. 원래 이스라엘 백성을 향한 예언이었다. 하나님은 이방 언어들로 자신의 계시를 말씀하실 것이다. 이스라엘의 불신앙을 꾸짖는 말이다. 이처럼 마음이 굳어져서 강퍅해 있던 유대인들에게 너희들의 언어가 아니라 다른 방언으로 말씀이 선포되게 하리라는 예언이다. 의심하고 거부하던 불신자들, 특히 유대인들에게 향하신 하나님의 기적과 의미심장한 표적이 되게 하기 위해서, 아무도 모르는 하늘의 언어로 말하는 것이 아니라, 이방 사람들이 사용하는 언어로 말씀하실 것이다.

방언을 설명하는 많은 사람들은 이 구절을 중요하게 다루지 않고 있다. 성경적인 맥락이 분명히 들어있는 데도 간과해 버린다. 이사야가 미리 선포한 예언에서 장차 이 방언이라는 표적이 주어질 불신앙의 세대들에 대한 역사적 배경과 기본적인 의미를 얻어낼 수 있는 것이다.

방언은 분명히 사용되는 외국어이다. 그냥 의미도 모른 채 아무도 알아들을 수 없는 중얼거림이 아니다. 그러나 오순절파와 은사 운동가들은 성령세례와 연결시켜서 은사를 받아서 하늘의 언어를 말하고 있다고 주장한다. 거의 대부분 오순절 은사파에서 받았다고 주장하는 방언 은사는 지금 사용되는 참된 언어가 하나도 없다.

1세기 고린도교회에서 나타난 방언은 일부 성도가 마치 환각상태에 있는 것과 같이 황홀경에 들어가서 아무도 이해하지 못하는 말을 하는 것도 아니었다. 모두 다 정상적으로 보고 알 수 있었는데, 그 방언의 은사가 오염된 것임을 지적했던 것이다. 다시 말하면 고린도교회에서는 현대 방언 말하기와 유사한 부분이 지적된 것이다. 사도 바울이 교정하고 가르치려 했던 것은 방언 은사의 전체적인 왜곡이었다. 고린도교회 성도들이 방언을 말하는 방식대로 한다는 것은 그리스도의 교회에 해가 되는 것이요, 선한 일이 아니다.

특히 고린도전서 14:2에서 사도 바울은 고린도 성도들이 사람에게 말하지 않고 하나님께 말한다는 방언의 은사의 오류에 대해서 지적하고 있음을 주목하게 된다. 사도 바울은 방언의 은사가 개인적으로 기도하는 시간에 쓰여져서는 안 된다는 것을 주문한 것이다. 만일 이 방언이라는 것이 하나님께 말씀하는 것이라면 역설적으로 통역자를 말할 필요가 전혀 없는 것이다. 성령의 은사들이 하나님의 유익을 위해서 쓰여질 필요는 전혀 없다. 신령한 은사들은 개인만의 유익을 위해서 주어진 것도 아니다.

> 각각 은사를 받은대로 하나님의 여러 가지 은혜를 맡은 선한 청지기 같이 서로 봉사하라(벧전 4:10).

계속해서 고린도전서 14:4에 방언을 말하는 자들은 자기의 덕을 세우고, 예언은 교회의 유익을 위해서 사용하고 있다고 하였다. 고린도교회에서는 일부 방언 은사자들이 교회를 강하게 세우려고 사용하지 않고, 자기 자신만을 위해서 이기적으로 사용하고 있었던 것이다. 자기를 과시하려는 뜻으로만 사용하고 있으니 이를 경계하려는 것이다.

> 모든 것이 가하나 모든 것이 유익한 것은 아니요 모든 것이 가하나 모든 것이 덕을 세우는 것은 아니니 누구든지 자기의 유익을 구치 말고 남의 유익을 구하라(고전 10:23-24).

게다가 고린도에서 방언하는 자들이 실수하고 있었던 것은 또 다른 것이 있었다. 그들은 정작 전달해야 할 하나님의 뜻을 모호하게 만들어버렸다. 사도 바울은 고린도전서 14:16-17에서 "그렇지 아니하면 네가 영으로 축복할 때에 알지 못하는 처지에 있는 자가 네가 무슨 말을 하는지 알지 못하고 네 감사에 어찌 아멘하리요 너는 감사를 잘하였으나 그러나 다른 사람은 덕 세움을 받지 못하리라"고 지적하였다. 다른 성도들이 전혀 알아 들을 수 없는 방언을 말하게 되면, 누가 유익을 얻을 수 있겠느냐는 것이다. 자기의 감사기도에서 방언을 사용하게 되면, 알아듣지 못한 성도들과는 전혀 소통이 되지 않았다는 것을 고려하라는 것이다.

사도 바울이 고린도전서 13장 초두에서 내가 더 나은 길을 보여줄 것이라고 말하는 의도는 고린도 성도들이 자기 과시를 위해서, 자기가 가장 좋은 은사를 받은 자라고 나타내기 위해서, 가장 거룩한 은사를 받았다고 나타내기를 좋아하는 것을 교정하려는 목적에서이다. 그들은 사람의 칭찬을 구하고 있었다. 영적인 은사를 많이 받은 사람으로 보이기를 원했다. 심지어 남을 속이는 가짜 방언 은사까지도 서슴지 않았다. 고린도교회에서 나타난 가짜 방언 은사는 극단적인 사태에 이르렀음을 보여준다. 일부 성도들이 방언 은사를 남용하는 것은 교회를 세우는 것이 아니라 헐어버리는 행위였다. 이와 마찬가지로, 동일한 문제가 오늘날 세계 교회에 번지고 있으니 참으로 슬픈 일이다.

방언의 본질이 과연 외국어이냐의 여부를 가려내는 기본 자료가 제한적이라는 점을 인정한다. 그렇다 하더라도 지금 많은 사람들이 하고 있는 방언이란 무엇인가? 더구나 오순절 은사주의자들이 말하는 대로, 성령의 세례를 받은 표시인가? 이것은 너무나 성경적 분석을 배제시키고, 현상적으로 받아들이는 은사 운동가들의 논리적 비약이요, 성경적 사상은 아니다. 더구나 방언은 하늘의 언어가 아니다.

사람의 언어적 기능은 다재다능하다. 얼마든지 다른 나라 말을 흉내낼 수 있다. 사용 중인 언어처럼 들려지는 발성을 할 수 있다. 창조적인 언어능력은 한번 들어본 말들을 모방해서 음성을 만들어낼 수 있다. 다른 사람의 방언을 들어본 사람은 비슷한 발성을 흉내낼 수 있다. 따라서 지금 다른 사람이 방언 은사를 받아서 말한다는 것에 대해서 진정 하나님으로부터 받은 언어인지가 분명치 않다.

세계적으로 그렇게 방언 은사를 받은 사람들이 많다고 주장하는데, 과연 전혀 모르는 외국어를 말하는 사람이 있는가? 단 한명도 외국말을 한다는 방언자가 나타나지 않았다. 그래서 그저 음성적인 발음 흉내를 내는 것이라고 비판을 하게 된다. 방언 은사를 주장하는 자들은 아무도 이해하지 못하는 방언은 하늘의 언어라고 주장한다.

방언 은사는 복음의 메시지를 확정하는 표적이다. 바울은 복음을 전달하기 위해서 실수하지 말고 방언이 사용되어야함을 지적한다. "방언은 믿는 자들을 위하지 아니하고 믿지 아니하는 자들을 위하는 표적"(고전 14:22)이라 하였다. 여기서 사용된 '표적'이란 헬라어는 '세메이온'(semeion)인데, 하나님의 메시지를 믿지 않는 자들에게 분명히 전달하려는 의도에서 주신 기적을 말한다. 요한복음 20:30-31에 강조되어 있듯이, 표적이란 아무런 목적 없이 시행된 적이 없다.

> 예수께서 제자들 앞에서 이 책에 기록되지 아니한 다른 표적도 많이 행하셨으나 오직 이것을 기록함은 너희로 예수께서 하나님의 아들 그리스도이심을 믿게 하려 함이요 또 너희로 믿고 그 이름을 힘입어 생명을 얻게 하려 함이니라(요 20:30-31).

메시지가 전달되게 하려고 표적을 주신 것이다. 마가복음 마지막 구절인 16:20에서도 "제자들이 나가 두루 전파할 새 주께서 함께 역사하사 그 따르는 표적으로 말씀을 확실히 증언하시니라"고 하였다.

방언 은사의 참된 기능은 '믿지 않는 자들을 위한 표적'이다. 믿지 않는 자들이 없는 곳에서 이런 방언 은사를 말하는 것은 원래 목적에 어긋나는 일이다. 자기 자랑이나 자기 과시일 뿐이다. 하나님이 이방인이나 유대인이나 복음을 믿지 않는 자들에게 전달하려는 목적을 가지고 주신 것이 방언이었으니 그 밖에 다른 용도로 사용되어서는 안 된다.

고린도교회의 방언현상은 이 놀라운 표적을 통해서 하나님이 복음의 메시지를 확실하게 증거하고자 하였기에 주어진 은사였다. 하나님은 단지 복음을 전달하는 도구로서 방언이라는 은사를 사용하게 하신 것만이 아니다. 복음이 확실하게 구체화되기를 바라고 주신 것이다. 당시 고린도 성도들과 초대교회는 오늘날 우리가 가지고 있는 완전한 성경을 가지고 있지 못했다. 초대교회는 이제 막 어린 아이와 같이 걸음마 단계에서 형성되기 시작했었다. 사도들이 곳곳에서 증거하는 복음의 메시지들이 이 특수한 방언이라는 표적에 의해서 인정을 받고, 확증되었다. 예언과 방언은 사도적 특수 은사였다. 방언을 말하는 자와 방언을 통해서 전달되는 내용이 모두 다 특수한 것이다. 이 두 가지가 방언이라는 특별한 표적으로 확증되었다.

사도시대에도 기독교 진영 내부적으로 매우 혼란스러운 부분이 있었으니, 사탄이 책동하여서 누가 진짜 사도인지 구별을 흐리게 하는 것이었다. 사도들은 자신들의 직책이 하나님으로부터 온 것임을 확증하는 표적이 있어야 했다.

> 사도의 표가 된 것은 내가 너희 가운데서 모든 참음과 표적과 기사와 능력을 행한 것이라(고후 12:12).

가짜 선지자들과 사도들이 횡행하였다. 그들은 하나님의 이름을 빙자하여 헛된 소문을 퍼트리고 다녔다. 베드로와 요한, 바울 등은 지금 우리가 가지고 있는 성경을 전혀 모르는 성도들에게 찾아다니면서 사도적 교훈을 확증해야만 되었다. 그러니 하나님으로부터 온 기적과 표적이 뒷받침되어야 했던 것이다. 만일 사도가 지금 시대에 나타난다면, 전혀 이런 표적들이 필요가 없게 된다. 이미 성경을 통해서 예수 그리스도의 부활과 재림의 복음을 분명히 알려주셨기 때문이다. 우리에게는 하나님의 메시지를 확증하는 표적이 필요가 없다. 이미 성령으로 감동을 입은 사람들이 보고하는 메시지를 가지고 있기 때문이다. 하지만 초대교회 시대는 환경이 전혀 달랐다.

표적은 이방인을 위한 것이 아니라 유대인을 위한 것이다. "유대인들은 표적을 구하고"(고전 1:22)라고 앞에서 이미 사도 바울이 지적했다. 구약시대로부터 나온 오래된 신앙의 배경에서 유대인들은 하나님의 사람에게는 신비로운 표적이 따른다고 자연스럽게 생각해왔다. 하나님께 속한 특수한 사람들은 특별한 능력이 있어야만 믿을 수 있다고 판단하였다. 유대인들은 예수님에게 줄기차게 표적을 보여달라고 요구했다.

> 그 때에 서기관과 바리새인 중 몇 사람이 말하되 선생님이여 우리에게 표적 보여주시기를 원하나이다(마 12:38).

그리고 "바리새인과 사두개인들이 와서 예수를 시험하여 하늘로서 오는 표적 보이기를 청하니"(마 16:1)에서 보여주듯이 표적은 중요한 문제가 되었다.

> 네가 이런 일을 행하니 무슨 표적을 우리에게 보이겠느냐?(요 2:18)

> 우리가 보고 당신을 믿도록 행하시는 표적이 무엇이니이까, 하시는 일이 무엇이니이까(요 6:30).

그렇지만 예수님이 보여준 많은 표적들을 왜곡하고 의심하였다. 표적을 보고도 믿지 못하던 유대인들의 불신앙은 슬픈 일이었다.

표적은 믿는 자들에게는 신앙의 근거가 된다. 니고데모가 예수님에게 밤중에 찾아온 이유도, "유월절에 예수께서 예루살렘에 계시니 많은 사람이 그의 행하시는 표적을 보고 그의 이름을 믿었으나"(요 2:23)에서 찾아볼 수 있다. 니고데모는 예수님에게 "랍비여 우리가 당신은 하나님께로부터 오신 선생인 줄 아나이다 하나님이 함께 하시지 아니하시면 당신이 행하시는 이 표적을 아무도 할 수 없음이니이다"

(요 3:2)라고 고백하였다.

마지막 혼란의 시대에 사탄의 표적이 나타날 것을 예고하신 것도 기억해야만 한다.

> 악한 자의 나타남은 사탄의 활동을 따라 모든 능력과 표적과 거짓 기적과 불의의 모든 속임으로 멸망하는 자들에게 있으리니 (살후 2:9-10).

많은 능력과 표적 때문에 많은 자들이 적그리스도에게 속아 넘어가는 날이 오게 될 것이다.

그래서 방언 은사에 대한 판단에서도 이와 같이 얼마든지 속을 수 있음에 유의해야만 한다. 현대인들은 현상적인 체험을 자꾸만 추구하고 있다. 그런데 유대인들이 보는 것이 아니면 믿지 않았던 것처럼 우리도 역시 보는 은사를 추구하려는 경향이 많다. 이제 우리는 성경을 가진 사람들이다. 따라서 우리 성도들은 "믿음으로 행하고 보는 것으로 행하지 아니함이로라"(고후 5:7)는 견고한 신앙고백을 가져야 하겠다.

간추려보면, 방언이라는 특수 은사가 나타난 곳에서는 믿음을 거부하는 유대인들이 있었고, 그들에게는 전혀 무가치하게 생각되던 이방인들의 언어로 복음이 선포되어 의사소통이 이루어졌고, 그에 따라서 놀라운 반응이 일어나서 믿는 자들이 생겨나는 것을 목격하게 되었다. 방언이 표적으로 나타난 곳에서 유대인들은 이방인들의 구원을 확실히 깨닫게 된 것이다. 이방인들에게도 구원이 주어졌음을 확증하게 된 현상이 복음 증거와 함께 수반된 성령강림과 방언현상이었다. 사도행전 10:45과 19:6에 기록되어있다.

초대교회 시대에는 사도들이 가는 곳마다 성령의 강력한 역사와 표적이 필요했다. 그리고 사도들에게 임하신 성령의 역사하심으로 거룩한 책이 쓰여서 하나님의 음성을 모든 시대에 듣게 되었다. 오늘날에는 누구든지 하나님의 말씀을 읽고 보게 되었으므로, 성령은 이제 성경과 함께 역사한다. 오직 성경만을 확증하는 성령의 역사가 있기에 더 이상 복음의 확증을 위해서 표적을 덧보태려 하지 않는다. 하지만 초대교회 사도들이 활동하던 때에는 성경이 아직 문자로 완성되어 있지 않았다. 어느 곳에서나 참된 복음을 듣게 해야만 되었고, 언어의 표적을 통해서 사도들의 권위를 세우고 사역의 진정성을 확보할 필요성이 있었다.

표적은 어느 곳에서나 항상 주시는 것이 아니라는 것을 예수님은 분명히 설명하였다. 나사로와 함께 죽은 부자가 자신을 살려 보내어서 그 기적을 보고 형제 다섯 명에게 지옥의 고통을 증거하게 해달라고 하였다.

> 아브라함이 이르되, 그들에게 모세와 선지자들이 있으니 그들에게 들을지니라…모세와 선지자들에게 듣지 아니하면 비록 죽은 자 가운데서 살아나는 자가 있을지라도 권함을 받지 아니하리라 하였다 (눅 16:29, 31).

성경을 거부하는 자들에게는 표적이나 기적이 아무리 특수하게 주어진다하더라도 소용이 없다.

7) 오순절 은사 운동의 왜곡

현대 일부 오순절파 은사 운동에서 방언 말하기, '글로쏘랄리아' (glossolalia)라는 은사를 강조하고 있는데 이는 성경에서 말하는 다른 지역의 언어와는 전혀 다른 성격의 것임을 인식해야 한다. 토론토대학교 언어학 교수 윌리엄 사마린은 근 5년간 오순절파 방언집회를 참석해서 언어적인 것들을 비교해 보았다. 방언은 겉모습으로 보아서는 언어처럼 유사성이 보이지만, 방언말하기는 근본적으로 언어가 아니라고 결론지었다.

> 나는 옛날 모습으로 진행되는 오순절파와 신은사주의 집회에 참석했다. 공개적으로 많은 사람들이 모이는 곳과 개인적으로 집에서 모이는 집회에도 모두 참가했다. 나는 브롱스의 푸에르토리코 사람, 아팔라치언의 뱀 다루는 사람들, 로스엔젤레스에 있는 러시아 몰라칸스 등 서로 문화가 다른 사람들을 보았다…방언 말하기는 실제로 어떤 방식으로는 언어처럼 보인다. 그러나 이것은 오직 말하는 자가 실제 언어처럼 되기를 원하였기 때문이다. 하지만 겉모습이 비슷하게 보이고 있지만, 방언 말하기는 근본적으로 언어가 아니었다.[10]

어느 누구도 사람이 사용하는 언어를 말하는 것이 아니라면, 오늘날 방언이라고 주장하는 것은 성경의 방언 은사는 아니다.

---

10 William J. Samarin, *Tongues of Men and Angels* (New York: Macmillan, 1972), 103-28.

방언 은사에 대한 오해와 그릇된 지도가 완전히 사라지지 않은 한국교회가 어서 속히 건전한 성경적 안목을 확고히 세워야만 한다. 성경학자이자 침례교 목회자였던 레만 스트라우스(Lehman Strauss, 1911-1997)는 방언 은사가 잘못된 가르침으로 퍼지고 있다는 일곱 가지 문제점을 지적하였는데 필자는 전적으로 동의한다.[11] 스트라우스 목사가 지적한 방언 운동의 핵심적인 문제점들을 살펴보자.

첫째, 방언을 말하는 것과 성령의 세례를 받은 것은 동일한 것이라는 주장은 잘못된 것이다. 성령을 받은 사람은 반드시 방언을 한다는 기록은 성경 그 어디에서도 찾아볼 수 없다. 모든 구원받은 자들은 성령으로 세례를 받은 자들이다. 이 성도들은 "한 성령으로 세례를 받았다"(고전 12:13). 고린도교회 성도들은 모두 다 성령의 세례를 받은 자들이지만 모두 다 방언을 말한 것은 아니었다. 성령을 받은 자들이라 하지만 사도 바울은 "모두 다 방언을 말하겠느냐?"(고전 12:30)고 반문하였다.

성령의 세례로 인하여서 죄인이 회개하고 그리스도의 몸에 연합된 것을 믿는 것이다. 성령의 세례사역은 믿는 자의 위치를 그리스도의 몸 안으로 옮겨놓는 것이다. 이것은 차후에 믿는 성도에게 일어나는 여러 가지 체험과는 다른 것이다.

성령의 세례는 성령의 충만과 혼동해서는 안 된다. 앞에서 설명한 바와 같이 성령으로 세례를 받아서 그리스도와 연합된 자가 된다. 이것은 모든 성도에게 똑같이 주어지는 신분이다. 사도 바울은 모든 성도들이 성령으로 세례를 받은 자라고 분명히 증거했다(고전 12:13). 그러나 모든 사람이 성령충만의 체험을 똑같이 갖는 것은 아니다.

---

11 Lehman Strauss, "Speaking in Tongues," www.bible.org

둘째, 방언을 말하는 것이 성령으로 충만한 증거가 된다고 하는 것도 잘못된 주장이다. 모든 믿는 자들은 성령의 충만을 해야 된다고 사도 바울은 명령하였다(엡 5:18). 그러나 믿는 자들은 방언을 해야만 한다는 것은 성경 어디에서도 찾을 수 없다. 기독교인들은 성령의 영향과 지배하에서 살아가야 하는 것이지 방언을 말하고 살아가는 것이 아니다.

사도행전 4:31과 13:9-11에 보면, 성령으로 충만한 것은 성령으로 지배를 받는 것임을 알 수 있는 수많은 기록이 있다. 그러나 성령으로 방언을 말했다는 기록이 없다. 기독교 역사에 나오는 수천, 수만의 복음 사역자들과 선교사들이 성령에 인도하심 가운데서 헌신하였지만, 결코 방언을 말했다는 기록이 없다.

성령으로 충만한 성도들의 특징은 에베소서 5:18-21에 기록되어 있는 바, 세 가지로 요약된다. 첫째는 찬송하고 즐거워하며 기쁜 마음을 갖는 것이요, 둘째는 모든 일에 하나님을 향해 감사를 드리는 것이며, 셋째로는 하나님을 두려워하며 순종하는 심령이다.

셋째, 방언을 말하는 것이 곧 성령의 열매라고 하는 것은 잘못된 말이다. 성령의 열매는 성령의 충만에서 나오는 것이다. 방언은 성령의 열매가 아니다. 갈라디아서 5:22-23에 아홉 가지 열매는 "사랑, 희락, 화평, 오래 참음, 자비, 양선, 충성, 온유, 절제"이다. 성령으로 충만한 자는 방언을 말하는 것과는 상관없이, 열매로써 나타나게 되어 있다. 갈라디아서와 에베소서에 성령의 충만과 성령의 열매를 언급하고 있는 서신 어디에서도 방언은 언급된 적이 전혀 없다.

성령으로 충만한 모든 기독교인은 모두 다 성령의 지도와 지배를 받아 살면서 열매를 보여주게 된다. 그러나 모든 성도가 모든 은사를 다 받는 것이 아니다. 방언을 말하는 것은 이런 삶의 질을 통해서 입증되어야 할 것과는 아무 관련이 없다. 예들 들면, 세례 요한은 그의 어머니의 태중에서부터 성령이 충만하였다(눅 1:15). 그러나 성령이 충만했던 세례 요한이 기적을 만들어내지도 않았고, 방언을 말한 적도 없다(요 10:41).

넷째, 방언을 말하는 것은 한 성도의 믿음의 증거가 된다는 것도 잘못된 주장이다. 도리어 표적을 구하는 것은 기록된 하나님의 말씀을 믿지 못하는 불신앙적인 행동이다. 방언은 믿는 자들을 위한 은사가 아니라, 믿지 않는 자들을 위한 은사이다(고전 14:22). 고린도교회에는 어린 아이와 같이 연약한 믿음의 소유자들이 많았고, 흔들리는 불신앙에 빠진 자들도 있었다.

예를 들면, 도마는 제자들 가운데서 믿음이 연약한 모습을 보였는데, 예수님의 부활을 믿지 못하겠다고 주장했다. 자신이 직접 예수님의 손과 옆구리에 있는 못자국을 만져보고 난 후에야 믿겠다고 말했다(요 20:24-25). 팔일 후에, 주님이 자신에게 나타났다.

> 너는 나를 본 고로 믿느냐 보지 못하고 믿는 자들이 복되도다(요 20:29).

기독교인은 보는 것과 듣는 것에 의존하지 않고, 성경에 기록된 것만을 믿으면서 나가는 것이다.

다섯째, 방언 은사를 추구하는 것은 잘못된 것이다. 다시 말하지만 고린도교회의 성도들이 모두 다 방언을 말한 것이 아니었다(고전 12:4-11). 사도 바울은 '은사는 여러 가지나 성령은 같다'고 했다. 은사는 사람의 욕심이나 생각에 따라서 주어지는 것이 아니다. 오직 성령의 기쁘신 뜻대로 주어진다(고전 4:18). 방언 은사를 간구하는 것은 아무런 자격도 없는 자가 제 주제도 모른 채 머리되신 하나님을 향해서 하지 못할 말을 하고 있는 꼴이다.

더구나 방언 은사가 가장 돋보이는 중심적 위치에 있지도 않았음을 알 수 있다. 은사 중에서도 가장 고귀한 것들의 항목이 고린도전서 12:8 이하에 있는 바, 첫째는…둘째는…셋째는…하고 설명되다가 방언은 거의 마지막에 나온다. 고린도전서 14:1, 5-6, 19에서도 방언은 예언에 비해서 훨씬 약하게 나온다.

방언 은사를 강조하여 가장 중요하다고 선전하는 자들은 결국 이단들이다. 이들은 자기 명예를 높이고 자랑하려는 욕망으로 과시적인 은사를 내세우고 있다. 사도 바울은 우리에게 "더 큰 은사를 사모하고 제일 좋은 길"(고전 12:31)을 향해서 간구하여야 한다고 가르쳤다.

은사는 교회 전체의 덕을 위해서 주어졌다. 그리스도의 몸을 세우고 유익하게 하려고 주신 것이다(고전 12:7). 성도들이 서로 봉사하고 돌아보아서 부족한 것을 채우게 하려는 의도에서 은사들을 주셨다. 누가 자신의 은사를 자랑하는 것은 고린도전서 13장에 가르쳐 주신 사랑과는 거리가 먼 것이다. 사랑은 자신의 유익을 구하는 것이 아니다(고전 13:5).

여섯째, 여성도들에게 방언 은사를 말하게 하는 것은 잘못된 것이다.

여자는 교회에서 잠잠하라 그들에게는 말하는 것을 허락함이 없나니 율법에 이른 것 같이 오직 복종할 것이요 만일 무엇을 배우려거든 집에서 자기 남편에게 물을지니 여자가 교회에서 말하는

것은 부끄러운 것이라(고전 14:34-35).[12]

특히 고린도전서 14장의 전체 맥락에서 볼 때, 사도 바울이 연관지어서 설명하고 있는 것은 예언과 방언이다. 이런 은사들은 이미 고린도전서 11:5에서 머리에 아무것도 쓰지 않은 채로 할 수 없다라고 하여 금지시켰다. 결국 여성은 교회 안에서 제한적으로 쓰이는 은사를 받은 것이다. "여자가 가르치는 것과 남자를 주관하는 것을 허락하지 아니하노니 오직 조용할지니라"(딤전 2:12)라고 하여 교회의 질서와 조화를 이루고자 하였다. 여성도의 사역은 남자를 지배하는 구조로 이루어져서는 안 된다. 여성도는 다른 여성들과 아이들을 가르치는 데 중요하게 쓰임을 받고 있다.

위 성경구절을 왜곡하면서 특히 여성의 목사안수를 주장하는 자들은 '복음주의적 자유주의'라는 평가를 받아 마땅하다. 왜 여성의 목사안수를 주장하는 자들을 '신학적으로 자유주의'라고 규정해야 하느냐? 그들은 하나님의 말씀으로서 성경의 완전한 신뢰성을 부정하고, 우리의 삶 속에서 성경의 절대적이며 유일한 권위를 부정하기 때문이다. 인류평등주의(egalitarianism)에 입각해서 교회에서나 결혼생활에서 남자의 유일한 지도적 역할이란 따로 없다고 주장하는 자들이 바로 '복음적 여성주의'요, '신학적 자유주의자'이다. 그동안 이런 여성안수 문제에 대해서 전혀 언급이 없다가 이들이 이제 갑자기 따라서 바꾸려는 이유는 무엇인가? 여성들이 모든 분야에서 평등을 주장하기에

---

[12] 예언은사의 일부분이 지금도 계속된다고 주장하는 '열린 복음주의자' 그루뎀 교수는 여성사역을 강조하는 자들이 자유주의 신학을 따르고 있다는 위험성을 지적한다. Wayne Grudem, *Evangelical Feminism: A New Path to Liberalism?* (Wheaton: Crossway Books, 2006), 159-164.

나온 것이 아닌가? 여성들이 정치 사회적으로 모든 분야에서 약진하고 있으면서 목소리를 내고 있는 시대다. 그래서 세상의 풍조를 따라서 교회의 직분제도를 바꾸려는 것은 아닌가? 도대체 어떤 논리로 이제 와서 갑자기 여성의 목사안수를 시행해야 하는 근거가 어디에 있는가?

여성주의자들은 성경의 어떤 구절은 절대시하고, 어떤 구절은 약화시켜버린다. 풀러신학대학원와 리젠트 칼리지에서 신약을 가르쳤던 고든 피(Gordon Fee)는 고린도전서 14:34-35은 원래 바울의 편지에 없었는데 나중에 누군가 삽입해 넣었다고 주장한다. 그래서 "모든 기독교신자들에게 절대적인 구절이 아니다"는 것이다. 그러나 이 구절을 포함하지 않는 신약사본은 아직 단 한 권도 발견된 적이 없다. 1950년대에 시작된 여성의 목사 안수는 자유주의 신학자들이 주장한 것이요, 1970년대에 일부 복음주의 진영에서 받아들이게 되었지만, 결코 남자와 여자의 역할에 대한 성경의 구분을 상실하게 만들어서는 안 된다.

더구나 이 구절에 대한 성경해석 방법에 있어서, 일부 복음주의 신학자들은 역사적 궤도(historical trajectory)라는 입장을 채택했다. 구약에서부터 신약을 통과해서 오늘에까지 역사적인 의미를 추적하는 바, 이런 방식에서는 신약성경의 가르침은 더 이상 우리의 최종 권위가 아니라는 뜻이다. '이제 우리의 권위는 신약성경의 방향에 대한 우리의 이념들이 되는 것이요, 아직 도달하지 못하였다.'

여기서 방언과 예언에 관련된 여성사역을 금지했다는 이 본문의 가르침을 다른 사역에 연관시켜서 과장하거나 왜곡하지 말아야한다. 여성들의 교회 사역을 전부 다 무시한다거나 약화시켰다는 식으로 오해하거나 곡해해서는 안 된다. 마태복음 1장의 예수님의 족보에는 다말, 라합, 룻, 마리아 등 네 명의 여성들이 올라있다. 예수님의 공생애 3년 기간에도 여성들의 헌신과 도움을 크게 받아서 생활하였다. 사도들보다 먼저 마리아가 부활의 증인이 되기도 하였고, 사도 요한과 함께 생활한 예수님의 모친 마리아의 역할이 오래동안 지속된 것으로 보인다. 사도 바울의 선교사역 중에서 로마서 16장에 언급된 여성도들의 활약과 수고는 초대교회의 절대적인 요소들이었다. 여성의 사역을 비하하거나 축소하는 것이 아님을 알아야만 한다.

인간의 존엄성을 깨닫게 된 민주화 과정을 거친 후에 오늘날 대부분의 국가들은 남녀 평등사상을 시행하고 있다. 여성의 동등한 인격과 인권을 존중해 주어야만 마땅하다. 그러나 성령의 은사의 문제는 남자든지 여자든지 하나님의 뜻에서 주시는 대로 따라야 한다. 교회 안팎에서 남성도들이나 여성도들이나 모두 문제를 안고 있는 바, 하나님의 질서를 떠나게 되면 혼란이 더 커지고 만다. 남자가 머리가 되어서 지도하고 가르치고 치리하라는 질서 명령은 우리 인간이 만들어 낸 구조가 아니다. 하나님께로부터 나온 것이요, 우리는 받아서 따라가야 할 뿐이다(고전 14:36). 사람의 이성으로 받을 수 있으면 용납하고, 그렇지 않으면 거부하는 이 시대 풍조 속에서 과연 얼마나 참되게 말씀대로 따라 갈 수 있을지 걱정된다. 특별히 예외적으로 사용되는 여성도들이 있을 수 있다. 드보라는 혼돈 속에 빠졌던 사사시대에 국가지도자로 활약했었다. 이처럼 천 년에 한 명 정도로 극히 예외적인 분들도 있을 수 있을 것이다.

일곱째, 오늘날에도 사도적인 표적의 은사가 주어진다고 하는 것은 잘못된 것이다. 이 말에 오해가 없기를 바란다. 세계 개신교회가 하나님의 능력과 표적을 거부하고 기적의 문을 굳게 닫으려 하는 것이 절대 아니다. 하나님은 기쁘신 뜻대로 언제든지 누구에게나 초자연적인 방법으로 간섭하시고 이적을 수행하실 수 있다. 다만 현대교회가 직면한 문제는 과연 어떤 은사들이 사도시대에만 일시적으로 주어진 것들이고, 어떤 은사들이 모든 세대 모든 성도들에게 영속적으로 주어졌던가 하는 것을 성경적으로 기준을 세우고자 하는 것뿐이다. 성경은 분명히 사도적 기초만을 제시하고 있고, 그들의 예언과 계시가 구원받을 진리의 종결판이라고 선언하기 때문이다. 오직 성경만이 영원한 표준이라는 신앙을 버리게 되면 지식과 이해의 근거는 단지 주관적인 이성과 경험에만 의존하게 된다.

　최근 벌어지고 있는 새로운 기독교 운동의 예를 들어보자. 미국 시사 주간잡지 「타임지」, 2011년 3월 29일 표지에 미국 미시간 주 그랜드빌에 있는 마스힐 성경교회를 개척하여 목회하던 로버트 벨(Robert Holmes Bell, 1970-) 목사의 저서, 『사랑이 이긴다』(Love Wins)가 큰 관심의 대상이 되었음이 소개되었다. 최근에 그는 교회를 사임하고 자신이 원하는 자유로운 활동에 들어갔다고 한다. 벨 목사가 주장하는 핵심은 "사랑의 하나님이 단지 예수 그리스도를 믿지 않았다고 해서 사람들을 지옥에 보낼 수는 없다"는 것이다. 자유주의자들에게는 벨 목사의 이런 주장을 편안하게 받아들이고 있다. 성경의 문자적 해석에 반대하는 자유주의 신학 안에서는 모든 사람이 구원받으며 지옥은 없다는 보편구원론이 일찍이 퍼져 있었다. 벨 목사의 주장은 완전히 새로운 것이 아니다. 벨 목사는 영국 성공회 신학자 라이트(Nicholas Thomas Wright, 1948-)의 저술을 깊이 심취한 결과라고 말했다. 라이트는 친구와 함께 펴낸 저술에서 자유주의 신학을 종교개혁의 신학을 향해 도전적이며 저항적인 입장을 취하고 있다.[13] 이런 저술에 영향을 받은 미국의 젊은 세대 벨 목사가 나온 것이다. 그러나 결과는 엄청나게 다른 기독교가 나오고 말았다. "보편구원론을 받아들이고 교회와 세상간의 구별을 없앨 때 우리는 교회도, 그리스도도, 십자가도 필요하지 않게 된다. 이는 자유주의의 비극이고, 또한 바로 롭 벨 목사의 비극이다"라고 미국 최대 교단인 남부 침례교 신학대학원 총장 몰러 박사가 비판했다.

이번에 벨 목사의 주장을 계기로 자유주의적인 신학이 만들어낸 기독교의 핵심이 무엇인지가 드러났다. 사람의 이성으로 세운 신학은 덜 심판적이고, 더 유연하고, 더 개방적인 기독교를 만들어 낸 것이다. 오늘날 자유주의를 따르는 자들은 전혀 새로운 기독교(a brand new Christianity)를 추구하고 있다. 언제나 기독교가 시대에 따라서 새로 만들어질 수 있다고 한다면, 최근에 퍼져있는 현대 신학에 근거한 종교다원주의, 지옥멸절설, 교회일치 운동 그리고 오순절파 은사주의에 대해서도 철저히 옥석을 가려야 할 것이다.

② 예언도 폐하고 방언도 그칠 것이다

이제 마지막으로 특별은사의 종결에 대해서 다루고자 한다. 지금까지 정통 개혁주의 교회는 어거스틴, 칼빈, 조나단 에드워즈 그리고 그 전통을 이어받은 신앙고백서를 따라서 믿음을 지켜왔다. 그런 역사적 교회들은 오직 하나님의 말씀만을 계시된 뜻으로 받아들여서 따

---

[13] Marcus J. Borg and N. T. Wright, *The Meaning of Jesus: Two Visions* (New York: Harper Collins, 2007). N. T. Wright, *The Challenge of Jesus: Rediscovering Who Jesus was & is* (Downers Grove, Illinois: Inter-Varsity Press, 1999). idem, *Surprised by Hope: Rethinking Heaven, the Resurrection, and the Mission of the Church*(Harper One, 2008).

르고 있다. 그런데 20세기에 들어와서 하나님이 방언을 가장 중요한 프로그램으로 사용하셔서 오늘의 교회를 갱신하시고 성도들에게 체험과 경험을 하게하시는 것인가? 만일 그런 것이라면, 필자의 입장이나 개혁주의 교회의 전통은 잘못된 것이다. 만일 그것이 하나님의 계획임에도 불구하고 반대하고 있다면, 방언 말하기를 시행하지 않는 교회는 성령을 거부하고 반대하는 교회들은 부족한 교회이거나 모자라는 신앙을 가진 사람들이 되고 말 것이다.

그런데 자세히 살펴보면, 최근 성령의 은사주의자들이 여러 그룹으로 나뉘어져 있음을 알 수 있다. 예언과 방언, 기적이라는 특별 은사가 지속된다고 주장하는 신학자들로 현재 미국에서 활발하게 활동하는 분들 가운데 온건한 그룹이라고 말할수 있는 분들이 있다(Sam Storms, John Piper, Wayne Grudem, C. J. Mahaney 등). 파이퍼나 그루뎀 교수 등은 비교적 온건한 계시 지속설을 주장하고 있다. 이들 온건한 예언은사 지속설에 의하면, 사도들이 남긴 성경의 예언들은 크고 거대한 하나님의 나라와 세계 교회 전체 사역에 관련되었기에 복음의 완전한 지침이요 가르침이요, 극히 개인적이요 자기 생활과 삶에 관련된 작은 예언은 오류의 가능성을 내포하면서도 지속된다는 입장이다. 따라서 오순절파 교단에서도 제명되고 인정받지 못하고 있는 급진적인 은사 운동가들과는 큰 차이가 있다.

전혀 신학적으로 균형잡힌 안목을 가지고 있지 않고, 신학수학을 하지 않은 채 극단적으로 치닫고 있는 자들이 마이크 비클과 폴 케인을 따르는 캔사스 예언자들, 타드 벤틀리와 같은 치유와 능력현상을 만들어내는 부흥사들이다. 오순절파를 비롯하여 은사 운동을 포용하고, 개인의 중생체험을 강조하되, 신정통주의까지 수용하여 포괄적인 복음주의를 가르치는 풀러신학대학원 출신 피터 와그너, 찰스 크래프트 등이 영적 전쟁을 추진하고 있다면서 복음보다는 '통치신학'이라든가 '신사도 운동'을 펴나가고 있다.

하지만 파이퍼와 그루뎀이 주장하는 개인적이요 사소한 예언을 허용하게 되면, 결국에는 객관적이며 절대 진리인 성경중심의 기독교에서 크게 벗어나고 만다. 사소하고 개인적인 예언이라고 하더라도 이런 예언이 허용되고 주어진다면 자기만 받는다는 특수한 감정, 주관적인 체험에 집착하고 만다. 결국에는 어디에도 기준을 정할 수 없게 된다. 마침내 사탄의 유혹에도 쉽게 넘어가고, 제멋대로 외쳐대는 이단적인 가르침에 대해서도 분별할 안목을 상실하게 된다. 따라서 사소한 예언이라도 각별히 경계해야 한다.

성령의 특별은사가 종결되었다(Cessationism)는 것을 대부분의 개신교회가 확고하게 받아들인 이유는 말씀중심의 신앙을 회복하게 되었기 때문이다.[14] 로마 가톨릭에서는 기적적인 증거들을 모아서 숭배하고, 특히 성자로 추앙하였으며, 성자로 명단을 올리는 증거로 높이 우러러 보았다. 따라서 중세 이후로 로마 가톨릭은 성령의 은사들을 지나치게 변질시켜서 신비주의로 기울고 말았다.

자유주의 신학에 대한 반감으로 복음적인 신앙을 추구하던 교회에서는 또 다른 극단으로 치우치게 되었다. 1901년, 1906년 방언 은사 운동이 일어나고, 성령의 은사들이 회복되었다고 주장하는 오순절 운동이 일어나면서 성경을 비평하는 자유주의자들과는 다른 움직임이

---

14 George W. Knight III, "The Cessation of the Extraordinary Spiritual Gifts," in *The Beauty and Glory of the Holy Spirit*, Joel R. Beeke & Joseph A. Pipa Jr. eds., (Grand Rapids: Reformation Heritage Books, 2012), 81-102.

퍼져나갔다. 오순절 성령역사에 대해서 강조하는 '하나님의 성회' 교단이 만들어졌고, 사도행전 2장에 나오는 강력한 신비적인 성령체험을 "은혜의 제2단계"라고 가르치고 있다. 이 책의 앞 장에서, 그리고 필자가 쓴 『교회를 허무는 두 대적』에 충분히 설명한 바 있다. 오순절 은사 운동은 많은 혼란을 초래했다. 성령역사를 나름대로 강조하는 여러 교파와 그룹들이 생겨났다. 윌리엄 브랜험, 폴 케인, 존 윔버, 마이크 비클 등을 비롯한 캔사스 예언가들과 신사도 운동가들은 오순절 교단의 입장과도 전혀 다르다. 은사 회복주의자들이 있고, 은사지속주의자들이 뒤섞여 있고, 방언, 치유, 예언, 능력 등을 서로 다르게 강조하는 그룹들이 활동하고 있다.

    왜 성령 운동하는 이들은 각각 나뉘어져서 아주 극단적으로 자신들의 특수한 활동 영역만을 강조하고 있는가? 최근에는 예언파가 득세하면서 다른 성령 운동과는 전혀 조화를 이루지 않고 있다. 이들 사이의 진정한 차이점이 무엇인가에 대해서 주목해보게 되면, 결국 이 모든 은사 운동가들의 개인적, 신학적인 문제점들과 은사 활동의 중심요인들이 가지는 문제점들이 드러난다. 성령 운동을 한다는 단체와 개인에게서 핵심적인 부분 혹은 공통적인 문제점은 이들이 특별한 성령의 은사가 지금도 지속된다고 주장하면서 정작 그 성령은사를 설명하고 있는 성경말씀의 중심에서 벗어나 있다는 것이다. 성경의 최종 신적 권위와 명료성, 성경의 단순성과 충분성, 초대교회의 모든 성도들에게 공통적으로 주셨던 계시의 객관성과 최종성을 허물어버리고 자신들만이 받은 은사에만 집착하고 있는 것이다. 성경의 중심은 예수 그리스도와 그의 보내신 성령에 있는데도, 한쪽으로만 치우쳐 있다.

③ 온전한 것이 올 때에 종결된다

사도 바울은 은사에 대해서 아주 흥미롭고도 놀라운 선언을 한다.

예언도 폐하고 방언도 그치고 지식도 폐하리라(고전 13:8).

그러나 사랑은 없어지지 않고, 폐하지 않는다. 사랑은 영원할 것이다. 없어질 것은 방언과 예언과 지식이다. 오직 영원한 것은 사랑뿐이다. 그러나 은사주의자들은 자신들이 전유물로 여기는 예언, 방언의 은사들에 대해서 없어질 것이라는 말씀의 강조가 주어져 있음을 심각하게 받아들이지 않는다.

'그칠 것이다'는 헬라어는 '파우오'(pauo)인데, '영원토록 중지된다'는 의미이다. 다시 말하면 이 '파우오'에 포함된 뜻은, '한 번 끝나면, 그것으로 마친 것이다. 영원토록 다시 시작하는 일은 없을 것이다'라는 의미이다.

사도 바울은 그 당시에 서신을 보내면서, 아직 성경이 충분하게 완성되지 못한 것을 염두에 두고 있었다고 보인다. "우리가 부분적으로 알고, 부분적으로 예언한다"(고전 13:9)고 진단하였고, '온전한 것'이 올 때에는 부분적인 것이 폐하리라고 지적하였다(고전 13:10). 온전함이라는 헬라어는 중성명사로 '끝이 나다, 종결되다'는 의미이다.

대부분의 성경학자들은 고린도전서 13:10의 '온전한 것'(hotan)이 온다는 말을 '예수 그리스도의 재림'으로 해석한다.[15] 그러면 과연 무엇이 온전한 것으로 장차 올 것이며, 그와 연결해서 무엇이 중단된다

---

[15] Gaffin, *Perspectives*, 109-110; Grudem, *The Gift of Prophecy in the New Testament and Today* (Westchester: Crossway, 1988), 109-110.

는 말인가? 예언이나 방언이나 지식은 모두 다 언어적인 사역으로 하나님에 대해서 알려주시는 것이다. 그런데 믿는 자들이 현재 가지고 있는 지식과 장차 알게 될 지식과는 차이가 있다는 강조가 전체 문맥에 흐르고 있다. 지금은 어린 아이 같지만, 장차는 온전하게 알게 될 것이다(고전 13:12). 부분적으로 알고 있는 지식, 방언과 예언은 온전한 것이 올 때에 그친다. 여기서 바울이 더 강조하려는 것은 지금 믿는 자들이 가지고 있는 성령의 은사들은 일시적이요 부분적이라는 사실이다. 예수 그리스도께서 아직까지 오시지 않았으므로 온전한 것이 올 때까지는, 즉 재림 시까지는 교회시대를 통해서 성도들이 받은 성령의 은사들을 소중하게 지키고 따라가야 한다. 성도들이 따라가야 할 것은 사도들이 주신 말씀이다. 여전히 부족한 방언이나 예언을 따라가야 할 것은 아니다.

고린도전서 13:8-13은 은사 중에서 제일 좋은 은사, 사랑의 탁월성과 우월성을 강조하는 본문이다. 따라서 사랑의 은사보다는 예언과 방언은 부족한 은사들이다. 이런 은사들은 일시적인 것이요, 사랑은 지속될 것이다. 여기의 본문해석에서 온전한 것이 올 때까지 사용되었던 방법들이었던 방언과 예언의 종결과는 어떤 관련을 맺고 있는 것인가?[16] 웨스트민스터 신학대학원 개핀 박사는 고린도전서 13:10과 그 전후 문맥에서 사도 바울은 예수 그리스도가 다시 올 때까지를 하나의 시대로 간주하면서, 방언이나 예언이 지속하느냐 종결되느냐에 관심을 두고 있기 보다는 믿음, 소망, 특별히 사랑이 지속될 것이

---

[16] (R. Fowler White, "Richard Gaffin and Wayne Grudem on 1 Cor 12:10: A Comparison of Cessationist and Noncessationist Argumentation," *Journal of Evangelical Theological Society* 35.2 (1992): 173-181.

라는 강조를 하고 있다고 보았다. 이것은 매우 공정하고 객관적인 관점이다.

> 바울은 어느 특정한 때에 특별한 방식 [계시나 예언]이 종결될 것인가에 대해서 관심을 갖고 있지 않았다. 그가 강조한 것은 성도들의 현재 상태의 종결인데, 임시적인 계시의 방식에 근거해서 부분적인 지식을 가지고 있는 바, 온전한 것이 올 때에 그렇게 될 것이다고 강조하는 것이다. 예언의 종결은…이 구절이 관심을 가지고 있는 일종의 열린 질문이요, 다른 구절과 심사숙고의 기초 위에서 결정될 것이다.[17]

개핀 교수의 지적처럼, 고린도전서 13:10에 나오는 "온전한 것이 올 때에는, 부분적으로 하던 것이 폐하여질 것이다"라는 본문은 '믿는 자의 현재 상태와 미래 완전한 지식' 사이의 대조이다. 현재의 지식은 임시적이요 부분적인 특징을 가지고 있기 때문이다. 따라서 본문은 예언이나 방언이 언제 그칠 것이냐에 대한 관심을 근본적으로 제기하는 것이 아니다. 사도 바울이 말하고 있는 전체 문맥에서는 사랑과 다른 은사들과의 관계이기에 그런 맥락에서 고린도전서 13:10의 해석을 찾아보아야만 하는 것이다.[18]

온전한 것이 올 때까지는 불완전한 지식과 부족한 방법이지만 예언

---

[17] Gaffin, *Perspectives*, 111.
[18] Gaffin, *Perspectives*, 111; "the relationship between love and the gifts is taken up into the broader contrast between the believer's present and future knowledge, in which on the one side the primary accent is not on the cessation of particular revelatory gifts but on the temporary and fragmentary character of present knowledge."

이나 방언이 지속될 것이다고 연결시키는 것은 성급한 본문해석이다. 왜냐하면 고린도전서 13:8에서, "사랑은 언제까지나 떨어지지 아니하되, 예언도 폐하고, 방언도 그치고, 지식도 폐하리라"고 했기 때문이다. 사랑은 방언이나 예언이나 부분적으로 아는 지식보다 더 큰 은사라고 말하고 있다. 본문에서 강조하는 성령의 은사의 최고봉인 사랑은 믿음보다도 더 위대하고 소망보다도 더 영원하고 높은 것이다.

이런 전체적인 전망에서, 바울이 강조하는 바가 더욱 분명히 드러난다. 고린도전서 13:10은 "온전한 것이 올 때"에 계시의 수단으로 사용되는 방언, 예언, 지식 등이 언제 폐할 것인지에 대한 관심이 아니라, 믿는 자들의 현재 상태, 부분적인 지식, 특히 여러 가지 계시의 방법들을 근거로 해서 임시적으로 가지고 있는 것들이 종결될 것이다는 강조이다.

고린도전서 13:10을 이해하기 위해서 그 다음 구절들을 살펴보아야 한다. 어린 아이 때에는 모든 것이 부분적이요 불완전하다가 어른이 되어서 어린 아이 때의 불완전함을 버린다. '부분적인 지식'은 '온전한 것'이 올 때에는 폐하여질 것이다. 고린도전서 13:11에서 어린 아이와 어른의 대조를 통해서 온전한 것이 오면 부분적인 것을 버리는 것에 대해서 설명했다. 여기서 대조시키려는 것은 말하는 것, 생각하는 것, 깨닫는 방법들에 대한 것이 아니다. 어린 아이 시절에 말하는 것, 생각하는 것, 깨닫는 것을 통해서 가진 부분적인 지식과 어른이 되어서 가지게 된 성숙한 지식과의 대조이다.

고린도전서 13:12에서도 역시 '온전한 것'과 '부분적인 것' 두 종류의 지식을 설명하되, 희미한 거울을 보는 것과 '얼굴과 얼굴을 보는 것'을 대조시킨다. 그래서 12절 끝 부분에서 '부분적으로 아는 것'과

'온전히 아는 것'을 다시 풀이한다.

사도 바울이 고린도전서 13장에서 주목하고 있는 초점은 믿는 자들이 가진 지식의 상태에 대한 것이다. 다시 말하지만 어떻게 그 지식을 얻게 되는가의 방법들에 대해서는, 그것이 예언이냐 방언이냐의 문제에 대해서 특별한 관심을 기울이고 있지 않다. 지식을 얻는 방법으로서 어떤 수단들이 온전한 것이냐 혹은 부분적인 것이냐를 다루는 논쟁이 아니다.

그러나 예언은사의 지속성을 주장하는 그루뎀은 '온전한 것'을 '지식을 얻는 하나의 방법'으로 해석하다. 예언과 계시는 부분적인 지식을 가져다주는 방법이요, 온전한 지식을 주시는 분은 예수님이시기에 그가 재림할 때에 성도들은 마침내 온전한 지식을 갖게 된다는 식으로 대조시키는 것이다.[19] 그루뎀은 결과적으로 온전한 지식의 계시자, 예수님의 재림이 오기까지는 부분적인 지식의 방법들에 의존하게 되어 있으므로 예언이 지속될 것이라고 전개해 나가는 것이다. 그루뎀은 '온전한 것'이란 '예수님의 재림'으로 받아들이는 상황 하에서, 곧 바로 여기에다가 다른 해석을 첨부하였다. 전혀 이 본문에서 의도하지 않은 명제가 그루뎀에 의해서 창안된 것이다. 즉 예언은사는 부족한 지식을 가져오는 방법이기에 온전한 분이신 예수님이 오실 때까지 불완전한 상태이지만 지속된다는 결론으로 빠져 버린 것이다. 예언은사의 지속론자인 그루뎀은 본문의 전체 맥락 속에 사도 바울의 주장을 분석하지 못하고 있다. 여기 고린도전서 13:10이 강조하는 것

---

[19] Grudem, *Prophecy in the New Testament*, 229: "Paul…elaborates further on verses 9-10 by explaining that our present perception and knowledge are indirect and imperfect, but someday they will be direct and perfect(v. 12)."

은 지식의 상태에 관한 것이다. 언제 이 예언의 은사가 완전히 종결될 것인지에 대해서는 에베소서 2:20과 같은 다른 성경본문과 가르침을 심사숙고해서 답을 얻어야만 되는 것이다. 더 이상 계시를 주시지 않는다는 사도적 선포는 마지막으로 성경을 기록한 사도 요한을 통해서 요한계시록 22:18-19을 기록하게 하시고, 계시종결이 선포되었다.

가장 중요한 부분은 고린도전서 13:9-10, 12에 계속 반복되는 '우리가 부분적으로 안다'(ginoskein ek merous, 'we know in part')는 말씀이다. 우리는 예언과 방언이라는 방법을 통해서 구원의 지식들을 알고 있지만, 모든 것을 다 알 수 없다. 그래서 우리가 가진 지식은 부분적이다. 고린도전서 13:8에서부터 부분적이요, 일시적이요, 임시적이다는 지적이 계속 이어진다. 예언과 방언을 통해서 주신 것이라 하더라도, 사람이 만든 것이 아니라 계시의 방법들을 통해서 나온 것이라 해도 부분적이다. 그러나 사랑은 항상 있는 것이요, 제일 좋은 것이다. 고린도교회 성도들이 몇 가지 은사들을 자랑하고 그 은사들이 주는 혜택들을 가지고 우월의식을 가졌다고 한다면, 사도 바울은 사랑의 은사가 다 더 필수적인 것이요 영원한 것임을 지적한 것이다. 사랑의 은사는 언제나 있는 것임을 강조한 것이다.

방언이란 무엇이며, 왜 방언이 필요했던가? 방언의 기원은 바벨탑의 오만에 대한 하나님의 심판이었다. 그런데 이제 성령의 역사로 인해서 다시 방언이 주어진 것은 하나님을 저버린 자들에게 언어로 복음을 들려주시는 자비하신 은혜에서 나온 것이다. 물론 방언이란 마치 어린 아이의 언어와 유사하다. 사도 바울은 우리가 어린 아이일 때에는 생각하는 것이나 깨닫는 것이나 말하는 것이 어린 아이와 같았다고 했다. 방언은 그런 초보적인 단계에서 필요한 기적이었다. 마치 어린 아이가 말을 배울 때에 분명치 못한 소리를 내다가 점차 성장하면서 분명한 목소리를 발하게 된다. 어린 아이의 일을 버리고 어른다운 인격자가 되는 것이다. 어른이 되었는데도 아직 아이와 같은 생각과 행동을 하고 있다면, 성인아이라 할 수 있다. 안타깝지만 책임 있는 어른 노릇을 할 수 없다. 방언은 어린 아이의 말과 같다고 생각하면 된다. 이제 어른인데 말 더듬는 사람처럼 계속 그런 소리를 하고 있어야 하는가?

오순절 은사 운동을 하는 쪽에서는 왜 다른 은사들은 말하지 않으면서 예언과 방언 은사만 종결되었다고 하느냐고 이의를 제기한다. 사도의 사역이 종료되면서 이런 은사들은 중단되었다고 주장하는 근거가 무엇이냐는 것이다. 그 이유는 앞에서 설명한 바와 같이 복음을 선포하고 증거하는 은사, 병 고치는 은사, 권유하는 은사 등은 폐한다는 구절이 없기 때문이다. 그리고 하나님의 능력은 지속되고 있고 성령의 사역들도 영원히 지속되고 있다. 가장 중요한 계시적인 은사들은 사도들에게만 주어진 것이다. 성경을 아무나 기록하는 것이 아니요, 누구나 계시를 받을 수 없는 것이다. 사도직의 종결과 함께 예언, 방언, 특수한 기적의 은사들은 종결되었다.[20]

그러면 지금 퍼져있는 방언은 무엇이란 말인가? 전 세계적으로 수백만 명, 수천만 명이 방언한다고 하는데 모두 잘못된 것인가? 다음

---

20 Samuel E. Waldron, *To Be Continued? Are the Miraculous Gifts for Today?* (Merrick: Calvary Press, 2005). 이 책에서 철저히 예수님이 보내신 사도들에 근거하지 않는 초자연적인 은사활동들은 성경과는 다른 주관적인 종교 운동임을 입증하였다. 저자 왈드론 박사는 미시간 그랜드래피즈에 있는 침례신학대학원을 졸업하고, 캔터키 루이빌에 있는 남침례교 신학대학원에서 철학박사 학위를 받았다. 캔터키주 오웬스보로에 있는 "해리티지침례교회"(Heritage Baptist Church) 담임목사이며, 미드웨스트 신학연구센터 (The Midwest Center for Theological Studies)에서 조직신학 교수로 재직 중에 있다.

세 가지 중에 하나일 것이다.

첫째, 지금 유포된 방언은 자기 스스로 만들어낸 것일 수도 있다. 인간의 언어적 능력은 고도의 창조력이 있다. 사람은 창조적 능력이 있어서 얼마든지 언어와 비슷한 목소리를 말할 수 있다. 동물들의 소리를 모방할 수도 있다. 둘째, 다른 기독교인들의 그룹에서 하는 것을 듣고 그저 알아듣지 못하는 말을 따라서 흉내를 내는 것일 가능성도 크다. 셋째, 사탄적인 조종을 받아서 미혹하고자하는 가짜 기적일 수도 있다. 하나님으로부터 받은 것이 아니라 거짓 그리스도를 따라서 하는 것일 수도 있다. 만일 오늘날의 방언들이 퍼지는 이유가 세 번째의 경우라면 큰 문제가 아닐 수 없다. 교만한 마음에 공명심에 이끌려서 사탄적인 목소리를 중얼거릴 수도 있기 때문이다. 사탄은 지금 놀라운 능력과 권세를 발휘해서 자신의 지지 세력을 모으고 있고, 초월적인 능력을 가진 사람이라 하여 남자와 여자를 부추겨서 관심을 끌게 할 수 있다. 성경이 지배하고 있는 성도의 마음을 얻어낼 수 없으니까 기적을 통해서 호기심을 유발하는 것이다.

> 악한 자의 나타남은 사탄의 활동을 따라 모든 능력과 표적과 거짓 기적과 불의의 모든 속임으로 멸망하는 자들에게 있으리니 이는 그들이 진리의 사랑을 받지 아니하여 구원함을 받지 못함이라 이러므로 하나님이 미혹의 역사를 그들에게 보내사 거짓 것을 믿게 하심은 진리를 믿지 않고 불의를 좋아하는 모든 자들로 하여금 심판을 받게 하려 하심이라 주께서 사랑하시는 형제들아 우리가 항상 너희에 관하여 마땅히 하나님께 감사할 것은 하나님이 처음부터 너희를 택하사 성령의 거룩하게 하심과 진리

를 믿음으로 구원을 받게 하심이니 이를 위하여 우리의 복음으로 너희를 부르사 우리 주 예수 그리스도의 영광을 얻게 하려 하심이라(살후 2:9-14).

방언에 대한 개혁주의 정통교회의 입장은 다음과 같다.

방언은 계시적 기능을 가진 은사로서 옛 언약과 새 언약 사이에 일시적으로 사용되었다고 본다. 유대중심의 사역에서 이방인들에게 문호를 열어주는 놀라운 전환기에 특수하게 드러낸 은사였다. 이제 유대인들은 하나님의 나라를 잃어버리게 되었다. 도리어 세계 만방에 교회가 세워지면서 이방인들에게서도 하나님의 백성들이 나오게 되었고, 그들을 위한 새로운 성령의 역사가 시작되었다. 하나님은 모든 언어로 말씀하시게 된 것이다. 구약에서 새 교회시대로의 전환기에 일시적으로 주셨던 상징적인 은사가 예언과 방언이었다.

팔머 로벗슨 박사는 그런 과정에 대해서 강조한다.

> 방언은 기독교가 비록 유대교의 요람에서 나왔지만, 결코 같지 않다는 것을 보여주려는 목적에 잘 부합하였다…이제 [옛 언약에서 새 언약으로의] 전환이 일어나서 변화의 상징이던 방언이 더 이상 교회의 삶에서 머물러 있을 필요가 없게 되었다. 오늘날은 이스라엘 단 하나의 민족에서 모든 민족에게로 하나님이 움직이신다는 것을 보여주는 상징이 필요하지 않다. 그 움직임은 이미 성취된 사건이 되고 말았다. 사도들이 기초석으로 쓰임받던 직분에서는 하나님의 옛 언약 백성과 새 언약 백성을 위해서 언약적 상징으로서 특별히 방언이 기능을 하던 것은 모두 다 실

현되었다. 한번 그 역할이 성취되었으면, 하나님의 백성들 사이에서 더 이상의 기능은 남아있지 않다.[21]

이방인들을 위한 초대교회의 설립을 위해서는 방언보다는 예언의 은사가 더 비중이 컸다고 보이는데, 고린도교회에서마저도 잘못 사용되던 방언 은사가 무작정 계속될 이유가 없었다.[22]

사도 바울의 저술 중에서 고린도전서 외에는 방언에 대한 언급이 전혀 없다. 야고보 사도의 저술에도 없다. 요한 사도의 글에서 전혀 나오지 않는다. 베드로의 글에서도 없으며, 유다서에도 찾을 수 없다. 어찌된 일인가? 신약성경 중에서 나중에 기록된 책일수록 전혀 방언에 대한 언급을 찾아볼 수 없다. 사도적인 교회에서도 시행되지 않았다는 말은 곧 사도시대에서 속사도시대로 접어들면서 얼마 지나지 않아서 종결되었다는 것이다.[23]

어거스틴이 남긴 방대한 설교자료 가운데서 사도적 특별은사, 기적과 방언 종결론에 해당하는 부분이 중요한 지침으로 내려오고 있다. 어거스틴은 사도들이 하는 방식대로 손을 얹어서 안수하면 방언하는 것은 종결되었다고 풀이하였다. 초대교회 5백년 역사에서 방언을 말한다고 주장하던 사람들은 오직 몬타누스를 따르던 자들뿐이다. 어거스틴은 요한일서 3:19부터 4:13까지의 강해설교에서 성령의 증

---

21 O. Palmer Robertson, "Tongues: Sign of Covenantal Curse and Blessing," *The Westminster Theological Journal* 38 (1996): 53.
22 Robert G. Gromacki, *The Modern Tongues Movement* (Philipsburg: P&R, 1967); Victor Budgen, *The Charismatics and the Word of God* (Durham: Evangelical Press, 1989); Thomas R. Edgar, *Miraculous Gifts: Are They for Today?* (Nepture: Loizeaux Brothers, 1983).
23 Cleon L. Rogers, "The Gift of Tongues in the Post-Apostolic Church," *Bibliotheca Sacra* 122 (1965): 134.

거란 사랑이라고 하였다.

가장 초창기 시대에 "성령이 그들에게 부어져서 방언을 말한다"는 사람들이 있었는데, 그들이 성령을 받아서 말한 것은 전혀 배운 적이 없었던 말이다(행 2:4). 그것들이 그 시기에 징표로 받아들여졌다. 전 세계 모든 방언 속에서 성령의 나타나심이 입증되었다고 생각되었다. 하나님의 복음이 전 세계에 방언을 통해서 퍼져나가게 될 것이며 이를 위해서 주어진 것이라고 생각했다. 그것을 나타내기 위해서 주어졌었고, 다 지나갔다. 지금도 손을 얹으면, 그 사람들이 성령을 받게 될 것이고, 그들이 방언을 말하는 것을 목격하게 될 것이라고 기대하는가?

혹은 어린 아이들에게 우리가 손을 얹으면, 그들이 방언을 말하게 될 것인가에 대해서 여러분들이 각자 다 보게 될 것인가? 그런데 그들이 방언을 말하지 못하면 그 사람들은 성령을 받지 못하였다고 잘못된 마음을 가질 것인가? 그들이 받아야 하는 것은 옛날에 받은 것과 똑같이 방언을 말해야 한다는 것인가?

그래서 만일 성령 임재의 증거가 지금 이런 기적을 통해서 받는 것으로 나타나는 것이 아니라면, 그가 성령을 받았다는 것을 무엇을 가지고 알게 되는가? 자기 마음에 질문을 해보아야 한다. 만일 그가 다른 형제를 사랑한다면, 하나님의 성령이 그 안에 머물고 있는 것이다.[24]

---

[24] Augustine, "Ten Homilies on the First Epistle of John," Philip Schaff, ed. *The Nicene and Post-Nicene Fathers of the Christian Church*, vol. 7 (Grand Rapids: Eerdmans, 1956), 497-8.

어거스틴의 글에서 적나라하게 지적되었다. 현상적인 기적은 성령의 임재, 성령의 부어주심에 대한 증거들이 아니다. 이미 초자연적인 기적과 방언 은사는 초대교회 시대에 주어졌고, 자신이 살던 교부들의 시대에는 더 이상 나타나지 않는다고 생각하였다. 다른 글에서도 어거스틴은 성령을 받는다는 것이 곧바로 방언 은사를 의미하는 것이 아님을 지적하였다.

> 형제들이여, 그리스도를 믿으며 그리스도 안에서 세례를 받은 자가 모든 나라의 방언들 중에서 하나도 말하지 못한다면 어떻게 해야 하는가? 그가 성령을 받지 못한 자라고 우리들이 생각해야 하는가? 하나님은 이런 불신앙으로 우리의 마음을 시험하는 것을 금지하셨다…어째서 열방의 방언을 말하는 사람이 없는가? 그 이유는 교회가 자체적으로 열방의 언어 가운데서 말하고 있기 때문이다. 교회가 한 나라에 있으면, 거기서 그곳의 모든 언어로 교회가 선포한다…모든 나라에서 증거가 퍼져나간다는 것은 곧 모든 방언으로 말하게 되는 것과 같다.[25]

어거스틴을 통해서 우리는 초대교회의 전체 정황을 이해할 수 있게 되었다. 그리고 주요 기독교 교회에서 은사종결론이 견고하게 정립된다. 워필드의 『가짜 기적론』[26]에서는 세계 기독교 역사에서 신학

---

[25] Augustine, "Lectures or Tractates on the Gospel According to St. John," 195.
[26] B. B. Warfield, *Counterfeit Miracles* (New York: Charles Scribners, 1918).
Walter J Chantry, *Signs of the Apostles* (Edinburgh: Banner of Truth, 1973) Robert G. Gromacki, *The Modern Tongues Movement* (Nutley, NJ: P&R, 1976). Thomas R. Edgar, *Miraculous Gifts: Are They for Today?* (Neptune, N.J.: Loizeaux Brothers, 1983). David Farnell, "The New Testament Prophetic Gift: Its Nature and Duration," Th.D. Dissertation,

의 중심주제나 논쟁의 제목으로 방언이 등장하는 글을 찾아볼 수가 없다고 지적하였다. 17세기에 이단으로 한 번 언급된 것이 전부인데, 이들은 광신적이고 이단적이며 비정통교회로 정죄되었다. 워필드와 동시대에 활약했던 아브라함 카이퍼, 헤르만 바빙크 등 네덜란드 개혁주의 신학자들도 역시 같은 입장이었다. 미국 칼빈신학대학원의 안토니 후크마 박사는 방언 은사 종결을 확고히 지지하면서, 오늘날의 방언활동은 심리적인 현상이라고 보았다.[27] 후크마 박사의 방언에 관련한 연구는 미국 교회 안에서 시작된 오순절 은사 운동과의 초창기 논쟁에 해당한다. 그의 저술들은 거의 모든 신학대학원과 교회들에서 교과서 역할을 하고 있다.

미국 워싱턴 수도성경신학대학원 신약학 교수인 에드가 교수가 기적적인 은사의 종결에 관한 글을 발표하여 큰 주목을 받은 바 있다. "거의 1,900년 동안이나 이런 은사들이 종결되어 있었는데, 어찌하여 다시 나타났는가에 대해서는 오순절 은사파에서 충분한 정당성을 입

Dallas Theological Seminary, 1990. G. E. Gardiner, *The Corinthian Catastrophe* (Grand Rapids: Kregel Publications, 1974). Norman L. Geisler, *Signs and Wonders* (Wheaton: Tyndale House, 1988). K. L. Gentry, *The Charismatic Gift of Prophecy-A Reformed Response to Wayne Grudem* (Memphis: Footstool Publications, 1989). Douglas Judisch, *An Evaluation of Claims to the Charismatic Gifts* (Grand Rapids: Baker, 1978). John MacArthur, Charismatic Chaos (Grand Rapids: Zondervan, 1992). Vern Poythress, "Modern Spiritual Gifts as Analogous to Apostolic Gifts: Affirming Extraordinary Works of the Spirit within Cessationist Theology,- *The Journal of the Evangelical Theological Society* 39/1 (1996): 71-101. O. Palmer Robertson, *The Final Word* (Edinburgh : Banner of Truth Trust, 1993) -this includes a critique of Wayne Grudem's position regarding prophecy. Robert L. Thomas, *Understanding Spiritual Gifts - A Verse-by-Verse Study of 1 Corinthians 12-14.*
R. Fowler White, "Richard Gaffin and Wayne Grudem: A Comparison of Cessationist and Noncessationist Argumentation," *Journal of the Evangelical Theological Society* 35, no. 2 (June 1992): 173-81.

27 Anthony A. Hoekema, *What About Tongues Speaking?* (Grand Rapids: Eerdmans, 1966).

증해야만 한다."[28]

'성령의 부으심'이라는 표어를 내세우고 방언 은사를 비롯하여 초자연적 은사회복설(resume of tongues)이 나온 것은 오순절과 은사 운동이 확산된 20세기였다. 회복주의자들은 특별은사들이 사도시대에 종결된 것은 사실이지만, 마지막 시대에 들어와서 종말의 날에 최종적으로 부어졌다고 주장한다. 이들이 근거로 삼는 것은 요엘 2:18-32이다. 존 윔버의 주장이 바로 이와 같은 '늦은 비' 운동의 말세론에 근거하고 있다.[29]

'이른 비'와 '늦은 비'는 오순절파와 은사 운동가들의 주장과는 사실 아무런 관계가 없다. 농경시대에 유대지방에서 이른 비는 구약성경 전체에서 일관되게 가을에 내리는 비다. 늦은 비는 봄에 내리는 비다. 이 늦은 비가 반드시 내려야만 밀과 보리 농사를 지을 수 있었다. 요엘은 이 예언에서 하나님의 은혜가 풍성하게 내려서 포도주와 기름이 풍성하게 만들어질 것이라 한 것이다. 모두 다 오순절에 주시는 은혜와 같이, 하나님의 나라 안에서 곡식을 풍성하게 거두어들일 수 있도록 은혜를 베푸신다는 가르침이다. 그런데 '이른 비'는 오순절 사건이었고, '늦은 비'는 자신들이 살고 있는 마지막 날에 다시 성령을 부어주시겠다는 종말론적 인식으로 끌어들인 것이다. 이것은 오순절 성령강림에 대한 오해이며, 자신들의 은사 운동을 정당화 하려고자 늦은 비 운동에서 가져온 것에 불과하다.

'늦은 비'라는 단어에 대한 해석이 문제가 있을 뿐만 아니라, 이것

---

[28] Thomas R. Edgar, "the Cessation of Sign Gifts," *Bibliotheca Sacra* (1988); http://www.the-highway.com/cessation_Edgar.html

[29] John Wimber, *A Brief Sketch of Signs and Wonders through the Church Age* (Placentia: The Vineyard, 1984), 41-46.

은 종말론적인 관심이 비성경적으로 고조되는 매우 비성경적인 시대 인식에서 나온 것이다. 베드로 사도가 사도행전 2:17-21에서 인용한 요엘 2:28-32은 이미 당시 오순절 사건으로 이루어졌다고 풀이하였음을 앞에서 필자가 제시한 바 있다. 그러나 '늦은 비' 운동가들은 오순절에는 요엘 2장에서 예언된 초자연적인 현상, 즉 하늘에서나 땅 위에서 해가 어두워지거나 달이 핏빛 같이 변화되는 기적현상이 없었고, "피와 불과 연기 기둥"이 없었다는 것이다(요엘 2:30-31).

그러나 사도 베드로가 사도행전에서 요엘을 인용해서 언급한 부분을 보면, 예수 그리스도의 왕국이 임하여 나타나는 현상들을 개략적으로 풀이하였다는 것을 받아들여야 한다. 예루살렘에 있던 소수의 성도들이 성령의 부어주심을 목격한 것은 장차 계속될 하나님 나라의 첫 출발이었던 것이다.

방언을 사용하신 하나님의 놀라운 구원계획은 인간으로는 상상할 수 없다. 아담부터 시작해서 인류 역사의 기록이 남아있지만, 수많은 것들에 대해서 우리는 모른다. 예를 들면, 아담에서부터 노아의 홍수 사건까지는 무려 1,700년이라는 역사가 흘러갔다고 추정하는 바, 그 사이에 오직 에녹 한 사람의 이야기만 전해지고 있다.

은사 운동가들이 주장한 것처럼 하나님의 구원역사가 방언 은사와 기적과 이적으로 퍼져나간 것이 아니라, 오직 그의 기쁘신 뜻대로 선포되었다. '누구든지 주 예수의 이름을 부르는 자는 구원을 얻으리라'(롬 10:13). 아멘!

4. 사도직의 특수성과 특별은사들의 종결

은사파 오순절주의 운동이 나타난 이후로, 방언과 예언이 전하는 하나님의 계시적 은사에 대해서 서로 다른 세 가지 입장, 종결설, 연속설, 회복설이 혼재하고 있다. 개혁주의 정통신앙은 사도직의 특수성에 주목하는 입장이다. 이것은 성경자체의 증언과 경고에 따른 것이다. 개혁주의 신학에서는 특별 계시인 성경의 완성과 사도의 제한성을 근거로 방언과 예언은사의 종결을 주장하여 왔다. 이에 반하여 신비적이며 급진적인 성령 운동에 매진하는 오순절 교단에서는 모든 은사들이 사도시대 이후로 똑같이 지속된다는 연속설을 내세우고 있다. 회복설은 2001년 이후로 나온 피터 와그너의 신사도 운동이 주도하고 있다. 이들은 오순절파 은사 운동에서 주장하는 계시적인 예언은사의 회복을 주장한다. 마지막 시대에 사도직을 다시 복원시켜주셨다는 것이다. 어거스틴과 초대교회의 전통을 잇는 개혁주의 정통신학에서는 사도적 은사의 특수성을 고려하여 예언과 방언 은사는 종결된 것으로 믿는다. 다시 말하지만 개혁주의 교회는 성령의 역사가 종결되었다고 주장하는 것이 결코 아니다. 성령은 지금도 더 다양하고 더 차원 높게 역사하고 계시면서 사람의 생각을 넘어서서 오직 하나님의 말씀을 근거로 사역하고 있음을 믿는다.

1) 사도는 보냄을 받은 자이다

예언의 종결을 주장하는 이유는 더 이상 사도들이 이 세상에 존재하지 않는다는 특수성을 증거하는 성경에 따르려고 하기 때문이다.[30] 사도라는 단어가 성경적으로 사용될 때에는 '보냄을 받은 자'라는 뜻이다. 유대인들 사회에서 사도라는 직분은 법적인 대리인이었다. 신약성경에서는 일부 사도들은 회중들의 법적인 대리인으로서 그 회중에게 메시지를 전파하도록 보냄을 받았다. 또한 사도는 예수 그리스도의 법적인 대리인이었다. 누가 보냈느냐에 따라서 교회의 대리인이 되기도 했고, 예수님의 대리인이 되기도 했다. 교회가 보낸 사도라고 하면, 그를 파송한 교회의 권위를 가지고 대리인으로 활동하는 것이요, 예수님이 보낸 사도라고 하면 주 예수 그리스도의 권위가 그에게 주어지는 것이다.

예수님이 보내신 사도들에게는 세 가지 특별히 구별되는 요소들이 있었다. 첫째, 사도들은 예수님의 부활을 직접적으로 목격한 자들이었다. 둘째, 예수님에 의해서 직접적으로 지명을 받았으며, 셋째, 기적적인 은사들을 시행해서 그들의 사역으로 확증을 받은 자들이었다. 이런 사도들은 메시아적인 권위를 가지고 있었고, 그리스도의 법적인 대리인들이었다. 그들이 기록하는 것이나 행동하는 것들은 모두 다 예수님의 권위가 함께하였다. 위에서 지적한 사도성에 근거하여 볼 때에, 오늘날 우리가 만나게 되는 교회의 사도들이라고 하는 자들은 전혀 그리스도의 대변인이거나 그리스도의 메시지를 전하는 대사들이 아니다.

첫째, 그리스도의 사도들은 교회의 기초석들이었다. 그들은 예수님

---

[30] Samuel E. Waldron, *To Be Continued?: Are the Miraculous Gifts for Today?* (Merrick: Calvary Press, 2005). 또한 사도직의 종결에 근거하여 은사종결론을 주장하는 왈드론 박사의 인터뷰를 참고할 것. "Interviewing Sam Waldron About Cessationism," www.challies.com/here.php

이 하신 일과 가르치신 것들을 우리에게 증거하였다. 그들은 역사적인 의미에서 그 시대에만 반드시 해야 할 교회의 기초를 세웠다. 그러한 일들은 오늘날에는 더 이상 필요하지도 않고, 존재하지도 않는다.

둘째, 사도 바울은 자신이 가장 마지막에 주님의 부활을 목격한 사도라고 증거하였다(고전 15:5-9).

셋째, 사도의 직분을 받는 은사는 성도들이 기도로 구할 수 있는 것이 아니다(고전 14:1 이하). 누구나 열심히 기도한다고 해서, 모든 성도들이 원하는대로 다 사도가 될 수 없는 것이다. 예언의 은사와 같은 더 큰 은사들을 구하라고 하는 부탁을 받았지만, 고린도전서 12:28-29에 나타난 목록에서 바울은 가장 높은 은사이자 첫 번째의 자리에 놓은 은사가 사도들이었다. 같은 동일한 가르침이 에베소서 4장에 언급되어있다. 교회를 위해서 주신 직분자들 가운데 가장 먼저 언급된 것이 사도들이었다. 바울은 성도들에게 신령한 은사들을 구하라고 부탁할 때에, 사도가 되게 해달라고 하라는 권고를 한 일이 전혀 없다. 왜냐하면 자신이 이 세상에서는 마지막 사도였기 때문이다.

넷째, 오늘날 자신들이 사도들이라고 주장하는 자들은 사도 바울처럼 처음 사도로 임명을 받은 자들의 인정이나 추천을 받을 수 없다. 그래서 제멋대로 이름을 붙여서 '신사도'라고 하지만 전혀 성경적인 사도들처럼 원래 사도들의 객관적인 검증과 추천을 받지 않았다. 사도는 사람의 뜻으로 난 것이 아니라, 예수 그리스도로 인해서 임명을 받는다(갈 1:1). 바울은 자신의 사도성을 베드로에 의해서 인정을 받았고, 교제의 악수를 나누었다. 오늘날 사도라고 하는 이들은 누구의 인정을 받은 자들인가? 그들의 권위를 인정해 준다고 주장하는 것이 고작 다른 은사 운동가에 그칠 뿐이다.

다섯째, 신약성경은 종결되었다. 사도들이 작성하였으며, 그들의 권위를 가지고 교회들에게 보내어진 성경은 곧바로 최고 권위에 있었다. 그 사도들은 더 이상 추가하거나 삭제하지 말라고 명령하였다.

그리스도의 사도들은 오늘날 교회시대에는 더 이상 존재하지 않는다는 것을 신약성경에서 분명히 확증해 주고 있다. 그들은 오직 주님의 부활 직후, 1세기 초대교회 기초석을 놓던 시대에만 활동했었다. 따라서 가장 위대한 은사이자 가장 높은 직분은 사명을 완수했고, 종결되었다.

사도직이 오늘날에도 연속된다는 주장은 신약성경의 명백한 증거들을 위반하는 것이다. 사도시대와 우리들의 교회시대가 아무런 차이가 없다고 주장하는 것은 연속주의자들의 모순된 주장일 뿐이다.

구약성경에 있는 선지자들은 각각 그들의 시대에 구약성경을 형성하는데 기여하도록 특별히 구별되어 세움을 받았고, 인도함을 받은 자들이었다. 신약성경의 선지자들이라고 해서 근본적으로 구약시대와 다를 이유가 전혀 없다. 성경적인 사도들이 교회의 기초석이었고, 그들은 오류가 전혀없는 예언을 남기도록 쓰임을 받아서 정경을 형성하였다(엡 2:20). 그리고 그 예언은 종결되었다.

2) 사도직은 한시적이었고, 은사도 특수하였다

예언과 방언의 은사가 지금도 지속되느냐, 회복되느냐, 종결되었느냐에 대한 해답을 찾기 위해서, 우리는 개혁주의 신학자들이 주목했던 기본적인 가르침에 유의해 보고자 한다. 무엇보다도 중요한 것은 이들 두 가지 은사들이 모두 사도적 은사라는 점에 주목해야만 한다. 사도직이 한시적으로 그쳤다는 신약성경의 가르침을 따라서 개혁주의 교회에서는 예언과 방언 은사들도 종말의 날이 오기 이전에 중지되었다는 입장을 취하고 있다. 물론 이 은사를 통해서 주셨던 성령의 감동과 인도하심은 지속된다. 성령의 역사가 종결되었다고 말하는 것이 아니라, 오직 사도들의 사역이 종결됨과 동시에 특수한 목적으로 주어진 은사들은 임시적 성격을 띠고 있었기에 종결되었다는 것이다.[31]

사도의 역할은 초대교회의 기초를 놓는 것이었다. 그들의 증언과 증거는 교회가 주 예수 그리스도를 따르는데 있어서 핵심을 이루고 있다. 사도들은 제한적인 기간 동안만 활동하였다. 임시적이요 한시적인 생애를 살아갔다. 역시 그들에게 주어진 은사와 특수한 사명도 종결되었다. 더 이상 사도는 없다. 그래서 그 사도들이 행사하는 특별한 은사들도 역시 중단될 수밖에 없는 것이다. 신약성경 전반에 걸쳐서 사도들의 임무는 매우 특수한 지역에 한정되어 있음이 드러난다(고후 8:23; 빌 2:25; 행 14:4, 14).

그리스도의 사도직분에 대해서 더 중요한 부분은 그 숫자가 극히 제한되었다는 증거들이다. 고린도전서 12:28-30에 보면, 사도의 수가 많지 않았음을 지적하는 강한 어법이 구사되고 있다.

> 하나님이 교회 중에 몇을 세우셨으니 첫째는 사도요 둘째는 선지자요 셋째는 교사요 그 다음은 능력을 행하는 자요 그 다음은 병 고치는 은사와 서로 돕는 것과 다스리는 것과 각종 방언을 말

---

[31] Richard B. Gaffin, "A Cessationalist View," in *Are Miraculous Gifts for Today?* Wayne A. Grudem, ed. (Grand Rapids: Zondervan, 25-64;『기적의 은사는 오늘날에도 있는가?』이용중 옮김 (부흥과 개혁사, 2011).

> 하는 것이라 다 사도이겠느냐 다 선지자이겠느냐 다 교사이겠느
> 냐 다 능력을 행하는 자이겠느냐(살후 2:9-14).

신약성경에서 그토록 중요한 직분자가 바로 사도인데 그리고 신약성경 기록에 이름이나 사역이 나오지 않는 사도는 거의 없다고 볼 때에, 그 수는 극히 제한적이다. 사도직은 단지 교회사의 첫 세대에 한정되고 있을 뿐이다. 사도직이 일시적이요 제한적이며 그 숫자가 매우 적다는 것은 여러 성경에 나타나 있다. 먼저, 사도에게는 직접 부활하신 예수 그리스도를 눈으로 목격하고 귀로 들은 자라는 제한적인 특성이 요구된다(행 1:8, 22; 4:33; 10:41; 요 15:27). 가룟 유다 대신에 맛디아를 뽑을 때에 분명하게 지적되고 있으며, 바울을 사도로 인정하는 논의에서도 역시 그러함을 알 수 있다. 이런 관점에서 바울은 자신이 사도들 중에서 가장 마지막에 임명된 자라고 스스로의 직분에 대해 언급하였다(고전 15:8-9; cf. 고전 4:9).

3) 사도시대, 단번에 교회의 기초를 세웠다

사도 바울이 가장 개인적으로 친밀하게 관계를 맺었고, 신앙적으로나 임무에서도 최측근으로 지내면서 후계자로 지명한 디모데의 경우에도 사도라는 직함에 임명한 것이 아님을 생각해 보라. 목회서신에서 디모데는 매우 중요한 인물이지만, 신약성경 시대에 사도적인 직분과는 다른 임무를 수행한 것으로 보아야만 한다. 이것은 사도들이 시대에 세워지는 교회의 질서와 조직이 그 후세대에까지 얼마나 중요한 역할을 감당하는가에 대한 통찰력을 준다. 신약성경이 증언하

는 바, 이 특수한 사도들이 사망하게 되면, 더 이상의 사도를 세우지 않았다. 아무리 훌륭한 후계자가 있었다 하더라도 단 한 명에게도 전수되지 않았다. 사도 바울에게는 실라, 디모데, 디도 그리고 바나바와 아굴라 등 많은 헌신자들이 함께 하고 있었다. 하자만 그 누구도 사도로 세우지 않았다. 교회에서 이루어지는 모든 직분자 선정과 제도적인 원리들과 실제 예배모범과 경건 생활들은 전부 다 사도들의 사역에 의해서만 세워졌다. 사도들은 가는 곳마다 장로와 집사를 세웠다. 그래서 사도들의 사역을 물려받은 속사도시대에 해야 할 일은 아주 단순했다. 사도들이 세워놓은 중요한 가르침을 지속적으로 따라가는 것뿐이다. 사도들이 사역이 중요하고도 결정적이었으며 단회적이었다.

사도들은 교회에서 무엇을 하였던가? 교회에 어떤 원리를 견고히 세우고자 했던가? 한마디로 요약하면 교회가 품고 있어야 할 예수 그리스도의 진리를 세웠다. 사도적 임무 중에서 가장 중요한 핵심 사역은 증거이다. 사도들은 예수 그리스도의 지상사역, 특히 십자가와 부활의 증거자로 쓰임을 받았다. 사도행전 21장에서 28장까지 사도 바울이 로마에 갈 때까지 논쟁한 것은 예수 그리스도가 죽었다가 다시 살아나셨다는 것을 증거하는 일이었다. 교회란 세상에서 부름을 받아서 예수 그리스도의 부활을 믿고 따라가는 자들의 공동체이다. 신약성경에서 이 증거 임무에 대해서 가장 중점적으로 소개하는 곳이 에베소서 2:19-20이다.

> 그러므로 이제부터 너희는 외인도 아니요 나그네도 아니요 오직 성도들과 동일한 시민이요 하나님의 권속이라 너희는 사도들과 선지자들의 터 위에 세우심을 입은 자라 그리스도 예수께서 친

히 모퉁잇돌이 되셨느니라(엡 2:19-20).

신약성경에 나타나는 교회는 예수 그리스도의 부활에서부터 시작해서 다시 돌아오는 날 사이에 세워지는데, 이는 하나님이 거대한 집을 지어서 운영하고 유지케 하시는 것으로 비유된다(벧전 2:4-8). 그런데 사도 바울은 그리스도가 주춧돌이 되어서 그 위에 세워지는 건물에서 사도들에게 터전을 이루는 임무가 주어졌다고 말한다. 사도들은 기반이요, 기본이 된다. 이 말은 그리스도의 인격과 사역만이 교회의 기초가 된다는 가르침을 부정하는 것이 결코 아니다. 도리어 사도들의 사역이야말로 예수 그리스도가 기초석으로 놓이게 하는데 있어서 특수한 임무를 부여받은 중요성을 가지고 있었다는 의미이다. 사도들은 그리스도의 구원사역을 공개적으로 보급하고 돌아다녔다. 사도들이 자신만의 공로와 노력으로 구원역사에 어떤 추가적인 업적을 보탠다는 것이 아니라, 그리스도의 구원사역을 증거하고 다니는 임무를 수행했다는 말이다. 그리스도가 단 한번에(once for all) 구원역사를 다 이루셨고 모든 교회의 기초석이 되었다. 단번에 십자가에 죽으시고 부활하심으로 그 결정적인 일들을 완수하셨다.

역시 사도들도 그리스도의 구원사역의 기초석을 세우는 교회 건설의 토대를 그들의 사역 기간 동안 단번에 이루어 놓았다. 사도들의 임명도 다시 반복되는 것이 아니다. 구원역사가 진행되는 과정에서 그리스도의 지상사역이 다시 반복될 필요가 없듯이, 사도들을 사용하셔서 교회의 토대를 세우시는 사역도 더 이상 반복될 필요가 없다. 이런 구속 역사적인 특징이 담겨있는 교회의 설립도 역시 반복될 필요가 없다. 한 번 세워지면, 그 원리에 따라서 영속적으로 유지되고 계승된다. 이 사도적 증언이야말로 우리 모든 교회가 귀중히 여기며, 소중히 간직하고 지켜나가야 할 사도적 전통이 되는 것이다. 데살로니가후서 2:15에서 이런 확고한 사도적 전통이 세워져 있음을 얼마나 알고 지키고 있는가?

> 그러므로 형제들아 굳건하게 서서 말로나 우리의 편지로 가르침을 받은 전통을 지키라(살후 2:15).

사도 바울은 디모데전서 6:20과 디모데후서 1:14에서, "성령으로 네게 부탁한 아름다운 것을 지키라"고 하였다. 이렇게 하여 세워진 사도전통에 따르는 초대교회가 점차 읽어오던 책들이 모아져서 신약성경이 27권을 묶어 정경으로 형성하게 되었다.

> 너희는 사도들과 선지자들의 터 위에 세우심을 입은 자라 그리스도 예수께서 친히 모퉁잇돌이 되셨느니라(엡 2:20).

4) 사도들은 예언과 은사의 최종 판단자였다

사도들의 가르침과 활동은 초대교회의 결정적인 기초이자 근거였고, 그들은 어디에서나 조정하고 지도하는 역할을 수행했다. 사도에 비해서 선지자들은 다소 제한적인 역할을 감당했다고 보이는데, 아가보의 예언들이 매우 특수한 경우에 유익을 주었던 것이다. 사도에 비하면, 선지자들의 예언활동은 개인적인 것이든지 혹은 교회나 공동체 전체에 대한 것이든지 모두 구속-역사적인 관점에서 해석되었다. 사도행전 20:23에서 사도 바울은 자신에게 전해진 것을 듣고도 자신의 목회사역을 중단하지 않았다.

> 오직 성령이 각 성에서 내게 증언하여 결박과 환난이 나를 기다린다 하시나 내가 달려갈 길과 주 예수께 받은 사명 곧 하나님의 은혜의 복음을 증언하는 일을 마치려 함에는 나의 생명조차 조금도 귀한 것으로 여기지 아니하노라(행 20:23-24).

여기 나오는 내용을 연결하여주는 예언이 아가보를 통해서 주어졌다.

> 여러 날 머물러 있더니 아가보라 하는 한 선지자가 유대로부터 내려와 우리에게 와서 바울의 띠를 가져다가 자기 수족을 잡아매고 말하기를 성령이 말씀하시되 예루살렘에서 유대인들이 이같이 이 띠 임자를 결박하여 이방인의 손에 넘겨 주리라 하거늘 우리가 그 말을 듣고 그 곳 사람들과 더불어 바울에게 예루살렘으로 올라가지 말라 권하니 바울이 대답하되 여러분이 어찌하여 울어 내 마음을 상하게 하느냐 나는 주 예수의 이름을 위하여 결박 당할 뿐 아니라 예루살렘에서 죽을 것도 각오하였노라 하니(행 21:10-13).

여기서 보면, 아가보의 예언과 사도 바울의 활동이 서로 조화를 이루고 있다. 예언은 이 시기에 결정적으로 하나님의 뜻을 전달해 주는 수단이었다. 사도들은 그것을 알고 행동하되, 결코 약화되거나 축소하거나 겁을 내지 않았다. 예언을 듣고 결정하고 행동하는 사도들이 기준이 되었다. 하지만 그러한 사도들이 모든 결정의 중심에서 활동하던 시기가 지나고 나면, 어떤 것이 결정의 기준으로 남아야 하는가?

예언에 대해서 결정권을 가졌던 사도들이 떠나고 난 다음, 속사도 시대에는 어떻게 해야 하는 것인가? 여기서 해답은 바로 성경이다. 요한계시록에서는 성경의 가르침을 모두 다 '예언'이라고 호칭했다. 요한계시록 1:3, 22:7, 10, 18-19에서 보여주는 것은 다음 세대가 '예언'으로 따라가야 할 것은 오직 성경에 기록된 하나님의 말씀이라는 강조이다.

초대교회의 기초석이 되는 사도들이 예언을 전달하고, 해석도 하듯이, 모든 은사들에 대해서도 역시 초자연적인 능력을 가지고 판단하는 지위에 있었다. 사도행전 곳곳을 보면(행 2장; 8:14-19; 10:44 이하; 19:6) 신비로운 은사들이 나타나는 현장에 사도들이 항상 임재하고 있어서 모든 일들을 지도하고 있었다.

니케아 신경에, 우리는 '하나의 통일된, 거룩한, 사도적 교회를 믿는다'고 고백하고 있다. 이 구절은 교회가 신실하게 지켜야 할 그리스도의 완성된 구원사역과 그에 따르는 믿음과 신앙의 증거는 오직 사도들에 의해서 주어진 독특한 계시적 증거들에만 따라야 한다는 의미이다. 이들 사도적 계시는 최종적이요, 완벽한 것이다.

5) 사도적 특별 은사의 종결

사도들에 의해서만 계시적 은사가 최종적으로 주어졌기에 더 이상의 예언은 없다. 사도 요한은 그의 서신에다가 더 보태지 말고 삭제하지도 말라고 계시의 종결을 선언하였다.

> 내가 이 두루마리의 예언의 말씀을 듣는 모든 사람에게 증언하노니 만일 누구든지 이것들 외에 더하면 하나님이 이 두루마리에 기록된 재앙들을 그에게 더하실 것이요 만일 누구든지 이 두루마리의 예언의 말씀에서 제하여 버리면 하나님이 이 두루마리에 기록된 생명나무와 및 거룩한 성에 참여함을 제하여 버리시리라(계 22:18-19).

지금 가장 큰 문제는 이런 사도적 활동의 권위와 교훈을 인정하고 따라가는 신앙인의 자세가 계속해서 줄어들고 있다는 사실이다. 특히 성령 운동의 이름 아래 성경의 충분성과 권위를 존중하려 하지 않는 계시은사 지속 운동이 혼란스럽게 전개되고 있다.

거듭 성경이 가르치는 바대로 성령의 사역은 지금도 계속된다는 것에 대하여 이의가 없다. 성령의 특수한 사명을 받아서 사역했던 사도적 직분은 종결되었다. 사도직은 특수직이었다. 오늘날에 일어나는 표적이나 기적들이 사도들이 행하던 것과는 근본적인 차이가 있음을 인정해야만 한다. 사도들은 하나님의 뜻에 따라서 전혀 오류가 없이 계시적인 은사를 사용하였다. 사도들에게 은사를 주신 성령은 지금도 모든 은사를 주셔서 사역하게 하지만 거기에는 구원역사의 진행과 함께 시대적으로 제한된 은사가 있었고, 시기적으로 종결된 은사가 있음을 인정해야 한다. 성령은 영원토록 변함없이 은사들을 주시는 분이시지만, 사도적인 은사들만이 교회를 세우는 계시적인 것이다. 그래서 사도들이 증거하던 것은 기록으로 남아서 전수되었고, 우리는 그 계시에 따라서 성령의 인도하심을 받고 있는 것이다.

은사지속설을 주장하는 사람들 가운데서도 상당수는 더 이상 오늘날에는 사도가 없다는 점을 인정하는 사람들이다. 그렇다면 그들은 엄밀한 의미에서 사도직 종결론자들이다. 전달수단으로 예수님에 의해서 직접 임명을 받은 사람들만이 합법적으로 대행자가 될 수 있었음을 인정한다면 그들도 역시 직분 종결론자들이다.

그런데 사도의 직분과 사도적 은사는 서로 다르다고 분리시켜서, 하나는 종결되었지만 다른 하나는 지금도 지속된다는 연속주의자들의 새 이론이 큰 문제가 아닐 수 없다. 침례교 신학자 웨인 그루뎀은 사도의 직분은 종결되었지만, 예언은사는 지속된다고 주장해서 큰 혼란을 일으키고 있다.[32] 그루뎀은 계시적인 예언은사는 사도들에게만 주어졌다고 인정하면서도, 일반적인 예언은사는 지속된다고 하였다. 여기서 주목할 것은 바로 그의 구별하는 방식의 문제점이다. 그는 첫 번째 부류의 사도적 계시에 비하면, 이 두 번째 그룹에 속하는 일반적인 예언은 그 차원이 다소 낮은 것이라는 점을 받아들이면서, 두 종류의 예언이 있었다고 구분하는 것이다. 그러나 도대체 어디에 근거하여 예언을 두 가지 차원으로 나눌 수 있는지 분명치 않다. 그가 지속된다고 주장하는 소위 작은 예언들은 언제까지나 지속된다고 한다면, 과연 교회에서는 누가 어떻게 예언 은사를 시행해야만 되는 것인가? 예언에 대해서 임의적으로 이분법적인 대층구조를 만들어내는 서양 신학적인 방법론에서 나온 신학적 가설이다.

더구나 그루뎀은 한동안 성령의 능력 운동으로 세계 기독교계를 혼

---

[32] Wayne A. Grudem, *The Gift of Prophecy in the New Testament and Today* (1988); idem, *Systematic Theology*, 906-911.

란의 열풍에 몰아넣었던 존 윔버의 빈야드 운동에 대해 격찬하면서 동참하였다. 지금도 일부 빈야드 그룹이 활동하고 있고, 이제는 새롭게 변형된 현대판 빈야드 운동이 신사도 운동이라 하여 전개되고 있는데, 여기에 대해서는 구체적으로 책임 있는 언급을 하지 않고 있다. 다시 말하지만 이런 일련의 연속주의자들이 혼란에 빠지지 않도록 주의하여야 한다. 그루뎀이 말하는 두 종료의 예언해석은 혼란을 불러일으키는 지극히 서양적인 이분법적 신학사상에 불과하다. 결코 성경에 버금가는 예언이란 있을 수 없으며, 보충적인 예언도 있을 수 없다.

미국 필라델피아 웨스트민스터 신학대학원 교수, 학장으로 봉직하면서 교회론을 가르친 클라우니 박사는 성경의 충족성과 성령의 조명이라는 부분을 그루뎀이 소홀히 취급하였다고 반박하였다. 성령은 새로운 계시를 날마다 새로 내려주심으로써 성도들을 이끄는 것이 아니라, 성령의 세미한 조명을 통해서 성경을 사용하여 지혜와 지식의 말씀으로 성도들을 인도하고 있다.[33]

사도는 예수님이 직접 선택했을 뿐만 아니라, 그들의 활동에 권위를 부여해 주신 사람이다. 그런데 직분은 사라지고 은사는 남아있다는 것은 도무지 의미가 없다. 부활하사 승천하신 예수님이 은사를 그들에게 주셨기 때문이다(엡 4:8, 11). 모든 은사가 곧 직분자들이 되도록 만드는 것은 아니다. 그러나 그리스도에게 받는 모든 직분들은 그리스도에게서 오는 은사가 주어졌다. 그런데 그 사도직을 수행하게 만드는 은사들 역시 성경의 정경을 최종적으로 정리하고 종결된 사도직과 긴밀한 관계를 맺고 있는 것이다.

성경의 최종 기록자들의 직분이 종결되었다면, 그들이 죽은 후에

---

[33] Edmund P. Clowney, *The Church* (Downers Grove: IVP, 1995), 298-300.

사역하게 된 속사도들에게는 같은 은사가 모두 다 주어졌다고 말할 수 없다. 즉, 계시적인 말씀의 은사들이 사도들과 함께 종결되었다면, 지금은 그들이 받았던 계시적 예언의 은사들이 더 이상 지속되고 있다는 말을 할 수 없는 것이다(갈 1:11-12; 살전 2:13). 교회의 초석이 놓이던 초대교회 시대에 사도들을 통해서 모든 것들을 세우도록 충분히 계시하여 주셨다면, 지금 우리 시대에 사도적 은사는 더 이상 존재할 필요조차 없는 것이다. 사도가 지금도 살아있어서 교회의 모든 것을 결정을 하는 것이 아니라고 한다면, 사도적 권위와 동등한 사도적 은사들을 주장하는 것은 이상한 일이다. 사도들은 그들의 은사를 사용함에 있어서 오류가 없도록 성령께서 돌아보셨다.

하나님은 사도들을 통해서 역사하시던 구원의 활동들을 지금 이 순간에도 하고 계시다는 것은 분명하다. 특수 직분이 종결되고, 특별 은사가 중지되었다고 해서 하나님의 구원역사가 중단된 것은 아니다. 하나님은 지금도 초월하신 능력으로 사람들을 부르시고자 복음을 전파하게 하신다.

The Glory and Blessing:
Reformed Doctrine of the Holy Spirit

제 12 장

지금도 직통계시를 주시는가?

　사도직의 종결과 밀접한 연관 속에서 다루어야 할 주제가 직통계시와 은사지속설이다. 요즘 여기저기서 하나님의 계시를 받는다고 주장하는 자들이 나타났다. 이런 은사 운동의 출현은 성령의 감동으로 기록된 성경의 유일성이 무너지고 말았기 때문이다. 성경의 무오성과 절대권위에 저항하는 신학적 혼돈이 몰고 온 재앙이기도 하다. 기록된 하나님의 말씀보다는 주관적인 감정이나 직통계시에 더 의존하는 신비적인 성령 운동은 지금 21세기에 들어서서 엄청나게 큰 혼란을 부채질하고 있다. 지난 날의 기독교 역사, 특히 성령 운동과 오순절 은사 운동을 돌이켜 보자. 19세기 자유주의 신학의 확대와 불건전한 신비주의 은사 운동의 확산이 근대와 현대 교회사에 나타났는데, 이 두 가지의 영향이 동시에 세계 교회에 퍼지게 되었다. 자유주의 신학은 성경의 유일성과 신빙성에 도전함으로써, 은사 운동은 말씀과 함께 역사하는 성령의 능력보다는 주관적으로 다가오는 예언에 치중함으로써, 건전한 개혁주의 신앙을 가진 성도들을 혼돈에 빠지게 하였다. 하나님의 말씀을 중심으로 하는 객관적인 은혜에 대한 신뢰를 무너뜨리게 만든다. 직통계시파의 득세로 인해서 오직 성경만을 사모하던 정통신앙의 영향력이 심각한 도전을 받고 있는데, 일반 성도들이어서 속히 혼란을 극복해야만 하겠다.

미국에서 시작된 일부 오순절파 은사 운동가들 가운데는 '하나님께서 직접 자신에게 말씀하셨다'(God told me)는 주장을 하고 있다. 이런 예언은사는 예언의 대상이 된 사람들에게 비상한 관심을 이끌어낸다. 복음주의 운동의 일환인 것처럼 비쳐지고, 각각 자신의 문제와 생활 현장에 생동감 넘치는 하나님의 직접개입이라는 흥미를 불러일으킨다. 주관적인 계시은사가 가져오는 위험성은 엄청나다. 객관적인 계시가 무시를 당하는데도 주관적인 계시은사에의 열망은 그치질 않는다. 전 세계에서 21세기에 벌어지고 있는 여러 사례들이 직접적으로 영향을 미치고 있음을 볼 때에, 우리의 세심한 분별이 요구되는 시점이다.

1. 직통계시파의 혼란과 문제점

직통계시를 주장하는 자들은 유일한 하나님의 말씀을 위축시키고 무시하는 일을 하고 있다. 지금 우리에게 주어진 정확 무오하고, 유일무이한 하나님의 계시는 성경이다. 성경에는 하나님의 특별계시가 기록된 말씀으로 담겨있다. 하나님은 특별계시의 세 가지 방법으로 자신의 비밀을 알리셨으니, 곧 신현(친히 나타나심), 예언, 기적이다.[1] 성경에 나타나는 이 세 가지 방법을 통해서 하나님은 특별하고도 초자연적 방법으로 비밀스러운 뜻을 사람에게 알리셨다. 그리고 마지막 날에 예수 그리스도를 통해서 이 세 가지 특별한 계시의 모든 비밀을 나타내셨다. 구약시대에는 세 가지 방법을 통해서 구원의 성취와 함께 하나님을 아는 지식을 밝히 알려주셨고, 마지막 날에는 예수 그리스도의 복음을 사람의 언어로 기록하게 하였다. 이제는 그리스도의 말씀을 통해서만 영생을 알게 해 주신다. 우리가 예수님을 믿고 알게 된 것은 성령의 역사로 인해서 받은 성경을 통해서 나온 지식이다.

> 너희가 성경에서 영생을 얻는 줄 생각하고 성경을 연구하거니와 이 성경이 곧 내게 대하여 증언하는 것이니라(요 5:39).

그래서 루터와 칼빈 등 16세기 유럽 종교개혁자들은 기본 신앙은 '오직 성경에서만'(sola scriptura) 그리고 '전체 성경에서'(tota scriptura) 찾아야 한다고 주장했다.[2] 종교개혁자들은 로마 가톨릭의 전통과 교황권의 권위를 버리고, 성령의 감동으로 기록된 성경만을 따라가겠다는 '말씀 중심의 신학'을 정립하였다.[3]

최근 여러 교회에서 벌어지고 있는 은사파의 혼란이 어디에서 기인하는가를 점검한 존 맥아더 박사는 오순절파 은사 운동가들이 "오직 하나님의 말씀으로만"이라는 종교개혁의 신학을 내버렸다고 지적

---

[1] J. Van Genderen & W. H. Velema, *Concise Reformed Dogmatics*, 54-56.
[2] Calvin, Institutes, I.vii.5.
[3] Michael Horton, *The Christian Faith: A Systematic Theology for Pilgrims on the Way* (Grand Rapids: Zondervan, 2011), 152, 187; "Sola Scriptura."

하였다.⁴ 맥아더 박사는 독립적인 침례교회를 세우고 종교개혁의 신학을 따라서 하나님의 말씀을 굳세게 붙잡고 순수한 교회를 세우고자 하여 이런 계시지속설을 주장하는 자들에게 단호히 경고하였다. 예언파 은사주의자들은 자신들의 예언에 치우친 나머지 유일무이한 하나님의 말씀으로서 성경의 독특성과 유일성은 내어버리고 말았다.

미국 은사 운동가들 중에 널리 알려진 계시은사의 혼돈 사례를 살펴보자. 이런 일들은 너무나도 많아서 이루 다 헤아릴 수 없을 정도이기에, 그 중에서 몇 사람 대표적인 예를 들어보자. 1987년 오럴 로버츠(Oral Roberts)는 자신에게 8백만 달러를 모금하지 못하면, 하나님이 집으로 불러들여서 곧 죽음이 올 것이라고 말씀하였다는 선포를 했다. 어떻게 해서 이런 위협적인 계시가 그에게 주어졌는지, 그 내용과 방법 등 자세한 것은 전혀 알 수 없다. 다만 이런 무섭고 위협적인 예언이 많은 성도들에게 큰 자극을 주었고, 엄청난 반향을 불러일으켰다. 마침내 마감시간 직전에, 플로리다에서 기증자가 나타나서 큰 금액을 기증하여서 그가 받은 계시는 성취되었다라고 주장하게 되었다. 그러나 앞에 일이 벌어지고 난 뒤, 2년 후에 그가 오클라호마 털사(Tulsa)라는 도시에 세운 수백만 달러 의료센터가 문을 닫게 되었다. 이것도 역시 하나님이 직접 자신에게 나타나서 세계에 치유기적을 알리고자 문을 닫게 하시는 것이라고 말씀하였다는 것이다.⁵ 이런 직접 계시를 받았다는 주장은 여전히 그 이후에도 계속되고 있다.

캘리포니아 로스엔젤레스 북쪽 밴 나이스에서 "처치 온 더 웨이"(church on the way)라는 교회를 목회하고 있는 잭 헤이포드(Jack Hayford)

---

4 John F. MacArthur, Jr. *Charismatic Chaos* (Grand Rapids: Zondervan, 1992), 66-67.
5 "Oral Roberts: Victory O Small of Defeat," *Charisma* (December 1989), 88.

는 북미주 오순절 회합에서 예수님이 자신에게 '두 번째 강림을 위한 새로운 시대'가 오고 있다고 말씀하셨다고 주장했다. 그는 환상 중에 하늘의 영광스러움을 보게 되었는데, 오른쪽 보좌에 앉아계신 예수님을 보았다고 주장했다. 예수님이 직접 말씀하기를 함께 일어나서 준비하는 자들에게는 두 배나 강한 기름부음을 주신다고 했다는 것이다.

케네스 헤긴(Kenneth Hagin)은 한국에도 널리 알려진 은사 운동가이다. 그가 젊었을 때에 결혼대상이던 여인의 도덕적 부정을 하나님이 자신에게 알려주셨다고 했다. 주일날 설교 중간에는 기적적으로 자신을 불러내서 50마일 떨어진 곳에 세우고 그 여인의 부도적한 성행위를 보게 했다는 것이다.

정말로 성령은 지금도 직접적인 계시를 주셔서 성도들을 지도하고 있는 것인가? 사도들에게 주셨던 성령의 감동을 주어서 환상을 보고 음성을 들으며 노래를 쓰고 설교를 하게 하는 것인가? 은사주의자들은 '예'라고 소리치고 있다.

로드맨 윌리엄스(J. Rodman Williams)는 "살아 계신 하나님으로서의 성령은 지난 시대의 증거를 통해서도 역사하지만 그것을 넘어서서 움직이신다. 그 가치있는 기록들은 오늘날 어떤 일이 일어나는가에 대한 모델일 뿐이다"라고 주장한다. 윌리엄스의 의미는 성경이 하나님의 계시의 최종자료가 아니라는 주장이다. 성령이 오늘도 성도들을 위해서 성경과 같은 종류의 감동을 내려 주신다고 주장한다.

2. '사도'와 '선지자'의 일시성

교회의 기초석은 사도와 선지자이다. 그루뎀과 신사도 운동에서는 예언이 지속된다고 주장하면서 사도직은 종결되었지만 예언하는 선지자 직분은 아직도 계속된다고 하는 해석을 내놓았다. 그래서 우리가 주목하여 선지자에 대한 신약성경의 구절 가운데 가장 근본으로 삼아야 할 구절이 바로 에베소서 2:20이다. 에베소서는 신약교회의 전체 구조를 설명하는 중에 예언의 위치와 역할에 대해서 언급하고 있다.

사도들과 선지자들은 신약초기 기독교 역사에서 보면 가장 중요한 기본이요 근거가 되는 사역자들이었다. 이들을 통해서 교회가 건설되었다. 다만, 이 두 가지 직분 모두 다 일시적인 직분이었고, 지속적인 기능을 하지 않았다. 하나님의 계획에 의해서 선지자들은 사도들과 함께 사라진 것이다. 물론 사도들도 예언자의 기능을 감당했지만, 이 직분은 에베소서 4:11, 고린도전서 12:28에 각각 언급되어 있다. 오직 사도들만이 교회의 기초석으로서 일시적으로 사역하였다는 주장은 근거가 없다.

"사도들과 선지자들의 터 위에 세워졌다"고 할 때에, 헬라어는 '톤 아포스톨론 카이 프로페톤'(twn apostolwn kai profhtwn)이다. 그런데 그루뎀은 이 구절을 "사도들이며 또한 선지자들이기도 하던 사람"이라고 번역한다. 물론, 예언자의 역할을 감당하던 사도들임에 틀림이 없지만(롬 11:25; 고전 4:6; 15:5; 살전 4:15 등 참조), 아예 직분 자체를 혼동시키는 것은 예언자들을 부각시키려는 조작이다.

첫째, 에베소서 4:11에서 사도 바울은 분명히 구별된 부류로 사도들과 선지자들을 나누었다.

둘째, 고린도전서 12:28에서만 유일하게 사도와 선지자가 함께 언급되어 있다. 그러나 그 후에는 바울은 분명하게 두 직분을 나누어서 설명한다.

셋째, 바울은 어디에서도 사도들이라고 지적한 자들을 선지자들이라고 동일시 한 적이 결코 없다. 이런 이유들로 인해서 개핀 교수가 에베소서 2:20에 대한 그루뎀의 해석에 대해서 받아들일 수 없다고 하는 것이다. 신약성경에 나오는 사도들은 선지자들과는 구별되는 직분자로 보아야 한다.

3. 성경을 떠난 계시?

새로운 선지자, 예언자가 없으며, 사도들이 주신 말씀으로 그친다는 것은 결국 현재 우리가 받은 성경을 최종 계시로 믿고 따르는 것을 의미한다. 하나님의 말씀은 우리의 신앙에서 최고의 권위를 가지고 있다. 기독교 신앙은 하나님의 계시를 중심으로 삼고 있으며, 말씀은 성령의 역사와 함께 하신다는 확신을 가지고 있다. 히브리서의 저자는 다음과 같이 말했다.

> 너희는 삼가 말씀하신 이를 거역하지 말라 땅에서 경고하신 이를 거역한 그들이 피하지 못하였거든 하물며 하늘로부터 경고하신 이를 배반하는 우리일까보냐(히 12:25).

지금 하나님이 성경을 통해서 말씀하고 계신다는 고백은 기독교 신앙의 선언문에 항상 강조되어왔고, 복음주의 진영의 교회들은 전통적으로 오직 기록된 계시는 성경말씀 뿐이라는 신조를 지켜왔었다.

그러나 최근에 나타난 새로운 입장은 성경과 배치하지 않는 예언들을 오늘도 따로 주신다는 주장이 새로 나타났다.[6] 1990년대 능력운동을 전개하다가 예언과 직통계시 은사로 한걸음 방향을 바꾼 빈야드 운동에서 퍼트리고 있다.[7] 잭 디어는 달라스 신학교 교수를 역임했고, 미국에서 가장 자유주의 신학이 용납되는 연합장로교단(PCUSA)의 목사로 있으면서, 신사도 운동에 가담하여 집회와 저술을 통해서 직통계시 운동을 확산시키고 있다. 이 새로운 입장의 등장으로 인해서 전통교회가 믿어온 성경 중심의 신앙이 완전히 혼돈에 빠져버리고 말았다.

성경의 권위를 강조하되, 오직 기록된 말씀의 최종성과 충분성을 믿어온 개혁주의 교회들은 이제 모두 다 신조와 신앙을 수정해야만 하는 것인가? 이 질문을 반대 입장에서 제기한다면, 하나님이 성경을 떠나서 오늘도 말씀하신다고 하는 것을 부인하는 자들은 성령을 제한하는 것이라고 할 수 있는가? 이들은 데살로니가전서 5:19을 자신들

---

[6] R. Fowler White, "Does God speak apart from the Bible," in *The Coming Evangelical Crisis*, ed. John H. Armstrong (Chicago: Moody Press, 1996), 77-90.

[7] Jack Deere, "Vineyard Position Paper #2: The Vineyard's Response to The Briefing"(Anaheim, Calif.: Association of Vineyard Churches, 1992), 22-23. "In order to fulfill God's highest purposes for our lives we must be able to hear his voice both in the written word and in the word freshly spoken from heaven···Satan understands the strategic importance of Christians hearing God voice so he has launched various attacks against us in this area. One of his most successful attacks has been to develop a doctrine that teaches God no longer speaks to us except through the written word. Ultimately, this doctrine is demonic even [though] Christian theologians have been used to perfect it."

의 입장에 대입해서 항변하고 있다.[8] 직통계시라는 충격적인 말들이 어떻게 해서 이처럼 대담스럽게 유포되고 있으며, 어찌하여 개혁주의 신학자들이 분명하게 제시해 온 성경관을 허물어뜨리게 되고 말았을까? 계몽주의 시대 이후로 기독교 신학의 혼란에 그 원인이 있고, 최근에는 부흥신학과 성령론의 논쟁을 가져온 전통신학에의 도전에 따른 것이다. 우리 교회의 지도자들과 목회자들은 하나님의 말씀에 도전하는 이단적인 직통계시파의 충동에 넘어가지 않도록 조심해서 살펴보아야 한다. 더 이상 평계를 대거나 교회 내의 혼란을 방치해서는 안 된다. '하늘로부터 새로운 말씀'을 들어야 한다면, 하나님의 음성을 직접적으로 듣는 것을 반대하고 배척하는 개신교회가 지금까지 성령의 훼방꾼 노릇을 했다는 것인가? 과연 성경 어느 구절에서 우리가 지금도 '새로운 음성을 직접 들어야 한다'고 가르친 적이 있는가?

1) '하나님이 오늘도 말씀하신다!'

우리가 사용하는 용어를 정확하게 규정할 수 있기를 바란다. 항상 신학적인 혼란이 일어나는 것은 기본적인 개념을 명료하게 하지 않았기 때문이다. 우리는 지금까지 전통적으로 '하나님은 성경을 통해서 우리에게 오늘도 말씀하신다'고 하는 고백을 하고 있다. 이 구절은 두 가지로 달리 해석될 수 있다는 사실에 주목해야 한다. 첫 번째 해석으로는 '하나님이 오늘도 말씀하신다'는 구절을 매우 평범하고 단순하게 받아들이는 경우다. 하나님은 기록된 말씀 안에서 성령의 간섭으로

---

[8] William DeArteaga, *Quenching the Spirit: Examining the Centuries of Opposition to the Moving of the Holy Spirit* (Altamonte Springs: Creation House, 1992).

깊은 감동이나 통찰력이나 자극이나 암시를 주셔서 자신의 백성들을 인도하신다는 의미로 받아들인다.

웨스트민스터 신앙고백서를 채택하여온 대부분의 장로교회와 복음주의적인 교회들, 비오순절파 교회들, 은사주의 반대파에서는 성령의 조명하시는 사역, 인도하심, 확신을 주는 일들이 바로 이와 같이 직관적인 체험으로 주어지고 발생한다고 믿고 있다. 보다 인식적인 단계로 접어들면 심리적이며 영적인 묘사를 할 수 있다거나, 이런 체험들이 보여졌다거나 들려졌던 사건들로 풀이되기도 한다. 그러나 이런 모든 체험들은 성령의 계시 사역과는 구별되는 것들이다. 웨스트민스터 신학대학원 조직신학 교수로 정통 장로교회 신학을 정립하는 데 큰 기여를 한 존 머레이 교수가 '성령의 인도'란 성도의 의식에 있다는 것을 제시한 부분에서 전통신학의 개념을 이해할 수 있다.[9]

---

[9] John Murray, "The Guidance of the Holy Spirit," in *Collected Writings of John Murray*, Volume 1: The Claims of Truth [Edinburgh: Banner of Truth, 19761):188-89; "We must rely upon the Holy Spirit to direct and guide us in the understanding and application of God's will as revealed in Scripture, and we must be constantly conscious of our need of the Holy Spirit to apply the Word effectively to us in each situation. The function of the Holy Spirit in such matters is that of illumination as to what the will of the Lord is, and of imparting to us the willingness and strength to do that will…As we are the subjects of this illumination and are responsive to it, and as the Holy Spirit is operative in us to the doing of God's will, we shall have feelings, impressions, convictions, urges, inhibitions, impulses, burdens, resolutions. Illumination and direction by the Spirit through the Word of God will focus themselves in our consciousness in these ways…It is here, however, that careful distinction is necessary The moment we desire or expect or think that a state of our consciousness is the effect of a direct intimation to us of the Holy Spirit's will, or consists in such an intimation and is therefore in the category of special direction from him, then we have given way to the notion of special, direct, detached communication from the Holy Spirit. And this, in respect of its nature, belongs to the same category as belief in special revelation. The only way whereby we can avoid this error is to maintain that the direction and guidance of the Holy Spirit is through the means which he has provided, and that his work is to enable us rightly to interpret and apply the Scripture in the various situations of life, and to enable us to, interpret all the factors which enter into each situation in the light of Scripture."

성경에 계시된 하나님의 뜻의 이해와 적용에 있어서 지도와 인도를 받으려면 우리는 성령을 의지해야 하며, 말씀을 우리의 각각의 상황에 효과적으로 적용하기 위해서는 우리에게 성령이 필요하다는 것을 끊임없이 인식하고 있어야만 한다. 그런 경우 성령의 역할은 주님의 뜻이 무엇인지를 끊임없이 조명해 주는 것이며, 우리에게 그 뜻을 행할 의욕과 힘을 나눠주는 것이다.

우리가 이 조명의 대상이 되고, 그것에 반응을 하게 될 때에 그리고 성령이 우리 안에서 이러한 하나님의 뜻을 행하도록 작용할 때에 우리가 느낌, 확신, 간절함, 억제, 충동, 부담감, 결의를 갖게 될 것이라는 것을 알아야 한다. 하나님의 말씀을 통한 성령에 의한 조명과 지도는 이러한 방법으로 우리 의식에 모아질 것이다.

우리의 의식의 상태는 우리에 대한 성령의 뜻의 직접적인 암시의 결과라거나 그러한 암시로 구성되며, 성령으로부터의 특별한 지도의 범주에 있다고 우리가 생각하거나 기대하거나 원하는 순간, 우리는 성령으로부터의 특별하고 직접적이며 부가된 전언이라는 개념에 길을 내어주게 된다. 그리고 이것은 그 본질에 있어서 특별계시를 믿는 것과 같은 범주에 속한다. 이러한 오류를 피할 수 있는 유일한 방법은, 성령의 지도와 인도는 그가 제공한 수단을 통해서이며, 그의 사역은 삶의 다양한 상황에서 우리로 하여금 성경의 빛 안에서 각각의 상황의 구성 요소를 이루는 모든 요소들을 해석할 수 있도록 한다는 것을 단언하는 것이다.

성령의 조명과 인도하심을 통해서 자극이나 강한 인상을 받게 된다고 하더라도, 그런 현상들은 계시의 은사들로서 사용되었던 예언이나 방언이나 다른 것들, 즉 환상이나 꿈이나 음성을 듣는 것들과는 완전히 다른 것들이기 때문이다.

두 번째 해석은 전통적인 입장과는 전혀 다르다. '하나님이 오늘도 말씀하신다'는 의미가 앞에서 살펴본 전통적인 해석과는 완전히 다른 주장으로 첨가되고, 추가되었다. 즉 지금도 다소 낮은 수준이지만 하나님의 계시는 다양한 방법으로 지속되고 있으며, 직접적으로 성령의 은사를 받은 사람들에게 하나님의 뜻을 알려주신다고 주장한다. 성경을 전달하던 과거의 방법들, 선지자들과 천사들에게 주셨던 꿈이나 음성을 들려주시듯이 하나님은 직접적인 지시의 말씀을 주셔서 인도하고 지도하신다는 의미로 받아들인다. 잭 디어는 다음과 같이 말했다.

> 하나님은 오늘 믿는 자들에게 성경에서 발견되지 않는 것을 직접 개인적인 말씀으로 주실 수 있고 또한 주신다. 나는 그가 주시는 지시가 성경과 위배된다고 믿지는 않지만, 성경에서 발견될 수 없는 지침이다.[10]

이렇게 주장하는 근거로, 과거에 하나님이 다양한 방법들을 사용해서 자신의 백성들을 인도하셨다는 것이다. 예를 들면, 구약시대에 하나님은 음성으로 직접 자신의 자녀들에게 말씀하셨고, 꿈으로, 환

---

[10] Deere, "Vineyard Position Paper #2," 15. 직통계시의 개념을 디어와 동일하게 주장하는 오순절 신학자들이 많다. J. Rodman Williams, *Renewal Theology* (Grand Rapids: Zondervan, 1988), 1:43-44, 2:382.

상으로, 환경을 통해서, 구름을 통해서, 내적인 감동으로, 선지자들을 통해서 혹은 천사들을 통해서 혹은 성경을 통해서 말씀하신다.

문제는 신약성경의 계시적인 은사들이 교회에 주어지듯이 지금도 주어진다는 주장이다. 예언, 방언, 지혜의 은사들, 지식의 은사들, 영들을 분별하는 은사들을 주시는데, "부지중에 천사들을 대접하듯이"(히 13:2) 오늘날에도 충분히 그렇게 될 가능성이 있다는 것이다. 지금은 사도시대가 아니지만, 교회시대에도 하나님은 다양한 방법으로 자기 백성들과 소통하고 있다는 것이다.

2) 예언의 권위와 방법들

그러면 하나님은 그의 백성들에게 지금도 말씀하셔서 서로 소통하고 계시다는 것을 어떻게 규정할 것인가? 성경의 기록자들에게 하셨던 그 방법들대로 지금도 사용하고 계시다는 것은 어떤 의미를 가지는가? 다른 말로 표현하면, 성경을 떠나서 하나님이 지금 말씀하신다는 뜻이다.

하나님은 모세에게 말씀하셨고, 그 후에 계속해서 다음 세대의 선지자들에게 말씀하셨다. 그런데 지금은 어떻게 말씀하시는가? 계시연속주의자들은 하나님이 성경에 나와 있는 것처럼 다양한 방법으로 지금도 말씀하신다는 것이다. 얼핏보면 얼마나 황홀하고도 신명하는 선언인가? 나에게 지금 전능자이신 하나님이 말씀하신다는 것은 엄청나게 위대한 일이 발생한다는 것일까? 단순한 사람들은 이런 주장에 흔들리게 되며, 자칫하면 감정적으로 매우 고조되어서 흥분하게 된다.

그러나 이것은 성경에 나와 있는 하나님의 계시를 존중하지 않는 중대한 오류를 범하는 선언이다. 하나님은 성경 속에서 계시의 연속됨과 일관됨을 가르치고 보여주셨다.[11] 하나님이 보여주신 비밀스러운 뜻과 계시는 어느 개인적인 이해와 실력과 관심에 따라서 달라지는 것들이 아니라, 오직 하나님의 구원계획과 경륜에서 나온 것들이다. 그래서 성경에 나오는 계시들은 불변하는 하나님의 뜻이다. 디어를 비롯해서 오늘날에도 하나님이 다양한 방법을 과거 성경에서처럼 그대로 사용하신다고 주장하는 자들은 성경에 나와 있는 하나님의 말씀들과 그 전달방법들을 무시하고 깎아 내리는 오류를 범하는 것이다. 하나님이 자신의 뜻을 전달하고자 택하신 종들은 모두 특별한 사람들이었고, 그들이 계시를 받을 때에 체험한 방법들도 모두 특수한 것들이었다. 하나님이 원하시는 방향대로 사용하셨기 때문이다. 그런데 이런 전체적인 구원의 뜻을 알게 하시고자 특수한 사람에게 특별하게 사용하신 방법들을 아무런 제한 없이 현재 크리스천들이 그대로 받을 수 있다고 하는 것은 하나님과 인간에 대한 결핍된 이해에서 나온 것이다. 그저 애매하고 넓은 의미로 하나님은 지금도 말씀하신다고 하면서 이미 오래전에 말씀하신 것으로 끝나지 않는 분이라고 말하면 과연 이처럼 애매한 말에 대해서 누가 책임을 질 것인가? 인간의 타락과 부패에 대해서 철저히 파헤치지 않으면서, 계시연속을 주장하게 되면 그저 탐욕적으로 하나님의 뜻을 가질 수 있다는 신앙은 인본주

---

11 B. B. Warfield, "The Biblical Idea of Revelation" in *The Inspiration nd Authority the Bible* (Phillipsburg: P&R, 1948), 71-102. Herman Bavinck, Reformed Dogmatics ed. John Bolt; tr. John Vriend (Grand Rapids: Baker, 2003), 1:353-85 Geerhardus Vos, *Biblical Theology of the Old and New Testaments* (Edinburgh: Banner of Truth, 1994), 3-26.

의적으로 참담하게 변질되고 만다.¹²

하나님은 성경을 떠나서 말씀하시지 않는다는 구체적인 사례를 들어보자. 성경에 기록을 남긴 선지자들은 한 사람도 예외 없이 하나님의 말씀 그 자체만을 전하였다. 모세에게 말씀하신 것을 처음으로 기록에 남기게 하시면서, 그 후대의 선지자들은 모세의 글과 상관없이 하나님의 계시를 받는 것이 아니었음을 명확하게 발표하였다. 신명기 18장은 거짓 선지자들을 경고하는 가르침이 핵심을 이루고 있는 부분이다. 특히 신비로운 하나님의 뜻을 사칭하는 점쟁이와 술사들과 신접자들에 대하여 엄중한 경고를 내렸다. 하나님은 자신의 말씀을 선지자의 입에 두신다.

> 내가 그들의 형제 중에서 너와 같은 선지자 하나를 그들을 위하여 일으키고 내 말을 그 입에 두리니 내가 그에게 명령하는 것을 그가 무리에게 다 말하리라 누구든지 내 이름으로 전하는 내 말을 듣지 아니하는 자는 내게 벌을 받을 것이요 만일 어떤 선지자가 내가 전하라고 명령하지 아니한 말을 제 마음대로 내 이름으로 전하든지 다른 신들의 이름으로 말하면 그 선지자는 죽임을 당하리라 하셨느니라(신 18:18-19).

하나님은 자신이 이미 주신 말씀을 떠나서 다른 예언을 주신 일이 없다. 항상 정확하게 분명하게 하나님의 의도하신 바를 표현하게 하

---

12 Jack Deere, *Surprised by the Power of the Spirit* (Grand Rapids: Zondervan, 1993), 213-15. idem, *Surprised by the Voice of God* (Grand Rapids: Zondervan, 1998), idem, *The Beginner's Guide to the Gift of Prophecy* (Regal, 2008).

였다. 성경을 떠나서 예언한다는 것은 하나님의 말씀이 아니요, 그 사람 자신의 말이다. 구약시대의 선지자들이 먼저 쓰인 성경, 모세의 글들을 떠나서 다른 예언을 한 것이 아니었다. 성경은 절대권위를 가지고 있는 하나님의 말씀이다. 민수기 12:6-8과 신명기 13:1-5에 하나님이 선지자들의 활동을 꿈과 환상에 연결하였음을 알게 해 주셨다. 모세 이후에 선지자들 중에 꿈이나 환상을 목격한 사람들이라 하더라도 그들이 전파하는 것은 여전히 하나님의 말씀, 그 자체뿐이었다.

예수님과 제자들의 시대에도 역시 동일하였다. 예수님은 항상 자신의 가르침이 하나님 아버지에게서 온 것임을 강조하였다. 구약성경과 동일한 원리를 증거로 제시하신 것이다. 아버지께서 예수님에게 말씀하신 것, 예수님이 제자들에게 말씀하신 것은 모두 다 하나님의 말씀이었다(요 3:34; 7:16; 8:28; 12:49-50; 14:10, 24, 31). 사도들에게 주신 말씀들도 모두 다 하나님 자신의 말씀이었다. 예수님은 다락방 강화에서 성령을 보내주셔서 도움을 주시되, 모두 자신의 말과 가르침을 생각나게 하시리라고 하였다(요 14:26; 16:13-14).

사도 바울에게 주신 말씀들과 가르침들은 모두 다 성령을 값없이 믿는 성도들에게 보내주신 것들이요(고전 2:10, 12), 사람의 지혜에서 나온 것이 아니다. 그래서 하나님의 권위를 가지고 있으며 정확하게 하나님의 뜻이 전달된 것이다.[13]

사도행전 16:9-10에 하나님이 직접 마게도냐의 환상을 보여주시면서 사도 바울의 선교행선지를 알게 하시는 사건이 기록되어있다. 잭

---

[13] Ned B. Stonehouse, "The Authority of the New Testament," 88-136; Edward J. Young, "The Authority of the Old Testament," in *The Infallible Word: A Symposium* ed. N. Stonehouse (Philadelphia: Presbyterian Guard, 1946), 53-87.

디어는 이 사건에서 성경적인 계시와 구별되는 "개인적이며, 목회적이며, 성경 외적인 계시"의 실례라고 주장한다. 그러나 실제 사도행전 문맥상에서 보여주는 것은 그의 해석과는 정반대이다. 이 환상을 통해서 하나님으로부터 온 권위 있는 계시가 사도 바울에게 전달되었고 하나님의 구원역사의 과정이 펼쳐지게 된 것이다. 마게도냐의 환상은 결코 개인적인 사소한 일상사가 아니었다. 신약성경의 선지자들은 성령의 역사로 인해서 그들에게 주어진 하나님의 말씀을 정확하게 전달하였다.

오순절 사건 이후로 특별한 계시가 기록된 것은 세 곳 뿐이다. 사도행전 11:27-28 그리고 사도행전 21:10-11에 나오는 아가보의 예언이고, 세 번째는 요한계시록에 담긴 요한의 예언이다. 그런데 요한의 예언은 전부다 하나님의 계시에 해당하는 것이므로 사도적 특수은사를 발휘한 것으로 받아들이고 있다. 다만 아가보의 예언을 지적하면서, 지금도 그와 같은 예언이 지속된다고 주장하는 것이다.

3) 오늘날의 예언이 정확한가?

잭 디어를 비롯한 예언 은사 지속주의자들은 아가보의 예언이 오늘날 하나님이 직접 말씀하신다는 근거이며 성경적인 모델이라고 주장하고 있다. 그런데 아가보의 예언은 개인적이거나, 목회적이거나, 사소한 문제가 아니라 사도 바울의 선교여정에 관련된 매우 중요한 구원역사의 전개과정에 관한 것이었다. 다시 말하면 하나님의 계획을 정확하게 전달한 예언이었다. 그런데 오늘날 예언은사를 주장하는 자들은 자신들이 받았다는 예언은사라는 것은 다소 낮은 단계의 개인과 가정의 일들이라는 논리를 펴고 있다. 그리고 예언자의 모델로 아가보를 내세우고 있을 뿐이다. 사도가 아닌 사람으로 신약성경에 나오기 때문에 자신들의 모델로 가장 적합하다고 주장하는 것이다.

사도가 아닌 사람으로서 아가보가 예언하도록 한 것은 사도의 판단과 통제 하에서 하나님의 뜻을 이해할 수 있었기 때문이다. 구약시대에도 예외적으로 여자 사사가 있었고, 아주 특별한 예외로서는 사울 왕이 선지자들 속에서 예언하는 경우도 있었다. 사도적 예언의 수준이란 하나님의 권위와 동일한 것이었다. 아가보가 비록 사도가 아니었지만, 그의 예언은 사도적 복음사역, 즉 구원역사의 진행과정에 대한 것이었다. 그런데 이런 중대한 예언과는 비교가 될 수 없는 요즈음의 예언을 동일시 할 수 있다는 말인가? 사사롭고 개인적인 사항들에 대한 예언을 한 것인양 아가보의 예언을 마음대로 재해석한다면, 이것은 성경의 왜곡에 해당하는 것이다.

예언은사의 연속성을 주장하는 자들은 오늘날에도 하나님의 말씀에 해당하는 예언이 있다는 근거를 확실하게 제시하지 못하고 있다. 사사로운 예언들은 오류의 가능성이 많다는 입장만을 막연하게 말하고 있을 뿐이다. 캔사스 예언가 집단에 소속한 폴 케인, 마이크 비클, 밥 존스 등의 예언이 어떤 내용인가를 들여다보면, 분명히 성경적인 예언과는 현격한 차이가 난다는 것을 알 수 있다. 어떤 청소년들의 죽음, 비가 오지 않는다는 것, 어느 교회의 혼란과 대립, 어느 목회자의 앞날, 지진현상, 대통령의 회심 등이다. 대부분 공포와 두려움의 선포였다. 그런데 이런 예언들도 정확성이 별로 없었다. 마이크 비클은 크게 잡아도 예언 성취율이 20% 정도 될 것이라 짐작했다.[14] 하나님의

---

14 마이크 비클, "국민일보와의 인터뷰" 2011년 3월 6일자. 김재성, 『교회를 허무는 두 대적』, 144-

말씀으로 나온 예언들은 전혀 오류가 없으며, 성경의 예언은 일점일획도 틀림이 없이 이루어졌다.

성경의 예언들은 하나님 자신의 말씀이었다(행 8:26, 29; 9:10-12; 10:9-19; 13:1-3; 18:9-10). 히브리서의 저자는 천사의 말을 받아서 그대로 적었고(히 2:2), 천사들이 전달한 내용은 하나님 자신의 말씀으로 선포되었다(창 18-19장; 슥 1:14-16; 계 1:1; 22:6).

4) 그루뎀과 디어의 문제점들

아가보의 예언은 사도 요한이 일곱교회에 소개하는 그리스도의 메시지를 전달하는 방식과 정확하게 일치한다. 요한계시록 2:1, 8, 12과 3:1, 7, 14에 나오는 "성령이 교회들에게 말씀하시기를"이라는 표현은 요한계시록 2:7, 11, 17, 29과 3:6, 13, 22에 있는 "그리스도의 메시지"와 동일시된다. 그런데 그루뎀은 아가보의 예언이 소개되면서 인용된 "성령이 이와 같이 말씀하시기를"이라는 표현에 주목하지 않았다. 그루뎀은 이 본문의 맥락에서, "성령이 말씀하시는 것"은 "주께서 말씀하시는 것"임을 일관되게 이해하고 받아들이는 입장이 아니기 때문이다.[15] 사도행전 21:11을 해석하는 가장 기본적이며 적절한 근거는 하나님의 사역과 성령의 역사가 동일하다고 보는 일관성이다. 성령이 따로 말씀하시고, 하나님이 따로 가르치시는 것이 아니다.

성경에 나오는 예언 가운데서 아가보 예언만을 열렬하게 칭송하고

5.

[15] John W Hilber, "Diversity of OT Prophetic Phenomena and NT Prophecy," *Westminster Theological Journal* 56 (1994): 255.

인용하는 그루뎀은 사도행전 11:28에 나오는 아가보의 예언이 정확하게 성취되었다는 것을 높이 추켜세운다.[16] 그러나 그루뎀의 입장을 찬성하는 잭 디어의 주장에 따르면, 오늘날 예언은사를 받았다는 사람들이 말하는 것에는 오류가 있다는 것을 부인하지 못한다. 전혀 오류가 없다는 말은 하지 못하면서도 오늘날의 예언이 어떤 자료 혹은 근거에 의해서 하고 있는가에 대해서도 분명한 근거를 제시하지 못하고 있다.

그루뎀은 꿈이나 환상이나 음성이나 지혜와 지식의 말씀을 통해서 그 전에 없던 예언들을 주신다고 주장한다.[17] 교회는 비록 오류가 있을 가능성 있지만, 하나님의 구체적인 지도하심을 발견할 수 있다고 주장한다. 또한 그전에 구약시대의 선지자들이나, 예수님에게나, 사도들에게 하나님이 주셨던 것들과 다른 말씀들을 주실 수도 있다고 한다. 만일 성경이 권위가 있고 오류가 없는 하나님의 말씀이라고 한다면, 우리는 성경에 근거해서 예언의 진실성 여부를 판가름해야만 한다.

그루뎀은 아가보의 예언에 큰 비중을 두면서 고린도전서 14:29과 데살로니가전서 5:20-22을 실제적인 지침을 주시는 예언의 근거들이라고 주장한다. 고린도전서 14:29에서 사도 바울은 "예언하는 자는 둘이나 셋이나 말하고 다른 이들은 분별할 것이요"라고 하였다. 여기서 우리가 의문을 제기하는 것은 판단하는 제 삼자의 견해를 참고하라는 부분이다. 이 말씀은 각각 전달되는 예언들 중에서 일부 내용에 오류의 가능성이 있을 수 있다는 지적일까? 과연 무엇을 염두에 두고

---

16 David B. McWilliams, "Something New Under the Sun?" *Westminster Theological Journal* 54 (1992): 325-26.
17 Wayne Grudem, *Systematic Theology* (Grand Rapids: Zondervan, 1994), 60-61.

서 하신 말씀인가의 여부다. 아니면 많은 예언들 가운데서 참된 선지자와 거짓 선지자들을 구별하고, 교회 안에서 참된 것인가 거짓된 것인가의 여부를 분별하라는 것일까? 그루뎀은 전자의 해석을 채택하고 있다.[18] '판단하다'는 헬라어 동사 '디아크리노'(diakrino)는 기본적으로 분류하거나 감정하는 행동을 담고 있다는 것을 근거로 제시한다. 판정하기 보다는 정리하고 정돈한다는 것이다.

그러나 고린도전서 14:29-30에서 바울이 지적하려는 강조점은 '예언자들'이다. '예언자들'이 복수로 되어있다는 것은 '예언들'이 복수로 나오는 데살로니가전서 5:20과는 약간 다르다. 고린도전서 14장은 한 사람의 예언들 가운데서 옳고 그름을 구별하라는 것이 아니고, 많은 예언자들을 염두에 둔 말씀이다. 이런 단어들과 문법적인 구별에서 우리가 주목해야 할 점은 간단하다. 교회가 많은 예언자들로부터 많은 예언들을 듣게 될 것이라는 점을 기본 전제로 하신 말씀이다. 이런 전체적인 전망에서 볼 때에 그루뎀의 해석은 분명히 사도 바울이 전달하려는 의도와는 다른 해석이다.

사도 바울은 교회들이 어떤 특정한 예언에서 참된 것이 무엇이고 거짓된 것이 무엇인가를 정돈하라는 교훈을 주신 것이 아니다. 반대로 그들이 교회에서 듣게 될 많은 예언들 가운데서 참된 예언들이 어느 것인지 거짓된 예언들이 무엇인지를 판단하라고 가르친 것이다.[19]

예언은 들은 그대로 무작정 따라가서는 안 된다. 고린도전서 6:5에서도 헬라어 '디아크리노'가 사용되었는데, 역시 '판단하라'는 지적을 분명히 하고 있다.

---

18 Grudem, *The Gift of Prophecy*, 74-79.
19 Hilber, "Diversity of OT Prophetic Phenomena," 256-58.

> 너희 가운데 그 형제간의 일을 판단할 만한 지혜 있는 자가 이같이 하나도 없느냐(고전 6:5).

그러나 그루뎀의 해석은 이와 다르다. '판단하라'는 것보다는 훨씬 축소시켜서 사람의 예언에서 잘잘못에 대해서 '정돈하라'는 것으로 본다. 앞에 읽은 사도 바울의 권고는 성도들 사이에 문제가 생겨서 다툼을 벌일 때에, 세상 법정으로 가지 말고, 누군가 믿는 사람으로서 옳고 그름을 판단하도록 하라는 것이다. 이때에 사용한 단어가 '디아크리노'이다. 분명한 근거에 기초해서 피해자를 구명해주는 것이다. 고린도전서 14:29에서, 제삼자로서 판단하는 자는 그들이 하는 예언에 근거해서 참된 예언자와 거짓 예언자를 구분해 내는 일이다(참고, 고전 12:3; 14:37; 엡 4:4-6, 11, 14-15).

그루뎀의 오류는 데살로니가전서 5:20-22의 해석에서도 유사하게 발견된다. 사도 바울은 데살로니가 성도들에게 "예언을 멸시하지 말고 범사에 헤아려 좋은 것을 취하고 악은 어떤 모양이라도 버리라"고 경고하였다. 그런데 예언을 존중한다는 것은 그 다음 구절에 연결된 대로 거짓 예언에 대해서 조심할 것을 본질로 하는 것이다.

> 영으로나 또는 말로나 또는 우리에게서 받았다 하는 편지로나 주의 날이 이르렀다고 해서 쉽게 마음이 흔들리거나 두려워하거나 하지 말아야 한다는 것이라 누가 어떻게 하여도 너희가 미혹되지 말라(살후 2:2-3).

> 그러므로 형제들아 굳건하게 서서 말로나 우리의 편지로 가르침을 받은 전통을 지키라(살후 2:15).

데살로니가후서 2:2에서 사도 바울은 거짓 예언자 혹은 거짓된 예언을 전파하는 것은 데살로니가 성도들을 속이는 위협임을 지적하였다. 그루뎀의 분석과는 달리, 참된 예언자들이라 하더라도 사도들이 보낸 편지, 즉 성경보다는 권위가 약하다고 하는 사도 바울의 가르침에 대해서 거부 반응을 보였다는 증거는 전혀 없다.[20] 그루뎀이 포괄적으로 주장하는 바와 같은 것들, 데살로니가 성도들이 들었던 참된 예언 가운데 좋지 않은 부분이 들어있다는 설명도 전혀 없다.

데살로니가전서 5:21-22은 바울이 데살로니가 성도들이 지나치게 예언에 대해서 너무 지나친 반응, 즉 전혀 존중하지 않고, 경청하지 않는 태도에 대해서 지적한 것이다. 그 반대로 확대해석하는 것은 금물이다. 고린도전서 14:29을 해석하는 중요한 근거는 데살로니가전서 5장의 가르침에서 나온다. 예언들에 대해서 검증해야 할 이유는 그들에게 전하는 자들 중에는 참 예언자도 있지만 거짓 예언자들도 있었기 때문이다.

우리는 사도 바울이 전하는 바에 따라서 예언을 판단하는 기준이 제시되었음에 주목하게 된다. 고린도전서 12:3, 14:37, 데살로니가전서 5:21-22, 데살로니가후서 2:15, 에베소서 4:4-15은 신약성경의 예언이 지닌 전체적인 개요를 제시해 준다. 그루뎀과 같은 계시연속주의자들이 몇 단계로 나누어서 계시를 규정한 적이 없다. 오순절 신학자마저도 참된 예언과 거짓 예언이 함께 섞여서 주어질 수 있으며, 그

---

[20] Grudem, *The Gift of Prophecy*, 104-5.

래서 계시를 판단하는 일이 필요하다는 그루뎀의 계시 해석을 거부한다.[21]

거짓 선지자들에 대한 점검과 검증은 항상 성경에서 요청되었다. 전체적인 전망에서 볼 때에도, 이스라엘 백성처럼, 교회에서도 거짓 예언들을 경계하여야만 했다(신 13:1-5; 왕상 13장; 마 7:15-20; 12:32-37; 24:23-26; 요일 4:1-6; 롬 16:17-19). 이런 책임을 감당하기 위해서 교회는 옳은 것과 그른 것의 절대적 기준이 필요하고, 분별력을 발휘하여야만 했다. 데살로니가전서 5:21-22은 성령에 근거한 것인지 아니면 다른 데서 나온 것인지를 분별하라는 것이었다.

그루뎀이나 잭 디어는 개인적인 지시 혹은 목회적인 방향을 하나님께서 직접 주신다고 말한다. 그러나 정작 그 어디에도 하나님의 음성을 듣는 모델이 성경에 나와 있지 않다. 아무리 특별한 성령의 은사라 하더라도, 하나님이 말씀을 주신 사람들의 예언만이 있을 따름이다. 어떤 방법이나 지침을 따라서 예언을 하는 것이 아니다.

하나님이 예언을 주시는 일은 성경이 문자로 쓰여지고 있던 때였다. 아직 성경이 완성되지 않았던 까닭에 하나님의 권위로 말씀하시는 것에 따라서 지도를 받고 살아야 했다. 신약 사도들의 시대는 특수하게 하나님이 성경에 기록된 말씀들 이외에도 지침을 주셔서 살아가도록 도와주었다.[22] 그러나 오늘날에는 교회가 새로운 상황에 직면하게 되었다. 교회의 정통성이 유지되어 내려오는 동안에 성경은 완성

---

21 Williams, *Renewal Theology*, 2:382 n. 164, 2:386 n. 187.
22 Richard B. Gaffin, "A Friend's Response to Wayne Grudem," *Evangelical Theological Society* (21 November 1992), 6-12. idem, *Perspectives on Pentecost: New Testament Teaching on the Gifts of the Holy Spirit* (Phillipsburg,: P&R, 1979), 97-99; idem, "The New Testament as Canon," in *Inerrancy and Hermeneutic: A Tradition, A Challenge, A Debate*, ed. H. M. Conn (Grand Rapids: Baker, 1988), 172-81.

되었음을 알게 되었고, 더 이상 특별한 계시의 기록은 없다는 것이 교회 지도자들의 깨우침을 통해서 확정되었다.

어떻게 되어서 교회는 성경이 종결되었다고 하는 확신을 가지게 되었던가? 유일한 증거는 하나님이 말씀으로 기록으로 주신 계시들은 항상 역사적으로 전개된 하나님의 구원역사와 밀접하게 관련을 맺고 있었다는 사실이다. 하나님은 예수 그리스도 안에서 단번에 영원하도록(once-for-all) 영향을 미치는 구원사역을 완성하신다. 예수 그리스도에 관련된 말씀도 역시 단번에 영원하도록 주신다. 오직 예수 그리스도의 십자가와 부활을 목격한 자들에게만 그러한 특별계시를 기록하고 전파하게 하였고, 성령의 권능을 부어주셨다(히 1:1-2; 2:3, 4; 마 16:15-19; 요 14:26; 엡 2:19-20).

예수 그리스도 안에서 구원의 완성이 이루어지면서 계시의 중단이 단행된 것이다. 따라서 교회는 '오직 성경으로만'을 권위의 원칙으로 세워서 지금까지 구원의 소식을 전파해오고 있다. 예수 그리스도의 복음이 전해주는 소식보다도 더 중요한 것이 무엇인가? 다시 날마다 주어지는 계시를 따라야 한다면, 무엇이 기독교의 본질에 해당하는 것인가? 지금 예언을 받는다는 자들은 복음의 충분성으로부터 멀리 떠나있다. 계시의 최종성과 완결성에 완전히 도전하고 있는 것이다.

잭 디어는 성경계시의 종결을 받아들인다고 하면서도 계시의 연속을 주장한다. 그러나 그의 문제점은 바로 계시와 구원역사와의 긴밀성을 파악하는 데 실패한 것이다. 따라서 그의 주장에는 전혀 설득력이 없다.[23] 성경으로 구원역사가 종결되었음에 대해서 다른 이의를 제

---

[23] Herman N. Ridderbos, *Redemptive History and the New Testament Scriptures*, tr. H. De Jongste and rev. R. B. Gaffin. (Phillipsburg: P& R, 1988), 31.

기하려면 충분한 근거를 제시해야만 할 것이다.

오늘 우리에게 하나님이 말씀하실 것을 기대하라는 지침이 성경에 나와 있는가? 성경 그 어느 곳에도 명시적으로 나와 있는 곳은 단 한 군데도 없다. 성경을 떠나서 다른 예언을 들어야만 한다는 가르침이 나와 있는가? 단 한 군데도 없다. '하늘로부터 오는 생생한 음성'을 들어야만 한다고 주장하는 자들은 절대적인 이유와 근거를 제시해야만 한다. 자기 백성의 삶을 위해서 하나님의 가장 높은 목적들은 그 어떤 음성이나 직접적인 계시를 받는 것이 아니다. 날마다 계시를 받는다는 것은 결국 이 세상에 있는 것들에 대해서 더 중요하게 생각하는 것이다. 성경에 담겨진 하나님의 뜻을 가볍게 취급하게 된다.

우리는 이러한 성경의 왜곡을 결코 가볍게 생각해서는 안 된다. 우리는 성경 안에서만 하나님의 참된 음성을 듣는다. 우리는 성경 안에서만 하나님이 우리에게 하신 말씀하시는 것을 알게 된다. 성경 안에서 말씀하고 계신 성령을 제한하고 성령의 사역을 왜곡하는 자들이 바로 오늘 새로운 음성을 듣는다고 주장하는 자들이다.

5) 보충 계시는 없다!

성경은 이미 사도들에 의해서 주어진 계시가 기록된 것으로 이미 종결된 것이다. 진리이며, 충분하고도, 분명하며, 유일한 계시이고, 더 이상 추가될 이유가 없다. 유다서에서 1:17-19에 이미 진리를 거슬리고, 사도들의 교훈을 업신여기는 자들이 있을 것을 예고해 놓았다.

> 사랑하는 자들아 너희는 우리 주 예수 그리스도의 사도들이 미리 한 말을 기억하라 그들이 너희에게 말하기를 마지막 때에 자기의 경건하지 않은 정욕대로 행하며 조롱하는 자들이 있으리라 하였나니 이 사람들은 분열을 일으키는 자며 육에 속한 자며 성령이 없는 자니라(유 1:17-19).

고린도후서 3:16에 "모든 성경은 하나님의 감동으로 된 것으로"라고 하였다. 여기서 '감동'이라는 단어는 하나님이 친히 입김을 불어넣으셔서 영적인 능력을 주셨다는 의미이다. 신적인 생명력이 주어져서 그들의 손으로 문자화 작업을 하게 된 것이다. '테오스 프뉴스마토스'라고 하는 헬라어에서 나온 의미가 바로 하나님이 입김을 불어넣었다는 뜻이기에, 모든 성경은 신적인 능력에서 나온 것이다. 사람의 능력이나 재능의 산물이 아니다. 그래서 성경은 하나님이 직접 말씀하시는 것이다.

성경이 영감으로 기록된 책이라는 의미는 보다 더 심각하게 이해해야 한다. 성경이 하나님의 계시를 포함하고 있다는 정도가 아니다. 성경 모든 문자 하나 하나가 다 하나님에 의해서 영감된 글이다. 성경의 모든 글들은 하나님 자신의 말씀이다. 떨기나무 불꽃 가운데서 만난 모세에게 하나님은 가라고 명령하셨다. 모세의 입에서 나오는 말이 곧 하나님이 하시는 것이라고 선포하였다(출 4:12). 눈물의 선지자 예레미야는 하나님의 위임을 받아서 담대히 외쳤다.

> 내가 너를 누구에게 보내든지 너는 가며 내가 네게 무엇을 명령하든지 너는 말할지니라 너는 그들 때문에 두려워하지 말라 내

> 가 너와 함께 하여 너를 구원하리라 나 여호와의 말이니라 하시고 여호와께서 그의 손을 내밀어 내 입에 대시며 여호와께서 내게 이르시되 보라 내가 내 말을 네 입에 두었노라(렘 1:7-9).

하나님이 에스겔을 보내시는 이유는 알아듣기 쉬운 이스라엘 사람들이 사용하는 동일한 언어로 하나님의 뜻을 쉽게 알도록 하려는 것이다.

> 인자야 이스라엘 족속에게 가서 내 말로 그들에게 고하라 너를 언어가 다르거나 말이 어려운 백성에게 보내는 것이 아니요 이스라엘 족속에게 보내는 것이라(겔 3:4-5).

에스겔이 전한 것은 비록 사람이 대행하는 말씀이지만 실제로는 하나님 자신의 말씀이다.

> 그들에게 고하여 이르기를 주 여호와의 말씀이 이러하시다 하라(겔 1:11).

그러나 최근 일부 현대 은사 운동에 속하는 그룹에서는 지속적인 영감 혹은 새로 보충된 계시라고 주장한다. 감리교 신학자이자 신정통주의 신학자 비글(Dewey Beegle)은 아이작 왓츠, 찰스 웨슬리, 아우구스투스 톱레디(Augustus Toplady), 헤버(Reginald Heber) 등이 쓴 찬송시들은 시편에 담긴 다윗과 솔로몬 시대에 작성된 위대한 시편들과 큰 차이가 없다고 주장한다.[24] 한걸음 더 나아가서 성경의 정경은 종결되지 않았고 "하나님의 성령의 영감과 계시는 지속된다"고 주장한다.[25]

만일 하나님이 새로운 계시를 오늘도 내려 주신다면 우리는 열심히 수집해서 모아야 하고 열심히 공부해야만 하지 않겠는가? 어느 누가 쓴 찬송시, 계시의 기록들을 모아야 하는가? 계시의 종결이 아니라면, 성경과 차이점이 무엇이 있겠는가? 피터 와그너와 함께 신사도 운동을 하고 있는 빌 하몬은 1890년대부터 퍼진 성령의 '늦은 비 운동' 전도사 노릇에 열중이다. 하몬은 "개인적인 예언을 받는 것은 언제나 가능하며 이를 잘 명상할 것"을 권장하고 있다.[26] 이런 주장은 성경의 권위를 정면으로 도전하고 무시하는 것이며, 성경에 나와 있는 것과는 다르다. 구약과 신약으로 구성된 성경은 단 하나의 독특한 성격으로 구성되었다. 1,500년간에 40여 명의 저자들이 기록한 성경은 오류가 없으며, 서로 완벽한 조화를 이룬다. 성경과 비교할만한 가치를 지닌 찬송시는 없다. 최근에 나온 예언이나 지혜의 권고라 하더라도 하나님의 영원한 말씀과는 차원이 다르다.

하늘과 땅이 없어지더라도 하나님의 말씀은 영원하다(마 5:18).

은사주의자들은 하나님이 꿈, 환상, 방언, 예언 등을 통해서 직접적으로 계시를 주신다고 주장한다. "성경의 말씀을 넘어서서 오늘날 필요한 것을 새롭게 계속해서 주시는 것"이라고 옹호한다. 은사주의자들은 자신들의 예언은사가 새로운 계시라고 매우 강조한다. 이런

---

24 Dewey Beegle, *The Inspiration of Scripture* (Philadelphia: Westminster Press, 1963), 140.
25 Dewey Beegle, *Scripture, Tradition and Infallibility* (Grand Rapids: Eerdmans, 1973), 309.
26 Bill Hamon, "How to Receive a Personal Prophecy," *Charisma* (April, 1991), 66.

잘못된 영향력의 확산으로 말미암아 교회의 기초석이 되는 성경을 아주 가볍게 취급해 버리는 이상한 기독교가 되어가고 있다. 교회가 성경을 최종적이자, 오류가 없으며, 최종 권위를 가진 신앙과 삶의 유일한 법칙이라는 원칙을 버리게 되면, 신학적인 혼란에 빠져들게 된다.

케네스 코플랜드(Kenneth Copleland)는 자신 안에 하나님이 주신 '계시'와 '예언'이 역사하면서 살아간다고 했다. 그러나 이 주장은 정말로 잘못된 말이다. 만일 코플랜드가 진정한 선지자라고 한다면, 사도 바울처럼 자신 있게 다음과 같이 말할 수 있을 것인가?

> 그러나 백성 가운데 또한 거짓 선지자들이 일어났나니 이와 같이 너희 중에도 거짓 선생들이 있으리라 그들은 멸망하게 할 이단을 가만히 끌어들여 자기들을 사신 주를 부인하고 임박한 멸망을 스스로 취하는 자들이라(벧후 2:1).

분명한 것은 하나님의 말씀을 능가하는 새로운 선지자가 나온 적이 없다는 사실이다.

그런데도 이런 예언자들의 주장이 널리 호응을 얻는 이유는 무엇일까? 이들에게는 아무 권위에도 묶이지 않는 자유함이 있기 때문에 무엇에든지 열어놓는다. 심지어 사탄의 유혹과 초대에도 속수무책이다. 무엇이 하나님께 나온 것이지 분명하지 않다면, 이런 예언의 은사는 혼란에 빠져서 오류와 사탄의 속임수를 피할 길이 없다. 그런 비판을 피하기 위해서 선지자 학교를 시작한 그룹도 있다. 그런데 과연 무엇이 옳은지 그른지를 분별하기 위해서 공부를 해야 하고, 교육을 받아야 한다면, 어떻게 하나님의 은사라고 말할 수 있을까? 성경 어느 곳에서도 공부시켜서 선지자를 양성했던 기록이 없다. 오히려 구약시대에 넘치던 가짜 선지자들을 향한 강력한 경고가 있다.

> 그 선지자들이 허탄한 묵시를 보며 거짓 것을 점쳤으니 내 손이 그들을 쳐서 내 백성의 공회에 들어오지 못하게 하며 이스라엘 족속의 호적에도 기록되지 못하게 하며 이스라엘 땅에도 들어가지 못하게 하리니 너희가 나를 여호와인 줄 알리라 (겔 13:9).

거짓 선지자에게는 다시 회개할 기회를 준 적이 없다. 그냥 선언과 함께 죽음에 처해졌다. 하나님의 이름으로 말하는 것이기 때문에 심각하게 취급했던 것이다(신 18:20-22).

그럼에도 은사주의자들은 누구나 기독교인이라고 하면 하나님으로부터 원하는 계시를 얻을 수 있다고 주장한다. 하나님과의 대화, 예언, 꿈, 환상 등을 원하는 자들은 결국 개인주의, 무엇이나 제멋대로 하는 주관주의에 빠져들고 있다는 점을 인식하지 못한다. 하나님과 함께 걷는 믿음의 삶을 위해서 개인적으로 계시를 주셔야만 하는 것은 아니다. 구약성경 마지막 책인 에스라와 느헤미야 선지자 이후 시대에 무려 400년 동안이나 그 누구에게도 아무런 계시를 내려주시지 않았다. 계시가 전혀 없는 상태로 오랜 침묵의 시간이 흘러갔다. 세례 요한이 나타나서 신약시대의 첫 설교가 선포되기까지 조용히 기다리던 시대가 있었다.

4. 칼빈, '예수 그리스도 외에 더 이상의 계시는 없다!'

이제 개혁주의 신학자 칼빈과 에드워즈의 견해를 살펴보고자 한다. 16세기 종교개혁자 존 칼빈은 가장 성경의 가르침에 충실한 교회를 세우고자 노력하였고, 그의 영향력이 지대하였다. 그는 성경 이외에 어떤 계시도 인정할 수 없음을 분명히 제시하였다. 그 이유는 감추어져 있던 모든 지혜와 모든 진리가 넘치도록 풍성하게 예수 그리스도 안에서 계시되었기 때문이다(골 2:3).

예수 그리스도에 관하여 기록된 하나님의 말씀, 즉 성경에 주신 것들 이외에 더 무엇을 보태거나 새로운 것에 대해서 희망을 품는다는 것은 하나님의 진노를 불러일으키는 일이라고 단호히 반대하였다. 칼빈은 하나님의 나라의 영광이 나타나는 새벽의 먼동이 터올 때까지 오직 그리스도만 찾고, 공부하고, 사모하고, 의지하여 나갈 것을 촉구하였다(고전 15:24). 우리는 장차 예수 그리스도를 보게 될 터이므로 그 때까지 최선을 다해서 신앙을 지켜 나가야 한다.

> 사랑하는 자들아 우리가 지금은 하나님의 자녀라 장래에 어떻게 될지는 아직 나타나지 아니하였으나 그가 나타나시면 우리가 그와 같을 줄을 아는 것은 그의 참모습 그대로 볼 것이기 때문이니 주를 향하여 이 소망을 가진 자마다 그의 깨끗하심과 같이 자기를 깨끗하게 하느니라(요일 3:2-3).

그러한 이유로 본다면, 우리가 살고 있는 시대가 "마지막 때"(벧전 1:20)이며, "마지막 날들"(히 1:20)이고, "마지막 시간"(요일 2:18)에 해당한다. 어떤 새로운 계시가 올 것이라거나 어떤 새 교리가 주어지지 않을까 하는 허망한 기대로 우리 자신들이 미혹을 당해서는 안 된다.

> 선지자들을 통해서 여러 모양과 여러 부분으로 오랜 기간 동안 하늘의 아버지께서 이미 말씀하셨다. 그러나 마지막 날에 그의 사랑하는 아들로 말씀하셨다(히 1:1-2). 그리스도만이 그 아버지를 계시하실 수 있다(눅 10:22). 우리가 지금은 마치 거울을 보는 것과 같은 상황에 처해있지만(고전 13:12), 우리가 요구하는 한, 참으로 그분은 아버지를 충분하게 나타내신다.[27]

하나님을 아는 지식에 있어서, 칼빈의 기독론 중심 신학은 매우 분명하고 단호하다. 모든 선지자들의 마지막으로서 예수 그리스도께서 완벽한 교리를 가르쳐 주시고 남기셨다. 예수님이 가르쳐 주신 것들로 만족하게 생각하지 않고 다른 것들을 구하는 자들은 결국 그리스도의 권위를 손상시키는 자들이다. 복음으로 만족하지 않고 다른 것을 기대하고 추구하는 자들은 헛된 사상에 빠진 자들이다. "이는 내 사랑하는 자니 너희는 그의 말을 들으라"(마 17:5; cf. 마 3:17)는 음성이 하늘로부터 울려 퍼지고 있다. 이것은 다른 어떤 사람들의 지위보다 더 높이 그리스도를 올려놓은 것을 말한다.

칼빈은 요엘의 예언이야말로 예수 그리스도와 연결된 것으로 해석한다. 일찍이 요엘이 예언한 기름 부으심이란 의미는 머리가 되신 예수 그리스도로부터 그의 몸에 소속된 자들에게로 퍼져나갈 것임을 예고하는 것이라 하였다. 요엘 2:28에 나오는 너희 자녀들이 예언을 하

---

[27] Calvin, *Institutes*, IV.18.20.

고 환상을 보라라는 것은 예수 그리스도와 관련되어서 풀이할 것을 강조한다. 왜냐하면 사도 바울이 고린도전서 1:30에서 그리스도가 우리에게 지혜로 주어졌다고 고백하기 때문이다. 약간 다른 뜻이지만, 골로새서 2:3에서는 그리스도 안에 모든 지식과 지혜의 보물이 들어있음을 증거한다.

예수 그리스도를 제외시켜 놓고 무엇을 안다고 말하는 것은 가치 없는 것에 불과하다. 세상 지혜와 세상 학문이 아무리 훌륭하고 뛰어나다 하여도, 그것들은 모두 다 일시적이요, 일부분에 불과하다. 예수님이 누구이시며 무엇을 하셨나를 믿음으로 받아들이는 사람들만이 하늘 나라의 무한한 축복을 엄청나게 누리게 된다. 사도 바울은 고린도전서 2:2에서 "십자가에 못 박히신 예수 그리스도를 아는 것 외에는" 아무 것도 알지 아니하기로 결심했다고 말한다.

> 이것은 참된 것이다. 왜냐하면 복음의 단순성을 넘어서는 것은 합당한 것이 아니기 때문이다. 그리스도 안에서 예언적 위엄이 우리를 인도하여 완벽하게 모든 부분의 지혜를 우리에게 주시는 교리의 총체를 주시기 때문이다.[28]

칼빈은 성경에서 "마지막 때"라는 것을 말하는 이유는 이젠 더 이상 그 어떤 새로운 계시가 없다는 것을 암시하는 것으로 해석한다. 마지막이라는 단어는 최종적인 것이요, 결론에 해당하는 것이다. 예수님은 마지막 아담이요, 그러므로 우리가 예수 그리스도에게 나아왔다면 그것이 바로 마지막 때가 된다. 고린도전서 10:11에서 사도 바울은

---

28 Calvin, *Institutes*, II.15.2.

"말세를 만난 우리를 깨우치기 위하여 기록되었느니라"고 하였다. 그러므로 그 이상 무엇을 더 알 수 있다고 생각해서 제멋대로 앞으로 나가서는 안 된다는 것이다.

히브리서 1장 주석에서 칼빈은, 두 가지 사항에 대해서 알아야 한다고 강조한다. 첫째는 유대인들이 전혀 생각하지 않고 받아들이지 않는 충만한 계시를 하나님께서 따로 준비시켰다는 점이다. 유대인들은 자신들의 율법에만 집착하고 만족하고 있을 뿐이요, 그 목표를 향해서 앞으로 나아가지 못하였다. 그러나 그리스도께서 나타나심으로 인해서, 이 세상에는 사악한 마귀가 그 반대편에 서서 세상을 장악하려고 준동하게 되었다. 사악한 인간들은 그리스도를 능가하여 더 나가기를 원하였다. 특히 칼빈은 교황제도라는 세계적인 전체 구조가 바로 그러한 사람들의 조직체라고 생각하였다.

> 하나님의 성령은 이 구절에서 우리 모두를 그리스도에게 나아오도록 초청하신다. 그래서 우리들은 그분이 언급하신 마지막 때를 넘어서서 나가지 않도록 금지시킨다. 간단히 말하자면, 우리의 지혜의 한계는 복음에 머물러야만 한다는 것이다.[29]

5. 조나단 에드워즈의 예언은사 중지론

초대교회 오순절 성령강림의 사건 이후로, 교회사에서 성령의 현상을 누구보다도 체험적으로, 또한 역사적으로 목격하고 증거한 사람

---

[29] Calvin, Comm. on Heb. 1:1.

이 에드워즈(1703-1758)일 것이다. 그런데 결론부터 말하자면, 그는 예언은사 중지론을 주장하였다. 존 칼빈과 청교도 존 오웬의 신학을 계승한 에드워즈의 견해는 미국 장로교회에 큰 영향을 미쳤다. 청교도들의 개혁주의 신앙유산을 물려받은 에드워즈는 하나님의 말씀을 선포하는 데 최우선을 두지 않고 있던 당시의 전도자들에게 깊은 실망감을 갖고 있었다. 에드워즈의 대표작으로 손꼽히고 있는 『신앙의 정서』(Religious affections)에 보면, 참된 신앙의 본질이 무엇인가를 밝히고자 하였다. 참된 종교는 사람의 공로와 노력이 아니라 오직 하나님의 진리에 인도함을 받는 것이다. 참된 신자의 길을 가기 위해서는 예언이 아니라 설교가 필요하다는 것을 역설한다.[30] 설교를 통해서 "죄인들은 자신들의 불행을 알고, 오직 그리스도의 구세주 되심과 영광과 충분성을 알아야만 한다"고 하였다.

미국 청교도 신앙은 1620년대부터 시작되어서 초기 100여 년이 지나면서 변질될 위기에 처해 있었는데, 에드워즈의 영감과 지도를 통해서 새로운 각성과 부흥기를 맞이한다. 외할아버지 솔로몬 스토다드의 60년 목회기간이 지나고, 젊은 설교자의 초기 목회기간에, 하나님의 빗줄기와 같은 은혜가 부어져서, 매사추세츠 노스햄튼 마을의 사람들이 하늘의 일을 생각하고 감격하는 일이 지속되었다. 1734년에서 1736년 사이에 수많은 영혼들이 회개하고 돌아오고, 성령의 역사를 통해서 '대각성 운동'이 이웃 마을로 물결치게 되었다. 성령의 감동은 하나님을 높이고 구원의 은혜에 대한 감격을 불러일으켰고, 예

---

[30] J. Edwards, *A Treatise Concerning Religious Affections* (1746; New Haven: Yale University Press, 1969), 7. "it is not prophecy, but preaching that God has appointed to 'impress upon sinners their misery and need of a Savior and the glory and sufficiency of Christ.'"

배시간 찬송이 달라졌다. 가장 우렁차고 감동적으로 하나님을 높이고 사랑하고 체험하는 일들이 통회기도와 고백을 통해서 표출되었다. 대각성 운동 기간에 가장 두드러진 현상은 하나님의 말씀에 대한 남다른 관심과 사랑이 증가하여, 하나님의 말씀의 관점에서 생각하고자 하였다.[31]

에드워즈는 구원역사의 독특한 흐름을 파악하되, 초대교회가 소수에 불과할 때에 아직 성숙하지 못한 상태에 있었고, 그 기간에 기적적인 은사들이 사용되었음에 주목하였다. 에드워즈는 영적인 은사를 받은 자들의 가장 돋보이는 은사는 자선이라고 생각하였다. 정경과 그 속에 담겨있는 예언의 지속성에 대해서 높이 평가하였다. 대각성 기간 동안에 헛된 예언들이 반복되는 것을 목격하였다.

그는 휫필드(G. Whitefield), 데븐포트(Davenport), 크로스웰(Croswell) 등과 계시적인 충동에 대해서 논쟁하였다. 데븐포트와 그를 따르는 자들은 육체적으로 흔들리고, 소리를 지르고, 웃거나, 울거나, 특별한 신앙적 열심 등으로 성령의 감동을 체험하고 느꼈다고 주장했다. 어떤 이들은 환상을 보거나, 음성을 들었다고 하였고, 상상력으로 깊은 인상을 받기도 했다고 주장했다. 에드워즈 자신도 아내 사라와 함께, 힘을 잃어버리는 육체적 체험을 하기도 했다. 그러나 에드워즈는 이런 현상들이 모두 다 성령의 역사라고 간주할 수 없다는 것을 분명히 했다. 이런 것들은 구원의 증거가 될 수 없으며, 더구나 신앙적인 삶의 본질을 형성하는데 기여하는 것도 아니라고 하였다. 에드워즈는 당시 사람들이 성령의 감동과 부흥의 체험을 육체적이요, 감각적인

---

31 Edwards, *A Treatise Concerning Religious Affections*, 47. "Some, by reason of their love to God's word, at times have been wonderfully delighted and affected at the sight of a Bible."

것에서 찾으려는 것을 단호히 배격하였다. 참된 성령의 역사는 인격적인 것이라야만 하고, 정서적인 감동, 심령에 가지는 감화, 인식적인 깨우침, 은혜에 대하여 가지는 감격과 열매 등이라고 하였다.[32]

청교도들이 예언에 대해서 가진 견해를 존중하였으니, 곧 가장 뛰어난 은혜의 수단들로서 설교가 직결되어 있었다는 것이다. 뉴잉글랜드에서 벌어진 반율법주의 논쟁을 계기로 해서 더욱 더 성경을 확고하게 강조하게 되었다. 극단적인 신파(New Lights)에서는 거짓 복음 운동이 일어나고 있음을 목격하였다.

그리하여 에드워즈는 미국 내에서 벌어지는 예언과 같은 초자연적인 은사 회복주의가 확산되는 것을 적극적으로 제지시켰다. 저술과 설교를 통해서 사도시대의 은사가 종결되었다는 것을 확고하게 지키는 것을 그의 가장 큰 당면 과제로 삼았다. 예언의 회복과 새로운 계시가 확대되어 나가면, 교회가 큰 위협을 당할 것이라고 생각하였다.

에드워즈는 성경의 탁월성을 높이 평가하였다.[33]

첫째, 영적인 계몽에 있어서, 청교도 개혁주의자의 관점을 강조하였으니, 성령은 성경 말씀을 통해서, 말씀 안에서, 말씀과 함께 역사하신다. 새로운 계시에 의해서 역사하지 않는다.

둘째, 예언은 일시적이요, 특수한 은사였다. 오직 성경이 완성되기 이전에 교회가 아직 미숙한 상태에 놓여있을 때에 교회를 세우고 지켜주려고 주어진 것이다. 계시는 사도들에게 주어진 새로운 계시를

---

[32] Michael A. G. Haykin, *Jonathan Edwards: The Holy Spirit in Revival* (Webster: Evangelical Press, 2005), 48. Gerald R. McDermott, *Seeing God: Twelve Reliable Signs of True Spirituality* (Downer Groves: IVP, 1995).

[33] Sam Storms, *Signs of the Spirit: An Interpretation of Jonathan Edwards's Religious Affections* (Wheaton: Crossway Books, 2007), 38-9.

인정하게 하려고 주신 것이다.

셋째, 정경은 사도들의 죽음과 함께 종결되었다. 그리고 여전히 종결된 상태로 수천 년간을 유지해 왔다. 성경이 우리에게 주어진 것은 어떤 새로운 시대가 올 수 없으며, 어떤 계시도 기대하지 말아야 한다는 것이다.

넷째, 성령께서 거룩하게 살도록 영향을 미치고 있는 것은 교회를 영화롭게 하는 것이요, 하늘에 맞추어서 살게 하는 것이며, 그 어떤 특별한 은사들을 주는 것이 아니다. 예언은 교회를 영화롭게 하는 데서 멀리 떠나버리는 일이요, 더 큰 부흥을 가져오는 데 장애물이 될 뿐이다.

다섯째, 성경은 기독교 신자의 생활과 믿음을 위해서 충분하고 완벽한 규칙이다.

여섯째, 예언이 아니라 설교가 은혜의 가장 최선의 방법이다. 하나님 나라 확장을 위해서 하나님이 지시하신 것이다.

일곱째, 대각성 운동 기간에 거짓 예언들이 많이 있었는데, 재앙을 불러일으키는 결과를 초래한 적이 자주 있었다.

여덟째, 교회역사를 살펴보면 에드워즈가 체험한 것과 같은 많은 일들이 벌여졌다. 예언을 높이는 일은 성경을 훼손하는 결과를 초래했다. 그렇게 되면 교회가 성경이 가르치는 교훈을 따라가지 않고 예언가를 따르게 되어 방황하고 만다.

마지막으로 성령의 직접 증거라고 하는 것은 영원히 이루어지지 않는다. 대각성 운동 기간에 '거대한 무리들'이라고 에드워즈가 말한 자들은 그 어떤 기독교 신자의 실제 생활의 증거를 제시하지도 못했고, 구원의 확신으로 인도하지도 못했다. 마침내 에드워즈는 대각성 운동이 오래가지 않고, 성령의 역사가 감각적으로 그의 지역에서 거두는 것을 느끼고 목격할 수 있었다.

에드워즈는 예언은사의 종결에 대해서 강조하였다.[34] 성경의 정경 형성이 완성되기까지 계시가 충분하게 완전하게 주어졌으므로, 그 이후에는 이런 특별한 은사들이 중단되었다. 계시는 초기 사도시대의 교회에만 주어졌고 종결되었다는 관점은 조나단 에드워즈가 강조하였다. 그러한 입장을 계승해서 프린스턴 신학교의 워필드 박사가 다시 한 번 더 견고하게 체계화 하였다. 에드워즈가 주목을 끄는 것은 그의 시대에 놀라운 부흥 운동이 있었고, 그런 가운데서도 특별 계시 은사의 종결을 강력하게 선포했기 때문이다. 에드워즈는 개혁주의 신앙의 전통을 지켜나가고자 존 칼빈과 존 오웬이 세워놓은 신학적 기초 위에서 하나님의 주권과 통치를 강조한다. 그는 인간의 이해와 참여를 중심하는 '알미니안주의'를 철저히 배척했다.

오늘날 복음주의 진영에서 에드워즈의 신학을 곡해하여 마치 지금도 예언은사가 주어진다는 것을 정당화는 도구로 사용하고 있으니 경계할 일이다. 복음주의자들은 에드워즈의 은사중지론을 간과하고 있다. 구원역사와 정경론에 있어서 에드워즈가 취한 입장은 오늘의 복음주의자들이 주목해서 배워야 할 부분이다.

---

34 Philip A. Craig, "Jonathan Edwards on the Cessation of the Gifts of Prophecy," *Westminster Theological Journal* (Vol. 64, No. 1 Spring 2002).

6. 새 계시를 주장하는 신사도 운동

성령의 영감으로 된 하나님의 영원한 말씀을 무시하고 파괴하는 것이 얼마나 큰 잘못인가? 최근에는 신사도 운동을 일으키고 있는 피터 와그너(1930-)는 처음에는 오순절파와 은사 운동의 모든 초월적인 기적의 역사들을 존 윔버의 빈야드 운동으로 흡수시켰다. 예수님이나 사도들은 즉각적으로 완벽하게 병든 자를 고치고 죽은 자를 살려내셨다. 하지만 인성이 약한 우리 인간들은 동일한 사역을 하지 못한다.

계시의 연속사역을 주장해서 전 세계적으로 큰 혼란을 초래하고 있는 그룹이 '신사도 운동'이다. 이름부터 도전적인 신사도 운동을 주도하는 피터 와그너는 한동안 능력종교를 표어로 하던 빈야드 운동의 동역자로 활약하다가 존 윔버(1934-1997)가 암으로 죽은 후에, 완전히 다른 조직으로 개편한 것이다. 자신에게 신사도직을 임명받은 자들을 조직화하여 대담하게 확장시키고 있다. 세계를 네트워크로 묶어서 직계 신사도를 임명하고, 그 중에는 한국교회 목회자들도 다수 편입되어 있다.

와그너는 풀러 신학대학원에서 목회학 석사를 마치고 1956년부터 남미 볼리비아 선교사로 있다가 남가주 대학교(USC)에서 사회윤리를 전공하여 철학박사 학위를 받았고 1971년부터 맥가브란 교수가 시작한 교회 성장학교수로 돌아와서 풀러선교대학원 교수가 되었다. 1974년부터 목회학 박사학위과정을 가르치던 중, 존 윔버와 만나게 되었다. 로스엔젤레스 남쪽 요바 린다에 있는 윔버의 교회가 은사 운동을 전개하여 크게 양적으로 성장한 것을 보고서 큰 자극을 받았다. 이 두 사람은 1982부터 "기적과 권능의 증거" 강좌를 개설하여 교회성장학

수업시간에 귀신을 쫓아내고 병을 고치는 기도를 하는 등 엄청난 거부반응을 불러일으켰다.[35] 마침내 3년 뒤 1985년, 풀러신학대학원 교수들이 크게 물의가 빚어진 이 강좌를 폐쇄하기로 결정하였다. 그 후에 위기의식을 느낀 윔버는 캔사스 예언가 그룹, 마이크 비클, 밥 존스, 폴 케인을 초대하여 합병하였다. 빈야드 운동과 예언자 그룹의 합병 시에 와그너는 오순절파와 은사 운동가들의 통합단체에서 동지이자 대변자가 되었고, 많은 풀러신학 목회학 박사과정 목회자들이 윔버의 빈야드 운동에 들어가게 되었다.

교회성장학(Church Growth)이라는 과목은 원래 도널드 맥가브란 박사가 풀러선교대학원에서 시도한 과목이다. 세계선교가 진행되면서, 곳곳에 교회가 자리 잡고 많은 기독교인이 세워지는 것을 고무하려고 교회의 분포도를 조사하고 연구하였다. 그러나 처음 의도와는 달리, 교회성장학은 목회 방법론을 다루는 과목을 변질되었다. 와그너가 이 과목을 맡게 되면서 점차 수적으로 증가를 꾀하는 상업주의 '마케팅' 기법을 도입하게 된 것이다.

와그너의 『성령의 제3의 물결』이란 책은 오순절파, 은사 운동계열의 입장에서 한걸음 더 나아가서 존 윔버의 입장을 옹호하는 책이다. 와그너는 제1의 오순절 운동은 방언 은사였고, 제2의 은사 운동은 1940년대 말 윌리엄 브랜험의 병 고침과 기적이었다고 하였다. 그리고 마침내 존 윔버의 '제3의 물결'이 도래했다고 주장하였다. 그는 자신이 '오순절파'가 아니고, '은사 운동파'도 아니라고 항변하면서, 제3

---

35 John Wimber, *Power Evangelism* (San Francisco: Harper & Row, 1986), Appendix B, "Signs and Wonders in the Twentieth Century," 175-185. Don Williams, *Signs, Wonders, and the Kingdom of God* (Ann Arbor: Vine, 1989).

의 물결이라는 새로운 흐름을 옹호한다. 이런 식의 분석은 결코 화려한 수사처럼 올바르게 정돈된 성령론이 아니다. 성령 운동에 대한 미국 기독교 역사서술이라고 볼 수 없으며, 우선 서로 객관적으로 모든 교단의 영적인 사역들을 비교하지도 않았고, 은사 운동의 입장만을 대변하는 편협성이 너무 강한 편협적인 책이다. 1980년대의 존 윔버가 주도하던 능력 운동을 복음주의 진영에 나타난 새로운 성령의 역사라고 옹호하였다. 기독교는 십자가와 부활의 종교가 아니라, '능력과 기적'의 종교라고 변질시켰다. 그래서 제 3의 물결은 제1 오순절파 방언 운동이나, 제2의 은사 운동과는 다르다는 것이다.

와그너의 기본신앙은 스코필드 바이블을 믿고 따르던 세대주의적 근본주의였다. 그런데 그가 어찌하여 완전히 능력종교가로 돌아서게 되었을까? 그가 남미에 선교사로 있는 동안, "약 15년간에 걸쳐서 변화가 일어났다. 1960년대 후반에 찾아온 생명의 위기에서 잊을 수 없는 체험을 했다."[36] 성경을 읽고 일어난 변화가 아니라, 그의 아내에게 주어진 병 고침의 체험을 통해서 큰 심경의 변화가 일어났던 것이라고 변호하였다.

와그너의 신사도 운동에서 강조되는 사도라는 직분은 은사를 받은 기독교 지도자로서, 하나님의 보냄을 받아서 가르치고, 지도하는 자로서, 지정된 영역 내에서 교회의 기초적인 조직의 설립자로서 권위를 행하는 일을 하면서, 성령이 말하는 바를 듣고, 성도들의 모임을 성숙시키고 성장시키도록 하기 위해서 일들을 결정한다고 되어있다. 지금 와그너가 하고 있는 신사도 운동은 계시지속을 주장하여 성경을 무시하는 입장에 서 있다. 와그너는 2001년 결성한 국제사도연

---

[36] Peter Wagner, *The Third Wave of the Holy Spirit* (Ann Arbor: Vine, 1988), 18.

맹(International Coalition of Apostle)에서 80세 생일을 맞아 최고지도자의 자리에서 은퇴하고, 하나님의 지시에 따라서 존 캘리에게 대표직분을 넘겨준다고 발표하여 앞으로 이 운동의 존립여부가 주목된다.

와그너의 신사도 운동은 그 뿌리가 19세기 말 감리교회 일부 목회자들과 평신도들이 시작했던 성결 운동(Holiness movement), 즉 "늦은 비 운동"에서 나온 것임이 분명하다. 와그너는 예언 운동가들에게 큰 자극을 받았다. 윌리엄 브랜험을 계승한 폴 케인은 이들 그룹에서 가장 독보적인 선지자로 추앙되었는데, 타락하고 말았다. 와그너는 캔사스 마이클 비클, 폴 케인, 밥 존스 등과 함께 빈야드 운동을 하다가, 지금은 결별하였다.[37]

현존하는 인물 가운데 빌 하몬이 바로 이 늦은 비 운동의 핵심인물인데, 와그너가 주도하는 신사도 연맹의 이사진에 한명으로 가담하고 있다. 와그너의 신사도 운동은 일찍이 늦은 비 운동의 사도적 은사회복과 크게 다를 바 없다.[38] 19세기 말, 감리교의 일부, 성결 운동의 핵심조항이 선지자와 사도들의 권능, 각종 은사들이 마지막 시대에 부어진다는 데서 나온 것이다. 성결 운동가들은 사도행전 2장에 나온 오순절은 '이른 비'이고, 지금은 '늦은 비'의 시대라고 주장했다. 늦은 비는 신명기 11:10-21, 야고보서 5:7-9, 요엘 2:23에 기록되어 있는데, 단순한 농경사회의 표현을 완전히 영적으로 각색한 것이다. 이들 성결 운동가들은 '오순절에 내린 성령'이 '이른 비'라고 했으나, 그런 설명이 성경 어느 곳에도 나오진 않는다. 더구나 '늦은 비'가 말세에 '예

---

[37] 김재성, 『교회를 허무는 두 대적』, 제1장, 신사도 운동, 그 근원과 전개; 제2장 최고 예언가 폴 케인의 몰락.
[38] http://www.deceptioninthechurch.com/ditc12-10.html#feature.

언의 선포, 성도들의 은사의 회복'이라고 해석한 것도 맞지 않는다.

직통계시파의 예언 운동은 앞으로 한국교회에 큰 파장을 몰고 올 것이다. 지금도 점차 퍼져나가는 이런 종류의 신비 운동을 철저히 경계해야 한다.

첫째, 누구나 신사도가 되어서 예언을 받아 사역을 하는 것이라면, 철저히 개인적인 주관주의(subjectivism)에 입각한 기독교로 전락하고 만다. 예수님의 객관적인 사역과 말씀을 담은 성경은 공적이며 보편적이다. 하나님이 주신 모든 계시의 기록들도 공개적이며 보편적이다. 신사도 운동의 핵심은 개인적인 체험에 둔다. 해체주의 사고와 같아서 모든 권위를 부정한다. 객관적인 하나님의 말씀의 절대권위는 사라지고, 주관적인 체험이 신앙과 신학의 모든 기초가 되고 말았다. 기독교인의 생활과 믿음의 유일한 법칙이 되는 성경말씀은 무너지고, 그저 참고서적이 되고 말았다.

둘째, 신사도 운동은 여러 가지 은사 운동이 혼합되어 있다. 와그너가 윔버와 동의하지 않는 부분들도 많고, 캔사스시티 예언가들 그룹과도 갈라지고 있다. 따라서 이런 여러 부류의 은사파 운동이 이합집산을 거치면서 혼합되어 있다. 계시은사를 주장하고, 성령의 능력을 연속적으로 시행한다는 점에서 종교 혼합주의라는 양상이 나타나는데, 이런 경향이야말로 정통교회에서 가장 경계해야 할 일이다.

로마 가톨릭에서도 기적을 중요시하고 있고 초자연적인 병 고침에 대한 사역들이 적지 않게 강조되고 있다. 이를 긍정적으로 평가하는 와그너 쪽에서는 이제야말로 개방적인 개신교 운동이 일어나서 신구교가 서로 합칠 수 있는 계기가 왔다고 보는 것이다. 와그너는 로버트 슐러의 적극적 사고방식, 긍정적인 심리학을 찬양한다. 한국 조용기 목사의 4차원적인 명상, 동양적인 불교사상에 그 뿌리가 있는 것으로 추정되는 것들을 다 성령역사의 일부분들이라고 하여 용납한다고 말한다. 와그너는 영국성공회의 제도적인 구조를 용납하고, 퀘이커파의 내적인 신비체험을 받아들인다. 이것은 혼합주의를 넘어서 종교다원주의요, 종교관용주의적인 혼란이다. 이것도 옳고 저것도 옳고 모든 기독교 종파를 다 모아서 자신의 응원군이자 배경으로 삼고자 하는 것이다. 그리하여 마침내 지배하는 신학자로 군림하기를 꿈꾸는 것이다. 폴 케인이 한때 보여준 것처럼 예언은사는 다른 모든 은사들과 능력들과 기적들을 제압하여 지배할 수 있는 중요한 수단이다.

셋째, 은사 운동가 대부분이 그러하듯이, 와그너의 신사도 운동은 정확한 신앙고백이나 객관적인 교리가 명시되어 있지 않다. 성경에 입각한 예수 그리스도의 십자가와 부활이라는 중심교리가 모호하다. 어떻게 규정된 기독교인가를 보여주지 못하고, 다만 직분자들 중에 다섯 가지, 즉 사도들, 선지자들, 복음전하는 자들, 목사들과 가르치는 자들의 '오중 사역'에 대해서만 강조한다. 이 세상에서 하나님의 나라를 건설한다는 것이다. 그러나 하나님의 나라에 대한 신학적 설명은 성경적인 개념이 아니라 매우 정치적이요 세속적이다.

넷째, 미국 현대 성령 은사 운동을 간추려 보면, 부흥 운동과 성령 운동을 사칭하는 가짜 선지자들의 출현이 주기적으로 반복되고 있다. 한 세대가 지나고 나면, 또 다음 세대가 나타나 더 혼란스러운 은사 운동을 일으킨다. 해 아래 새것은 없다. 반드시 누군가에게서 영향을 받았고 물려받은 유산을 근거로 해서 나온다. 은사 운동가들의 경우에도 마찬가지로 완전한 신종이란 없고, 변종, 합종이 나타난 것으로 보인다. 화려한 수사로 합리화 하고 있지만 이미 있던 것들이다.

시대가 바뀌고 주역들이 달라지면서 완전히 새로운 것이 나온 것처럼 보이지만 실상은 반복되는 것들이 많다. 19세기 말에 미국에서 일어난 성결 운동은 18세기 영국 웨슬리의 부흥 운동에서 나온 것이다. '성결 운동'은 데이비드 마일랜드를 비롯해서 성령론의 왜곡을 초래하고 말았는데, 이들이 주목했던 '늦은 비 언약'이라는 것은 사도직과 선지자직의 회복을 추구했던 것이었다. 그들에게서 영향을 받았으되 특히 '오순절 방언 운동'을 사모하고 강조하는 찰스 파햄이 나타나면서 파햄의 시대가 되었고, 1900년부터 1914년까지 크게 퍼져나갔다. 사도적 은사를 추구하던 늦은 비 운동과 초대교회의 은사 복원을 원하는 방언파는 서로 공통점이 많으면서도 상호 인정하지 않고 갈라서고 말았다.

'신유의 기적'을 강조하는 1940년대 윌리엄 브랜험의 변질된 부흥 운동은 오순절 은사의 종합판이었다. 직통계시, 꿈, 천사의 방문, 예언과 방언 말하기, 신비적인 은사와 능력을 강조하였는데, 다음 세대에서는 폴 케인이 모방사역을 했다. 1970년대 오럴 로버츠 역시 브랜험의 일부를 반복하였다. 1980년대 존 윔버는 척 스미스의 갈보리 채플과 퀘이커파를 거쳐서 반문화 운동과 결부된 신유와 기적의 능력이 화려하게 등장하였다. 빈야드 운동은 한국교회를 크게 혼란에 빠트린 왜곡된 부흥 운동이었다. 1990년대에는 자칭 캔사스 예언자 마이크 비클이 직통계시의 예언과 연속 기도를 통해서 영향력을 확산시키고 있다. 플로리다에서 사역하는 타드 벤트리의 "신선한 불꽃"(Fresh Fire) 집회는 피터 와그너가 알코올 중독에 빠진 벤트리의 문제점에 대해 지적하면서 거짓된 예언자라고 언급하였다. 이들 여러 잡다한 은사집회 주도자들은 앞 세대의 재현을 꿈꾸는 또 다른 변형이라고 보인다.

그런 성령 운동의 진실성 여부는 시험해보고 판가름해 봐야 한다.

7. 예언이나 은사들을 시험해 보았는가?

예수님은 이 땅위에 알곡과 가라지가 함께 자라도록 허용하고 있음을 말씀하였다. 어느 것이 가짜이고, 사이비 기독교인가를 분별하는 지혜가 필요한 것이다. 진리를 말하는 자들은 인기가 없고 눈에 띄지도 않는다. 많은 사람이 모이고 따르는 숫자가 많다고 해서 정통성이 있다고 할 수는 없다. 신실하고 믿을 수 있으며 진실한 것은 고난과 핍박 중에 드러나는 경우가 많다. 예수님과 세례 요한의 초기 사역에는 엄청난 반응을 불러 일으켰다. 하지만 고난이 오자 따르던 자들은 순식간에 돌아서고 말았다.

참된 선지자인가의 여부를 구분하는 유일한 근거는 그의 예언이 신실한가에 달려있다.

> 네가 마음속으로 이르기를 그 말이 여호와께서 이르신 말씀인지 우리가 어떻게 알리요 하리라 만일 선지자가 있어 여호와의 이름으로 말한 일에 증험도 없고 성취함도 없으면 이는 여호와께서 말씀하신 것이 아니요 그 선지자가 제 마음대로 한 말이니 너는 그를 두려워하지 말지니라(신 18:21-22).

거짓 선자자에게 내리는 형벌이 무엇이었던가?

> 만일 어떤 선지자가 내가 전하라고 명령하지 아니한 말을 제 마음대로 내 이름으로 전하든지 다른 신들의 이름으로 말하면 그 선지자는 죽임을 당하리라 하셨느니라(신 18:20).

1) 직통계시파의 함정

2011년 3월 4일, 한국을 방문한 마이크 비클은 신문과의 인터뷰에서 놀랍게도 솔직한 고백을 했다. 자신이 주도하는 캔사스 '국제기도의 집'(아이합)에서 활동하는 예언가 그룹의 예언은 약 20% 정도만이 실제로 이루어진다고 토로했다. 그 휘하에서 활동하는 사역자들이 천 명이라고 하는데, 80%는 주목 받고 싶어서 가짜은사를 발휘하고 있다는 것이다. 어처구니없으리만큼 솔직한 말이 아닌가? 이미 마이크 비클은 밥 존스의 예언 중에서 3분의 2정도가 이루어졌다고 하면서 이 정도면 누구도 따라올 수 없는 수준이라고 자랑스레 말했었다.

존 화이트는 캔사스 예언가들이 인간이므로 그들의 예언도 실수할 수 있다고 변호한다. 이들 예언가들을 비판하는 것은 사탄적이라고 주장한다. 결국 예언의 신실성 여부에 대해서 전혀 시험해볼 필요도 없다는 말이다. 거짓말을 하는 선지자들이 자격을 갖추지 못한 것이 아니라 실수할 수 있고, 실패할 수 있다고 변호하고 있다.[39] 이런 거짓 예언에 대한 옹호론은 성경의 선언을 왜곡하는 것이다. 하나님이 성령으로 영감을 주신 것은 결코 거짓되거나 실수가 있을 수 없다.

---

39 John White, Foreword to David Pytches, *Some Said It Thundered* (Nashiville: Oliver Nelson, 1991), xvi. "Prophets are, of course, human beings. As such they can make mistakes and lie. They need not cease to be prophets for their mistakes and failings."

신약성경에 나오는 예언 은사는 로마서 12:6, 고린도전서 12:10에 주로 다루어졌으며, 앞에서도 언급한 바와 같이 '계시'를 보여주는 것만이 아니라, '선포'하는데 초점이 있다. 신약성경에서 예언하는 자는 "사람에게 말하여 덕을 세우며 권면하며 위로하는 것이요…예언하는 자는 교회의 덕을 세우나니"(고전 14:3-4)라고 하였다. 예언자는 교회에서 공적으로 설교하는 자이다. 예언은 초대교회를 위해서 객관적으로 주어진 중요한 증거들이다. 그냥 개인적으로 지속되는 예언을 받는 정도로 그친 것이 아니다. 예언자의 임무는 그저 다가올 것에 대한 예상으로 그치는 것이 아니라, 반드시 일어날 일에 대해서 말하는 것이다. 예언은 앞으로 될 일을 전혀 모른 상태에서 새로운 계시를 끝없이 듣는 것이 아니라, 이미 구약성경에서부터 주어져서 분명히 밝혀진 구속역사적 의미와 계획들을 선포하는 것이다.

어떻게 하나님에 의해서 성령으로 감동이 된 예언에 오류가 들어 있을 수 있으며, 거짓될 수 있다는 것인가? 최근 성령의 은사를 받아서 예언한다는 자들은 성경의 예언과 계시를 싸구려로 만들어버렸다. 영감된 예언은 성경과 같은 수준의 진실성과 권위가 담겨야 한다. 계시는 하나님의 입으로부터 나오는 것이다(삼상 3:1; 렘 37:17).

교회 역사를 살펴보면, 새로운 계시 운동, 그것이 개인적인 계시든지 공적인 계시든지, 성경의 계시를 무시하고 추진된 운동들은 모두 다 성공한 적이 없다. 새로운 계시를 주장하는 자들은 거의 다 이단들이었고, 광신주의자들이었으며, 이단들이었다. 다음에 나오는 대표적인 사례를 살펴보고, 오늘날 계시를 받아 예언을 한다고 주장하는 은사파 사역자들과 유사점이 있는지 교훈을 얻기 바란다.

2) 몬타니즘은 지금 현대 교회에도 있다!

몬타누스는 주후 170년 경 소아시아 브리기아 지방에서 자신이 하나님으로부터 온 선지자로서 새로운 계시를 말한다고 주장했다. 예수님과 사도들에 의해서 전달된 말씀에 보충이 되는 하나님으로부터의 계시를 받았다고 하였다. 그가 환각적인 상태에 있는 것은 성령에 사로잡힌 증거이며, 하나님의 계시의 새로운 시대를 열어 보이는 선지자라고 하였다. 지속적으로 계시적인 예언의 말하기, 금욕주의, 방언 말하기 등을 통해서 기독교를 개혁하려고 하는 사명을 받았다고 했다. 그는 자신의 모든 가르침 가운데 성령에 의해서 영감을 받은 것임을 믿으라고 가르쳤다. 두 명의 여자 선지자들, 브리스길라와 막시밀라가 몬타니즘을 퍼트리는 주역이 되었다. 몬타누스와 이 두 여선지자들의 입을 통해서 성령이 말씀하신다고 퍼트렸다. 몬타누스는 자신의 시대가 예수님의 재림 직전에 해당하며 임박한 종말의 마지막 때라고 믿었다. 이런 주장들은 이단 운동으로 정죄를 당했다.

초대교부 유세비우스는 "몬타누스가 두 여자를 부채질해서 함부로 어리석은 말을 하도록 방자한 정신으로 무장시켰다"고 기록하였다. 어떤 역사가들은 이 두 여인들이 방언을 말했다고 기록하였다. 히폴리투스는 두 여인의 이름으로 사람들을 속였다고 하였다. 브리스길라와 아굴라는 선지자로 부름을 받았다는 것이다. 이들 두 여선지자들은 위로자 성령이 들어가서 역사하는 자들이라고 선전하였다. 그리고 이 두 여자들을 사도들보다 더 높이도록 추앙하였다.

몬타니즘은 갑자기 널리 퍼져서 2세기 후반경에는 로마에까지 알려졌다. 일부에서는 귀신에 사로잡힌 자로 배척했으나 지지자들이 많아서 분명한 판결을 내리기가 쉽지 않았다. 유세비우스는 이 운동의 시작과 초기 성장에 대해서 잘 기술해 놓았다:

> 몬타누스는…최근에 회심한 자 중에 한 사람이었다. 그는 성령에 사로잡힌 자가 되었고, 갑자기 열광적인 황홀경에 들어가서 소리를 지르기 시작했다. 뜻을 알 수 없는 이상한 방언을 계속해서 말하고, 초대교회 시대부터 전통적으로 내려온 교회의 풍습에 위반되는 방식으로 예언하기 시작했다.…그에 대해 일부에서는 예언의 은사를 받은 성령에 충만한 자로 여겼으나, 일부에서는 거짓 선지자들이 오리라 하신 예수님의 경고를 기억하고 사탄에 사로잡힌 자로 생각하였다.[40]

몬타니스트들이 모든 성도가 다 예언을 할 수 있다고 생각했던 것은 아니다. 주후 189년에 사망한 막시밀라는 자신이 죽으면 세상의 종말이 올 때까지 더 이상 예언이 없을 것이라고 말하였다. 브리기아 지방에서는 몬타누스와 두 여자 선지자들의 예언을 따라가는 이단이 되고 말았다.

처음에는 몬타누스의 황홀경에 잠긴 예언이 정당성이 있는 것이냐를 놓고서 대립했다가 나중에는 좀 더 큰 문제로 옮겨갔다. 교회가 사도시대 주어진 계시의 기록, 성경 이외에 새로운 계시를 용납할 수 있

---

40 Eusebius of Caesarea, *Ecclesiastical History*, 5.16.4-7. Henry Bettenson, ed., *Documents of the Christian Church* (London: Oxford, 1963), 77. William Tabbernee, *Prophets and Gravestones: An Imaginative History of Montanists and Other Early Christians* (Peabody: Hendrickson Publishers, 2009). 12-19. H. Von Campenhausen, *Ecclesiastical Authority and Spiritual Power in the Church of the First Three Centuries* (London: 1969).

느냐의 문제가 대두되었던 것이다. 몬타니즘은 초대교회에 성경을 제외시켜 놓고 추가적인 계시를 받아들일 수 있다는 확신을 심어주지 못했다. 하나님께서 새로운 계시를 주신다는 개념과 엄격한 권징을 실시하는 운동이라는 소문을 들은 아프리카 초대 교부 터툴리안이 큰 관심을 갖게 되었다.

몬타누스가 일시적이나마 크게 영향력을 발휘하게 된 이유로는 초대교회가 지나치게 형식에만 치우치고 있었던 점을 들 수 있을 것이다. 하지만 다른 지역의 교회들은 구원받지 못한다는 주장은 독선주의요, 분리주의자의 오만이다. 그는 교회의 정통신앙에 대해서 분파적인 입장을 취했고, 자신들만이 참된 교회라고 주장하였다. 역시 다른 지역의 교회들은 몬타니즘을 심각한 이단이라고 대적하였다.

지금 21세기에 퍼져있는 새로운 계시 운동가들이 성령의 역사라고 주장하는 것을 보면, 상당히 많은 부분에서 몬타니즘과 유사한 내용을 가지고 있다. 은사 운동의 역사적 전통은 몬타니즘이라고 주장한 래리 크리스텐슨의 글이 이것을 말해주고 있다.[41] 초대교회의 몬타니즘이나, 현대의 은사주의자들이나 성령의 역사를 주장하면서 기존의 교회들을 무시하고 자신들이 받은 예언은사를 내세우고 있는 점이 매우 유사하다. 몬타누스는 성경의 죽은 문자(dead letter)만을 믿는 자들보다는 자신을 따르는 자들이 훨씬 더 영적이다고 주장했다. 어거스틴은 이 운동에 반대하는 글을 남겼고, 381년 콘스탄티노플 종교회의에서도 몬타니즘은 이단이라고 정죄하였다.[42]

---

[41] Larry Christenson, "Pentecostalism's Forgotten Forerunner," in Vinson Synan, ed., *Aspects of Pentecostal-Charismatic Origins* (Plainfield: Logos, 1975), 32-34.

[42] Earl E. Cairns, *Christianity Through the Centuries* (Grand Rapids: Zondervan, 1954), 110-11.

3) 성경에서 새 계시로?

모든 이단들과 사이비 기독교 지도자들은 자신들만이 새로운 계시에 접근할 수 있다고 주장한다. 이들은 성경을 내버리고 위험스러운 자신들의 예언을 믿으라고 유혹한다. 은사주의자들이 새로운 예언을 내세우면서 '무엇인가 새로운 것'을 받았다고 하는 것은 그 누구도 입증해 줄 수 없다.

오늘날 극단적인 은사 운동가들이 새 계시를 주장하고 있는 것은 결코 새로운 현상이 아니다. 이미 기독교 이단종파에서 비슷한 형태의 계시가 나와 있었다. 몰몬교에서는 조셉 스미스(1805-44)가 미국의 제2차 각성 운동 시에 받았다는 새 예언, 몰몬경을 따르고 있다. 여호와의 증인은 러셀(Charles Taze Russell, 1852-1916)의 계시에서 나왔고, 사이언톨로지 교회를 창시한 홉바르드(L. Ron Humbbard, 1911-86), 신령주의자 케이스(Edgar Cayce) 등도 비슷한 주장을 한 사람들이다. 새예루살렘 교회를 창시한 스웨덴보르그(Emanuel Swedenborg, 1688-1772)도 영적인 진리의 계시를 하나님께로부터 받았다고 주장했다.

성경의 유일성과 독특성을 무시하는 은사주의자들이 옳다고 한다면, 기독교는 신비로운 계시를 받는 일에만 몰두하게 될 것이다. 미확인된 예언만이 난무하는 교회가 어떻게 될 것인가? 그 결과는 너무나 명확하다. 복음적인 교회는 성경을 통해서 성장하고 도움을 얻는다. 그런데 많은 성도들은 순간적으로 느끼는 신비로운 감정이나 느낌을 원하고 있으며, 기록된 말씀에서 은혜를 받으려 하지 않고 있다.

16세기 유럽 종교개혁자들은 '오직 성경으로만'이라는 신앙을 확고히 세웠다. 현대 오순절파 은사주의자들은 이 신앙전통을 무시하고 내던졌으며 왜곡하고 있다. 요즈음 캔사스 예언가들, 마이크 비클, 밥 존스, 폴 케인 등은 자신들이 받은 새 계시를 추가해서 예언, 방언, 환상, 꿈으로 대체시키고 있다. 참된 교회는 성경을 옹호하는 일에 앞장서야만 한다. 철저히 가짜 교회와 대항해서 싸워야 한다.

성경을 대체할만한 계시는 없다. 감정이나 직감이나 일시적인 체험에 흔들려서는 안 된다. 하나님은 모든 선한 일을 하기에 온전케 교육시키고자 친히 말씀을 주신 것이다(딤후 3:16). 우리의 영적인 삶에 필요한 모든 것은 오직 성경뿐이다.

The Glory and Blessing:
Reformed Doctrine of the Holy Spirit

제 13 장

영적인 것만이 선한 것인가?
이원론과 영성주의자들의 혼란

성령의 새 바람은 구체적인 체험이나 경험을 무시하지 않는다. 분명히 새로운 변화가 주어진다. 예수 그리스도가 주신 은혜로 하나님의 형상을 회복하여 주신다. 거듭 강조하지만 성령은 예수 그리스도의 심장을 회복시켜서 우리 안에 충만케 하신다.

성령의 인격과 권위를 이해하려면 이미 지적한 바와 같이 양태론에서 벗어나야 한다. 성령은 항상 예수 그리스도의 구원사역과 관계되어야만 한다. 양태론자들이 하나님에 대해서 왜곡되고 이단적인 주장을 하는 것과 마찬가지로, 오순절파 은사 운동가들이 가장 흔하게 범하는 실수가 성령을 마치 자신들이 마음대로 다룰 수 있는 권세를 가지고 있는 듯이 자주 입으로 말하면서도, 정작 예수 그리스도의 영광은 전혀 언급하지 않는다는 점이다. 예수님이 빠져버린 성령론은 주로 이원론의 영향에서 비롯된 것임을 파악하여 따라가지 말아야 할 것이며, 오직 예수님을 영화롭게 하는 성도의 본분을 다해야 하겠다.

1. 이원론에 빠진 신령한 능력자들?

성령은 예수님에게만 관련되어 역사하는 그리스도의 영이시다. 그래서, 기독론이 빠져버리는 성령론은 상상조차 할 수 없다. 즉, 예수님과의 연계성을 고려하지 않는 성령의 사역이란 생각할 수 없다. 기독론과의 연관성이 없는 성령론이란 허무한 껍데기에 불과하다. 성령의 은사나 성령의 사역을 아무리 강조하더라도, 내게 놀라운 신비로운 은사와 능력 체험이 있다하더라도, 그것이 결국 나를 위해서 사용된 후 그냥 머물러 있다면, 예수님을 높이는 것과 관련되어 있지 않다면 진정으로 성령께서 기뻐하시는 일이 아니다. 성령의 능력을 받았다고 하는 사람들이 예수 그리스도의 영광을 무시하고 자신의 자만심에 도취하기 쉽다. 은사를 주시는 성령의 큰 권능만을 자랑하고 사람의 지혜로만 사역에 임하게 된다면 오래가지 않아서 탈선한다.

하나님의 영광과 예수 그리스도의 통치가 빠져버린 성령론은 모두 다 비성경적인 것이다. 우리 한국 교회에는 건전한 성경적 성령론이 정립되기도 전에 은사체험 운동이 일어나서 혼합된 성령론이 먼저 유포되었다. 혼란된 시대를 거치면서 성경적인 성령론은 전혀 세워지지 못했다. 교회의 머리되신 예수 그리스도의 영광을 위한 성령의 사역이 아니라, 제 소견에 옳은대로 성령의 은사와 열매를 논하고 있다. 성령에 관한 종합적인 가르침은 내던져 놓고 아주 지엽적인 은사에만 매달리고 있다. 방언이나 병 고침이나 예언에 대한 일목요연한 개신교의 입장이 정리되지 못하여서 일반 성도들은 부흥회를 통해서 제공되는 회개와 갱신, 부흥의 요청에만 따라가고 있는 실정이다.

널리 유포된 은사파 오순절주의 성령론의 배경에는 영지주의와 같은 이원론적 사고가 있다. 성령에 관해서 배우고 정립하면서 동시에 함께 정립해야 할 것이 영적인 것과 신령한 것을 사모한다는 자들의 왜곡이다.

기도에 힘써온 한국교회가 성경적인 성령의 은혜를 사모하고 받아 누리려면 습관적으로 퍼져있는 '기도원주의'를 극복해 내야만 한다. 성령의 능력은 기도원에 가서 얻는 것이 아니다. 인생의 모든 문제는 결국 하나님 앞에서 겸손히 기도하며 때를 따라 돕는 은혜를 사모하는 중에 해결되는 것이다. 하나님은 만병의 의사요, 성령의 치유는 지속된다. 하지만 예수님이 모든 자들을 다 고치시지 않으신 것처럼, 무슨 문제든지 우리 인간의 뜻대로 되지 않는다. 고난과 인내를 멀리하고 즉흥적으로 하나님의 능력을 체험하고 권능과 이적을 경험함으로써 해결하려 한다면, 십자가와 부활의 신앙은 무너질 것이다. 겸손과 화해와 사랑의 그리스도를 잃어버리고, 파워와 치유와 기적적인 환상을 추구하게 되고, 내가 받은 달콤한 은사에만 빠져버리고 말 것이다. 성경적인 성령 이해를 갖게 되어야만 기독교의 본질적인 가르침에서 벗어나지 않는다. 성령의 사람은 범사에 간여하시는 하나님의 은혜에 감사하며, 예수 그리스도 안에서 연합된 감격을 누리게 된다.

성령 운동을 하는 자들에게서 발견되는 모습이 바로 이원론적 사고이다. 특히 신비주의와 영지주의자들이 이원론적 사고방식에서 벗어나지 못했다. 신비주의와 신비로움은 비슷하지만 서로 다르다. 필자는 신비주의를 반대하는 것인데, 성령론의 혼합을 불러일으키는 주된 요인이기 때문이다. 기독교는 전능하신 만물의 창조주 하나님과 예수님과 성령님을 믿는 종교이다. 볼 수 없고 만질 수 없는 하나님의 존재의 신비로움은 기독교에서 가르치는 신앙의 본질이다. 믿음은 "보이지 않는 것의 증거요, 바라는 것들의 실상"이다(히 11:1). 사람의 아들로 태어났지만, 신성의 모든 것이 함께 하는 예수님의 신비로움도 역시 사람의 지혜로는 풀 수 없다. 물론 일반 세상의 학문이나 과학은 이를 거부한다. 세상 사람들은 하나님의 존재 자체를 거부한다. 이성으로, 과학으로, 합리성으로만 치닫고 있는 바, 그런 현대 과학과 수학의 본질이 헛된 가설이라는 것을 인정하려 들지 않는다. 철학도, 전설도, 미신들도 모두 신비로운 것을 말하고 있는 데에 비해서, 기독교는 성경에 '기록된 신비로움'을 믿는다.

다시 이원론을 보여주는 수도원 운동을 잠시 생각해 보자. 초대교회 시대에 가장 유명했던 안토니는 주후 285년경 혹은 305년경, 모든 것을 이웃에게 나눠주고 오직 금욕적인 생활을 통해서 예수님의 온전하심을 추구하고자 이집트 사막에서 은둔생활을 시작하였다. 알렉산드리아의 아다나시우스가 남긴 전기에 의하면, 거룩한 영적 삶을 추구하는 안토니는 세상권세와 물질적 향락을 등지고 오직 경건한 생활을 한다는 목적에서 수도원을 창건했다. 감옥에 갇힌 자를 방문하고 격려하고, 사람들이 찾아와서 자신의 가르침을 듣기를 원하는데도 하나님을 예배하는 일에 방해가 된다면서 찾아 가기에 힘든 사막으로 나갔다. 오아시스와 야자수 나무가 있는 곳을 찾아 평생을 독신으로 바쳤다. 그야말로 신비주의적인 동경심의 발로였다. 금욕주의가 이들의 목표였으니, 이 땅에서 일반인들이 살아가는 세속생활을 저속하게 생각하였다. 이런 자세가 바로 신비주의적 이원론이다. 영적이고 거룩한 것은 세상에 없다는 것이다. 신비롭고 은혜로운 것은 세상을 떠난 곳에 있다. 그리하여 성령의 인도하심을 받은 자들은 따로 성별된 사람들로 취급된다. 이것은 로마 시대에 널리 퍼진 왜곡된 신비주의 이원론으로 헬라 철학의 이원론에서 나온 것이다.

신비주의 이원론과 아주 유사하게 한국교회에 널리 퍼져있는 것이 기도원 운동이다. 차라리 기도원주의라고 말할 수 있을 것이다. 한국교회에는 약 2천에서 3천에 달하는 기도원이 있다. 건전한 기도원이 있겠지만, 왜 기도하기 위해서는 꼭 깊은 산속으로 가야만 하는가? 예수님이 골방에 들어가서 자랑하지 말고 기도하라고 하셨다.

> 너는 기도할 때에 네 골방에 들어가 문을 닫고 은밀한 중에 계신 네 아버지께 기도하라 은밀한 중에 보시는 네 아버지께서 갚으시리라(마 6:6).

기독교 역사를 고찰해보면, 성경에서 이탈한 신비주의가 거의 모든 지역에서 엄청난 영향을 끼쳤다. 그리스정교회에서는 각 교회당마다 엄청나게 많은 모자이크 그림과 성화들을 그려놓고서 거기에서 빛과 능력이 나오는 것을 모든 사람이 체험할 수 있다는 신비주의에 빠져있었다.[1] 찬란한 빛을 강조하기 위해서 모든 그림이나 조각이나 장식 등이 찬란한 황금으로 만들어진 것도 많았다. 8세기에서 9세기에 이르면 그 절정에 달하여, 성행하는 성화숭배에 대해서 논쟁이 심하게 일어났다(iconoclastic controversies). 한동안 성화와 성상을 폐지하도록 했다가, 다시 한 세대가 지나면서 재현되는 등 극히 민감한 난제가 되

---

[1] Vladimir Lossky, *The Mystical Theology of the Eastern Church* (London: 1957), 9.

고 말았다.[2] 신비로운 가르침을 믿되, 오직 성경에서 가르치는 것만 따라야 하는데, 그만 기독교가 외부의 영향으로 변질되어서 신비주의에 빠져버렸던 것이다.

2. 로마 가톨릭의 이원론

지금까지 기독교 전반에 널리 퍼져있는 것이 바로 이원론이다. 초대교회시대부터 동방정교회, 슬라브정교회에 이르기까지 신비주의적 이원론이 널리 퍼져있다. 이런 기대감이 수도원과 기도원을 의존하게 만들었다.

그런가하면, 중세시대에는 로마 가톨릭의 이원론이 널리 퍼져나갔다. 이성과 믿음, 자연과 은혜로 구분하는 것이다. 로마 교회와 성직자들은 거룩한 그룹이자 '가르치는 교회'(ecclesia dokens)가 되며, 일반 성도들은 세속적이어서 '듣는 교회'(eccelsia audience)가 된다. 교회는 하나님이 주신 초자연적인 생명의 숭고한 목적을 향해 나가는 곳이다. 자연의 영역에서 초자연의 영역으로 넘어오는 것은 모두 다 봉헌되어야 한다. 십자가 징표, 성수, 성유, 귀신을 쫓는 일, 성직임직의 의식 등은 두 영역의 혼합을 피하고 초자연적인 것을 분리시켜서 따로 정결하게 보존하는 수단들이었다. 성직자들만 봉헌되는 것이 아니다. 로마 가톨릭에서는 교회제단, 시계, 양초, 미사에 쓰는 잔, 의상 등도 모두 다 세속적인 것에서 구별되어서 성역으로 옮겨진다고 가르친다. 이 영역 안에 있는 것은 모두 다 높은 질서에 속하며 초자연적인 목적

---

[2] E. J. Martin, *A History of the Iconoclastic Controversy* (1930; New York: 1978).

에 쓰인다고 가르친다. 스콜라 신학과 신비주의는 모두 한통속의 이원론을 가르쳐 왔던 것이다. 로마 가톨릭의 특징은 이처럼 철저하게 자연적 생활을 포기하고 전인격을 바치되 모든 능력을 다하여 거룩하고 종교적인 것만을 묵상하며 명상에 잠겨야만 한다. 이처럼 로마 가톨릭의 세계관에서는 신앙과 지식, 교회와 정부, 자연과 은혜가 서로 대립되고 맞서는 관계로 배열되어 있었다.

결국 자연적인 것들이 한동안 억눌리긴 했지만, 새롭게 되거나 거룩함을 입지 못하고 도리어 로마교회에 맞서서 다투다가, 혼란을 틈타서 벗어나게 되었다. 이를 완전히 청산하는 교리가 '모든 성도들은 왕 같은 제사장들'이라는 16세기 유럽 종교 개혁자들의 구원론이었다. 죄를 용서 받기 위해서는 끊임없이 로마 교회에서 시행하는 일곱 가지 성례에 참석하여 '주입된 은혜'(gratia infusa)를 받아야만 한다는 교리를 깨우치게 된 것이다. 성령이 구원의 은혜를 시행하는 것이지, 로마 가톨릭교회가 집행하고 전달하는 것이 아님을 확고히 하였다. '성령의 신학자' 존 칼빈은 바로 로마 가톨릭교회와 성직자들이 차지해 버린 구원의 은혜의 적용사역을 영광스러운 성령의 사역으로 되돌려 놓았다.[3]

중세시대 로마 가톨릭교회의 절정기에 신비주의는 엄청난 영향을 발휘했다. 중세 서방교회는 거의 대부분 신비주의에 빠져있었다고 해도 과언이 아니다. 마리아의 그림에서 흐르는 눈물, 예수 그리스도의 십자가에서 흐르는 피, 수많은 성자들의 유물에서 발휘된다는 신통력 등등. 13세기 이탈리아 아시시의 프란시스, 보나벤투라, 클레르보의 버나드 등이 신비주의적인 기독교의 흐름을 크게 이어갔다. 북구 독

---

[3] 김재성, 『성령의 신학자 존 칼빈』 (서울: 생명의 말씀사, 2004).

일지방에서 영적 갱신 운동이 일어났을 때에도 역시 신비주의가 핵심이었으니, 마이스터 에크하르트(1260-1327), 존 타울러(1300-61), 헨리 수소(1295-1366) 등이 주창자들이었다.

일단의 신비주의가 이처럼 다양하게 퍼지게 되는 배경에는 영적인 것을 사모하게 만드는 이원론적 사고방식(dualism)이 팽배하기 때문이다. 육체적인 것을 경멸하고, 영적인 것을 존중하는 왜곡된 가르침이 기독교 신앙에 영향을 미쳤던 것이다.

3. 영지주의와 영성신학

초대교회 시대부터 극심하게 영향을 미치고 있는 것이 영지주의자들의 이원론이다. 로마 가톨릭 체제가 굳어진 이후에는 예식과 제도에 매여 있는 그들의 허상을 벗어나고자 이원론적인 경향이 크게 퍼졌다. 가톨릭 내부에서 눈에 보이는 제도와 규칙보다는 보이지 않는 영적인 세계를 더 중요시해야 한다는 극단으로 치우쳤다. 세계에 팽배했던 이원론적 사고방식의 근원에는 헬라철학이 있다. 헬라 철학의 플라톤식 이원론이 있었고, 영지주의라는 기독교 이단에서 하나님과 물질세계를 근본적으로 나누어 보려고 하는 이원론이 있었으며, 셋째로 로마 가톨릭에서 지탱해오던 자연과 은총의 대칭 구조가 있었다. 로마 가톨릭에서는 지속적으로 성직자와 평신도를 나누는 교직제도에서도 이원론이 크게 위세를 떨쳤다. 이들 세 가지 이원론은 본질적으로는 창조세계의 구성을 거룩한 것과 저속한 것을 구분하는 공통점이 있다.

영적인 것을 추구한다 하여, 순수한 기독교와 잘 구별이 되지 않은 채, 이원론적 사상들이 널리 혼합적으로 유포되었다. 초기 기독교 시대에 노스틱주의 이원론이 등장했다. 그 배경으로 오래 퍼져 있었던 철학적 이원론이 많은 문제를 일으켰다. 영혼과 몸으로 나뉘어진 인간에게 죄가 들어와 타락하게 만든 것은 몸이라고 생각했다.

특히 헬라철학자 플라톤에서 기원하는 바, 그는 만물의 본질을 이데아의 세계와 현상계를 둘로 나눴다. 이 세상에 있는 육체적인 것은 타락하고 더러운 것이요, 이데아의 세계를 반영하는 그림자에 불과하다. 본질적인 것, 영적인 것은 거룩하고 깨끗하다고 생각했다. 기독교에 대한 해석에서도 역시 그러한 영향이 들어와서 예수님의 육체적 구원사역과 활동들, 심지어 정상적인 인간으로서의 탄생과 죽으심 등을 모두 부인하는 '영지주의'가 나오게 된 것이다.

영지주의는 다양한 그룹들로 여러 곳에 퍼져 있었다. 얼핏 보면, 세속적이요 세상적인 것에서 벗어나 신령한 것을 존중하고 영적인 세계를 사모하는 것처럼 보이지만, 성경적인 기독교와는 본질적으로 다르다. 영지주의는 철저히 이원론에 기초하여 형성된 사상으로 오랫동안 기독교를 혼란에 빠트렸다.[4] 주관적이요, 개인주의적으로 흘러내려오는 신비주의 이원론에서 벗어나야 한다. 플라톤, 아리스토텔레스, 버질, 키케로, 조로아스터교, 마니교 등 저급한 근동 종교에서 이원론을 가르쳤다. 포괄적으로 신비적인 것을 동경하고, 육체적인 것은 타락한 것이라고 저주했다. 이런 영향으로 영적인 세계의 신비주의를 동경하는 이원론이 기독교에 들어오게 되었다. 하루 속히 이런

---

[4] J. van Genderen & W. H. Velema, *Concise Reformed Dogmatics*, tr. Gerrit Bilkes & Ed M. van der Maas (Phillipsburg: P & R, 2008), 351.

이원론에 바탕을 둔 이분법적인 사고방식에서 벗어나야만 한다.

지금 한국교회 내에서 영성주의와 영성신학이 널리 이름이 회자되고 있다. 그런데 그 주장들과 실제 훈련방법을 살펴보면, 영지주의자들이 했던 이원론적 방법론을 크게 벗어나지 못하고 있다. 필자는 이미 이를 강력히 반대한다는 주장을 거듭해왔다.[5] 영성이라는 것이 과연 무엇인가? 차라리 성경에 분명히 강조된 '경건의 연습'이라야 한다. 경건의 연습은 범사에 유익하다고 했다.

> 경건에 이르도록 네 자신을 연단하라 육체의 연단은 약간의 유익이 있으나 경건은 범사에 유익하니 금생과 내생에 약속이 있느니라(딤전 4:7-8).

아직까지도 영성이라는 것을 말하는 자들에게서 성령의 인도하심과 임재가 구체화되지 않았다. 그들이 주장하는 영성은 어떤 종교성을 말하는 것인가? 그렇다면 영성은 어떤 종교에도 다 들어있다. 도대체 기독교의 영성이란 무엇인가? 그리고 영성을 강조하는 자들이 믿고 가르치는 것은 무엇인가? 영성신학에서 예수 그리스도의 십자가와 부활이 핵심으로 강조되고 있는가? 최근에 소개되고 있는 '관상기도'가 영성훈련의 최고 방법인가? 간혹 지상에 소개되는 영성신학원, 영성훈련원, 영성기도원, 청교도 영성원 등은 무엇을 어떻게 주장하고 가르치는지 도무지 알 수 없다. 영성 운동이 어디서 나왔으며,

---

[5] 김재성,『칼빈의 삶과 종교개혁』(서울: 이레서원, 2003), 제18장 "영성이냐 경건이냐?" 521-531; 김재성,『칼빈과 개혁신학의 기초』(수원: 합동신학대학원, 1997), 제18장, 521-25. 김재성, "영성신학, 그 흐름과 대책,"『월간 목회』 2008년 6월호, 52-61쪽.

어떤 단체들이 무엇을 어떠한 근거로 내세우고 있는지에 대한 체계적인 분석이 절실히 요청되고 있다.

하나님은 어떤 프로그램이나, 훈련으로 만나지거나 체험되는 분이 아니다. 그런데 개신교회에서 영성에 사로잡히는 방법론을 중세시대에서 찾아온다면 과연 맞는 것일까? 영성신학을 주장하는 자들이 자주 인용하는 리차드 포스터의 영성훈련에는 중세시대 신비주의자들이 하던 영적 교제를 닮아가려는 시도가 들어있다. 그는 퀘이커파에 속한 형제교회 소속이다. 우리가 성령의 역사로 인정하지 않는 집단적 체험주의자들이다.

한동안 한국교회에 유행처럼 번지던 영성신학은 성경적인 명확한 체제와 기초가 없으면서, 초월적인 세계를 현실의 의식체계에 담는 무리한 패턴들이 세분화되고 예시되고 있기도 한다. 이런 영적인 것들에만 집착하게 되면, 기독교 신앙은 매우 제한적인 분야만을 지나치게 강조하고 있어서 문제가 크다. 하나님의 자유로우신 사역을 몇 가지 훈련방법으로 대체하는 우를 범하게 된다.

4. 일반은총을 모든 사람에게 주시는 성령

세상이나 온 우주는 성령의 사역에 의해서 생명을 공급받는다. 기독신자는 하나님이 주신 은혜로 인해서 죄와 싸우면서 세상 속에서 능력 있게 살아갈 수 있다. 교회에 나가 성실한 직분자로 봉사하면서도 예술과 과학, 상업과 공업에 종사하면서 가정과 사회, 국가와 기관에서 성실하게 임무를 수행할 수 있다. 자연세계에 머물면서도 하나님의 능력과 거룩함을 유지할 수 있는 것이다. 하나님의 임재가 있고, 성령 안에서 주님과 교통하면서 살아가는 것이다. 이를 극복하고자 세운 개혁주의 사상은 칼빈과 바빙크의 일반은총론이다.[6]

> 이 일반은총으로부터 우리가 타락한 인간 속에서도 여전히 볼 수 있는 참되고 옳은 모든 것들이 흘러나오는 것이다. 불빛은 어둠속에서도 여전히 빛나고 있다. 하나님의 영은 피조된 모든 것 가운데 계시며 그 가운데서 역사하신다. 그러기에 인간 속에는 여전히 하나님의 형상의 흔적들이 남아있는 것이다. 여전히 지성과 이성이 존재하며 모든 종류의 자연의 선물들이 인간 속에 존재하고 있다. 인간은 여전히 신성에 대한 느낌과 인상을 소유하고 있으며 종교의 씨앗을 지니고 있다. 이성은 귀중한 선물이요 철학은 하나님께로부터 온 존경할만한 선물이며, 음악 역시 하나님의 선물이다. 예술과 학문은 가치 있고, 유익하며 선한 것이다.
>
> 국가는 하나님에 의해서 제정된 것이다.
>
> 사람에게는 진리와 덕에 대한 염원이 있으며, 부모 자식간에는 천부의 사랑에 대한 염원이 있다. 지상의 삶에 관계된 문제에 있어서도 사람은 여전히 대단히 좋은 일을 할 수 있는 능력이 있다.

---

[6] Herman Bavinck, *De Algemeene Genade* (1894); "Common Grace," tr. R. C. Van Leeuwen, Calvin Theological Journal vol. 24 No. 1 (1989); 차영배 역, 『일반은총론, 경계해야 할 자연주의와 초자연주의』 (서울: 총신대학교 출판부, 1979), 27. 이 논문은 1894년 캄펜 신학대학원 조직신학 교수로 취임할 때에 쓴 바빙크의 신학의 골격에 해당한다. 일반은총론의 핵심이 들어있는 또 다른 논문을 참고할 것. "Calvin and Common Grace" *The Pinceton Theological Review* vol. vii (1909): 437-465. 이 논문은 미국 프린스턴신학대학원에서 행한 강연으로 워필드 박사의 글과 함께 전 세계 개혁주의 교회의 안목을 열어주는 매우 중요한 기여를 하였다.

> 일반은총론을 통해서, 개혁주의 신학자들은 기독교의 독특하고
> 절대적인 특성을 유지하면서 모든 좋은 것들과 아름다운 것들이
> 여전히 하나님께로부터 죄악된 인간들에게 계속 주어지고 있다
> 는 데 대한 확고한 인식에 선봉적인 역할을 해 왔다.

한국교회에는 신비적인 것을 동경하는 이원론적 사고가 널리 퍼져 있다. 신비주의도 문제이지만, 이원론적 사고방식은 쉽게 고쳐지지 않는다. 영적인 신비주의를 구분하지 못하고, 오직 영적인 은혜를 간구하는 것이 문제다. 성령에 대한 가르침을 진지하게 정립하지 못한 한국교회 성도들이 추구해온 영적인 능력과 체험은 극단적인 신비주의에서 나온 것들이 많은 부분을 차지하고 있기 때문이다.

우리나라의 특수한 종교심과 결합된 기도원 운동에 대해서도 생각해 본 적이 있는가? 3,000여 개에 달한다는 이 기독교 기관들이 어떻게 유지되어 왔던가를 종합적으로 검토한 연구서가 나온 적이 없다. 누가 언제 세웠든지 모두 다 헌금으로 이루어진 것들이라고 한다면, 한국교회의 중요한 일부분이요 더 나아가 하나님 나라의 중요한 기관일 터이다. 그런데 어찌된 영문인지 어느 기도원에서 어떤 일이 일어났고, 무엇을 강조하였으며, 어떤 영향을 미치고 있는가에 대한 검증이나 객관적인 점검이 없다. 공개적으로 기도원 운동에 대해서 점검하지 못한 채 지금까지 마냥 반복적으로 유지되고 있을 뿐이다. 그러는 가운데 신비주의, 극단적인 은사주의, 혼란된 각종 기복종교의 예언, 특수 은사 운동들이 쏟아져 나왔다. 초자연적인 능력들, 방언, 예언, 입신, 꿈, 환상, 병 고침, 능력체험 등은 아무런 기준도 없이 범람하고 있다. 기도원이나 수도원이나 제 나름대로 하고 싶은 대로 이런

기적들과 이적을 체험했다고 말하는데, 그야말로 누가 옳은지 도무지 분간할 수 없는 혼돈 속에 빠져있다.

산 속 깊이 들어가서 세상과 단절한 채 기도원에 칩거하면서, 특히 금식기도하면서 터득한 것이라고 말하는 목회자, 혹은 능력자가 나타나면, '아 그분이야말로 가장 차원높은 영적 능력과 영권을 가진 분'이라고 생각하는 경향이 한국교회 안에 팽배해 있다. 병을 고치거나, 사람을 쓰러트리거나 하는 능력을 행하고, 신비로운 체험을 말하고, 이전에 단 한번도 만나지 않은 사람의 과거에 대해서 알아맞히는 사람이라고 하면, '아 그분이 바로 성령의 사람'이라고 추앙하는 것이다.

신명기에서 하나님은 기적이나 능력을 행하는 자들에 대해서 강력히 경고하셨다.

> 너희 중에 선지자나 꿈 꾸는 자가 일어나서 이적과 기사를 네게 보이고 그가 네게 말한 그 이적과 기사가 이루어지고 너희가 알지 못하던 다른 신들을 우리가 따라 섬기자고 말할지라도 너는 그 선지자나 꿈 꾸는 자의 말을 청종하지 말라 이는 너희의 하나님 여호와께서 너희가 마음을 다하고 뜻을 다하여 너희의 하나님 여호와를 사랑하는 여부를 알려 하사 너희를 시험하심이니라 너희는 너희의 하나님 여호와를 따르며 그를 경외하며 그의 명령을 지키며 그의 목소리를 청종하며 그를 섬기며 그를 의지하며 그런 선지자나 꿈 꾸는 자는 죽이라 (신 13:1-5).

지금 한국교회 일각에서는 희한한 일들이 계속되고 있다. 손 아무개 장로는 집회에 참석한 사람을 넘어지게 하여 능력을 체험하게 하고 있다. 이미 오래 전부터 미국 빈야드 운동이 퍼트린 방법이었고, 존 윔버의 사망 이후에 그 불꽃이 사그라지고 말았다.[7] 이런 행동들은 말씀을 경시하고 고난을 견디며 믿음으로 얻는 은혜보다는 능력과 기적체험을 더 강조하는 변질된 복음을 추구하게 하는 경향이 짙다. 1960년대 초 지리산에서 3년 6개월 7일 동안 터득한 것이라 하여 한국교회 일부가 따르고 있는데, 자세히 들여다보면 새로운 것이 없을 뿐만 아니라 정체불명의 주장들로 가득 차 있다. 어떻게 한국에만 있던 분이 이스라엘 민족의 출애굽과정을 세계 최초로 완벽하게 복원했다고 주장하는가? 어떤 신통한 능력이 있다는 말인가? 고대 아카디아어로부터 필두로 하여 아람어, 히브리어, 콥틱어 등 구약시대의 모든 언어들과 고고학적인 발굴조사와 연구를 거듭해온 이스라엘 학자들도 밝혀내지 못한 것을 신령한 자의 신통력으로 알아냈다는 것인가? 이런 것이 바로 영지주의자들의 속임수이다. 그의 사상적 뿌리들은 이미 다 이단으로 밝혀진 것들이다.[8] 그 밖에도 육체를 멀리하고, 성령을 사모한다는 금식기도원에는 매년 엄청난 사람들이 모여들어서 초대형 집회를 개최한다. 역설적으로 육체적인 것을 멀리하고자 기도원에서 집회를 한다고 모여들었는데, 정작 그곳에서 전파되는 메시지는 무엇인가? 오히려 현세적 축복과 기복신앙에 치우치고 있으니 참

---

7 John H. Armstrong, "In Search of Spiritual Power," in *Power Religion: The Selling Out of the Evangelical Church*. Michael S. Horton, ed., (Chicago: Moody Press, 1992), 81: "when the focus is on the unusual phenomena of signs and wonders rather than on the rational content of the gospel itself, confusion as to the main features of that message is bound to arise."

8 한창덕, "박윤식 목사의 구속사 시리즈에 대한 분석과 비판," 『교회와 신앙』, www.amennews.com. "가인이 죽인 아벨 대신에 '다른 씨'로서 셋을 주어 위로와 소망을 주셨습니다"(창세기의 족보, p.131)라고 한 것 등은 얼마든지 그의 '씨앗 속임'을 연상시키는 것이다. 그러므로 이와 같은 것들이 사실이라면, 그의 책 속에는 아직도 여전히 통일교 사상을 그대로 가지고 있다는 것이 된다. 그러나 그것이 아니라 하더라도 분명한 것은 그의 책은 '구속사 시리즈'라는 타이틀이 무색하게 구속사적인 해석을 해놓은 책이 아니라는 점이다."

으로 이해할 수 없는 현상이다.

이처럼 한국교회의 성령론에 대한 반성과 점검이 필요하다. 성경이 가르쳐주시는 성령에 대해서는 아랑곳하지 않으면서도, 담대하게 성령을 나누어줄 수 있는 양 큰소리를 치고 있는 선포자들이 어서 속히 사라져야 한다. 남이 알 수 없는 미래를 예언하는 자가 나타났다 하여, 마치 새로운 하나님의 선지자가 나타났다는 듯이 따라가는 큰 무리들이 있다. 예수 그리스도의 십자가와 부활을 근간으로 하지 않고, 다가올 미래를 준비한다는 종말론자들, 요한계시록에 치우치는 신천지, 구원파 등은 이런 막연한 영적세계의 관심과 호기심을 부추기고 있다. 자칭 선지자로 둔갑한 자들의 가면과 거짓된 허상들을 성경에 비추어서 빨리 허물어야만 한다. 한국교회가 이런 자들로부터 미혹을 받지 않아야만 살아난다. 더구나 이런 극단적인 신비주의자들과 은사주의자들은 기존의 한국교회를 비판하고 저주하는 일을 서슴지 않는다. 이단들이 하는 도전과 도발이다. 이처럼 진리에서 떠나서 사랑이 없는 이들에게 달려가는 사람들이 많다는 것은 참으로 안타까운 일이다.

정통 개혁주의 신앙은 세상과 사회의 문화건설에 적극적으로 참여하고, 모든 사람의 일상적인 활동 속에서 그리스도의 영광을 드러내고자 한다. 칼빈의 유산을 생각해보라.[9] 칼빈은 단지 성경해석과 교리적 재구성을 통한 교회의 개혁과 예배 갱신에 그친 것이 아니다. 제네바의 모든 분야에 영향을 미쳤고, 시민의 윤리와 사회의 민주주의적

---

9 김재성, 『Happy Birthday, 칼빈』 (킹덤북스, 2012). Irena Backus and Philip Benedict. ed. *Calvin and His Influence, 1509-2009* (Oxford: Oxford University Press, 2011). David W. Hall, *The Legacy of John Calvin: His Influence on the Modern World* (Phillipsburg: P & R Publishing, 2008).

인 절차, 자본주의 경제발전, 교육, 출판, 상업, 은행, 자선, 병원, 복지확대 등을 위해서 앞장을 섰다. 네덜란드 칼빈주의자 아브라함 카이퍼는 신학자요 목사로서 국가의 위기 시에 수상이 되어서 정치인으로 활약하였다. 개혁주의 신학은 결코 교회 안에만 머무는 신앙을 강조한 것이 아니다. 이원론에 빠져서 세상과 분리된 근본주의자들의 결백성만을 추구하는 것이 능사가 아니다. 산 속이나, 기도원이나, 수도원 속으로 들어가는 것만이 경건이 아니다. 경건의 능력은 세상 속에서 함께 더불어 살아가면서도 결코 그들을 따라가지 않는 것이다. 영적인 겉모양을 추구하는 자들은 결코 바른 길을 가는 자들이 아니다. 그들은 "경건의 모양은 있으나 경건의 능력은 부인하니 이같은 자들에게서 네가 돌아서라"(딤후 3:5).

The Glory and Blessing:
Reformed Doctrine of the Holy Spirit

제 14 장

진리의 영

　성령은 진리를 가르치는 영이다. 예수님은 진리가 무엇이냐는 헤롯의 질문에 아무런 대답을 하지 않으셨다. 거룩한 진주를 돼지에게 주지 않으신 것이다. 성령에게서 배우게 되는 진리의 내용은 모두 다 성경에 담겨있다. 성령은 진리를 담은 책인 성경을 쓰도록 인간저자들을 감동하셨다. 성경에 대해서 배울 기회가 많지 않았다면 성령을 알 수 없게 된다. 성경의 해설과 설교를 듣는 것만으로는 부족하다. 성령의 가르침을 따라서 살고자 하는 성도들에게는 진리의 말씀이 깨우침을 주신다. 예수 그리스도에 대해서 강조하지 않는 극단적인 은사 운동가들은 성경을 떠나있다. 성령을 제 마음대로 좌우하려 한다. 이들 은사주의자들은 성령의 선물을 남용하고 오용하고 있다. 예수님의 뜻에 따라서 사용하지 않으니, 성령론의 빈곤이 극심하다.

> 내가 아버지께로부터 너희에게 보낼 보혜사 곧 아버지께로서 나오시는 진리의 성령이 오실 때에 그가 나를 증언하실 것이요(요 15:26).

> 그러나 진리의 성령이 오시면 그가 너희를 모든 진리 가운데로 인도하시리니 그가 스스로 말하지 않고 오직 들은 것을 말하며 장래 일을 너희에게 알리시리라(요 16:13).

1. 진리의 영

예수님은 "내가 곧 길이요 진리요 생명이니"(요 14:6)라고 하셨다. 그의 말씀은 진실하다. 하나님의 진리를 가르쳐주셨건만, 우리들은 타락으로 인해서 들을 수 없었다. 듣고 싶은 것만 듣는다. 아첨하는 말이나, 희롱하는 말을 좋아한다. 성령이 임하시면 변화가 일어난다. 성령은 그리스도의 영이라서, 성령이 말하는 것은 진리이며, 진리의 증거자다. 구원사역의 성취자가 되시는 하나님의 아들을 영화롭게 하려는 것이 성령의 사역이므로, 진리를 높이는 것이 성령의 기쁨이 된다. 그런데 그 진리는 우리를 자유케 만들어준다.

> 진리를 알찌니 진리가 너희를 자유롭게 하리라(요 8:32).

성령은 진리를 증거하고 입증하는 사역을 한다.
첫째, 하나님의 계시에 대해서 진리임을 증거한다. 오직 하나님이 계시하신 것만이 진리임을 알게 한다. 이 진리의 말씀을 구원받은 성도의 마음에 성령께서 증거하신다. "태초에 말씀이 계시니라"(요 1:1)고 하였고, 그 말씀이 우리 가운데 오신 것을 증거하는 것이 하나님의 계시이다. 우리가 하나님을 알 수 있는 것은 본성적인 감각이나 지식이 아니다. 자연을 연구해서 알 수 있는 것이 아니다. 하나님이 우리 가운데 교통하셔서 알게 된다. 우리에게 구원의 길을 예수 그리스도의 십자가와 부활로 이루어 놓으셨고, 믿음으로 이것을 받아들이게 하신다. 성경의 계시는 성령이 감동을 입혀서 영감으로 기록하게 하였다. 하나님의 영이 감화해서 쓰인 책이 진리이다. 성령의 신비로운 능력으로 성경에 대해서 진리임을 증거하고 있다.

> 그의 신기한 능력으로 생명과 경건에 속한 모든 것을 우리에게 주셨으니 이는 자기의 영광과 덕으로써 우리를 부르신 이를 앎으로 말미암음이라 이로써 그 보배롭고 지극히 큰 약속을 우리에게 주사 이 약속으로 말미암아 너희가 정욕 때문에 세상에서 썩어질 것을 피하여 신성한 성품에 참여하는 자가 되게 하려 하셨느니라(벧후 1:3-4).

둘째, 성령은 하나님에 관한 진리를 증거한다.

성령은 하나님에 관해서, 사람에 관해서, 용서와 경건과 구원에 관해서 진리를 증거한다. 성령은 하나님의 깊은 것을 통달하시고, 하나님의 영광과 예수 그리스도의 사역을 소개한다(요 1:18). 하나님은 영이시고, 영원하시고, 무한하시고, 불변하다. 지혜와 권능과 거룩함과 의로움과 선함과 진리가 오직 하나님께만 있다. 성령은 오직 한분 하나님이 살아 계심을 증거한다. 권능과 영광이 함께 하는 삼위일체 되신 성부, 성자, 성령을 계시한다.

> 오직 하나님이 성령으로 이것을 우리에게 보이셨으니 성령은 모든 것 곧 하나님의 깊은 것이라도 통달하시느니라(고전 2:10).

성령은 전능하신 하나님을 알려주시고, 그 아들 예수 그리스도를 증거하시며, 영화롭게 하신다.

셋째, 성령은 사람에 대해서 증거한다.

사람은 자기 자신에 대해서나, 장래 일과 과거 일에 대해서나, 알지 못한다. 오류의 어두움을 벗어날 길이 없다. 그러나 예수 그리스도만이 생명의 수수께끼에 대한 해답을 알려주셨다. 예수님은 보혜사, 성령을 보내셔서 사람의 참 모습을 알려주신다.

> 그가 와서 죄에 대하여, 의에 대하여, 심판에 대하여 세상을 책망하시리라 죄에 대하여라 함은 그들이 나를 믿지 아니함이요 의에 대하여라 함은 내가 아버지께로 가니 너희가 다시 나를 보지 못함이요 심판에 대하여라 함은 이 세상 임금이 심판을 받았음이니라(요 16:8-11).

이 구절은 결국 사람의 죄에 대해서 성령이 폭로하고 책망한다는 말씀이다. 성령이 드러내는 사람의 죄는 결국 예수 그리스도를 거부하고 배척하는 일이다. 한걸음 더 나아가서 성령은 예수 그리스도가 옳으며 진리임을 증거한다. 성령은 이 세상의 심판에 대해서 증거한다. 이 세상의 통치자들은 거짓임을 드러낸다. 그리고 사탄의 죄악을 폭로한다. 처음부터 거짓말하는 자임을 알게 하신다.

2. 진리의 파수꾼

세계 기독교에 지금도 큰 영향을 미치고 있는 이원론처럼, 특히 한국 기독교계에서 나타나는 현상적인 특징을 몇 가지 지적하고자 한다. 이원론은 상당한 부분에 걸쳐서 분리주의적인 형태로 나타났다. 한국교회의 예배와 문화는 상당히 오랫동안 유교사회의 풍습에 무관하지 않은 보수적이며, 제도적이며, 융통성 없는 엄격주의에 사로잡혀서 경직되어 있었다. 성령의 역사와 능력이 살아 숨쉬는 역동성이 결여되어 있었던 것이 사실이다. 삶의 즐거움과 아름다움이 결여되어 있었다. 사는 것과 예배하는 것이 모두 다 즐겁고 감격스러운 일인데, 이 두 가지 모두 다 범사에 감사하라는 말씀을 따라서 감당하는 것이 아니었다. 오직 엄격한 주일성수와 보수주의적인 교회운영이 날로 개혁주의 전통이라는 이름으로 강조되었다.

그러나 과연 그러한가? 하나님의 주권 앞에 완전한 헌신을 다짐하였다고 해서 성격마저도 딱딱하게 굳어서 전혀 농담도 하지 않고 잘 웃지도 않으며 엄격한 권징만을 강조하는 사람이 되어야 하는 것인가? 다른 사람에 대해서 사랑과 존경의 마음을 가지는 겸손한 봉사가 바로 성령의 인도하심에서 나오는 산물이다. 날카로운 비판의식과 신경질적인 목소리, 남과 거리감을 두려는 듯한 몸짓, 다른 사람이 보기에 매력적인 모습은 전혀 없는 딱딱한 차림새, 박수치지도 않고 아멘하지도 않으며 그저 냉소적인 고답주의만을 강요하고 있지는 않았던 가? 그런 것이 신앙인의 진면목은 아닌 것이다.

어떤 분이 고상한 기독교 신앙인이라고 할 때에, 그 사람이 오직 주님의 일에만 관심을 갖고 있을 뿐 그 밖의 세상 일에 대해서는 아무런 식견이나 안목이나 지식이 전혀 없다고 한다면 과연 참된 신앙인이 되어가는 것인가? 이런 사람이라면 과연 그가 깊은 산중에서 세속과 인연을 끊었다고 말하는 불교인들과 다를 바가 무엇일까? 가족과 형제자매 자녀들과 누리는 평안과 사랑의 기쁨이 없다면 삶의 즐거움이란 없는 것이다. 가정은 작은 천국이기 때문이다. 그러한 사랑의 보금자리를 가꾸고 유지하기 위해서 예술, 시, 음악을 이해하고 삶의 다양한 모습들을 경험하며 참여하게 되는 것이다.

오직 슬픈 마음을 가지고 우울하게 죄를 고백하며 침울하고 고독한 천재로 살아가는 것이 고상한 기독교인의 완전함이라고 칭송해서는 안 된다. 굳은 얼굴, 굽히지 않는 강인함, 호감을 사지 못하는 비사교적 고립주의, 강직하고 엄격하며 융통성이 없는 분위기, 일부 소수만의 엘리트주의에 빠져버린 교회들이 되어가고 있다면 큰일이다. 장로교회의 지도그룹이 이처럼 권위주의에 빠져버린다면, 더구나 서로 간에 다툼이 일어나서 존경을 상실하게 되어 가면 젊은이들이나 일반 성도들이 교회에 환멸을 느낀 나머지 떠나게 되고, 교회는 점차 힘을 잃어버린다.

첫째, 앞에서 열거한 권위주의적이며 엄격주의에 사로잡힌 한국교회는 성령에 대한 가르침을 정립하지 못했다. 성경을 깊이 있게 충분히 공부하지 못하고, 건강하고 아름다운 모델을 제시하지 못했으며, 개인적으로 성령을 따라서 살아가는 삶에서 성숙하지 못하였음을 반성해야 한다. 먼저 한국 신학계가 반성해야 할 일이요, 성령에 대한 이해를 성경적으로 제시하지 못한 것을 회개하지 않으면 안 된다. 물론, 조직신학을 공부해온 모든 신학자들의 지혜를 모아서 변변한 교과서 하나를 내지 못하였으니, 부끄러운 마음뿐이다.

한국교회는 또한 성령의 가르침을 따라서 살지 못했음을 회개하면서 반성하는 계기가 있어야 한다. 이 책을 펴내는 필자의 간절한 소망이 바로 성령의 비밀스러운 역사가 우리 한국교회에 부어지기를 바라는 것이다. 그리하여 지혜 없이 살아온 날을 반성하게 되고 조용히 그러나 견고한 신앙의 토대 위에 세워지기를 기도하면서 마무리 하였다.

한국교회를 위해서 파수꾼이 곳곳마다 깨어 있어야 한다. 성도들 사이에서 깨어 있어야 하는 것이요, 자기 혼자만의 헌신과 예배를 위해서 기도원이나 사막으로 가서 숨어서는 안 된다. 지금 이 책을 읽는 모든 분들은 한 분도 예외 없이 에스겔에게 주신 사명감을 새롭게 인식하게 되기를 소원한다.

> 인자야 내가 너를 이스라엘 족속의 파수꾼으로 세웠으니 너는 내 입의 말을 듣고 나를 대신하여 그들을 깨우치라 (겔 3:17).

성령께서는 필자를 포함하여 한국교회 지도자들과 성도들에게 세계 교회의 파수꾼이 되라고 독촉하시고 계신다. 단순히 복음을 전하는 것만이 아니라, 그 추이가 어디로 가고 있는가를 살펴서 위험이 있을 때에 시의 적절하게 경고의 나팔을 불어주어서 양 떼들로 하여금 희생되지 않게 하는 것이다. 한국 전체 개신교회의 성도들이 이런 일을 기대하시는 예수님의 간절한 심정을 이해하고 따르는 마음을 불러

일으켜 주시기를 소원한다.

파수꾼은 무엇을 하는 사람인가? 밤이 깊어가는 사이에, 성 안팎에는 순진하고도 무지한 양 떼들을 노리는 늑대와 같은 맹수들이 설쳐대고 있다. 그래서 파수꾼에게는 거짓과 속임수를 분별하는 지혜가 필요하다. 지금도 악한 무리들이 변장하여 현란한 복장으로 사람들을 열광시키고 번쩍거리는 능력으로 현혹시키고 있다. 그 허상은 시간이 지나면 밝혀지게 되어 있다. 새벽의 찬란한 여명이 다가오면 그들의 허망함이 드러나게 된다. 하지만 그들의 정체를 모른 채 함께 동반자가 되었던 자들은 그 거짓된 짐승 떼들이 도륙해낸 후에야 황폐함이 얼마나 비참한 가를 알게 된다! 우리는 지금 사람들을 속이는 광란의 춤판, 거짓된 잔치에서 속히 깨어나야 할 때이다.

둘째, 그동안 한국교회는 '성령을 받는 일'에만 열심을 냈지, 성령을 "근심케 하지 말라"(엡 4:30)는 요청은 주목해서 들으려 하지 않았다. 이제 이런 반성을 할 때이다. 성령 하나님이 차지해야 할 영광은 무시하고, 기독교인 중에서도 남들보다 약간의 능력을 받은 것들만을 자랑하고 있으니 말이다. 큰 교회, 세상에서 높은 사람들이랑 어울리는 단체, 많은 사람들이 모이는 기독교 연합단체에는 여지없이 썩은 악취가 풍기고 있다. 성령으로 시작해서 그분의 아름다움과 영광을 드러내고 있어야 하는데 도리어 사람의 명예와 감투로 대립하고 있으니 정말로 큰 일이다. 자신의 은사체험을 절대화하고, 소영웅주의에 사로잡혀 있다.

남보다 더 큰 성령의 은사를 받아서 능력 체험, 병 고침, 영적 체험을 통해서 자신의 위상을 높이고 현실의 문제를 타개하려는 싸구려 부흥 운동이 판을 치고 있다. 인격적인 성장과 성숙은 외면하고 그저 불타는 감정주의에 빠져 있으면서도 믿음에 깊이 감격해 있는 사람인 양 착각하는 자들도 많다. 열정주의자들은 현상을 간구하면서도, 성령을 소멸치 않으려는 겸손과 온유는 무시하는 경향이 있다. "성령의 검 곧 하나님의 말씀을 가지라"(엡 6:17)고 하셨는데, 시간과 노력을 들여서 성경을 공부하는 일에는 힘쓰지 않는다. 한걸음 더 나아가 헬라어와 히브리어로, 라틴어로 이해되어야 할 깊고도 넓은 신학의 세계에 대해서는 지식주의자들이라고 무시해 버린다.

대단히 미안한 말이지만, 필자는 가면 갈수록 신학의 거대한 광맥 앞에서 두렵고 조바심이 난다. 서양 유럽에서 발전시킨 신학의 내용이 방대하고 어렵다는 것이 아니다. 다시 말하지만 우리가 다루려고 하는 주제가 하나님이기 때문에 거룩한 두려움이 크다. 인간은 유한하고, 연약한 질그릇이요 피조물이다(사 45:9). 유한한 생각을 가진 자가 나서서 성령 하나님에 대해서 다 알겠다고 하니, 어려울 수밖에 없다. 또한 그 기초 자료가 되는 성경은 수천 년 전에 쓰인 언어세계와 역사적 공간을 가지고 있다. 당연히 풀어내는 데 어려움이 따른다. 겸손히 주신 지혜를 모아야 가능한 일이다.

셋째, 한국교회가 시급하게 정비해야 할 가장 중요한 일은 "성령 안에서 기도하고 이를 위하여 깨어 구하기를 항상 힘쓰라"(엡 6:18)는 지침에 따르는 것이다. 욕심에 따라서 기도하지 말고, 성령으로 기도해야 한다(유 1:20). 하나님의 영광을 위해서 기도하는 법을 배워서 실천해야 한다. 세상을 사랑하고 육체를 따라서 자랑하는 일체의 일을 버리는 기도를 조용히 올려드려야만 한다.

> 이로 말미암아 모든 경건한 자는 주를 만날 기회를 얻어서 주께
> 기도할지라(시 32:6).

지금까지 한국교회에 퍼져나간 여러 가지 불건전한 이단요소의 위협들이 너무나 크고 위태하다. 성령 운동을 가장한 기독교 사이비 단체들과 이단들이 그 어느 때보다도 더 자극적으로 신령한 은사를 남발하고 있다. 미국에서 나온 거짓 예언가들의 영향을 받아서 우리의 미래를 미리 말해 준다고 유혹하는 자들에게 몰려가고 있다. 새로운 선지자와 사도들이 나타났다 하여 각종 기적과 병 고침으로 미혹한다. 유일한 말씀의 대언자, 진리의 북극성이 나타났다 하여 몰려다닌다. 순진한 성도들은 성경을 제쳐놓고, 예언과 능력을 행한다는 자들에게 끌려가고 있다.

넷째, 성령의 권능을 얻어서 이 세상에서 남보다 더 잘살고, 더 많은 복을 받아서 누리는 '번영신학'만이 거의 모든 교회 강단에서 성행하고 있다. 풍성한 축복, 성공하고 축복을 받는 비결만을 찾으려 한다. 사람을 즐겁게하고, 사람을 만족시켜주는 성령론만이 판을 치고 있다. 성령론에 관련해서 볼 때에, 지금까지 한국교회는 너무나 걱정스러운 부분이 많다. 성령의 은사와 선물을 사모하는 한국교회는 복음의 중심에서 벗어나 있기 때문이다.

그러나 성령은 하나님을 기쁘시게 하고, 예배에 힘쓰게 하며, 예수 그리스도를 위하여 순종과 헌신을 가르치시는 영이다. 거룩한 것을 사모하는 자는 썩어질 것을 멀리하는 법이다. 재물과 하나님을 함께 섬기지 못하는 법이다. 어찌하여 성령을 구하면서, 먼저 그의 나라와 의를 구해야 하는 일을 무시해 버리는가?

다섯째, 한국교회는 크든지 작든지, 각 교회마다 엄청난 재정을 쏟아 가면서 거대한 행사 치르기에 몰입하고 있다. 엄청난 재정을 쏟아 부을 수 있는 대형교회들만이 아니다. 기독교 관련 각종 모임들이 교회 밖에서 거대한 화면을 통해 과시형으로 변해가고 있다. 도대체 누구를 위한 대형 행사인가? 성도 수가 많은 대형교회들은 아예 세상 단체에서들조차 감당하기 어려운 거금을 과시형 행사에 쏟아 붓는다. 전국 규모의 기독교 연합단체들, 교단이나 교단 연합기구들은 각각의 조직체 운영과 임원선출 등 연간행사로 수없는 인력과 재정을 낭비하고 있다. 교회마다, 목회자들마다, 각종 행사 치레에 너무 바쁘다. 차분히 기독교의 본질을 따라서 예수님의 거룩하심과 온전하심을 닮아가려는 성숙한 성도, 건강한 교회가 되는 길에서 벗어나기 쉽게 되고 말았다. 기도 가운데 성경의 역사와 말씀에 착념하는 일보다 더 중요한 일이 어디에 있겠는가?

예수님이 세우신 교회를 지탱하는 힘은 말씀과 성령에서 나온다. 교회의 기초가 되는 이 두 기둥이 든든히 받쳐주지 않으면, 조그만 외부세력에 무너지고 만다. 교회를 이끌어가는 원동력은 말씀의 능력이요, 성령님께서 말씀과 함께 성도들의 마음을 생수와 같은 샘물로 새롭게 하시기에 가능하다.

3. 교회를 세우는 두 기둥

예수님과 가난한 제자들 몇 사람, 그 기독교가 어떻게 해서 오늘까지 이렇게 큰 영향을 미치게 될 수 있었는가? 아주 볼품없고 조그마

한 모임에서 출발하여, 배신과 박해와 멸시를 당했다. 갈릴리 출신 어부들과 농부들, 세상에서 조롱당하는 세리와 몇 사람의 제자들은 말씀을 배우고, 삶으로 체득하였으며, 성령으로 충만하게 되었다. 처음에는 무지하던 제자들은 또 다른 제자들을 가르쳐서 세웠고, 복음이 퍼져나갔다. 오랜 세월에 걸쳐서 주신 예언들의 성취자로 오신 예수님이 진리라고 하는 것이 입증된 것이다.

하지만 유대주의자들은 바리새파, 사두개파, 세례 요한과 같은 경건주의 에센파 등으로 각기 다른 랍비들의 전통을 고수하고 있었다. 예루살렘에는 성전 중심의 대제사장과 장로들, 서기관들이 있었다. 그러나 예수님은 전혀 차원이 다른 가르침으로 놀라운 세상을 열어놓으셨다. 안식일은 사람을 위해서 주신 날이라고 하시면서, 가난하고 병든 자들을 고쳐주셨다. 이처럼 조롱과 배척을 당하면서도 하늘과 땅의 주인이시기에 사람이 알고 배우고 따라야 할 구원의 길을 열어놓으셨다.

예수님은 어제나 오늘이나 영원토록 동일하신 분이시다. 영원한 생명과 진리의 시작(알파)이요, 동시에 끝(오메가)이다. 기독교 교회의 근본은 예수 그리스도이다. 예수님이 이 세상에 오셔서 십자가와 부활을 통해 인류 구원의 사명을 완성하시고 승천하셔서 왕좌에 앉으셨다. 구원의 길은 오직 하나뿐이요, 시대를 초월해서 동일하다.

그리스도는 친히 택하고 뽑아 세우신 제자들, 이들이 사도가 되어서 세운 교회를 위해서 성령과 말씀을 동시에 주셨다. 교회의 모든 직분자들은 성령의 인도 가운데 말씀을 지키고 가르친다. 지금까지 한국 교회가 살아서 움직이는 공동체가 되는 것은 사람의 능력이나 권위에서 나오는 그 무엇이 작용하는 것이 아니다. 오직 예수 그리스도의 성령님과 그의 말씀에서 나오는 능력과 권능과 생명의 힘이 주어지기 때문이다. 오직 성령님은 성경 말씀의 저자이시고, 기록자들에게 감동과 영감을 주시는 하나님이시다. 성령님이야말로 사람들의 믿음을 작동시켜서 하나님의 말씀을 바르게 해석하게 하신다.

> 성령이 그들 가운데 여러분을 감독자로 삼고 하나님이 자기 피로 사신 교회를 보살피게 하셨느니라(행 20:28).

> 말씀이 여러분을 능히 든든히 세우사 거룩하게 하심을 입은 모든 자 가운데 기업이 있게 하시리라(행 20:32).

교회는 성령의 감동을 입은 직분자들이 섬기는 가운데 세워지며, 그 중심을 움직이는 영적 원리는 하나님의 입으로부터 사람에게 전달된 계시의 말씀이다.

지역교회는 세워진 처소마다 역사 배경이 다르고, 구성원들의 인종적인 기질이 차이가 나며, 음식과 옷과 가정 구성의 특징이 현저히 비교되는 바가 있다. 예루살렘에서 시작된 교회가 터키 소아시아 지방에 있는 일곱 교회와는 처한 상황이 달랐다. 로마에 있는 교회는 보이는 우상을 극복해야 할 절대적인 과제 앞에 있었다(롬 1:18-25). 고린도교회는 신앙전수의 통로가 누구냐에 따라서 분열상을 노출하였고, 복음을 받는 지역에서 일어날 갈등을 가장 먼저 보여주었다. 교회는 어떤 사람을 의지하지 말고 예수 그리스도를 바라보아야만 한다는 교훈을 받았다. 에베소 교회는 종교화된 거대한 전각들 틈에서 한 몸과 한 건물로 지어져 나가는 영적 공동체를 이루어야 했다.

교회는 각 지역에 세워지면서 서로 다른 요소들을 극복해야 할 만큼 성장기의 진통을 겪었다. 의사소통이 힘들던 시대에 각 지역마다 다른 교리를 지녀왔던 교회는 '니케아 종교회의'(주후 325년)를 열어서 통일된 신앙내용을 정리하였다. 교회는 초기 200여 년의 박해와 핍박을 지하 카타콤과 순교신앙으로 견디면서, 생명을 잃지 않고 살아남았다. 그토록 잔혹했던 로마 시대의 압박을 이겨내는 힘은 성령과 말씀으로부터 얻은 능력이었다.

이제 2,000년을 넘어서는 교회는 수많은 혼돈 속에서 변질된 것들을 바로 잡아야 할 긴박한 상태에 놓여있다. 성령에 대한 오해와 곡해, 말씀에 대한 변질이 너무나 혼탁한 기독교를 만들고 있기 때문이다.

지금 우리 한국교회의 현실을 적나라하게 분석하여 보면서 자신을 돌아 볼 때마다, 나는 얍복강에서 씨름하고 있는 야곱의 심정이 느껴진다. 다시 고향에 돌아가서 그리운 형님을 만나서 화해해야 하고 용서를 받아야 하는 절박한 상황에서 생명을 구하는 기도가 간절했다. 성숙하고 자라나서 하나님의 은혜를 깨닫게 되어 모든 가진 것을 포기하고 오직 하나님의 용서와 은혜만을 간구하는 믿음을 갖고자 하는 것이다. 야곱에게는 큰 두려움이 앞에 놓여 있었다. 자신에게 속은 것을 응징하고자 오랫동안 분한 마음으로 무장한 형과 군사들이다. 그래서 야곱은 천사와의 씨름에서 환도뼈를 부서뜨리는 처절함으로 임했다. 외롭고 힘든 시간을 홀로 보냈다. 절름거리면서 마침내 성취하고 나오는 야곱의 심정으로 매달리고자 한다면 불가능하게 생각되는 상황을 이겨낼 수 있을 것이다.

제 15 장

성령의 충만

　　성령은 충만하게 일하신다. 미미하게 잘 채워지지도 않는다거나 미약해서 도무지 알 수 없는 정도가 아니다. 철철 흘러서 넘치도록 채워주신다. 그저 어떤 일부분에서만 성령이 우리 인격에 작용하는게 아니다. 충만하게 채우시고 큰 능력을 발휘하신다. 성령으로 세례를 주시면서, 동시에 성령으로 충만케 하신다. 다만, 성도의 경험과 체험으로 인식하는 단계는 각각 다를 수 있다. 어린아이의 단계에 머물고 있는 자는 충만의 의미를 이해하기까지 장성하는 시간이 필요하다. 어른의 단계에 이른 성도는 충만의 높은 차원에 들어가서 넓고, 크고, 길고, 깊고도 광대한 예수 그리스도의 은혜를 맛보고 감격한다.

1) 성령으로 충만하다는 말은 곧 하나님의 모든 충만으로 가득 찬 것을 의미한다

에베소서 5:18 이하에서 "술 취하지 말라 이는 방탕한 것이니 오직 성령으로 충만함을 받으라"고 명령하였다. 여기에 나오는 성령 충만의 내용은 그 다음에 이어서 바로 자세한 설명이 나온다. 그 부분을 종합하면 세 가지로 압축된다. "성령의 충만을 받으라"는 명령에 이어서 주신 내용들은 너무나 소중한 가르침이다.

첫째, 성령충만은 즐겁게 찬송하고 시와 신령한 노래를 부르는 기쁨의 충만이다. 찬송이 언제 어디서 나오는가? 바울, 베드로, 실라, 바나바 등 초대교회 성도들은 감옥에서도 찬송했다. 성령이 함께 하시기에 항상 기뻐하라고 말씀하였다. 즐거운 마음, 기뻐하는 마음은 적극적이요 긍정적인 소망에서 나온다. 오직 성령의 충만에서만 찬송이 가능하다. 어두운 마음, 비관적인 마음은 성령이 주신 것이 아니다.

둘째, 성령충만은 은혜에 대해 감사하는 마음의 충만이다. 성령충만은 감사충만이다. 감사가 넘치면 곧 성령이 충만하다고 보면 된다. 범사에 감사하는 마음이 있으면 성령충만이다. 반대로 불평하고 짜증내고 있다면, 성령의 역사가 없는 마음의 상태이다. 감사는 은혜에 대한 보답이다. 감사충만은 우리가 물질적으로 가진 것에 따라서 나오는 것이 아니다. 마음으로 감사하고, 비록 없더라고 감사할 수 있다. 외양간에 송아지가 없더라도, 포도나무의 소실이 없더라도 감사할 수 있다.

셋째, 성령충만은 하나님을 두려워하여 순종하려는 겸손한 마음의 충만이다. 성령충만은 겸손의 충만이다. 하나님의 말씀을 두려워하지

않는 마음은 패역하고 무례한 자의 상태이다. 부모의 말을 무시하는 자식이 어찌 착하다고 하겠는가? 탕자와 같이 허망한 것에 빠지고 만다. 하나님의 말씀이 살아있어서 마음에 기억되고 있으며, 두려워하고 순종하는 것은 성령의 충만이다. 말씀이 충만해서 순종하고 받들려는 마음이 곧 성령충만이다. 하나님은 많이 가지고 있으면서 교만에 빠진자 보다도, 겸손하여 순종하는 마음의 충만을 기뻐하시고 축복하신다.

2) 성령의 충만은 죄의 유혹을 이겨내게 하고, 죄를 짓지 아니하는 양심이 견고하게 하며 진리 분별의식을 높이 유지하게 된다

요한일서 3:6에, "그 안에 거하는 자마다 범죄하지 아니하나니 범죄하는 자마다 그를 보지도 못하였고 그를 알지도 못하느니라"고 하여서, 예수 그리스도 안에 있는 생명을 가진 자의 특징을 설명했다. 거듭난 성도는 죄를 습관적으로 짓지 않는다는 말이지, 전혀 죄를 짓지 않는 성자로 살 수 있다는 의미는 아니다. 재세례파에서 가장 오해한 구절은 간단한 해석을 달리하였기 때문이다. 성령은 거룩한 삶을 유지시켜 주시기에, 계속해서 죄의 유혹을 이기지 못하는 자에게는 성령이 그 사람의 영혼안에 머물러 있다고 볼 수 없는 것이다.

> 하나님께로서 난 자마다 죄를 짓지 아니하나니 이는 하나님의 씨가 그의 속에 거함이요 그도 범죄하지 못하는 것은 하나님께로부터 났음이라(요일 3:9).

3) 충만이라는 헬라어는 두 단어가 있는데, 각각 용어와 용법을 기준해서 보면 깊은 의도가 담겨있다. 즉, 성령의 충만은 두 가지 상태로 나누어서 풀이할 수 있다[1]

첫째, 성령의 충만은 지속적인 상태에서 경험하는 일상적인 체험을 의미한다. 누가복음과 사도행전에서는 성령으로 채워졌다거나 충만하다고 말하는 것은 지속적인 상태를 말하는 것이다. 이런 지속적인 상태 헬라어 '플레로'(pleroo)가 사용되었다. 이 단어가 쓰인 곳은 누가복음 4:1, 사도행전 4:1, 에베소서 5:18 등이다. 성령으로 충만하다는 의미는 압도적으로 성령의 주권 아래서 삶 속에 성령의 열매를 보여주는 것을 의미한다. 성령 충만은 지속적인 경험이다. 매일 매일의 연속적인 상태에서 나타나는 것이다. 앞에서 성령의 충만을 세 가지 내용으로 설명하였는데, 그런 충만들이 일상생활에서 나타난다. 감사충만, 기쁨충만, 찬송충만, 겸손충만, 두려워하고 조심하며 복종하려는 충만이다.

둘째, 성령의 충만은 특수한 개인들의 사역이나 체험이나 느낌을 서술하는데 사용되었다. 주로 구원역사의 중요 사건에서 일시적인 충만이 있었는데 권능과 능력이 함께 했다. 이 경우에 쓰여진 헬라어는 '핌플레미'(pimplemi)이다. 개인들이 독특한 느낌을 체험하는 모습을 설명할 때에나, 특별한 경우들을 서술하는데 쓰이기도 한다. 이런 충만은 누가복음 1:41, 67, 사도행전 2:4, 4:8, 31, 9:17에 나와 있다. 일시적 충만이 필요한 것은 하나님의 나라를 위해 섬기기 위한 능력과 권

---

[1] George W. Knight III, "The Cessation of the Extraordinary Spiritual Gifts," 88-90.

능의 특별한 유입이 있었기 때문이다. 많은 사람에게 드러내고 나타내야 할 매우 중요한 순간에 성령이 충만하게 임했다. 일시적이고 순간적으로 충만하였다. 오순절에 나타난 성령 충만을 표현하는 데에도 바로 이 '핌플레미'가 사용되었다. 사도행전 1:8과 2:4은 단 한번 사건에서 그리스도의 증인들이 되기 위해 '권능'을 받았다. 성령이 충만한 사람들의 설교 가운데 다양하게 관계되어 있다. 오순절 사건에서의 권능과 성령의 충만은 반복되는 유형이 아니다.

4) 단번에 충만해서 영원히 지속되는 충만이란 없다

예수님은 참된 복을 설명하면서 "의에 주리고 목마른 자는 채워질 것이요"(마 5:6)라고 했다. 우리 자신을 비우고 간절하게 기도하면 성령으로 채워진다. 기도에 응답해 주신다. 성령이 채워주신다. 시간이 지나면서 다른 기적들이 일어난다. 점점 더 충만해질 그릇이 커진다. 우리 주 예수 그리스도를 아는 지식에서 자라가고 은혜 안에서 성장한다. 성령의 충만은 날마다 일상에서 체험하는 것이다.

> 나는 목마른 자에게 물을 주며 마른 땅에 시내가 흐르게 하며(사 44:3).

> 내가 주는 물을 마시는 자는 영원히 목마르지 아니하리니(요 4:14).

한국교회와 성도들이 성령의 능력과 충만하심을 누리고 회복하여 풍성한 은혜를 맛보게 되기를 소원한다. 삼위일체 되신 하나님, 성부와 성자와 성령께서는 항상 모든 일에 역사하고 계시지만, 말세에 성령을 보내 주셔서 세상에 있는 모든 인류에게 큰 은혜와 사랑을 깨닫게 역사하고 계신다. 성부의 뜻하심과 성자 예수 그리스도의 구원사역을 인간에게 알게 하시고 적용하시는 분은 성령님이기 때문이다.

어떤 가정은 몇 대를 걸쳐서 교회에 나가면서 온 가족들이 모두 다 신앙을 가진 집안이 있다. 그러나 그 과정에서 성숙하여 나가는 경험과 훈련이 필요하다. 교회생활을 통해서 차츰 하나님을 믿고 알게 되는 것이지 하루 아침에 완벽한 자가 될 수는 없다. 대부분은 먼저 교회에 다니던 분들의 간청과 전도에 영향을 받으면서 신앙의 출발을 하게 된다. 예수님의 제자들도 역시 그러하였다. 그러나 보이지 않는 배후에는 하나님의 간섭이 있었고, 하나님의 부르심이 있었다.

사람의 지식이나, 이성이나, 학식으로 그리고 토론이나, 논쟁으로 예수를 믿게 되고 주님으로 고백하게 되는 것이 아니다. 절대로 그렇게 되지 않는다. 오직 성령이 사람의 심령에 찾아오셔서 양심을 밝히 비춰주시고, 인간의 죄악과 부패와 무능력을 성령께서 밝히 조명하심(illumination)으로만 자신의 죄인 됨을 고백하게 되어서 예수님을 구주로 받아들이게 된다. 성령님을 무시하거나 간과해버리는 사람은 결국 구원을 받지 못한 사람이다. 성령을 거역하는 죄는 사함을 받을 수 없는 이유는 성령이 메시아를 증거하기 때문에 결국 예수 그리스도를 부인하는 참담한 마음을 가지는 것이다.

예수 그리스도가 없는 곳에는 진정한 평화와 사랑이 없다. 17세기와 18세기에 널리 퍼진 계몽주의 사상은 인간의 자율주의를 내세우며, 하나님을 거부하였다. 장 쟈크 루소는 교회를 거부하고 인간으로 하여금 자연으로 돌아가서 본성을 회복하라고 권고했다. 임마누엘 칸트는 인간의 이성이 지닌 비판능력을 믿고 하나님의 심판과 예수 그리스도의 구원의 도리를 격하시켰다. 그로 인해서 인간만능주의가 범람하였고, 근대 유럽은 식민지 시대를 통해 세계 인권을 유린하고, 급기야 군국주의자들이 제2차 세계대전을 일으켜서 히틀러 대학살의 참상을 불러왔다.

성령은 인류의 구원을 위해서 예수 그리스도를 대신해서 찾아오셨고, 종전의 유대인중심주의를 벗어나서 모든 인류가 예수님을 믿을 수 있는 새로운 시대를 열어놓으셨다. 그러한 사건이 시작된 날이 사도행전 2장에 기록된 오순절이었다. 성령은 예수 그리스도께서 십자가와 부활과 장사지냄과 부활과 승천으로 완성하여 보여주신 인류 구원을 각각의 사람에게 적용해 주시는 영으로 찾아오셨다. 사람으로 하여금 회개케 하여 거듭나고 새 사람으로 만들어주신다.

기독교 신자로서 살아가는 삶은 초자연적인 것이다. 기독교 신자가 되는 것은 인간의 자각이나, 반성에서 나온 것이 아니다. 때로는 스스로 자각을 하는 것처럼 보이지만, 결국 성령님이 배후에서 간섭하신 결과이다. 이러한 인간의 새로움은 과학이나 경험이나 인간들의 학문으로 조사 연구하여 입증할 수 없는 신비로운 세계이다. 따라서 성령은 인간의 권위에 의존하지 않는다. 오히려 성령께서 사람들을 사용하셔서 영감을 주시고 성경을 기록하며, 진리를 선포하게 하셨다. 성경은 "오직 성령의 감동하심을 받은 사람들이 하나님께 받아 말한 것"이다(벧후 1:21).

마지막으로 성령의 충만은 자아를 비우고, 나를 죽여야 가능해 진다. 지속적으로 연속적으로 하나님이 충만의 은혜를 주시되, 내가 빈 마음으로 주님께 가까이 나아가서 간구하면 성령으로 채워주시는 것이다.

성령의 충만은 깊은 탄식과 회개를 동반한다. 마태복음 5장에서 애통하는 자와 의에 주리고 목마른 자가 복이 있다고 하였다. 구약시대에도 성령은 목마른 심령에 찾아오셔서 채워주셨다(사 44:3). 자신을 비워야 충만함으로 채워주신다. 이미 자기 자신으로 충만하게 되어 있는 자에게는 성령은 충만하게 임하시지 않는다(엡 4:30).

2. 성령에 관한 분별력을 갖자

세상이 너무나 혼탁해서 힘들고 지치기 쉽지만, 그 가운데서 우리 성도들은 예수 그리스도가 주신 복음의 소망을 가지고 나날이 힘차게 살아가야 한다. 각종 이단 종파들과 사이비 기독교 목사들이 퍼트리는 변질된 설교들은 마치 암과 같이 급속히 퍼지고 있다. 어찌하여 독버섯인줄 모르고 그냥 겉모습에 취해서 받아서 먹고 있는지 안타깝기만 하다.

하나님의 영이 없으면 우리는 혼돈과 암흑에 빠지게 된다. 전쟁, 빈곤, 대립과 싸움에서 벗어날 수 없다. 전 세계 다른 나라에 비하면, 한국이 이만큼 잘 살게 되었는데도 자살하는 사람들이 폭발적으로 늘고 있다. 세상에서는 만족이 없으며, 영혼의 위로와 평안이 없다. 돈을 사랑하고 그 맛에 심취하려 하지만 과연 돈으로 무엇을 얻을 수 있을까? 각자 인격과 사람됨을 버리고 세상의 향락과 쾌락을 따라 가도록 각종 유혹을 받는다. 하나님보다 돈과 육체적인 타락을 사랑하도록 미혹하고 있다. 육체의 욕심을 벗어날 수 없는 우리 인간들은 판단착오로 변질된 길을 택하게 된다.

유일하게 이런 미혹과 충동에서 벗어나는 길이 있다. 하나님의 말씀을 따라서 우리 마음을 가다듬고, 성령의 인도하심에 따라서 순결한 영혼을 간직해 나가는 길이다. 그런데 가짜 예수쟁이들이 설치고 다니는 세상에 살고 있다보니 진짜 기독교는 다 사라질 위기에 처해 있음을 느낀다. 어디를 보아도 순결한 진리를 찾는 성숙한 기독교가 위축되고, 거짓 기독교가 판을 치고 있다. 이단 집단들이 숫자도 많고, 세력도 크고, 재력도 넘치는 듯이 보이지만, 진리를 전하는 교회가 마침내 승리하리라고 확신한다.

예수 그리스도를 따라서 살아가는 신앙의 사람들은 성령의 선물을 받아서 성장하며 열매를 맺는다. 자칫하면 예수님을 따라 살게 해 주시는 성령의 인도를 무시하고, 자신들이 하는 헌신과 봉사에 치우친다. 그러다 보면, 예수님을 믿는다고 설쳐대는 새로운 율법주의자가 되기 쉽다. 기독교 신앙을 왜곡하고 변질시키는 이단자들로 인해서 진정한 예수 그리스도의 복음이 무시당하고 있다. 그런데 더 나쁘게는 신학의 이론에 파묻혀서 지내는 전문 신학교수들도 마찬가지로 자신의 박사학위를 가능하게 하는 각종 학설과 이론에서 벗어나지 못하는 우를 범하는 것이다.

The Glory and Blessing:
Reformed Doctrine of the Holy Spirit

제 16 장

성령의 열매

삶의 열매가 무엇일까? 자식도 아니요, 사업도 아니며, 성공도 아니다. 한국 부모들은 자식을 위해서 많은 수고를 아끼지 않는다. 물론 부모의 노고가 밑거름이 되어 열매를 맺어서 자식들이 훌륭한 인재로 빚어진다. 사랑의 결실이 있는 것이다. 하지만 우리가 어떤 일에 씨를 뿌리고 가꾸고 돌보는 수고를 다했다 하더라도, 오직 자라게 하시는 이는 하나님이시다. 심지어 그런 성경의 말씀을 알고 있는 성도들마저도, 마치 자신이 자라나게 한 것처럼 자랑을 늘어놓는다면 아직도 가야 할 길이 멀다고 느껴진다.

> 오직 성령의 열매는 사랑과 희락과 화평과 오래 참음과 자비와 양선과 충성과 온유와 절제니(갈 5:22-23).

성령의 열매는 성령 충만의 결과로서 나타난다. 주님이 의로움을 심어놓으셨기에, 교회와 성도가 있는 곳에서는 의로운 모습이 나타나는 것이다. 여기에는 열매가 결실하기까지 발전과 성장이라는 과정이 필요하다.

1. 성령의 열매는 예수 그리스도를 닮은 것이다

앞에 나오는 아홉 가지 열매는 예수 그리스도를 닮은 것을 말한다. 그래서 모두 다 예수님 안에 있는 것이므로, '열매들'(fruits)이 아니라 '열매'(fruit)라고 단수로 쓰여 있는 것이다. 그리스도가 한 분이듯이 성령의 열매는 오직 하나이다. 예수님의 성품도 하나요, 예수님의 이름도 한 분이다. 열매는 하나이지만 여러 가지 겹줄로 함께 구성되어 있어서 풍성하게 드러난다.

성령의 열매는 육체의 열매와 대조된다. 성령에 도전하는 무질서와 죄악이 육체적인 열매요, 육체에 속한 결과물이다. 우상숭배, 술취함, 방탕함, 무례함, 탐욕, 무지함, 거짓됨, 사악함, 나쁜 욕망 등이다. 그러나 성령의 열매는 완전히 죄와 반대가 된다. 성령의 열매는 기독교인의 성품에서 시작된다. 개인의 성품과 행동에서 반영된다. 육체의 열매는 죽음과 죽어가는 것의 결과이다. 육체를 신뢰하고 따라가는 사람들은 사탄의 속임수에 의해서 죄를 짓는 데로 끌려가고 만다. 더러운 속임수와 가증스러운 일을 만들어낸다.

아름다운 꽃이 정원에 피어있는 것과 같이, 성령의 열매는 아름다운 마음을 가꾸어 주시는 성령의 내주하심에서 가능해진다. 사람은 이 꽃을 만들어 낼 수 없다. 다만 열매를 사모하는 성도의 열심과 주의가 요청된다. 이 열매는 사람의 창조물도 아니요, 개발품이 아니다. 성령의 열매는 끝없이 드넓은 들판에다가 큼직한 옥수수를 만들어 내는 것과는 전혀 성격이 다르다. 이 열매는 하나님이 계셔야 한다. 하나님의 은혜로운 성령이 없이는 결코 성령의 열매를 만들어 낼 수 없다.

열매는 매우 고통스러운 과정에서 참고 이겨내는 인내를 요구한다. 인내는 이미 아름다운 열매의 한 부분이기도 하다. 특히 남에게 겸손해야 하고, 남이 필요한 것을 해주는 희생이 요구된다. 판단에서 관대해야하고, 충성심이 끝까지 요구된다. 항상 자신을 억제하고 다스리며, 믿을 수 있을 만큼 안정감이 있어야 한다.

2. 열매를 맺기 위해서 선택되었다

사도 요한은 다음과 같이 말했다.

> 너희가 나를 택한 것이 아니요, 내가 너희를 택하여 세웠나니 이는 너희로 가서 열매를 맺게 하고 또 너희 열매가 항상 있게 하여 내 이름으로 아버지께 무엇을 구하든지 다 받게 하려 함이라 (요 15:16).

다시 강조하지만 열매는 예수 그리스도를 닮은 것이다. 그리스도 예수의 본질은 사랑이다. 성령의 열매에서 가장 기본이 되는 것은 사랑이다. 열매라는 것은 사랑과 관련되어서 설명된다. 희락은 사랑이

웃음을 내놓는 것이다. 화평은 사랑이 머물러 있는 것이다. 오래 참음은 사랑이 기다리고 있는 것이다. 자비는 사랑이 져 주는 것이다. 양선은 사랑이 시행되는 것이다. 충성은 사랑을 신뢰하는 것이다. 온유는 사랑으로 받아들이는 것이다. 절제는 사랑이 극복해 내는 것이다. 모든 면에서 최고의 덕은 사랑의 표현이 된다. 모든 경우에도 사랑이 해답이고, 복잡한 문제의 열쇠가 된다.

그리스도는 우리를 택하셔서 모든 사람에게 사랑을 나타내 보여주시기를 원하신다. 사랑이 모든 부분에 결부되어 있기에, 사랑은 진정한 성령의 열매가 되는 것이다. 먼저 그리스도의 사랑이 우리에게 성령에 의해서 우리 가슴 속에 부어졌다. 그러면서 이들 여러 은사들이 함께 우리에게 주어졌다. 성령께서는 무지한 죄인들에게 하늘의 은사를 맛보게 하고 하나님 나라에 참여하게 하신다(히 6:4-5). 성령은 하나님의 선한 말씀과 내세의 능력을 맛보게 하신다. 성령은 성도들의 마음에 거주하면서, 절대적으로 새로운 권능을 체험하게 하신다. 합리적인 이성이 상상조차 할 수 없는 전혀 새로운 경험과 능력을 주신다.

이 권능은 이 세상에 속하지 않고, 다음에 장차 주님의 재림 시에 나타날 영광스러운 하나님의 권세와 권위에서 나오는 것이다. 성령께서는 그리스도의 제자들의 삶 속에서 미리 역사하고 계시는 것이다. 지금 여기서 그리고 지금 이 순간(here and now)에 하나님 나라의 위대한 능력을 맛보게 하신다. 기독교 신자로서 신앙의 삶을 영위하도록 만들어 주는 다른 요소나 재료나 근거는 없다. 오직 성령의 권능만이 기독교 신자로서 살아가도록 만들어 주신다. 우리는 하나님의 능력과 생명이 우리 안에 주어져 있음을 알아야만 한다. 성령의 권능에 사로잡힌 사람이 될 때에 우리는 그리스도인으로 살아갈 수 있는 것이다.

모든 그리스도인은 하루 하루 삶의 모든 순간을 오직 사람의 생명을 좌우하시는 성령님의 인도하심에 의존해야 한다. 오늘도 능력을 덧입혀 주옵소서라고 기도해야 한다. 오늘 우리가 예수님처럼 살고, 예수님처럼 말하고, 예수님처럼 웃으며, 예수님처럼 생각하고, 예수님처럼 자애롭게 살아가기를 원한다면, 오직 예수 그리스도의 영이신 성령님께서 우리를 지도하셔서 예수를 닮은 사람으로 살도록 가르쳐 주시기를 소원해야 한다(갈 3:25-29).

성령은 그리스도를 믿는 성도들이 영원토록 주님에게 연합되도록 통치하시고, 다스리며, 간여하시는 사역을 말한다. 이것은 하나님의 사역이요, 동시에 영적인 행동이다. 이러한 요소를 간과하는 것은 영원하신 성령님의 사역을 축소시키는 잘못된 해석이다. 성령의 세례는 하나님의 집안으로 영접하는 양자 됨의 순간이요, 하나님에 의해서 받아들여지는 순간이다. 이런 맥락에서 볼 때에, 세례는 다른 말로 하면 다시 태어남이다.

성령은 사람들에게 마치 기름을 붓듯이 부어져서 새로운 심령을 창조하고, 믿음을 심어주신다. 이 성령은 우리 모든 성도들이 가진 "믿음의 주요, 온전케 하시는 이"인 예수 그리스도에게 먼저 부어졌다. 그리스도가 받은 기름부음은 성도들의 대표이자, 머리로서 받으신 것이므로 그리스도와 연합된 성도들은 이를 잘 주목하여 보고, 기름부음의 은혜와 권능 가운데 살아가야 한다.

결론적으로 주목할 것은 성령의 기름부음은 철저하게 하나님의 주권에 의한 것이지 사람의 노력에 따른 결과는 아니다. 성령은 절대 권능을 가진 하나님이시기에 간사한 사람의 계산을 간파하신다.

3. 열매를 가꾸는 과정이 필요하다

일년 중에서 가을은 수확의 기쁨이 충만한 계절이다. 나무 가지마다 탐스러운 열매가 익어가는 아름다운 계절이다. 전 세계에는 매년 가을이 되면 나무마다 탐스러운 열매들이 주렁주렁 달린다. 요즈음에는 특수재배가 발달해서 계절을 초월하여 모든 과일을 즐겁게 먹을 수 있다.

예수님은 이런 열매의 모습을 비유로 해서 여러 차례 진리를 설명하였다(마 7:15-20). 나무는 그 열매를 보아서 안다. 거짓 선지자들을 구별하는 지침을 주시면서 하신 말씀이다. 가시나무에서는 포도를 얻을 수 없다. 이스라엘에서 포도는 아주 소중한 소득의 원천이었고, 생활의 근거였다. 탐스럽고 맛있는 포도열매는 오직 일등품 포도나무에서 나온다. 엉겅퀴에서 무화과를 딸 수 없다. 거짓과 진실은 이렇게 곧바로 열매에서 나타난다. 한국에서는 무화과나무가 잘 자라지 않는다. 한국에서는 세계적으로 자랑할만큼 맛있는 과일이 많다. 복숭아, 사과, 배, 감, 귤 등은 모두 충분한 수분과 일조량을 공급받고 있기에 매우 탁월한 맛과 향기를 지니고 있다.

문제는 이러한 열매가 없으면 찍어서 불에 던진다는 경고의 말씀이다. 쓸모없는 나무는 더 이상 과수원에 남아있을 필요가 없다. 예수님은 다시 한 번 요한복음 15:4에서 포도나무 비유를 사용하였다. 그리고 결론적으로 너희가 내 안에 거하지 아니하면 열매를 맺을 수 없다고 말씀하였다. 나무가 열매를 맺을 수 있는 근원은 오직 깊이 뿌리를 내린 튼튼한 줄기에 연결되는 것이다. 그렇지 아니하면 열매없는 가지처럼 밖에 버리워 마르고 만다. 그리고 사람들은 나무를 불에 던져 살라버린다.

열매를 갖게 되려면 농부처럼 농장을 가꾸는 것이 필요하다. 우리 하나님 아버지는 잡초가 무성한 것을 아신다. 토지에 거름을 넣어야 하고, 좋은 씨를 뿌려서 생명의 열매를 거둬야 한다. 그런데 종종 이런 과정은 매우 고통스럽다. 하나님은 놀라운 주인이다. 어떤 가지가 열매를 맺지 못하는지 잘 알고 계신다. 병들고 무익한 가지는 열매가 없으므로 잘라 버린다. 그리고 자녀들이 은혜 안에서 자라나기를 원하신다. 용기를 잃지 말고 고통 가운에서도 목표를 이룰 때까지 노력해야 한다.

The Glory and Blessing:
Reformed Doctrine of the Holy Spirit

제 17 장

성령의 권능

내가 가진 약간의 재능에 대해서 우쭐거리는 마음은 평생토록 변하지 않는다. 많은 사람들이 큰 일을 하고, 남달리 큰 성공을 한 경우를 본다. 엄청난 재산을 모으고 큰 건물을 짓는다. 그것들이 과연 누구의 능력에서 나온 것일까? 각고의 수고와 노력이 수반된 것은 분명한 사실이지만, 내 능력으로 된 것이 아님을 알아야 한다. 나는 신학수업과 회합과 수천 권의 책을 통해서, 수없이 많은 신학논문에서 신학적 지식과 학문적인 능력을 갖추게 되었지만, 자랑할 것도 없고 내세울 것도 아니라고 생각한다. 나의 나 된 것은 전적으로 하나님의 은혜이자 예수님의 사랑이며 성령의 권능이다. 내게 주어진 모든 재능과 능력과 권능은 단지 다른 사람에게 선하게 베풀고 사용하라고 주신 은사의 조각일 뿐이다. 겸손과 온유함으로 나누어주어야 하는 것이다.

신약성경에서 권능이라는 말이 강조된 곳은 두 구절이다. 마태복음 28:18절에서 "하늘과 땅의 모든 권세를 내게 주신다"고 한 것과 사도행전 1:8에서 "성령이 임하시면, 권능을 받고"라고 약속하신 부분에서다. 여기에 쓰인 권능이란 단어는 '권위'라는 의미가 있고, '폭발적인 힘'이라는 뜻도 있다. 예수님은 제자들에게 권능을 주셔서 그 이전의 제자들과는 달리 능력 있고, 힘 있고, 가능성이 있는 사람들로 사용하신다고 말씀하셨다. 물론, 그들은 권위 아래서 그 힘을 발휘하게 된다. 그 능력은 주님에게서 받은 것이기 때문에 함부로 사용할 수 없다. 그 권위 아래서 권능을 가진 새로운 차원의 사역이 펼쳐졌다. 이것은 성령의 역동성이 함께 하였기에 가능한 일이다.

하나님이 사람을 창조하실 때에 '통치하고 다스리는 영역'을 가지게 하셨다. 사탄이 아담과 하와을 속여 유혹한 것도, "네가 하나님처럼 될 것이다"(창 3:5)는 말이었다. 사탄은 사람의 권세욕을 잘 이용한다. 타락한 이후에도 그 권능이 다 사라진 것은 아니다. 바벨탑은 이러한 인간의 한없는 권력추구의 욕망을 보여주는 또 다른 좋은 예이다. 하늘에까지 높은 탑을 세우고, 자신들이 영원히 지배자로서 남게 되기를 바랬던 것이다. 사람들은 권능과 권세를 가지기 위해서 싸우고 다툰다. 사람들은 세속적으로 권세를 잡기 위해서 투쟁하고 있다. 권력투쟁이라는 비극은 개인 간에서도, 집단들 사이에서도, 국가 간에서도 지금 이 순간에도 계속되고 있다. 지금도 사람들이 갖고 싶은 것 중에서 권세가 제일이다. 정치가의 꿈은 더 큰 권세를 가지고 더 많이 통치하고 싶은 것이다. 성경에는 바빌로니아가 이런 권세의 상징으로 나온다.

그러나 사람이 죄를 지으면 그 권세를 잃게 된다. 하나님은 인간을 매우 고상한 존재로 지으셨으나, 인간은 수렁에 빠진 아첨꾼이 되고 말았다. 우리가 하나님 나라를 회복하게 될 때에, 비로소 나라와 권세와 영광을 가지신 하나님께 순종하게 될 것이고, 처음 우리를 만드실 때처럼 하나님의 권위에 대해 알게 될 것이다. 죄의 삯은 사망이다(롬 6:23). 하나님은 그 죄의 용서를 위해서 십자가의 길을 만들어놓으셨다. 정복자의 길이 아니라, 갈보리에서 죽음으로 극복하게 하셨다. 죄로부터 벗어나서 우리 자신을 희생하여 진정한 하나님의 뜻을 실현하도록 권능을 베푸셨다.

오순절은 제자들에게 성령의 권능이 임해서 새로운 역동성, 에너지, 영적인 권세를 가질 수 있게 하였다. 하나님의 영은 항상 말씀과 함께 연관되어서 이런 힘을 발휘하였다. 구약시대에는 하나님에 의해서 선택된 사람들에게 부여져서 하나님의 명령을 수행하는 힘을 불어넣었다.

1. 자유하게 하는 권능

첫째, 성령은 멍에를 벗어나 자유케 하는 권능을 주신다.

모든 인간은 하나님의 법 아래서 살아간다. 물론 법을 어기면 하나님의 법에 따라서 정죄를 받는다. 그러나 성령은 믿는 자들에게 권능의 새로움을 가져온다.

> 이는 그리스도 예수 안에 있는 생명의 성령의 법이 죄와 사망의 법에서 너를 해방하였음이라(롬 8:2).

그리스도 안에는 새로운 생명의 원리가 있다. 그것을 성령이 우리 안에 소개하였고, 죄와 죽음의 사악한 순환으로부터 우리가 자유롭게 되는 것이다.

이것은 획기적인 주제이다. 자유는 하나님의 선물이다. 성령에 의하여 전달된다.

> 주의 영이 계신 곳에는 자유가 있느니라(고후 3:17).

우리가 성령을 받을 때에, 구세주로서 그리스도를 받아들인다. 그 누구도 죄와 사망의 굴레로 다시 돌아가지는 않는다. 지금 자유하다고 생각하는 사람들도 진정한 자유가 무엇인가를 최초로 알게 될 것이다.

> 그 바라는 것은 피조물도 썩어짐의 종 노릇 한 데서 해방되어 하나님의 자녀들의 영광의 자유에 이르는 것이니라(롬 8:21).

우리들은 죄책, 두려움, 심판, 죄의 권세 등으로부터 자유하게 될 것이다. 그 내용은 매우 역설적이다. 죄와 사망의 법에 매여 있는 멍에를 벗어나는 길은 예수 그리스도의 멍에를 메야만 하는 것이다. 옛 멍에를 벗는 길은 예수를 사랑하고 그리스도의 법을 성취하는 것이다(갈 6:2).

온 세상의 체제는 사람의 원초적인 욕망, 탐욕스러운 야망, 눈부신 영광에 기초하고 있다. 이런 체계는 우리가 보이지 않게 얽매여 있는 것들은 사람의 평가, 여론, 전통주의, 율법주의 등에서도 나타난다. 우리가 예수 그리스도 안에서 한걸음씩 살아가다보면, 더욱 자유를 맛보게 될 것이다(갈 5:16). 우리는 주님을 향해서 한걸음씩 나아가야 한다. 하나님께서 인간에게 주시고자 했던 권능을 알게 되고, 맛보게 될 것이며, 하나님의 나라에서 주님의 권능과 권위 아래서 기쁘게 살게 될 것이다.

둘째, 성령은 제자들에게 증거하는 권능을 주셨다.

제자들은 언어가 통하지 않아서 그 언어를 사용하던 사람들로서는 전혀 듣지 못했던 하나님의 크고 놀라운 구원을 알려줄 수 있게 되었다. 이미 앞에서 방언의 은사를 설명한 바 있다. 제자들은 예수 그리스도의 부활을 목격하고 난 후에, 그들이 보고 목격한 것을 증거하였다.

오순절에 예언의 은사를 제자들에게 주셔서 '말하기를 시작했다.' 예언은 반드시 미래의 것을 말하는 것만이 아니라, 복음을 증거하는 것이다. 예언에서 핵심은 전달되는 음성으로 전하는 것이다. 성령의 택함 받은 대표자가 되었다. 그러나 베드로는 전혀 학교를 다닌 적이 없었고, 학문을 체계적으로 공부한 일도 없다. 어떻게 효과적으로 전달하는지에 대해서 배운 적이 없다. 웅변술이나 수사학이나 문법이나 맞춤법을 공부한 일이 없다. 그러나 그런 것이 아무 것도 제약할 수 없었다.

설교하는 것도 역시 하나님의 은사이다. 사도 바울도 성령만이 이런 능력을 주시는 것을 알고, 기도해 줄 것을 부탁했다. 이 권능은 교회에 함께 하였다. 하나님은 전도의 어리석은 것으로 사람을 구원하는 일을 기뻐하신다(고전 1:21). 성령이 죽은 문서를 살아있는 나무의 잎사귀처럼 소생시킨다. 복음의 선포를 위해서 입을 여는 사람에게 감동하셔서 힘을 주신다. 성령의 권능은 예수 그리스도를 자랑하고,

증거하게 하는 말을 하게 한다.

　셋째, 기도하게 하시는 권능을 주셨다.

　기도는 성령충만한 제자들이 권능을 받은 가장 대표적인 상징이다. 예수님을 따르는 자들은 기도 가운데서 새 힘을 얻었다.

　예루살렘을 떠나지 않고 열심히 기도하던 자들은 열흘 동안이나 자주 모였다. 그래서 어떻게 기도하는가를 배우고 시행했다. 그들은 모두 가까운 사이가 되었고, 하나 됨과 사랑의 공동체를 이루었다. 제자들의 기도는 더 깊어졌다. 떡을 떼며, 함께 기도하며, 가진 것을 나누었다(행 2:42). 성전 미문에 있던 걸인을 치유하고 많은 사람이 예수님을 믿게 되자, 핍박이 일어났다. 베드로와 요한은 더 이상 설교하거나 가르칠 수 없게 되었다. "관원과 장로와 서기관들"이 예루살렘에 모였는데 "대제사장 안나스와 가야바와 요한과 알렉산더와 및 대제사장의 문중이 다 참여하여" 예수 그리스도의 부활을 증거하지 말라고 협박했다(행 4:4-5). 곧바로 형제들과 상의했다. 그리고 어떻게 되었는가? 이들은 더 기도하기로 한다! 이것이 바로 성경에 기록된 가장 위대한 기도 가운데 하나가 된다. 담대히 하나님의 말씀을 선포하게 되었다(행 4:24-30).

　예수님은 항상 기도하고 낙심하지 말아야 할 것을 제자들에게 비유로 설명하였다(눅 18:1-). 비록 불의한 재판장이라 하더라도, 끝까지 포기하지 말고 찾아가서 마침내 동정심이 아니라, 다른 이유로 성취할 수 있었듯이, 하나님께 기도하라는 것이다.

　넷째, 성령은 순종하는 권능을 주신다.

　자연인으로서 인간은 하나님을 기쁘시게 하는 것이 불가능하다. 하지만 성령의 역사로 인해서 거듭나게 되면 달라진다. 순종은 그리스도의 제자들에게 있어서는 몸에 달고 다니면서 자신의 신분을 표시하는 표식(배지)와 같다. 예수 그리스도의 통제하에서 살아가는 것을 말한다. 성령은 제자들이 들은 바를 기억나게 하시고, 그리스도의 발자취를 따라서 지속적으로, 열심히, 전적으로 나아가게 하신다.

성령이 주시는 새 마음으로 하나님의 목적에 저항하는 사람의 마음을 다스리는 일이 가능해진다. 성경을 받아들이게 하고, 선한 일을 위해서 지음을 받은 본분을 인식하게 한다(딤후 3:16-17). 성경을 매일 읽고 공부하는 것은 순종의 본분이다. 믿음을 가진 사람은 매일 삶에서 하나님의 뜻을 살피고자 노력한다. 성령이 바로 교사이고, 인도자이다. 성령은 순종하도록 능력을 주신다.

순종이 제사보다 낫고(삼상 15:22).

다섯째, 성령은 분별하는 능력을 주신다.
신약교회의 환경은 성령의 은사들 중에서 무엇보다도 권세가 필요하던 절박한 상황이었다. 기적의 능력이 필요했고, 승리하는 삶을 영위해야 할 능력이 필요했고, 사느냐 죽느냐의 기로에서 이겨내야만 했다. 제자들의 증거에 기적과 증거들이 필요했다. 성령의 은사들에 대해서 생각할 때에 하나님이 원하시는 것이 무엇인가를 영적인 분별력이 가장 필요했다.

예를 들면, 아나니아와 삽비라의 거짓 헌신을 분간해 내는 능력이 필요했다. 숨겨진 위선을 밝혀내는 지혜가 필요했다. 사도 바울은 항상 영적인 분별력을 주시기를 기도했다.

> 내가 기도하노라 너희 사랑을 지식과 모든 총명으로 점점 더 풍성하게 하사 너희로 지극히 선한 것을 분별하며 또 진실하여 허물 없이 그리스도의 날까지 이르고 예수 그리스도로 말미암아 의의 열매가 가득하여 하나님의 영광과 찬송이 되기를 원하노라 (빌 1:9-11).

왜 영적인 능력 가운데서 분별력이 필요한가? 하나님의 기준은 온전하시기 때문이다. 모든 성도들은 이런 지혜의 은사를 받아서 선하시고 온전하신 하나님의 뜻을 깨닫고, 진리를 분별하여야 한다.

2. 병을 치유하는 권능

우리 성도에게 성령이 머물러 계시기에 몸이 건강하며 육체적인 고통에서 치유를 받게 된다. 하나님이 임재하시는 곳은 축복을 받았다. 하나님의 영이 함께 하는 곳에서는 모든 고통과 질병이 물러간다. 믿음의 기도를 들으시고 병을 고쳐주시는 일은 하나님의 뜻에 의해서만 이루어진다.

첫째, 성령과 믿음으로 병을 고쳐주신다.

성령이 우리 몸을 새롭게 하신다는 것은 육체적인 질병에 대해서도 역시 새롭게 갱신하신다는 의미이다. 영혼만을 다시 새롭게 하는 경우가 없으며, 몸은 버려놓고 역사하시는 것이 아니기 때문이다. 성령은 거룩한 영으로써 건강한 육체의 영역을 지배하시고 계신다.

기도를 통해서 우리의 아픔과 질병을 하나님께 호소하자. 고통의 아픔으로부터 벗어날 수 있는 길이 있다면 오직 성령의 치유이다.

> 우리를 구원하시되 우리의 행한 바 의로운 행위로 말미암지 아니하고 오직 그의 긍휼하심을 따라 중생의 씻음과 성령의 새롭게 하심으로 하셨나니 성령을 우리 구주 예수 그리스도로 말미암아 우리에게 그 성령을 풍성히 부어 주사 우리로 그의 은혜를 힘입어 의롭다 하심을 얻어 영생의 소망을 따라 상속자가 되게 하려 하심이라(딛 3:5-7).

예수님은 구원사역에서 죽은 자를 세 번이나 살리셨고, 수많은 환자들을 고쳐주셨다. 세계선교역사에서, 한국 선교사역의 보고에서, 지금도 각처에서 일어나는 수많은 병 고침의 기적들은 복음의 능력을 선포하게 하는 수단이 된다. 마틴 로이드 존스 박사는 원래 의사로 있다가, 하나님이 부어주신 복음의 열정에 따라서 목회자로 헌신하였다. 그는 죽음에 직면한 자들의 치료에서 기적적인 치유역사가 일어나고 있음으로 인하여서 오늘날의 과학자들과 의학자들의 태도가 변하였다고 증거하였다.[1] 나는 이런 놀라운 기적적인 치유가 점점 더 늘어가고 있다는 인상을 받고 있다.

둘째, 특수한 경우이긴 하지만 하나님은 병을 고쳐주시지 않으신다. 우리는 하나님의 말씀으로 인도를 받아야 한다. 병 고침의 체험이나 기적이 우리에게 온전한 지식과 지혜를 가져다 줄 수 없다. 성경에 보면, 욥은 큰 병으로 고통을 당했다. 사도 바울도 역시 자주 자신의

---

[1] D. Martin Lloyd-Jones, "The Supernatural in Medicine," (London: the Christian Medical Fellowship, 1971), 9.

몸이 약하다고 고백하였고, 육체의 가시를 가지고 살았다. 디모데는 위장병이 있어서 사도 바울이 포도주를 마시라고 권유하기도 했다. 에바브로디도는 병에 걸려서 죽음에 가까웠었다. 그러나 하나님의 은혜로 살아났다(빌 2:25-27). 이런 것들이 성령의 전으로 살아가는 우리 성도에게 자괴감을 주거나, 모멸감을 주는 것으로 생각하지 않았다.

> 여러 계시를 받은 것이 지극히 크므로 너무 자만하지 않게 하시려고 내 육체에 가시 곧 사탄의 사자를 주셨으니 이는 나를 쳐서 너무 자만하지 않게 하려 하심이라(고후 12:7).

사도 바울이 병 고침을 받기 위해서 계속해서 기도했지만, 하나님은 "안 돼"하셨다. 세 번이나 간구했지만, 하나님의 응답은 달랐다.

> 내 은혜가 네게 족하도다 이는 내 능력이 약한데서 온전하여 짐이라 하신지라 그러므로 도리어 크게 기뻐함으로 나의 여러 약한 것들에 대하여 자랑하리니 이는 그리스도의 능력이 내게 머물게 하려 함이라(고후 12:9).

예수님은 많은 병자를 고쳐주셨지만, 모든 환자를 다 고쳐주신 것은 아니다. 우리 주님은 인간의 모든 질병을 고치시고, 어떤 어려운 환자라도 환란 중에서 놓임을 받을 수 있다. 그리고 제자들에게 병 고침의 권세를 주셨다. 열두 제자를 파송하면서 "죽은 자를 살리고, 병든 자를 고치고, 귀신을 쫓아내라"(마 10:8)고 당부하셨다. 우리 주님은 병을 고쳐주실 때에 침, 진흙, 옷가지 등 여러 가지 수단들을 사용하였다(막 7:3; 요 9:6; 마 9:20-22). 예수님은 누구든지 차별하지 않고 병들고 가난한 자들을 살려내셨다. 사도행전에 보면, 베드로와 요한이 성전 미문에서 구걸하던 장애인을 고쳤다(행 3:1-9). 귀신을 쫓아내고 죽은 자를 살렸다(행 5:15; 9:36-41). 사도 바울은 나면서부터 아예 걷지 못한 사람을 고쳤다(행 14:8-10). 여종에게 있던 귀신을 쫓아내고(행 16:16-18), 독사가 손을 물었지만 전혀 영향을 입지 않았다(행 28:3-6). 이런 사도들의 병 고침 은사가 사도적 시대의 종결과 함께 끝나게 될 것이라고 말한 곳은 신구약성경 어디에도 없다.

하지만 이런 거창하고 위대한 병 고침의 사역을 중심에 두고 복음을 전파하거나 교회를 세우지는 않았다는 점에 유의해야 할 것이다. 치유사역을 내세우거나, 교회의 중심 사역으로 삼지 않았다. 교회의 프로그램이 되거나 핵심 사역이 되어본 적이 없다. 오히려 그 반대다. 사도들은 복음 전파 사역에 나서서 자연스럽게 마주치는 사람들을 향해서 기적적인 치유를 보여주었다. 치유사역의 대장정에 나선 적이 없다. 이 병 고침의 은사만으로 하나님의 인도하심을 드러낸 것이 아니다.

셋째, 병든 자를 위한 기도는 역사한다.

병 고침과 관련해서 성경에서 가장 많이 인용되는 구절이 야고보서 5:14-15이다.

> 너희 중에 병든 자가 있느냐 그는 교회의 장로들을 청할 것이요 그들은 주의 이름으로 기름을 바르며 그를 위하여 기도할지니라 믿음의 기도는 병든 자를 구원하리니 주께서 그를 일으키시리라 혹시 죄를 범하였을지라도 사하심을 받으리라(약 5:14-15).

거의 모든 목회자들이 이 구절을 가지고 환자를 심방하여 위로하였다. 마치 이 구절은 우리 모든 목회자들에게 만병통치약(panacea)과 같았다. 위 구절에서 강조는 믿음에 있다는 것을 알아야 한다. 이 기도는 믿음에 근거한다. 그런데 믿음은 우리에게서 나온 것이 아니요, 선물이다. 믿음의 기도에 대해서 예수님이 이미 분명하게 가르침을 주셨다.

> 무엇이든지 기도하고 구하는 것은 받은 줄로 믿으라 그리하면 너희에게 그대로 되리라(막 11:24).

그러면 수많은 기도에서 목회자들이나 사역자들이 성도들의 병실을 방문하여 고쳐주시기를 믿으면서 간구했는데도 그대로 이루어지지 않은 것은 무엇 때문인가? 그들이 다 잘못된 믿음의 소유자일까? 나 자신을 포함해서 병 고침의 기도가 역사하지 않은 것은 어디에서 문제가 있는 것일까?

여기 야고보서에서 말하는 믿음의 기도는 즉각적으로 치유가 나타나서 하나님께 영광을 돌리게 한다. 이런 기도는 반드시 응답받는 것으로서, 매우 특수한 종류의 것이라고 생각해야 한다. 오직 성령만이 영감을 주셔서 이런 기도를 드리는 것이 가능하게 된다. 이런 특수한 믿음의 기도에는 반드시 기적적인 치유의 역사가 나타난다. 하지만 이것은 하나님의 선물이다. 이런 특수한 기도는 정상적인 상황에서 드리는 것이 아니라고 생각해서도 안 된다. 치유집회시에 정상적인 사람의 지, 정, 의를 최면술로 제압해놓고 치유했다고 주장하기도 한다. 그러나 야고보서의 즉각적인 응답이란 환각상태, 황홀경 혹은 깊은 감정에 빠져서 기도를 드린 것이 아니었다. 비록 우리가 구원에 이르는 믿음을 하나님의 선물로 받았다고 하더라도, 그래서 우리로 하여금 기도하게 하는 믿음을 주신 것이 분명히 선물이라고 하더라도, 성령이 가르쳐 주시고 친히 인도하는 기도가 드려질 때에만 하나님이 들어주시는 특수한 효과를 발휘하는 믿음이 따로 있다고 보아야 한다. 우리가 평범하게 믿음의 기도를 드리고 살아가지만, 때로는 거절하심도 응답이다. 때로는 더디 응답해 주시기도 한다. 때로는 의학을 사용해서 병을 고쳐주시기도 한다. 놀랍게 역사하는 특별한 기도는 성령의 감동 감화로 인해서 따로 주어지기도 하는 것이다.

건강할 때에는 건강의 축복을 감사하지 못한다. 마치 자신의 모습을 객관적으로 점검하지 못하고 살아가다가, 큰 일에 직면해서야 뉘우치는 후회의 심정이다. 인간의 연약함을 절감하게 되면서 더욱 성령의 능력과 권능에만 의존할 수밖에 없다. 지난 여름 몇 달 동안, 필자는 너무나 분주한 일정에 건강을 크게 해치게 되었다. 한국과 미국, 캐나다의 동부와 서부 양 대륙을 오고가는 초인적인 능력이라야만 소화할 수 있는 촉박한 일정을 소화해야만 했다. 체력이 고갈되어서 잠이 오질 않는 밤을 보내야만 했었다. 심지어 '사람이 이렇게 죽어가는구나' 하는 죽음의 공포를 느껴보았다. 시간차가 많은 지역을 오고가면서 지나친 강의 일정에 따르다가 많은 비행기를 타게 되었는데, 건강에 큰 무리가 왔던 것이다. 그리고 두서너 달 동안 한 쪽 귀가 잘 들리지 않았다. 병원에 가서 정밀사진(MRI)을 촬영했으나, 아무런 이상이 없었다. 유명한 이비인후과 의사도 전혀 원인을 모르겠다고 한다. 그렇게 된 환자 중에서 3분의 1은 청력을 잃는다고만 한다. 그제야 나는 간절히 기도하면서 회개와 회복의 시간을 가졌다. 조용히 머무르면서 건전한 성경적 신학을 펴내는 일을 위해서 내게 주어진 사명감을 다하고자 간구했다. 이번 여름 회복을 향한 기도의 과정을 통해서 주신 하나님의 응답은 성경을 읽으면서 마음에 울려왔다. 모두 다 영적으로 잠들어있는 중에 에스겔에게 주신 "깨어있는 시대의 파수꾼"이라는 말씀이 마음에 다가왔다. 지금은 온전히 회복되었다. 필자가 이런 건강회복의 체험을 언급하는 것은 우리 모두가 다 시대의 파수꾼이 되자고 하는 것이지 다른 자랑이나 우월의식에서 하는 말이 아니다.

병든 자의 기적적인 치유는 전적으로 하나님께 달려있는 주권적 사역이다. 하나님은 원하시는 바에 따라서 병든 자를 고쳐주시고, 죽은 자를 살려내신다. 하지만 하나님은 죄로 인하여 사람이 죽어가도록 정해 놓았다. 우리는 어느 경우든지, 낫게 해 주시든지, 아니면 치유가 불가능하게 되든지 오직 하나님만을 신뢰하고 나가야 한다. 하나님에 대한 불신에 사로잡혀서는 안 된다. "주신 분도 하나님이시오, 취하신 분도 하나님이시다. 하나님만이 복을 받으실 것이다." 이것이 고난 중에서 욥의 남긴 고백이었다.

넷째, 어떤 경우에도 하나님의 권능을 제한할 수 없다.

마지막으로 병 고침과 관련해서 하나님을 우리 인간의 이성의 이해 범주로 과소 평가하거나, 제한시켜서는 안 된다. 불평해서도 안 된다. 실제적인 교훈들로 정리하여 보자.

① 모든 질병은 하나님의 능력에 의존한 것이다. 심지어 병원에서 의학으로 고친 것이라 하더라도 생명의 소생은 하나님의 결정에 의한 것이다. 사탄이 병을 고쳐주는 것이 아니다. 사탄은 파괴자일 뿐이다.

믿는 사람이든지 아니 믿는 사람이든지, 병원에서든지, 기도원에서든지 병 고침은 오직 하나님의 은총일 뿐이다.

② 어떤 경우에는 하나님이 아예 병을 고쳐주시는 것을 거부하신다. 오히려 질병으로 연단을 받게 하시고자 할 때에, 사도 바울에게 그렇게 하셨다(고전 12:7-10). 사도 바울은 가장 경건한 종이었고, 가장 많은 열매를 드러냈고, 능력 있게 살았고, 그의 선교사역의 성취는 다른 사람을 훨씬 초월한다. 신약성경의 절반을 쓴 사람이다. 그럼에도 불구하고 고쳐주시지 않은 것이 하나님의 뜻이었다. 우리의 믿음이 충분하다면 모든 질병은 고쳐질 수 있다는 말은 헛된 속임수이다. 성경은 절대로 그렇게 말한 바 없다. 병을 고쳐주지 않는다고 교회를 향해서 서로 손가락질 하는 사람들이 많다. 하지만 하나님의 뜻대로 담담히 가야 한다.

③ 하나님은 모든 사람으로 하여금 결국 약하게 만들어서 죽음을 맛보게 하신다. 에녹과 엘리야만 예외적이었다. 사고로, 질병으로, 고질병으로 죽음을 맞이해야 할 죽음의 범주 안에서 일하고 있는 일꾼임을 잊지 말자.

④ 하나님은 의약품으로 병을 고치는 것에 대해서 반대하지 않는다. 수혈을 거부하는 교회는 잘못된 것이다. 디모데전서 5:23에서 바울은 디모데에게 자주 나는 위장병을 고치기 위해서 포도주를 약으로 쓰라고 권유하였다. 이사야 38:21에서 히스기야 왕의 종기를 낫게 하도록 무화과를 사용토록 처방하였다. 요한계시록 22:2에서는 열매를 권유하였다.

⑤ 예수님의 사역에서 병을 고치신 기적은 말씀 사역에 비교하면 결코 적었다. 하나님의 영광을 드러내는 경우에 극히 제한하였다. 자

신이 메시아임을 알게 하고 믿게 함으로써 구원에 이르는 길을 제시하고자 하셨다. 단 두 차례의 예외만 이방인들을 위해서 병을 고쳐주셨다(마 8:5-13; 15:22-28).

처음에는 열두 제자들을 능력을 행하여 병을 고치고, 전도하라고 파송하면서 이방인에게는 가지 말라고 금지하였다. 구원역사의 진행에 따라서 오순절 이후에 온 우주로 복음을 전파하라고 하였다.

우리는 아직도 많은 질병으로 사망하는 경우를 목격한다. 때로는 훈련된 의사들과 의약품을 통해서 인간의 질병이 고침을 받기도 한다. 어느 경우에서나 하나님의 뜻이 이루어질 뿐이다. 하나님은 우리의 모든 필요를 알고 계신 분이다. 어느 경우에서나 하나님은 우리로 하여금 다음의 말씀을 권능으로 이루실 것이다.

> 하나님의 사람으로 온전하게 하며, 모든 선한 일을 행할 능력을 갖추게 하려 함이라(딤후 3:17).

하나님은 은혜 위에 은혜를 더하신다. 모든 일에 대해서 하나님을 신뢰하자.

제 18 장

성령의 전

나는 신비로운 기적 속에서 살아가고 있다. 하나님의 영이 교통하고 함께 머물러 계시는 가운데서 생활한다. 그러나 한편으로는 내 욕심과 정욕대로 죄를 짓는다. 하나님이 우리 안에서 역동적으로 움직이시는 것은 순결한 사람으로 빛을 드러내도록 사명을 다하게 하려 하심이다.

하나님의 성전은 거룩하니 너희도 그러하니라(고전 3:17).

거룩하신 하나님이 친히 이 땅 위에서 우리 성도들 사이에 머물러 계신다. 하나님이 이 땅에 오셔서 임재하시는 형식과 방법을 시대마다 조금씩 달리하셨다. 하나님은 무소부재하시고, 전지전능하시지만, 특별한 구원역사를 알리시고자 구체적으로 한 장소에 임재하심을 보여주셨다. 출애굽의 광야 길에서는 구름 기둥과 불 기둥으로 함께 하셨다. 목축시대에는 성막을 짓게 하시고 친히 성소에 나타나셨고, 솔로몬이 성전을 지어서 바치자 지성소에 임재하셨다. 그러한 임재의 방식들은 율법의 효용이 마치기까지만 사용하셨다. 은혜의 시대가 도래하여 예수 그리스도 자신이 직접 이 땅 위에 나타나심으로 인해서 그리고 어느 장소를 가리지 않고 항상 계시는 하나님께 어디서나 예배하는 삶으로 살아가게 되었다. 새로운 은혜시대가 도래하여, 더 이상 예루살렘에 가서 제사를 드려야만 하는 성전예배는 필요 없게 되었다. 하지만 형식이나 율법적인 외식주의가 아니라, 언제 어디서나 임재하시는 하나님께 거룩한 삶을 살아드리도록 성령이 함께 하신다.

1. 새로운 임재

첫째, 모든 성도는 성령이 거하는 거룩한 성전이 되었다.

구약시대와는 완전히 다른 방법으로 하나님의 임재가 나타났다. 이제는 특정한 장소가 아니다. 이제는 사람이다. 사도 바울이 "너희는 하나님의 전"(The Temple of the Holy Spirit, 고전 3:16)이라고 말씀하면서 성도들에게 새로운 진리를 가르쳐주셨다. 성전은 유대인들에게 있어서 가장 중심이 되는 신앙의 요람이었다. 시편 찬송가에 나오는 바와 같이 "주의 집에 거하는 자가 복이 있나이다"(시 84:4)고 노래하며, 주의 장막을 사랑하고 사모해왔다. 기도를 드리고 힘을 얻는 장소이기에 사모하는 장소였다. 즐거워하는 대상이요, 사랑하는 건물이다. 이 건물은 다윗의 기도에 대한 응답으로 솔로몬이 지음으로서 세상에 나타났는데, 매우 특별한 하나님의 의도를 담아 지어졌다.

모세는 거룩한 산에서 자신이 목격한 바에 따라서 하나님의 임재를 상징하는 천막을 지으라고 명령을 받았다. 이 천막을 지었을 때에 하나님의 영광이 나타나서 감싸게 되었다. 다윗이 이 성전을 짓는 것에 열성을 다했으며, 아들 솔로몬이 성전을 완성하였을 때에 하나님의 영광이 나타났다. 하나님은 이 성전을 받으신다는 표식으로서 하늘로부터 불을 내려서 주셨다(대하 7:1).

우리 성도들은 성전이 하나님께 소유된 건물인 것과 마찬가지로, 하나님이 값 주고 사신 것이다. 원래 성전 터는 여부스 족속에게 속한 땅이었는데, 다윗이 이 지역을 회복한 후에 값을 지불하고 샀다. 하나님의 전은 모든 이스라엘 신앙의 구심점이 되었다. 여호와의 영광이 머물던 장소였다.

> 제사장이 성소에서 나올 때에 구름이 여호와의 성전에 가득하매 제사장이 그 구름으로 말미암아 능히 서서 섬기지 못하였으니 이는 여호와의 영광이 여호와의 성전에 가득함이었더라(왕상 8:10-11).

부족한 인간을 향해서 하나님의 은혜를 보여주신 곳이 성전이다. 하나님은 자신을 위해서 경배드리는 장소로서 성전을 지으라고 말씀하셨지만, 사실은 그의 선택하신 백성들을 구원하시고자 성전이 지어진 것이다. 율법의 시행장소가 되는 이 전에 제사장들이 거주하면서 다양한 법을 지켜야 했고, 그러한 수고를 통해서 죄 사함의 선포가 이루어졌다. 성전은 이스라엘 전 지역에서 유일하게 하나님께 대한 용도로서 사용된 장소였다. 그래서 세상과는 완전하게 구별된 특성을 지니고 있었다. 본질적으로 하나님의 집이었다.

성령이 거하는 전이라는 의미는 좀 더 구체적으로 풀이될 수 있지만, 보다 성경적인 주의를 요한다. 앤드류 머레이(Andrew Murray) 박사는 『그리스도의 영』(Spirit of Christ) 에서 성전이 세 부분으로 구성되었음에 주목하였다. 성전 밖에 있는 뜰, 성전 내부, 제사장이 일 년 중에 단 하루만 들어갈 수 있는 지성소이다. 그는 이런 성전의 외적인 요소들처럼 우리 성도들의 인격에서도 성령이 장악하고 있다는 것이다. 인간의 본질적 구성요소가 셋이라고 생각하는 삼분설에서 나온 것이다. 첫째는 우리 몸에 보이는 가시적인 외적 생명이 있다. 둘째는 의지와 감각과 마음에 힘을 발휘하는 혼의 영역이 있다. 셋째는 가장 거룩한 하나님이 거듭나게 하여 머물러 계시는 영적인 영역이 있다고 하였다. 그러나 삼분설을 지지하는 않는 필자와 같은 신학자들에게는 이런 세 가지 구분이 매우 생소하게 들린다.[1] 왜냐하면 성령이 거하시는 곳이 인간의 어떤 특수한 영역에만 국한될 수 없기 때문이다. 인간에 대해서 좀 더 통합적으로, 좀 더 유기적으로 이해하고 해석하는 것이 필요하다. 머레이 박사는 경건하게 살아가는 인격적 요소를 중시하였으며, 아직까지도 많은 성도들이 삼분설을 따랐기에 이런 구조적 분석이 나왔던 것이다. 그러나 더 이상 이런 삼분설의 인간론은 지지를 받지 못하고 있다. 이분설이나 삼분설이나 아주 오래된 학설이 되고 말았다.

지금은 이렇게 인간의 근본요소를 세 알갱이로 나누지 않고 전인격적인 요소들로 보는 것이 더 광범위한 지지를 받고 있다.[2] 이런 부

---

[1] Andrew Murray, *The Spirit of Christ* (Minneapolis: Bethany House Publishers, 1979), 158f.
[2] Anthony A. Hoekema, *Created in God's Image* (Grand Rapids: Eerdmans, 1986), 203; "the

분에서 필자는 개혁주의 신학의 발전을 기쁘게 누리고 있다. 어쨌든 성령은 살아있는 인격자로서 문자 그대로 우리 안에 머물러 계신다. 그것은 유기적이요 통합적이요, 전인격적이다. 인간을 특징하는 용어들로는 몸, 영혼, 혼, 마음, 심장, 생각, 의지 등으로 대표되는 요소들이 많으므로, 지금은 옛날 헬라시대처럼 영혼(프뉴마)과 육체(프시케)의 구분에 철저하여 이 두 요소들로만 나누는 이원론(dualism) 보다는 이중성(duality)이라는 독특한 관계성에서 인간의 본질적 요소를 특수화하고 있다.[3] 우리 영혼이라든가 어느 특정한 부분에만 머물러 계신 것이 아니다. 실제적이며 구체적인 성령의 영적인 임재이다.

둘째, 성령의 내주하심은 예수님의 성육신을 생각해보면 아주 잘 이해가 된다. 우리에게 오신 성령의 임재는 신비롭고 초자연적인 것이다. 예수님의 성육신을 보면, 사람의 본성을 그대로 갖고 있으면서도 신성이 함께 거하였다. 예수님의 구원사역에 항상 성령이 함께 하셨는데, 무소부재 하시고 전지전능하신 하나님의 존재적 특성이 있기에 가능한 것이다. 마찬가지로, 성령이 우리 안에 내주하시는 것도 성육신에서처럼 신비롭게 영이 우리 인간에게 머물러 계실 수 있는 것이다.

먼저 사사기 6:34에서, "여호와의 영이 기드온에게 임하시니 기드온이 나팔을 불매 아비에셀이 그의 뒤를 따라 부름을 받으니라…"라는 구절을 발견하게 된다. 성령이 옷을 입는 것처럼 기드온의 온 몸에 내려왔다. 기드온이 정상적인 지도자로 활동하면서도 성령이 주시는 용기와 지혜를 발휘한 것이다.

Whole Person."

[3] J. van Genderen & W. H. Velema, *Concise Reformed Dogmatics*, 353: "the unity of body and soul; the holistic nature of our humanity."

따라서 예수 그리스도가 사람의 아들로 오는 것도 이와 마찬가지로 기적적으로 육체 안에 들어오셨다. 동정녀 마리아의 태 속에 살아있는 몸으로 들어오셨다. 이것은 성령과 함께라야 가능한 일이다. 성령으로 잉태하여 인간의 몸으로 생활할 때에도 성령이 함께하여 그의 생각, 마음, 판단, 행동에 함께 하신 것이다. 이제 예수님이 구세주요 주님으로 믿게 되어야 할 그때에, 다시 성령이 믿는 자들의 몸 안에 들어오셔서 성육신처럼 거하신다. 성령이 예수 그리스도의 몸을 준비시켜서 이 땅에 오게 되었다. 그리스도를 위하여 사람의 몸을 준비시키는 것이 바로 성령이시다. 기드온은 성령의 도우심으로 용감하게 장수로 나설 수 있었다. 성령은 기드온에게 생명을 주셔서 용기와 담력을 가지게 되었다. 그가 말하는 음성은 성령의 권능이 나타나고, 입으로 부는 나팔소리, 생각하는 지혜, 그의 가슴에 주시는 감각에도 성령과 함께 하였다. 성령의 임재는 기드온의 경우처럼 실제 인격이요, 사람의 전 영역에 같이 해 주시는 것이다. 참된 믿음을 가진 성도의 가슴 속에 내주하시면서, 불과 같은 용기를 주시는 원천이 되신다.

예수님의 성육신을 생각해 보자. 예수님에게는 인간 속에 거하시는 성령의 온전함이 들어있었다. 예수님은 신성(divine nature)과 인성(human nature)이 오묘하게 하나로 통합되어 있어서 한 인격 안에서 혼돈이나 혼합이 없이 완벽하고도 온전한 한 인격이 되었다. 예수님은 참된 사람이시며 동시에 참된 하나님이시다. 한분 그리스도가 하나님과 사람 사이의 중보자가 되었다. 이처럼 성령이 오셔서 우리 성도의 인격 안에 내주하시는 것도 역시 신비로운 실재가 된다. 우리 성도의 영혼에 성령의 영이 거하시고, 우리의 몸에 성령의 인격이 있으면서 통치하고 인도하고 지도하고 거룩하게 하고 준비시켜 주신다. 물론 나의 인격과 삶에 혼란을 주지 않으면서도 성령의 임재는 실제적인 것이다. 혼란이나 혼돈이나 뒤섞임이 없이, 성육신하신 예수님처럼, 우리와 성령은 하나로 연합된다. 그리스도의 인격을 새로 심어주시고 닮아가게 하신다. 이것은 신비로운 사역이다. 인간의 이해를 초월하여 역사하시는 것이다. 성령 안에서 예수님은 우리 안에 머물러 계신다.

> 그 날에는 내가 아버지 안에 너희가 내 안에 내가 너희 안에 있는 것을 너희가 알리라(요 14:20).

셋째, 성육신의 지속성은 지금도 계속된다.

성령이 우리 가운데 영속적으로 머문다는 것도 성육신으로 이해할 수 있다. 그리스도의 몸인 교회 안에 예수 그리스도의 성육신이 지속되고 유지된다. 모든 믿는 자들에게 성령이 머물러 계심으로서 그리스도의 몸, 교회가 유지된다. 이것은 물론 신비로운 일이다. 만일 우리가 교회를 붙잡고 계시는 하나님의 은혜의 선물을 이해하지 못한다면, 우리는 하나님의 사역을 완전히 분간하지 못하는 자가 되고 만다. 하나님은 자신의 성령을 한량없이 퍼부어 주셔서 예수 그리스도를 구세주이자 주님으로 신실하게 믿고, 그의 몸 된 교회 안에 교제하도록 만드신다.

내가 살아가고 있고, 내 주관과 생각대로 움직이고 있지만 그 안에는 성령의 머물러 계시며, 예수 그리스도에게 영광을 돌리도록 인도하신다. 이런 모든 성령의 사역은 영원토록 신비롭다. 그저 어린 아이가 크고 넓은 세상에 대한 약간의 이해를 가진 것처럼, 성령의 역사에 대해서 희미하게나마 이해할 수 있을 것이다.

예수 그리스도의 성육신을 통해서 하나님은 인간의 역사 속에 들어오셨다. 인간을 구원하시고자 자신의 아들을 희생하시고 세상의 죄악을 사해 주셨다. 이와 유사한 형태로, 비슷한 방식으로 성령이 우리 몸, 우리 인간의 전체 속에 들어오셨다. 그 안에 머물러 계시면서 하나님 아버지께 영광을 돌리게 하려고 그리스도의 재창조 사역을 신비롭게 시작하신 것이다.

성육신과 같은 모습으로, 성령께서 인간의 세상에 찾아오셨다. 비록 육신을 가지고 살아가고 있지만, 우리에게는 성령이 오셔서 거주하신다. 우리 안에 머물고 계시다는 것은 인간의 이해를 초월하는 신비이다. 요한복음 14:20에 주신 예수님의 약속은 인간들이 알 수 없는 하나님의 신성에 속한 특징이다. 하나님의 임재하심은 하나님의 전지전능(divine omnipotence)에 해당한다. 하나님은 무소 부재하신 분이시다(divine omnipresence). 사랑이 영원하고, 사랑이 실재하는 것과 같이 성령의 임재 또한 어느 곳에나 어느 시대에나 동일하며 지속적이다.

오순절 이후로 완전히 새로운 차원의 임재가 시작되었다. 그리스도인들의 몸은 성령이 머물러 있는 전이다. 사도 바울은 성전에 거하시던 하나님의 영광을 표현하는 방식으로, 성령이 우리의 몸에 거하고 있음을 표현했다. 우리 성도의 인격이 바로 성령이 머무는 장소인 것이다. 그래서 성도들로 하여금 예수 그리스도에게 영광을 돌리게 만든다. 로마서에서 사도 바울은 이런 신비로움과 놀라운 경이로움을 다음과 같이 증거한다.

> 너희 속에 하나님의 영이 거하시면 너희가 육신에 있지 아니하고 영에 있나니 누구든지 그리스도의 영이 없으면 그리스도의 사람이 아니라(롬 8:9).

다시 한 번 성령이 성도들 안에 거하심을 강조한다

> 예수를 죽은 자 가운데서 살리신 이의 영이 너희 안에 거하시면 그리스도 예수를 죽은 자 가운데서 살리신 이가 너희 안에 거하시는 그의 영으로 말미암아 너희 죽을 몸도 살리시리라(롬 8:11).

이것이 바로 오순절 성령강림을 통해서 궁극적으로 주시고자 하신 주님의 축복이다. 누누이 앞에서 설명한 바와 같이, 성령강림의 축복은 기적적인 체험이나 병 고침, 신기한 환상이나 계시가 아니다. 참으로 놀라운 일은 인간 속에 성령이 찾아오셔서 죽게 되고 마침내는 썩어서 사라지고 없어질 육체 속에 하나님의 충만으로 채워주신다는 사실이다. 성도에게 성령이 머물러 계심으로 주님을 증거하는 능력을 받게 된다. 가장 은혜로운 진리를 알게 된다.

성령이 머물러 있으면서 우리의 삶은 하나님의 나라를 위해서 일하도록 변화하고, 질적으로 매우 단순해진다. 새 힘과 역동성을 주신다. 성령의 체험은 새롭고 정열적인 적극성을 포함한다. 새롭고 신선한 자극을 받는다. 성령이 우리 죽을 몸을 살리시기 때문이다. 생명감을 충만하게 채워주신다. 낙심되고 절망되지만, 소망과 희망을 품고 살게 해 주신다. 이것이 성령사역의 본질이다. 성령은 육체적인 건강함(sanity)과 영적인 힘을 우리에게 공급하신다. 그래서 우리가 해야 할 일에 대해서 열정을 가지게 하시고, 동력을 얻게 하신다. 성령은 마치 발전기와 같이 전기를 공급해서 모든 가전제품 전체가 기능을 하게 만든다. 아무리 컴퓨터와 인터넷 기기, 무선 통신장치가 있을지라도 전기가 있어야 움직인다. 그 역동성이 바로 성령의 사역에서 나온다. 성령은 하나님의 명령에 순종하는 마음을 주신다.

> 네 손이 일을 얻는 대로 힘을 다하여 할지어다(전 9:10).

우리는 모든 일을 주께 하듯이 성심을 다해서 준비하고 시행하게 된다. 성령이 우리 안에서 역사하기 때문이다. 성령은 세상적으로 세속을 따라가려는 우리 육체를 구원하여서 영적인 존재가 되게 하신다.

성령은 자신의 옷으로 인간에게 입혀서 평범한 사람들이 하나님에게 순종하는 초자연적인 일들을 성취하신다. 하나님의 영원하신 자비하심으로 인하여서 성령이 그리스도의 제자들에게 머물러 계신다. 동일하게 영원하신 성령에 의해서 우리의 전체 몸으로 힘과 역동성을 새롭게 느끼고 역할을 하게 하신다.

성도들의 생애는 하나님의 통치의 영역 안에 속하여 있을 때에 축복을 누린다. 구원이 완전하게 적용된 성도들은 하나님 나라의 일원으로 살아가는 것이다. 세상의 영이 지배하는 사람이 아니라, 세상에서 부름을 받고 하나님의 집으로 선정된 것이다(고전 6:17).

따라서 하나님의 주권적 역사와 통치를 인정하고, 사람의 신앙을 자랑하거나, 인간의 종교적인 자기 노력, 인간의 결정 등을 내세우면 안 된다. 우리는 단지 하나님의 소유된 자임을 인식하고 그분의 통치를 인정하는 사람으로 성령의 사람이 되고자 기도하는 것이다. 성령은 우리 안에 성전에서 주어졌던 모든 생명을 주신다.

> 시와 찬송과 신령한 노래들로 서로 화답하며 너희 마음으로 주께 노래하며 찬송하며(엡 5:19).

하나님이 머무시는 성전은 그 백성들에게는 축복을 가져왔다. 성전예배가 살아있던 시대는 태평천하였다. 하나님이 자신을 계시해 주시고, 백성들은 하나님의 율법을 배우며, 순종과 제사로서 보답했다(말 3:1).

신비로운 존재에 대한 막연한 환상이 우리 한국인들의 심성에 많이 들어있다. 그러나 이처럼 하나님의 임재를 무시하고 헛되이 우상에 빠져서 신통한 능력을 맛보려는 종교와 미신에서 어서 빨리 깨우쳐야만 하겠다. 한국에서는 허망한 이야기들이 마치 신통력이 있는 것처럼 유행되고 있다. 무지한 사람들은 아직도 허탄한 이야기를 좇아간다. 우리 한국인들은 고대로부터 '주역', '토정비결', '비서', '도선비기', '정감록', '미륵사상' 등 허망한 이야기들을 들으면서 성장했다. 이것들은 모두 소위 내일의 정치, 미래의 세상 그리고 나와 관계된 장래 일을 가르쳐 준다고 하는 허망한 망상을 심어주었다. 우리 역사에는 오래 전부터 세상의 이치를 깨우쳤다는 ○○대사, ○○도사, ○○선사로 불린 많은 이의 전설 같은 이야기들이 많다. 한결 같이 바람을 잡는 허망한 속임수들이다. 그저 하나님 앞에서 자신의 한계를 알고, 묵묵히 최선을 다하여 살아야 한다.

대학입학수학능력시험을 통해서 자신의 실력을 가늠할 수 있는데도, 사람들은 신비로운 예언, 운명철학, 점쟁이들을 찾아가기에 바쁘다. 한국에서는 각종 시험과 선거철이 되면 신통한 자들의 운명감정에 의존하려는 수요가 폭발하고 있다. 언제나 각종 선거 때마다 더 많은 운명예측을 갈망하는 자들이 불안감을 떨쳐보려고 할 것이다. 동양인들은 특히 샤머니즘의 영향에 따라서 모든 물체와 신기한 자연을 마치 정신적인 힘을 소유한 것으로 착각하고 있다. 명상, 단, 요가, 기, 신통력에 매력을 느끼고 따라간다. 허구와 거짓됨을 빨리 간파해야만 한국인들이 진정으로 선진화된 나라를 세울 수 있다. 오직 하나님의 임재하심을 느끼고 성령으로 인도하심을 받아서 예수 그리스도 안에서 살아가야만, 이런 허망한 마음이 채워질 수 있다.

제 19 장

성령과 착한 양심

'양심선언'이라는 말은 최후의 발언이다. 나는 양심대로 고백한다는 말을 믿는다. 그 양심의 호소야말로 인간이 자신의 진실함을 드러내는 순간일 것이라고 생각한다. 양심은 하나님의 영이 작용해서 움직이게 한다. 항상 양심에 따라서 생각하고 거짓 없이 살기를 소망한다. 사도 바울의 양심선언은 복음 안에서 사는 삶이 때로는 곤경도 있었음을 짐작하게 한다.

> 내가 그리스도 안에서 참말을 하고 거짓말을 아니하노라 나에게 큰 근심이 있는 것과 마음에 그치지 않는 고통이 있는 것을 내 양심이 성령 안에서 나와 더불어 증언하노니(롬 9:1).

사도 바울의 증언에서 나오는 바와 같이, 성령은 성도의 양심이 움직이도록 역사하고 있다. 모든 사람의 마음에서 양심의 선한 소리가 들리도록 성령이 역사하고 있는 것이다.

고대 헬라어 '시네이데시스'(syneidesis)라는 단어가 '양심'으로 번역되는데, 특히 신과의 관계에서 무엇이 옳은 것이냐 그른 것이냐를 아는 지식이라는 뜻이다. 요즈음의 양심이라는 것과는 다소 거리가 있는 의미였다. 그것은 고대 사회의 양심이란 신적인 존재와의 관계에서 찾을 수 있었던 것이니, 양심은 신 앞에서 숨길 수 없었던 것이다.

1. 양심의 소리

기독교에서 양심은 에덴동산의 타락사건에서부터 출발한다. 아담이 타락하자 하나님은 그에게 처음 상태를 알게 하는 흔적을 남겨놓으셨다. 하나님의 형상이 사람 속에 남아있었는데, 그것이 바로 양심이다. 그래서 에덴동산에서 범죄하자 하나님을 두려워하며 피하였고, 몸을 가리는 행동을 했다. 또한 에덴에서 쫓겨났지만, 하나님을 두려워하는 마음이 사람의 생각 속에 남아있게 된 것이다.

요한은 예수님이 현장에서 간음하다가 붙잡혀온 여인을 다루는 이야기를 자세하게 기록해 놓았다.

> 너희 중에 죄 없는 자가 먼저 돌로 치라 하시고 다시 몸을 굽혀 손가락으로 땅에 쓰시니 그들이 이 말씀을 듣고 양심에 가책을 느껴 어른으로 시작하여 젊은이까지 하나씩 하나씩 나가고 오직 예수와 그 가운데 섰는 여자만 남았더라(요 8:7-9).

여기서 우리는 "양심에 가책"이라는 말에 주목하지 않을 수 없다. 사람들의 마음에는 이미 양심이 소리치고 있었던 것이다. 그 당시 상황은 매우 긴장되고 소란스러웠을 것이고, 매우 격동된 분위기였으리라 짐작할 수 있다. 간음 현장에서 흥분하던 자들은 자신들의 의로움을 자랑하고자 하였을 것이다. 그러나 양심의 심판을 거스를 수는 없었다.

우리 인간이 자신의 진면목을 파악한다는 것은 불가능하다. 스스로를 안다는 것이 참으로 힘들다. 거짓된 욕망에 빠져서 헤매고 있는 사람들이 벗어나지 못하는 것은 자신의 모습을 객관적으로 볼 수 없기 때문이다. 마약과 놀음, 밀수와 불법적인 영업 등을 하는 자들이 범법자로 감옥에 가야만 후회하게 되는 것이다. 우리 인생은 자신의 실수와 허물에 대해서 순수하게 볼 수 있는 안목이 없다.

하나님의 사랑과 주권 안에서 성령께서는 우리의 깊은 각 사람의 양심에 작용하고 있다는 점에 대해서 주목해야 한다.

> 이런 이들은 그 양심이 증거가 되어 그 생각들이 서로 혹은 고발하며 혹은 변명하여 그 마음에 새긴 율법의 행위를 나타내느니라 곧 나의 복음에 이른 바와 같이 하나님이 예수 그리스도로 말미암아 사람들의 은밀한 것을 심판하시는 그 날이라(롬 2:15-16).

2. 성령은 우리의 양심을 씻는다

성령이 사람의 마음속에 거하게 되면서, 성령의 집이 된 사람의 양심과 특별한 관계를 형성하게 되며, 변화가 일어난다. 성령은 우리 마음을 깨끗하게 씻어주신다(딤전 4:2; 히 9:3-14; 10:2, 22). 깨끗하게 씻기지 않고서는 예수 그리스도 앞에 나올 수 없다.

> 우리를 구원하시되 우리의 행한 바 의로운 행위로 말미암지 아니하고 오직 그의 긍휼하심을 따라 중생의 씻음과 성령의 새롭게 하심으로 하셨나니(딛 3:5).

여기서 사도 바울은 성령에 의한 위대한 중생사역을 설명하고 있다. 우리 안에 새로운 영적인 생명을 넣어주신다. 우리는 성령의 사역으로 인해서 모든 좋은 생각과 마음을 갖게 된다. 성령이 역사하시면 사람은 갑자기 변하게 된다. 이것은 죽었다가 다시 살아나는 것이다. 우리는 영적인 의미에서 본성상 죄 가운데서 죽었으므로 우리의 지식, 감정, 의지를 모두 다 새롭게 해야만 된다.

그러므로 우리가 하나님을 섬기는 사람이 되게 하시고자, 강렬한 사랑으로 우리에게 인공호흡을 통해서 죽었던 생명을 부활시키는 것이다. 중생은 성령의 역사로서 새롭게 하시는 창조라고 말할 수 있다. 중생은 위로부터의 출생이요, 재창조이다. 중생을 이루시는 신적인 행위자는 성령이시다. 중생은 근본적인 뿌리를 변화시키는 것이다.

성령이 역사하셔서 일어나는 중생은 인격 전체에 영향을 미친다. 생각, 느낌, 의지, 믿는 일, 기도하는 일, 찬양하는 일 등이 결국 마음으로부터 흘러나온다. 이 새로운 탄생을 통해서 얻어지는 새 생명은 단순한 생물학적 목숨과는 다르고, 그 영적인 열매를 통해서 드러나게 된다(요 3:5-8; 요일 3:9). 베드로는 주님의 부활에서 우리 그리스도인의 영적인 재창조를 발견하였다(벧전 1:3).

성령은 사람으로 하여금 거듭나게 하여서 죄와 거룩함, 세상, 복음, 내세에 관한 새로운 관점을 가지게 하신다. 그러나 이런 거듭남이 한 번에 완전한 성자로 만드는 것은 아니다. 성도는 여전히 남아있는 죄와의 싸움이라는 문제를 안고 있다.

중생은 새로운 마음을 부여받는 것이다. 이 변화는 우리의 의식적인 삶 속에서 반영되어야 한다. 또한 사람이 거듭나는 것은 성령의 전적인 주권사역이다. 사람이 참여하여 일어나는 것이 아니다. 사람의 반응에 따라 좌우되지 않는다. 하나님의 결정과 은혜는 누구도 막을 수 없다.

3. 선한 양심을 가지라!

일반 윤리학, 철학, 심리학, 정신의학에서 양심을 매우 중요하게 다루고 있다. 양심이란, 윤리적인 기준으로서 인간의 판단능력을 지배하고 좌우하시는 하나님의 능력이 미치는 것이다. 양심은 한번 태어날 때에 완전하게 형성되는 것이 아니어서 지속적으로 가변적이며, 절대적이지 못하고, 주변 환경에 영향을 입는다.

성경에서는 양심을 하나님과 관련하여 옳고 그른 것이 무엇인가를 구별하는 지식이라고 본다. 이것은 신구약성경에서 매우 적합하게 나타나 있는 개념이라고 본다. 인간이 타락할 때에 하나님의 형상 중에서 남겨놓으신 것이 양심이다. 양심은 하나님께 가까이 다가갈 수 있는 신적인 것이다. 그리고 양심은 인간의 파괴된 상태 속에서도 하나님의 영광을 지켜주는 역할을 한다.

　사람은 하나님을 피할 수 없다. 양심의 소리, 인간의 내적인 목소리는 모든 사람에게 주어져 있다. 일반적으로 양심은 하나님이 살아계신 것을 느끼게 하고, 하나님이 제정하신 법을 지키게 한다. 살인이 나쁘다는 것은 오직 양심이 말하고 있다. 검은 색과 흰색의 구별도 역시 사람의 마음에 양심이 있기 때문이다. 그래서 하나님의 법에 대해서 양심의 목소리를 따라서 순종하는 것은 성경에 나타난 하나님의 뜻을 받아들이는 것과 같다.

　사도 바울은 디모데에게 선한 양심을 가지라고 부탁한다. 성령만이 이를 지켜주신다.

> 믿음과 착한 양심을 가지라 어떤 이들은 이 양심을 버렸고 그 믿음에 관하여는 파선하였느니라(딤전 1:19).

> 내가 밤낮 간구하는 가운데 쉬지 않고 너를 생각하여 청결한 양심으로 조상적부터 섬겨 오는 하나님께 감사하고(딤후 1:3).

> 깨끗한 자들에게는 모든 것이 깨끗하나 더럽고 믿지 아니하는 자들에게는 아무 것도 깨끗한 것이 없고 오직 그들의 마음과 양심이 더러운지라(딛 1:15).

　하나님은 믿음을 가진 성도들이 착하고 선한 양심을 지키고 살아가기를 원하신다. 성도가 거룩한 생활을 힘쓰는 동안에 자신의 내부적으로 힘쓰고 노력해야 할 것이 많은데, 특히 믿음을 지키고 양심을 바르게 유지하고 간수하는 일이 매우 강조되어 있다. 디모데전서 1:5, "교훈의 목적은 청결한 마음과 선한 양심과 거짓이 없는 믿음에서 나오는 사랑"이라고 했다. 그러나 이러한 양심을 파괴하는 여러 가지 외부적인 영향들이 많이 있다.

성도들은 철저히 양심을 지키도록 노력하여야 하는데, 성경은 사람의 양심이 어두워지고 부패하였다고 가르친다. 오히려 그 생각이 허망하여지며, 미련한 마음이 어두워졌나니 스스로 지혜 있다하나, 우준하게 되고 말았다(롬 1:21).

험한 세상이지만 성령이 양심을 지배하고 있기에 양심이 살아 있는 사회가 유지되고 있다. 이렇게 모든 사람에게 주신 하나님의 형상으로 인한 것을 개혁주의 신학자들은 일반은총이라고 부른다.

그러나 세상은 온통 양심 불량자들로 넘쳐나고 있다. 커피에 톱밥을 집어넣고, 어린 아이들이 먹는 간식이나 대중 음식에다 썩은 고기를 넣었다는 악덕 기업주도 있다. 고위 공직자들의 부정부패에는 대통령부터 상하가 없을 정도이다. 피라미드 조직에서 선전하는 건강식품에 속아서 눈물 흘리는 분들이 얼마나 많던가. 더구나 요즘 일자리가 부족하고, 대학을 졸업해도 구조조정의 여파로 직장을 구하기가 하늘의 별 따기이다. 대중적으로 사람을 속이는 사기가 극심하다. 학력을 속이고, 유명 상표를 도용하고, 학자들도 연구를 새롭게 하지 않고 남의 글을 훔치기도 한다. 한심한 일이 아닐 수 없다.

죄를 고백한 양심적인 애기 한 토막을 들어보자. 2012년 2월 6일, 이제 65세가 된 노년의 여성, 미미 알포드(Mimi Alford)가 존 에프 케네디 대통령과의 비밀스러운 내연관계를 처음으로 털어놓았다. 『아직 끝나지 않은 대통령의 이야기』(Unfinished Life of John F. Kennedy 1917-1963)

에 나오는 이야기다. 지난 2003년까지 숨겨두었던 자신의 이야기가 세상에 나오게 되었다. 그녀는 무덤에까지 가지고 가려고 했었다고 했지만 지금 같은 시대에, 어디 세상에 아무도 모르는 비밀이 있겠는가?

아리따운 여대생, 미미 알포드는 당시 갓 고등학교를 졸업한 후 백악관 인턴으로 들어가게 된다. 그녀는 대통령의 부인이 졸업한 뉴저지 명문 사립고등학교를 졸업하였기에 특채가 된 것이다. 그 후로 18개월 동안 일하는 동안에 사랑같은 쾌락의 도구가 되고 말았고, 거부할 수 없는 육체관계가 지속되었다. 인턴 사원으로 출근한 첫 주간에, 마침 영부인 재클린 여사가 아이들을 데리고 여름휴가를 떠난 백악관에서, 처녀성을 존 에프 케네디 대통령에게 바쳤다. 1962년, 그 시대의 여성들 대부분처럼, 절대 권력에 대해서 "아니요!"를 말할 수 없던 처지였다. 그녀는 당황 그 자체였다고 한다. 그리고 다음해 1963년 11월 22일 케네디 대통령이 암살당하고, 이 두 사람의 비밀 관계가 종결되었다고 한다. 결혼을 준비하고 있던 그녀에게 대통령이 3백 달러를 축하금으로 주었다고 한다. 그래서 침대 용품을 샀다는 것이다. 그녀는 자신의 과거를 이해해준 남편을 만나서 딸을 하나 낳고, 25년의 결혼 생활 끝에 이혼하였는데, 그 남편은 1993년 사망했다. 홀로 남아서 아무도 이해해 줄 수 없고, 그 누구도 알 수 없는 특별한 사랑의 아픔을 갖고 살아오던 그녀는 어찌 살아가야만 하는가? 그 누구도 보살펴주지 않았지만, 이제 성장하여 자신의 과거를 이해해주는 딸의 격려로 용기를 내서, "옛날 옛적에, 비밀스런 사랑이 있었다"고 제목을 부친 후 이야기를 공개했다고 한다. 그런가하면, 훨씬 후에 미국 백악관의 주인이 된 빌 클린턴 대통령의 다큐멘터리가 나왔는데, 역시 성추문이 더 자세히 밝혀졌다. 미국 사회를 발칵 흔들어 놓았던 모니카 르윈스키(Monica Lewinskiy)와의 추문이다. 매주 백악관 오벌오피스에서 라디오 연설 직후에 항상 있었다는 스캔들에 대해서 다시 발표하였다. 우리는 누구에 대한 신뢰와 믿음이 있는가? 심지어 나를 포함해서 과연 우리가 사람을 믿을 수 있을까? 오직 믿음의 대상, 신뢰의 대상은 하나님 한 분 뿐이 아닌가! 더구나 위대한 힘, 위대한 업적이란 과연 무엇인가?

믿음이 없으면 양심은 유지할 수 없다. 하나님의 일꾼에 합당한 사람은 신앙양심을 지키는 사람들이다.

> 내가 그리스도 안에서 참말을 하고 거짓말을 아니하노라 나에게 큰 근심이 있는 것과 마음에 그치지 않는 고통이 있는 것을 내 양심이 성령 안에서 나와 더불어 증언하노니(롬 9:1).

장로로서 합당한 사람, 곧 가장 훌륭한 교회의 지도자들은 먼저 양심을 지키고 있다는 평가를 받아야만 했다. 그래서 디모데전서 3:9에, "깨끗한 양심에 믿음의 비밀을 가진 자라야 할지니"라고 하신 것이다.

4. 선한 양심을 유지하기 위한 몇 가지 조언들

우리가 스스로 자신의 양심을 조절하고, 순수하게 유지할 수 없다. 오직 하나님의 영이신 성령의 역사하심이 없이는 불가능하다.

첫째, 내가 죄라고 생각되는 즉시, 죄를 지었음에 대해서 하나님 앞에서 인식하고, 회개하고, 고백해야 한다.

둘째, 내가 그리스도의 빛 가운데서 아무 부끄러움이 없이 살아가는 것만이 만족을 주고 기쁨을 주는 것임을 즐거워해야 한다.

셋째, 성령의 진리가 인도하시는 생활에 도달하도록 항상 믿음으로 살아가기를 힘쓰면서, 작은 일 하나에도 나 자신의 양심이 말하는 대로 실천해야 한다.

넷째, 조용히 묵상하고 기도할 때에 성령은 우리 양심에 찾아오셔서 가르쳐 주시므로, 성령의 인도하심과 소리에 귀를 기울여야 한다.

다섯째, 오직 순종만이 그리스도의 법을 지키는 비결이다.

여섯째, 갈보리에서 십자가를 지신 예수님을 따르는 길이 양심을 지키는 비결이다. 나는 죄에 대해서 날마다 죽어야만 한다는 사실을 기억해야 한다.

일곱째, 예수 그리스도의 보혈로 나의 실패한 양심이 씻기고, 다시금 용서를 받아 일어서게 되었음을 기억하자. 사도 바울은 양심의 유지를 위해서 힘쓰고 노력했다고 고백하였다.

> 이것으로 말미암아 나도 하나님과 사람에 대하여 항상 양심에 거리낌이 없기를 힘쓰나이다 (행 24:16).

5. 양심이 이긴다!

세상은 하나님과 원수 되는 대적자, 유혹과 죄의 근원 등으로 사용되고 있다. 그러한 세상에서 유혹에 패배하지 않고, 오히려 승리하게 되는 것은 우리가 선한 양심으로 충분히 이길 수 있기 때문이다.

무릇 하나님께로부터 난 자마다 세상을 이기느니라(요일 5:4).

그리스도께서 거듭난 자를 지키시기 때문에 악마가 해할 수 없고 치명적인 상처를 입힐 수 없으며, 절대로 이길 수 없다. 종교개혁자 존 칼빈은 "어두움 후에 반드시 빛이 온다"고 제네바 시민들에게 가르쳤다. 위로부터 난 사람은 절대로 은혜로부터 떨어지지 않는다. 주님이 지키시기 때문이다.

사도행전 16:14에 두아디라 성의 자주 장사 루디아는 마음을 열고 바울의 전도를 받아들여서 반응을 보이고 응답하였다. 돌이키는 순간에 마음에 변화가 일어난 것이다.

The Glory and Blessing:
Reformed Doctrine of the Holy Spirit

제 20 장

성령과 선교사역

　　초대교회를 생각하면 항상 내 마음에 떠오르는 곳이 있다. 그곳은 세계선교의 중심지였던 안디옥이다. 오늘날 터키 남부 해안 도시, 지중해 연안에 위치한 안디옥은 사방으로 이어지는 지중해 무역의 중심지였다. 어떤 이들이 낯선 이곳까지 와서 안디옥교회를 맨 처음에 시작했는지 알 길이 없다. 그런데 이 안디옥교회가 사도시대에 세계선교의 전진기지가 되었다. 지금도 안디옥 동편 높은 산에는 초대교회 성도들이 기도하던 유적지가 보전되어 있다. 예배당 뜨락에서 내려다 보이는 시가지와 지중해가 아름답게 어우러진다. 안디옥에서 북쪽 해안가를 따라 올라가면 에베소가 나온다. 에베소는 훨씬 큰 항구 도시였다. 사도행전이 쓰여지던 그 당시에는 매우 번화한 거리가 조성되어 있었고, 많은 배들이 오고가는 상업과 무역의 중심지였다. 그래서 자연적으로 누리는 혜택이 많았던 도시였다. 로마의 원형경기장이 크게 세워져있었고 지금까지 거의 그대로 보전되어 있다. 거대한 도로와 대중 목욕탕과 도서관 건물은 오늘날까지 그 모습을 간직하고 있다. 바로 안디옥 앞 바다, 물 맑은 에게해를 헤치고 나아가면 사도 요한이 유배당해서 살았던 '밧모' 섬이 있다. 그 바다를 헤쳐서 돛과 바람과 물결에 의지해서 험한 길을 가야했던 사도들을 생각해 보았다. 지금부터 2,000년 전에, 안디옥교회는 예루살렘에서 핍박을 받아 흩어진 성도들이 시작했다. 스테반의 순교를 기점으로 해서 로마제국 곳곳으로 성도들이 숨어들어갔다. 안디옥에도 많은 유대인이 살고 있었지만, 헬라인들이 믿고 예수님을 고백하였다.

> 그때에 스데반의 일로 일어난 환난으로 말미암아 흩어진 자들이 베니게와 구브로와 안디옥까지 이르러 유대인에게만 말씀을 전하는데 그 중에 구브로와 구레네 몇 사람이 안디옥에 이르러 헬라인에게도 말하여 주 예수를 전파하니 주의 손이 그들과 함께 하시매 수많은 사람들이 믿고 주께 돌아오더라 예루살렘 교회가 이 사람들의 소문을 듣고 바나바를 안디옥까지 보내니(행 11:19-22).

초대교회 성도들은 놀라운 선교적 열정을 갖고 있었다. 지중해 연안의 섬들과 주요 도시에 복음을 전하는 일에 열심을 다했다. 마침내 착한 사람이요, 성령과 믿음이 충만한 바나바를 보내게 되었다. 그는 안디옥교회 성도들의 은혜 받은 모습에 감격하였다. 그들의 순종과 헌신을 보면서 기뻐하면서 즐거워하였다. 그들이 살고 있었는데, 그들 가운데 많은 수가 예수님을 믿게 되었다.

바나바는 곧 바로 그곳에서 멀지 않은 다소에 살고 있던 사도 바울을 초청하였다. 이 두 사람은 지속적으로 말씀을 가르치고 양육하는 일을 함께 힘써 나갔다.

1. 그리스도인의 표식을 보여준 안디옥교회

안디옥에서 구별되는 사람의 무리로서 교회에 속한 자들의 이름이 알려지기 시작했다. 지금도 남아있는 안디옥교회의 옛 건물에는 십자가 표식이 선명하다. 교회에서 처음으로 "그리스도인"(행 11:26)이라는 이름이 처음 사용되었다. '작은 그리스도인' 혹은 '그리스도에게 묶여진 종들'(servants of Christ, the bond-slaves of Jesus Christ)이라는 뜻이다. 이들은 예수님에게 몸과 마음과 전 인격을 바쳤다. 이들이 예수님을 따르는 자들이라는 사실을 안디옥 사람들이 알게 되면서 칭송의 대상이 되었다. 놀라운 일이다.

무엇이 그러한 특징을 드러내게 해 주었던 것일까? 바로 성령께서 이들과 함께 하심으로 생동감이 넘치고 있었고, 그들의 몸속에 은빛 정맥이 흐르듯이 깊이 감추어진 기쁨의 감격이 있었던 것이다. 그것은 성령의 역사에서 나오는 새로운 바람이다. 돈이나 금이나 많이 가져야만 안전하고 행복하다는 생각에서 완전히 자유로운 사람들이었다. 주님이 명령하시며 어디든지 모든 것을 내놓고 가겠다고 자원했다. 하나님을 신뢰하는 자의 상징은 고난을 견디는 것이고 시험을 이기는 것이라고 생각했다. 두려움이나 주저함이 없이 희망의 대상으로 예수 그리스도를 붙잡았다. 안디옥 성도들은 이런 모습을 보여주었다. 그 당시 사람들은 자신들과는 다른 부류의 사람들임을 알게 되었다.

여기에서 역사적으로 최초이자 가장 아름다운 이름, '그리스도인' 이라는 명칭이 생겨났다. 그래서 오늘날의 우리 한국교회 성도들도 다른 어떤 이름보다도, 그리스도인이라는 이름을 감당해야만 한다. 자신을 드러내는 어떤 이름도 가지지 말고, 오직 그리스도인이라는 신분이라도 잘 감당해야만 한다. 안디옥교회 성도들이 보여준 이런 모든 삶의 내용들은 성령이 주시는 독특하게 구별되는 성품이다.

그들은 말을 할 때마다, 예수 그리스도를 증거하고자 했다. 차츰 그리스도라는 이름이 온 도시에 알려지게 되었고, 그리스도인들은 서로 친하게 결속하였다. 이들은 오직 예수 그리스도 한 분으로 구별된 사람들이었고, 그리스도의 향기가 도시에 퍼져나가게 되었다. 그리하여 '그리스도의 종', '그리스도에게 묶여있는 종'이라는 이름으로 알려지게 되었다.

이것이 바로 성령이 하시는 사역이다. 성령은 '그리스도를 영화롭게 하는 일'에 최우선을 둔다. 안디옥에 있던 성도들의 마음과 삶 속에서 오직 예수 그리스도가 드러나게 만들었다. 그래서 사도들이 사역하는 보고서는 결국 '성령의 활동'이다. 그리스도인의 기본적인 특징은 안디옥에서 드러났다. 오늘날 한국교회가 바로 안디옥교회와 같은지를 점검해야한다. 믿음, 소망, 사랑, 인내, 오래 참음, 평화, 안식, 고요함, 기쁨, 용서, 회개, 이런 것들이 가득 찬 곳이 안디옥교회였다.

전주 안디옥교회는 이동휘 목사님의 남다른 선교적 열정을 실현해서 오늘날 한국교회의 선교모델이 되고 있다. 안디옥이라는 이름은 세계적으로 선교적 대명사가 되었다.

2. 선교적인 마음을 주시는 성령

특별히 맡겨진 임무를 위해서 보통 사람들과 구별되어서 하나님의 인도를 받는 것은 오직 성령의 사역이다. 바울과 바나바는 안디옥교회에서 성령의 지시를 따랐다. 이 두 사람과 온 교회는 금식하며 기도했다. 모든 성도들이 다 선교적인 마음을 가지게 되었고, 성령의 인도하심이 임했다.

> 주를 섬겨 금식할 때에 성령이 이르시되 내가 불러 시키는 일을 위하여 바나바와 사울을 따로 세우라 하시니 이에 금식하며 기도하고 두 사람에게 안수하여 보내니라(행 13:2-3).

세계선교의 사명은 선교사들의 심장을 움직임으로 수행되고 있다. 지난 2,000년 동안 선교사들이 지녔던 복음에의 열정과 헌신하려는 마음은 공장에서 물건을 만들어내듯이 생산되는 것이 아니다. 그저 흉내낸다고 될 수 있는 것이 아니다. 선교적인 사명감을 갖게 하는 것은 성령이시오, 그분의 열매이다. 반대로 자신의 혈기를 믿고 성령의 능력에 의존하지 않은 자들은 망하였다. 하나님의 일을 함에 있어서 자신의 힘을 의지하는 자들은 실패한다.

성령님은 따로 구별하여 사역자를 세워서 이 일에 전적으로 헌신하기를 원하셨다. 이제는 선교 임무의 전담 사역자를 원하신 것이다. 사도행전에서 이런 역할은 먼저 수행한 사람이 베드로와 빌립이었다. 그러나 이들의 사역과 안디옥교회의 사역은 다른 점이 있다. 베드로와 빌립은 초기에 각각 한 사람으로서 활동에 임했다. 개인 전도자의 수준이었다.

하지만 사울과 바나바는 지역 교회가 후원하고, 성령이 이들을 선교사로 삼았다는 점에서 차이가 난다. 베드로와 빌립은 이스라엘 땅 그들의 고국 내에서(Home Mission) 활동했다. 그러나 바울과 바나바는 세계 다른 지역으로 찾아나갔다. 안디옥교회는 금식하고 기도했다. 그들은 성령님의 인도하심을 간구하였다.

성령님은 다른 지역에 대한 사랑과 애정으로 안디옥 성도들을 감동시켰다. 그리스도의 구원의 복음을 널리 전해야 한다는 절박한 사명감을 느끼게 하였다. 다른 지역 사람들의 고통에 대한 안타까움으로 마음이 아프고 괴로웠다. 성령은 이런 고상한 마음으로 성도들을 움직였다.

바울과 바나바는 당대 최고의 기독교 지도자들이었다. 성령의 감동으로 자신들을 1년 동안 지도해 왔던 최고의 사도들을 내놓았다. 이들은 성령의 인도하심으로 떠나가야 한다는 사실에 순종하였다. 하나님이 지시하는 것은 무엇이든지 순종해야 한다는 마음이 준비되었다. 하나님의 뜻이 가장 최상의 길이다. 그러므로 아까워도 내놓는 것이다. 이것의 선교하는 교회의 마음이다. 즐거운 마음으로 선교사역에 수종 들게 되었다.

선교적인 마음은 조작되거나 혹은 강압적으로 만들어질 수 없다. 그저 선교하는 다른 사람을 흉내 내는 것으로도 할 수 있는 일이 아니다. 누구에게 힘들게 증거한다고 하더라도 성령의 부어주심이 아니면 소용이 없다. 성령을 통해서만 예수 그리스도의 구원사역을 이해하고 받아들인다. 성령의 역사를 통해서만 믿음을 유지하고 신앙을 지탱할 수 있다. 그리고 전도하면서 증거하는 강력한 능력을 얻는다. 이것은 사람에게서 나오는 일시적인 감정의 충만이 아니다. 선교사로 헌신하는 사람들의 결단을 강조하는데 자칫하면 자신의 교만에 빠질 우려가 있다. 오직 성령의 인도하심에 맡겨야만 한다.

소수의 사도들에게나, 일부 선교사에게만 주시는 것이 아니라, 성령은 모든 구원받은 공동체에게 내려주신 필수적인 경험이었다. 백부장 고넬료는 유대종교로 개종하지 않았으나 성령을 받고 '생명 얻는 회개를 주셨다'(행 10:45-47)는 인정을 받았다. 그래서 제자들은 사도행전 11:17-18에서 전통적인 유대주의를 혁파하는 역사를 발견하게 된다. 왜냐하면 이미 예수님은 "구하는 자에게 성령을 주시지 않겠느냐"(눅 11:13)라고 말씀하였고, 예수님과 함께 지내는 동안에도 그들은 이미 성령의 선물을 받아서 살아갔던 사람들이기 때문이다.

선교적인 마음으로 가득 찼던 사람들은 모두 다 성령의 강한 부르심을 내적으로 듣게 하신 결과였다. 근대 선교의 아버지로 불리는 윌리엄 캐리(William Carey, 1761-1834)는 인도를 향하여 가기 전에 미국의 대각성 운동의 설교자 조나단 에드워즈(Jonathan Edwards, 1703-1758)와 데이비드 브레이너드(David Brainerd, 1718-1747)의 전도에 관한 글을 읽고 마음에 열심을 더욱 가지게 되었다고 한다. 브레이너드는 아메리칸 원주민들에게 복음을 전한 위대한 선구자였다.

이처럼 모르는 미지의 나라이자 후진국이던 한국에 찾아서 머나먼 길을 헤치고 모든 세상의 즐거움을 포기했던 400여 명의 선교사들, 19세기 말 세계선교는 인도와 중국, 일본 등에서 활발했었다. 남아메리카 안데스 산맥을 넘은 사람들과 에콰도르 공항 활주로에서 살해당한 필립 제임스 엘리엇(Philip James Elliot, 1927-1956)과 그의 일행 네 사람의 죽음은 영원한 감동을 주고 있다. 그들의 순교는 헛되지 않아서

원주민 교회가 세워졌고, 엘리엇의 아들이 다음 세대를 길러내었다. 나는 2008년 시카고에서 열린 한인세계선교대회에서 필립 엘리엇의 장남이 간증하는 것을 통역하였는데, 그 가족들의 아름다운 이야기에 깊은 감동을 받았었다. 다큐멘터리와 영화, 책으로 남아서 전 세계 사람들에게 선교적 열정을 불러일으키고 있다.

선교사의 심장에는 성령이 사명의 불꽃을 지피고 있기 때문에 죽음과 환란과 핍박의 상황 속에서도 복음은 머무르지 않고 전진하고 있는 것이다. 성령의 가장 큰 상징 중에 하나는 불꽃인데, 이는 선교적 열정을 불러일으키는 힘의 근원이요, 선교의 열매를 맺게 하는 원동력이다(고전 3:15).

3. 모든 성도는 복음의 빚을 진 선교사이다

그리스도 안에 있는 참된 신자라면 복음이 힘차게 뻗어나가는 것을 위해서 기도하는 마음을 가지고 있으며, 선교사역에 동참하며, 후원하며, 기획하고, 헌신하게 되어있다. 거룩함과 권능을 가진 성령께서 그 일을 주도하기 때문이다.

내가 목회하면서, 교수로 사역하면서, 단기선교 사역으로 성도들과 함께 혹은 개인적으로 외지에 나가서 직접 혹은 간접으로 활동할 기회가 많았다. 특히 가까운 이웃 나라에는 수십 차례 방문하여 사역자들을 훈련시키고, 집중강의를 하며, 함께 예배하고 기도하고 격려하는 일에 매진했었다. 최근 30년 동안에 한국교회의 해외 선교는 성령의 감동으로 힘차게 전진하여 많은 열매를 거두었다. 하지만 안타깝게도 시행착오도 많았다. 그런데 최근에 한국교회의 교세가 쇠퇴하면서 선교에의 열정이 많이 식어가고 있다는 사실이다. 국내 전도의 열정도 많이 가라앉았다. 기도집회에서, 구역모임에서, 소그룹에서, 성경공부에서 보내는 사명을 잊어서는 안 될 일이다. 교회마다 선교를 향한 열심과 열정이 있어야만 하는데, 오늘날 이러한 선교적 열망을 가진 교회들이 점차 줄어들고 있다. 눈 앞에 보이는 현실주의에 사로잡혀서 개교회에만 집착하고 있고, 교회들끼리도 냉정하고, 인색하게 경쟁하는 시대로 접어들고 말았다.

우리 한국 민족은 복음에 빚을 진 사람들이다. 하나님의 음성을 듣고 기민하게 반응하여, 세계선교의 사명에 충실하려는 마음들이 필요한 시대이다.

> 너희는 온 천하에 다니며 만민에게 복음을 전파하라(막 16:15).

성령은 마음에 열정을 주시고, 선교의 사명에 부응하게 하신다. 그러한 불을 하늘로부터 내려주신 날이 바로 오순절이다. 성령은 선교의 영이다.

> 이것은 하늘로부터 보내신 성령을 힘입어 복음을 전하는 자들로 이제 너희에게 알린 것이요, 천사들도 살펴 보기를 원하는 것이니라(벧전 1:12).

The Glory and Blessing:
Reformed Doctrine of the Holy Spirit

제 21 장

성령의 인도하심

　　우리를 인도하시는 성령이라는 제목보다 더 신나는 제목은 없다. 사람의 영혼 구석에는 어둡고 더러운 생각이 지배하고 있어서 시시때 때로 우리 인생을 깊은 수렁으로 몰아넣는다. 바로 그 곳에 성령이 머물러 계시면서 올바른 방향으로 인도해 주신다. 하나님은 큰 일이든지 사소하고 작은 일이든지 모두 다 인도하신다. 기독교인으로 살아가는 것은 자기 마음대로 가는 것이 아니라 항상 하나님의 인도하심에 의지하고 따라가는 것이다. 사랑이 많으신 하나님이 자신의 자녀들을 사랑으로 인도하여 주신다. 우리가 자녀 됨을 확신하게 하는 증거가 된다. 이 시대의 성도들을 인도하시는 분은 성령님이시다.

> 여호와가 너를 항상 인도하여 메마른 곳에서도 네 영혼을 만족하게 하며 네 뼈를 견고하게 하리니 너는 물 댄 동산 같겠고 물이 끊어지지 아니하는 샘 같을 것이라(사 58:11).

이처럼 성령은 이스라엘 백성들을 인도하였고, 하나님의 자녀들을 돌보아 주신다.

나는 아프리카 케냐를 두 번 방문할 기회가 있었는데, 자동차 길도 없고, 전기도 수돗물도 없는 들판에는 침묵만 흐르고 있었다. 비가 오지 않는 날이 많고, 산업도 별로 없는 벌판에서 몇 마리 가축에 모든 인생을 걸고 살아가는 매우 가난하고 비극적인 상태에 놓여있었다. 내가 방문한 마사이 부족 수십만 명이 그러한 상태에서 살고 있었다. 그러나 복음이 전파되어 허름한 교회에 모여든 성도들, 특히 아이들과 여인들에게 찬송의 기쁨과 소망이 있음을 확인하고 감사를 드렸다. 나는 하나님의 인도하심을 의심하지 말고, 저 맑은 하늘에서 빛나는 별을 바라보라고 격려했다.

1. 거룩한 생활로 인도하심

시편 23편에 보면 하나님이 "나를 인도하신다"라는 표현이 두 번이나 나온다. 하나는 매우 목가적이요 전원적인데, 하나님의 음성이 성도를 쉴만한 물가로 인도하신다. 성령이 주시는 평온하고 안정된 환경과 마음이 회복된다. 다른 하나는 영적인 전쟁과 유혹의 상황에서 의의 길로 인도하신다.

> 무릇 하나님의 영으로 인도함을 받는 사람은 곧 하나님의 아들이라(롬 8:14).

하나님의 인도하심은 매우 정확하고 확실하다. 그래서 시편 32:8에 "내가 네 갈 길을 가르쳐 보이고 너를 주목하여 훈계하리로다"라고 하였다.

하나님의 인도하심은 생활의 거룩함 혹은 거룩한 생활에 머물도록 이끌어 주신다. 성령의 인도하심은 성결한 생활과 분리할 수 없다. 자기 몸을 중심으로 하는 사악한 생각과 악의 세력을 구축하도록 인도하시는 것이 결코 아니다. 사람이 좋아하는 욕심과 욕망을 버리고 예수 그리스도 안에 있는 것을 바라보도록 성령이 지도하여 주신다.

> 어리석도다 갈라디아 사람들아…너희가 이같이 어리석으냐 성령으로 시작하였다가 이제는 육체로 마치겠느냐(갈 3:1-3).

이스라엘 백성들의 역사를 통해서, 하나님의 인도하심이 입증되고 증거되고 있다. 때로는 역사 속에서 배교하고 거역한다. 하나님을 버리고 우상숭배에 빠져 버린다. 그래도 이스라엘을 버리지 않고 지켜주셨다. 믿음의 족장들은 그냥 두었더라면 거의 다 하나님을 버리고 말았겠지만, 성령으로 인도하여 주셔서 그들이 믿음의 사표가 될 수 있었다. 오늘날 교회도 이와 마찬가지다. 교회가 곤경을 당하고 박해를 당하기도 했다. 아무런 잘못이 없이 고난당한 적도 있지만, 서로 반목하고 싸우고 머리가 되려고 하여 화를 자초한 적도 많았다. 그럼에도 불구하고 하나님은 교회를 버리지 않으시고 거룩한 방향으로 성도들을 인도하시고 계신다.

첫째, 사람이 영적으로 볼 때에 선하지 못하기 때문에, 성령의 지도를 받아야 한다고 가르친다. 하나님을 섬기기에 합당한 사람으로 봉사하고 순종하고 따라가야 한다. 사람은 영적으로 무지할 뿐이다. 니고데모는 밤중에 예수님에게 찾아갔지만, 전혀 무지하여서 완전히 초보적인 가르침도 이해할 수 없었다(요 3:2-9). 우리도 역시 마찬가지로 똑같이 우매한 말을 했을 것이다.

> 물과 성령으로 거듭나지 아니하면, 결단코 하나님 나라에 들어
> 갈 수 없다(요 3:5).

인간의 근원적인 죄성을 새롭게 하는 거듭남이 없다면, 거룩한 세계에 들어갈 수 없다.

둘째, 성령은 수치스러운 죄악으로 망쳐버린 자들을 변화시켜서, 영광스러운 하나님의 형상으로 다시 덧입도록 만들어준다. 이것이 신의 성품에 참여하는 자가 된다는 의미이다(벧후 1:4). 다른 성인이나, 군자나, 유명한 사람을 닮아서 사는 것만으로는 인간의 본래 모습을 회복할 수 없다. 인간을 창조하신 하나님의 모습을 닮는 것이다. 하나님의 거룩하심과 같이 거룩하라고 명령하신다.

셋째, 거룩하게 하시는 성령은 인간을 특수한 존재로 만드는 것은 아니다. 성령에 충만하고 거룩함을 입은 성도가 된다는 것은 단지 창조될 때에 의도되었던 모습으로 변화하는 것을 말한다. 이 일은 현재 시작되어지지만, 예수 그리스도의 재림의 날에 완성될 것이다(고전 15:49).

넷째, 성령께서 우리 안에서 이룩하고자 하시는 거룩함은 인간의 몸을 입고서 이 세상에 살면서 하나님의 성품을 드러내신 예수 그리스도에 근거한 것이다. 예수님의 거룩하심을 우리의 것으로 만드는

것이다. 거룩한 연합을 통해서 세상의 사악한 욕망으로 인한 타락에서 피할 수 있게 하신다(벧후 1:4).

성령을 통해서 점진적으로 믿는 성도들 각자 속에 적용되고, 실현된다. 성화는 오직 그리스도의 자원을 수단으로 해서 우리의 것이 된다. 참된 성화는 참된 인간됨이요, 이는 오직 그리스도를 인격적으로 닮는 것이다(고후 3:18).

다섯째, 거룩한 말씀을 가지고 인도해 주신다. 성경은 조직적으로 규칙적으로, 습관적으로, 존경하는 마음으로, 진실함과 겸손함으로, 기도하는 마음으로, 기대하는 마음으로 읽어야 한다. 순종하는 마음으로 하나님의 명령 앞에서 겸손히 무릎을 꿇어야 한다(딤후 3:16; 벧후 1:21).

종교개혁의 새벽별이라고 일컬어지는 존 위클리프는 최초로 영어 성경을 번역하고 가르치다가 순교하였다.

2. 미혹에 빠지지 않도록 인도하심

하나님은 통치하시고 다스리시며 주권적인 권한을 가지고 있다. 그러나 현대인들은 오직 사람들이 하는 정치권력과 경제현상에만 관심을 가질 뿐이다. 하나님의 위대하심에 대한 감각을 잃어버리고 있다. 우리 한국인들은 미신적인 두려움에서는 빨리 벗어나야 한다. 하나님의 초월성에서 나오는 인도하심에 대해서 교회마저도 의심하는 행동을 해서는 안 된다.

예수님이 성령의 인도하심을 받아서 사탄의 시험을 받으려고 광야로 가셨다(눅 4:1). 성령이 즉시 예수님과 함께하셨다.

> 성령이 곧 예수를 광야로 몰아내신지라 광야에서 사십 일을 계시면 사탄에게 시험을 받으시며 들짐승과 함께 계시니 천사들이 수종들더라(막 1:12-13).

시험을 이기시고 난 후에 예수님은 성령의 인도하심을 받아서 갈릴리로 가셨고, 다시 성령의 인도하심으로 말씀을 읽고 선포하셨다(눅 4:14-18).

성도들이 받는 시험은 하나님의 은혜 가운에서만 영적인 교육과 성장의 기회가 된다. 그렇지 않으면 넘어지고 만다. 영혼의 미혹은 피할 길이 없다. 다만 우리 예수님은 거룩하고 흠이 없으며 더럽혀지지 않고 죄로부터 자유로운 분이시다(히 7:26). 예수님은 강한 유혹을 받았지만, 죄를 범하지 않았다. 미혹을 당하는 것, 미혹되는 곳에 있는 것은 죄를 짓는 것은 아니다. 우리의 의지가 죄 짓는 일에 동의해야만 범죄가 성립된다. 미혹에 넘어가는 것이 죄이다.

성령과 동행하는 사람이 되면, 우리의 시험들이 성령에 의해서 주어진다는 것을 알게 된다. 예수님의 지도력을 시험하기 위해서 의도적으로 가장 적합한 때에 성령이 예수님을 광야로 이끌고 간 것이다. 그 후에도 과연 예수님이 구세주인가 지도자인가를 시험하는 자들이 많았다. 그 과정을 거치면서 고난도 당했다. 그래서 예수님은 성령의 권능 가운데 있어야만 했다.

> 사람이 감당할 시험 밖에는 너희에게 당한 것이 없나니 오직 하나님은 미쁘사 너희가 감당하지 못할 시험 당함을 허락하지 아니하시고 시험 당할 즈음에 또한 피할 길을 내사 너희로 능히 감당하게 하시느니라(고전 10:13).

하나님은 신실하셔서 우리가 당하는 많은 시험에서 인도하시고 구출해 낸다. 시험을 당하더라도 그것이 하나님께로부터 오는 것임을 분명히 알아야 하고, 하나님에 의해서 통치를 받고 있음을 깨달아야 한다. 모든 시험에서 의도와 목적에 관해서 자초지종을 알게 되면, 참고 인내할 수 있다. 우리는 확신을 가지고 시험에 들지 않게 건져달라는 기도를 드릴 수도 있다(마 6:13).

3. 열린 문과 닫힌 문

성령은 사람의 생각과 달리 인도하신다. 때론 나가는 앞길에 문을 닫아놓으신다. 이것을 이해하지 못하는 사람은 불평한다. 심지어 사도 바울의 선교여행에서도 동으로 가지 못하게 만드시고, 건너가서 북쪽으로 가는 길도 막았다. 때로는 성령이 아시아 지방에서 말씀을 전파하지 못하도록 금지하였다(행 16:6). 그리고 "비두니아로 가고자 애쓰되, 예수의 영이 허락지 아니하시는지라." 결국 서쪽으로 가는 길만이 열려졌다. 사도 바울은 동행자들과 함께 서편으로 나갔다. 그는 드로아에 이르렀고, 그 앞에는 파란 에게해가 펼쳐져 있었다. 사도 바울은 수시로 하나님께 기도하고 물었을 것이다. 어느 길로 가야하는

가를 구하고 있었다. 그 밤에 마케도니아 사람 하나가 그를 향해서 소리치는 것을 보게 되었다. "건너와서 우리를 도우라." 사도 바울은 확신을 가지고 나가서 복음을 전하는 일에 힘썼다. 그리하여 아시아에 그치지 않고 보스포로스 해협을 건너서 서구 유럽에 복음을 전파하게 되었다.

앞길이 막힐 때 우리는 실망하고 낙심한다. 우리는 순탄치 않은 길에 대해서 불평하고 싫증을 낸다. 그것을 실패하고 착각하기도 한다. 그러나 하나님은 그것을 징표로 해서 새로운 길로 나가는 계기가 되게 깨우쳐 주신다. 우리는 한번의 실패를 경험하게 되면 그만 위축되고 만다. 그러나 하나님은 기적을 일으키신다.

나는 많은 성도들과 목회자들과 선교사들의 간증을 기억하고 있다. 한결같이 하나님이 기적적으로 도와주신 체험을 간직하고 있다. 순탄할 때의 기억보다는 어렵고 힘들었지만 하나님이 문을 열어주신 일들을 또렷이 기억하게 된다. 그리고 나도 역시 지금까지 걸어온 생애에서 때로는 닫힌 문으로, 때로는 열린 문으로 인도하셨음을 말할 수 있다. 내가 가고자 하는 길이 막히게 되더라도 그보다 더 좋은 길이 있으리라 기대하게 된다.

> 하나님이 사랑하는 자들에게는 모든 일을 합력하여 선을 이루게 하신다(롬 8:28).

성령의 인도하심에 의해서 말없이 자기 백성을 향한 계획을 사랑 가운데서 펼치신다.

데이비드 리빙스턴은 원래 중국 선교사로 가려고 했다. 그러나 문이 닫혀있었고, 오직 아프리카로 가는 길이 열렸다. 중국내지선교회가 조직되어 있었고, 하나님은 이들을 통해서 중국 여러 지역에 복음이 전파되게 하였다. 그러나 공산당이 들어오게 되면서 여러 세대에 걸쳐서 문이 닫히고 말았다. 우리는 중국에서 오랫동안 복음이 전파되지 못하여 안타까운 마음을 금할 수 없었다. 하지만 복음은 멈추지 않았다. 나도 여러 차례 중국을 방문했는데 경이로움을 금할 수 없었다. 중국 사람들은 공산주의 치하에서도 은밀히 신앙을 수호하였고, 마침내 개방체제로 전환하면서 지난날 믿음의 흔적을 가진 자들이 무수히 일어나게 하였다. 이미 사역자로 상당한 무리를 인도하고 있는 자들이 신학을 공부하려고 모여든다. 그 사람들에게 어떻게 해서 예수를 믿게 되었느냐고 질문하면, 그 조상들의 기도가 있었다는 답변을 듣게 된다. 기도는 시간과 장소를 초월해서 응답받는다. 나는 성령의 비밀스러운 인도하심을 의심하거나 무시하는 마음을 회개하지 않을 수 없다.

4. 기도 가운데 인도하심

하나님의 인도하심은 성도들의 기도생활에서 가장 확실하게 나타난다. 성령은 신실한 자들로 하여금 기도하게 하시고, 그 기도를 인도해 주신다. 기도는 환경에 좌우되지 않는다. 성도들의 기도는 하나님의 영이 감동하여 힘을 주실 때에만 가능하다. 사도 바울의 증거처럼, 내게 능력주시는 자 안에서 모든 것을 할 수 있는 것이다.

제자들을 다시 마가의 다락방으로 보내시고, 그곳에서 열흘 간 기도하였다. 그날은 주님의 부활 후 50일이 되는 날이었고(오순절), 그들이 기도하는 동안에 성령이 임하였다. 예수님이 세례를 받으실 때에도 기도하였고, 그 이후에 성령이 강림하였다.

성령은 기도하는 제자들에게 강림하여, 그들을 전도하고 증거하는 자들로 사용하였다. 특별한 마음을 갖고 기도하는 자들을 축복하였다. 우리는 기도하는 가운데 의심하지 말고 믿고 신뢰해야 하며, 쉬지 말고 지속적으로 기도해야 한다.

참된 기도자는 항상 감사하는 가운데 가장 순수한 마음으로 하나님께 나아가야 한다. 용서를 받는 마음으로 나아가야 하며, 의지하는 마음으로 나아갈 때에 그 방향을 인도하여 주신다.

다윗은 시편 25:4-5, 9-12에서 하나님의 인도하심을 간구와 기도로 표현하였다.

> 여호와여 주의 도를 내게 보이시고 주의 길을 내게 가르치소서 주의 진리로 나를 지도하시고 교훈하소서…온유한 자를 정의로 지도하심이여 온유한 자에게 그 도를 가르치시리로다 여호와의 모든 길은 그의 언약과 증거를 지키는 자에게 인자와 진리로다…여호와를 경외하는 자 누구냐 그가 택할 길을 그에게 가르치시리로다(시 25:4-5, 9-12).

진실한 성도는 하나님께 그 나아갈 길을 기도로 아뢰고, 인도하심을 간구하기를 즐거워한다. 기도하는 가운데 하나님과 만나는 사람은 순간순간 하나님이 응답하시는 기적을 주어진 환경 가운데서 체험한다. 기도하게 될수록 하나님의 깊은 사랑에 젖어들게 되고, 하나님을 가까이 하게 되어서 그 은혜를 힘입게 된다. 성령이 인도하신다는 것은 온전히 여러분을 통치하시는 것이다. 그 성령으로 하여금 여러분의 인생을 주도하게 하시면, 죄에서 해방될 수 있다. 양심의 소리에 모든 것을 맡기고 몸의 행실을 죽이게 되면, 거룩한 삶을 유지하게 된다. 진정한 기쁨은 하나님의 온전하심을 따라갈 때에 주어진다.

The Glory and Blessing:
Reformed Doctrine of the Holy Spirit

제 22 장

성령의 교통과 '훼방죄'

여러분은 누군가와 깊은 대화를 하면서 살아가고 있을 것이다. 교통과 전달은 그렇게 상호 관계를 만들어 주고 있는 것이다. 나와 하나님과의 관계를 유지하게 만들어주는 상호전달이 진행되고 있는데, 성령의 몫이다. 감동으로, 교훈으로, 눈물어린 탄식으로, 기도하심으로 성령이 감동케 해 주신다.

> 주 예수 그리스도의 은혜와 하나님의 사랑과 성령의 교통하심이
> 너희 무리와 함께 있을지어다(고후 13:13).

성도는 모든 면에서 성령에 의존한다. 기도하는 것도 역시 일부분이다. 여기서 "성령의 교통하심"은 성도와의 동행자이며 공존관계라는 뜻이다. 성령의 교통하심은 교통이라는 단어가 쓰인 곳은 야고보와 요한이 시몬과 동행하다는 누가복음 5:10에 쓰였다. 사도 바울이

자신의 동료 사역자 디도를 동업자라고 불렀다(고후 8:23). 교회 사역에서 이들은 함께 일하는 동료였다. 오네시모와 빌레몬은 동심 동체라고 부를 만큼 동료의식을 가지고 일하였다.

> 이 후로는 종과 같이 대하지 아니하고 종 이상으로 곧 사랑 받는 형제로 둘 자라 내게 특별히 그러하거든 하물며 육신과 주 안에서 상관된 네게랴(몬 1:16).

성령의 교통하심이란 동료로서, 동역자로서, 하는 일이 같고, 힘의 근원이 같고, 친교를 통해서 하나라는 말이다. 이것은 참된 모든 제자들의 유산이다.

1. 연합과 교통

우리 모든 성도들은 성령이 접착제가 되어서 예수 그리스도와 연합한다. 이 그리스도와의 연합이 없다면 교통은 생각도 할 수 없다. 로마서 8:9에 '그리스도의 영이 없으면 그리스도의 사람이 아니다'라고 하여 우리의 기본을 분명히 가르쳐 주셨다. 연합의 접착제로 인해서 우리는 하나님의 가족에 속한 형제와 자매로 받아들여졌다. 이 연합이 지속적으로 유지되려면 교통이 지속되어야 한다. 진실한 교통(communion)은 소통(communication)을 포함한다. 성령의 교통이 일어날 때, 즉 영감을 주실 때에나 조명을 하실 때에나 충만하게 채우실 때에나 언제나 받는 사람과 소통을 한다. 성령의 교통은 전파와 전달을 통해서 성도들의 영혼에 연결되어 있다.

성령은 성부와 성자와 동등한 권위와 권능과 영광을 가지고 있다. 성령과의 교통은 하나님과의 교류를 의미한다. 성령은 우리의 교사가 된다. 우리의 지도자요, 안내자요, 충고자가 된다. 우리와 항상 교류하고 있기에 완전히 벗어나거나 분리될 수 없다. 성령은 항상 성도의 인격과 교통하고 있다. 서로 의존적이다. 동료와 같다. 그러나 이것은 매우 신비로운 일이어서 온전히 말로 다 설명하기 어렵다.

2. 교제와 연합을 이루는 끈

교회 안에서 성령은 하나로 묶어주는 끈이 되어서 다른 성도와의 교제를 위한 힘을 준다. 교회는 성령의 권능으로 '묶고 푸는' 권세를 시행하고 있는데, 이것은 성도들의 말을 통해서 시행되는 것이다. 말은 각자의 내면 안에 있는 것을 연결시킨다. 살아온 생애와 다른 생애를, 감정과 마음을 다른 사람과 나눌 수 있도록 말을 사용한다. 그것이 바로 일방통행으로만 가거나 오는 것이 아니라, 쌍방향으로 주고 받는 것이다. 성령은 성도의 마음에 있는 것을 듣고, 답하며, 기도를 듣고 응답을 주신다. 성령은 시시때때로 우리에게 말씀을 주셔서 눈물로, 뜨거운 가슴으로 느끼게 하신다. 성령은 하나님의 형상 안에서 갱신하고 깨끗하게 하신다.

성령은 성도들을 연합하게 하며, 주 안에서 하나되게 하여 같은 믿음과 고백을 갖고 신앙을 유지하게 한다. "성령의 교통하심이 너희 무리와 함께 있을지어다"라는 것은 성령 안에서 하나 됨, 즉 연합을 의미한다.

주인과 종이라 하더라도 하나가 된다. 빌레몬과 오네시모는 동료 의식을 갖고, 서로 존경하면서 사랑으로 하나됨을 높이 유지해야 한다고 부탁받았다.

> 이 후로는 종과 같이 대하지 아니하고 종 이상으로 곧 사랑 받는 형제로 둘 자라 내게 특별히 그러하거든 하물며 육신과 주 안에서 상관된 네게랴 그러므로 네가 나를 동역자로 알진대 그를 영접하기를 내게 하듯 하고 그가 만일 네게 불의를 하였거나 네게 빚진 것이 있으면 그것을 내 앞으로 계산하라(몬 1:16-18).

성도들의 연합이 없다면 성도들 사이의 교류와 교제도 있을 수 없다. 성령은 성도들의 마음을 연결하는 끈이 되어주신다. 성령은 접착제의 역할을 한다. 모든 성도들이 그리스도 안에서 믿음을 갖도록 만들어 주신다.

> 누구든지 그리스도의 영이 없으면 그리스도의 사람이 아니라(롬 8:9).

그리스도와 연합된 성도들 사이의 결속과 단합은 우리의 신앙적 기초이며, 우리 교회의 초석이다. 우리는 그리스도 예수를 통해서 하나님의 자녀로 입양되었고, 영적으로 하나의 공동체에 속하게 되었다.

이러한 연속과 단합은 인간적인 모임의 결속과는 다르다. 성령은 성도들의 연합을 오직 거룩한 교제로 인도하시며, 이것은 성령 안에서 드리는 진실된 기도 가운데서 수행하게 하신다. 성령은 성도들의 마음을 뜨겁게 하는 말씀을 주셔서 감화하시고, 감동시키며, 뜨거운 눈물과 회개에 이르게 한다. 1907-8년에 일어난 한국 초대교회의 부흥 운동은 성령의 감동으로 열매를 맺은 산 증거이다. 선교사들은 자신들의 교단과 국가에 사로잡힌 어리석음을 회개하고 하나로 연합하였다.

3. 영감과 교통

성령은 기록된 하나님의 말씀을 통해서 교류하고 있다. 그래서 처음 기록할 때부터 인간 저자들에게 영감(inspiration)을 주셔서 전능하신 하나님의 뜻을 담도록 하였다. 하나님이 가르쳐 주시는 것을 인간 저자가 어떻게 담았느냐에 대해서는 베드로후서 1:16-21에 잘 기록되어 있다. 예수 그리스도의 오심과 권능에 대해서 쓴 것은 자신의 눈으로 직접 본 것이라고 주장했다. 성경이 유명하게 된 것은 그것을 쓴 사람이 위대하였기 때문이 아니다. "하나님의 거룩한 사람" 즉 성령의 감동으로 하나님의 비밀을 받아서 기록된 책이기 때문이다. 성령이 그 임무를 수행하도록 그들의 인격에 충만하게 임하였기 때문이다. 성령의 지배를 받으면서 진리를 전달하였다. 그래서 성령의 단어들이요 하나님의 말이다(verbum Dei).

진리의 말씀을 담은 성경은 영광스러운 책이다. 그 하나님의 책은 살아있고, 영원히 머무르게 될 것이다. 성령께서 그 말씀을 통해서 전달할 때에 어두운 곳에 밝은 빛이 발하여지듯이 드러나게 된다. 성령의 교통은 하나님의 말씀으로 사람들에게 소통되는 것이다.

4. 성령을 훼방하는 죄

소통하는 것을 방해하는 죄, 그로 인해서 예수 그리스도의 구원사역을 거부하는 죄는 용서를 받을 수 없다. 그런데 성령이 직접적으로 기적적인 음성을 들려주시거나, 특수한 상황에 들어가서 성도들과 의사소통을 하는 것이 아니다. 오직 성령의 감동으로 된 성경을 통해서 인격적으로 이해하고 감동하고 느낌을 갖게 하심으로써 소통하는 것이다. 그것을 거부하는 가능성도 열어두었다는 것이 놀라운 일이다. 곧 사람들이 하나님 앞에서 마지막 날에 핑계할 수 없게 되는 것이다. 하나님은 소통을 시도하셨고, 자신들이 성령의 음성을 거부했기 때문이다. 성령을 거부하고 하나님을 모독하는 자에 대해서는 용서받지 못한다는 말씀이 주어졌다:

> 그러므로 내가 너희에게 이르노니 사람에 대한 모든 죄와 모독은 사하심을 얻되 성령을 모독하는 것은 사하심을 얻지 못하겠고 또 누구든지 말로 인자를 거역하면 사하심을 얻되 누구든지 말로 성령을 거역하면 이 세상과 오는 세상에서도 사하심을 얻지 못하리라 (마 12:31-32).

첫째, 여기서 언급된 두 가지 죄는 서로 긴밀히 연결되어 있다. "말로 인자를 거부하는 죄"와 "성령을 거역하는 죄"가 긴밀하게 연관성이 있음에 주목해야 한다. 왜 말로 인자를 거부하는 죄는 용서를 받을 수 있는가? 하나님의 아들에 대해서 모독하는 말을 하는 자인데도 용서를 받을 수 있을까? 분명히 예수님은 그렇다고 말씀하였다.

예수님을 거역한 나다나엘을 생각해보면 알 수 있다. 처음에 나다나엘은 나사렛에서 무슨 선한 것이 날 수 있느냐고 예수님을 구세주로 따르기를 거부했다(요 1:46). 친구 빌립의 전도를 도무지 믿지 못하겠다고 뿌리쳤다. 그의 솔직한 대답을 들으신 예수님은 그러한 대답에 대해서 충분히 이해하시고 배척하거나 꾸짖지 아니하시고 오히려 칭찬해 주셨다.

> 보라 이는 참으로 이스라엘 사람이라 그 속에 간사한 것이 없도다(요 1:47).

이어서 신성의 능력을 보여주셨다.

> 빌립이 너를 부르기 전에 네가 무화과나무 아래에 있을 때에 보았노라(요 1:48).

전지전능하신 하나님은 사람의 모든 과거를 아신다. 이에 나다나엘이 예수님 앞에 무릎을 꿇었다.

> 랍비여 당신은 하나님의 아들이시요 당신은 이스라엘의 임금이로소이다(요 1:49).

이처럼 인자의 외적인 요소들을 보고 처음에 거역할지라도 용서를 받을 수 있다. 그러나 성령을 거역하는 자는 용서를 받지 못한다. 예수님은 의도적으로 '인자' 즉 '사람의 아들'이라는 단어를 사용하셨다. 예수님이 사람의 모습을 취한 것은 사람들의 무시를 초래하는 요인이 될 수 있기 때문이다. 예수님은 겸손하셔서 가장 무시당하는 자리에서 사람의 아들로 태어났고, 천하게 취급되는 동네 나사렛에서 목수의 아들로 성장했다. 많은 사람은 나사렛이란 동네가 거대한 로마 주둔지 옆에 있던 곳일 뿐만 아니라, 선지자의 고향이 아니다라고 생각하면서 그곳 출신이라는 이유로 예수님을 거부했다. 나사렛에서 아주 가까운 곳이 갈릴리 지방이었다. 예수님은 '사람의 아들', '인자'라고 매우 친근하고 낮은 자세로 우리에게 오셨다. 성자는 매우 겸손한 자세로 가르치고, 보통사람들과 함께 동행동거하며 말씀을 가르치셨다.[1] 그는 인간의 몸을 입고 낮아지셔서 사람의 아들로 나타났다. 따라서 하나님을 믿고 섬기는 모범을 보여주시고자 하신 것인데, 사람들은 예수 그리스도를 모욕하고 거역한다. 역시 무슨 선한 것이 나겠느냐고 반문하는 자들이 많았다. 더구나 그 지역 사람들이 더 심하게 거부 반응을 보였다. 선지자가 고향에서 인정을 받지 못함에 대해서 탄식하셨다.

> 또 이르시되 내가 진실로 너희에게 이르노니 선지자가 고향에서는 환영을 받는 자가 없느니라(눅 4:24).

인자는 인정을 받지 못했다. 게다가 지방색이 있어서 큰 도시가 아니라, 가난하고 궁벽한 시골 마을에서 도대체 어떻게 해서 구세주가 나오느냐고 무시하는 자들이 태반이었다. 하지만 이처럼 예수님

---

[1] William Fitch, *The Ministry of the Holy Spirit*, 231: "Our Lord obviously uses the phrase 'Son of Man' deliberately. He is speaking of Himself in His humiliation."

의 사람으로서 모든 조건과 외모를 보고 거부하는 자는 나중에 용서를 받을 수 있다. 실제로, "나사렛에서 무슨 선한 것이 나겠느냐?"(요 1:46)라고 거부했던 나다나엘은 나중에 회개하고 예수님의 용서를 받았다. 그러나 성령을 훼방하는 죄는 사하심을 얻지 못한다.

성령을 훼방하는 죄는 성령의 교통을 무시하고 거부하는 사람들에게 주신 말씀이다. 성령을 거부하는 죄는 결국은 성령의 교통 가운데서 역사하시는 성령의 사역을 거부하는 것이다. 성령은 예수 그리스도를 구세주라고 고백하게 하고 메시아임을 인격적으로 받아들이도록 회개케 하는 영이다. 성령을 거부하는 죄는 예수 그리스도의 메시아 되심을 증언하고 선포하고 영광을 돌리는 모든 성령의 교통하심과 권능과 사역을 거역하는 죄이다. 성령은 오직 예수 그리스도 안에서 새로운 생명과 은혜를 주신다. 메시아에 대해서 증거하고 전파하는 성경의 증거와 증언을 거역하는 죄에 해당한다. 하나님이 기록된 말씀을 통해서 전해준 역사적 사실들과 진리를 거역하는 죄이다. 성령은 예언과 계시를 주시는 하나님이시다.

구약성경에서 하나님의 이름에 대해서 불경스러운 말을 하는 죄는 매우 엄격하게 처벌하였으니, 곧 사형죄로 다스렸다(레 24:15-16). 이와 마찬가지로 성령을 거부하는 죄는 하나님과의 교제와 교류도 거부하는 것이다. 이런 사람들은 영적인 죽음을 선고받는다. 성령을 거역하는 죄는 곧 사함을 얻지 못한다. 영원한 심판을 받게 되어있다. 성령을 '모독한다'는 말은 하나님에 대해서 거짓말 하고, 반항하고, 모욕하는 말을 하는 것이다. 하나님 앞에서 회개하지 않고 거역하는 태도이다. 신약성경 시대에서도 성령을 거역하는 자는 영원한 심판에 해당한다. 또한 양심에 마비가 되어서 모든 도덕적 요청들에 대해서 온 몸으로 거부하는 자이다.

성령을 거부하는 자는 하나님과의 교통을 할 수 없는 죄를 범하게 된다. 따라서 그 거부하는 사람의 영혼은 하나님의 영역이 될 수 없다. 하나님은 거룩하신 분이신데, 그 거룩한 영이 머물 수 없다면, 어두움과 암흑의 세계에 속한 사람이다. 지속적으로 의도적으로 어두움에 빠져서 빛을 거부하고 있는 사람이다. 성령은 진리의 영이기에 거부하는 자는 불의와 거짓에 속해 있다. 성령을 거역하는 사람은 머리로는 빛에 속해 있는 것처럼 보이지만, 그의 가슴으로는 미워하고 증오하는 자이다. 곧 성령과의 교통을 거부하는 자는 용서 받을 수 없는 죄를 범하는 것이다. 이것은 도리어 성령의 저주이다. 성령에 의해서 감동을 받은 거룩한 자들은 거부하는 것은 성경을 거절하는 것이다.

성령의 교통을 거부하는 것은 용서받을 수 없는 아주 실제적이고 구체적인 죄가 된다. 이 죄는 궁극적으로 성령이 감동하여 하나님이 말씀하시는 성경을 거부하는 죄이다. 이 죄는 그냥 무시하고 몰랐다는 정도로 그치는 것이 아니라, 순수한 진리와 지식과 이해를 거부하는 죄이다. 반항하고 거부하는 습관적인 죄이다. 따로 고립되어서 지은 죄가 아니라, 죄의 성격상 공개적이고 대담한 태도를 수반하고 있다. 죄에 대해서, 의에 대해서, 심판에 대해서 꾸짖으시며 회개를 촉구하시고 복음을 믿을 것을 주장하는 성령의 요구와 요청을 지속적으로 거부하는 죄이다. 성령을 거부하는 죄는 입으로나 말로서 범하는 가벼운 죄가 아니라, 인격의 중심부인 가슴 속에서 확신을 가지고 거역하는 무서운 범죄이다.

오스왈드 샌더스는 이처럼 두려운 죄에 대해서 지적한 바 있다.

어째서 이 죄에 대해서는 용서가 없다고 하는가? 그리스도의 보혈 안에 있는 덕이 충분하지 않아서인가? 하나님이 변덕스럽기 때문인가? 절대로 그렇지 않다! 용서에는 언제나 두 편이 존재한다-한쪽은 용서를 해 주시는 분이고, 다른 한쪽은 용서를 받는 쪽이다. 만일 한 사람이 완고하게 죄를 용서받기를 거부하고 고집한다면, 하나님이 어찌할 수 있겠는가? 성령이 지속해서 노력하는 것은 죄인의 책임을 늘려가는 것이다. 용서를 거부한다면, 그 죄는 용서받을 수 없다.[2]

성령은 예수 그리스도가 메시아이심을 증거한다. 성령을 거부하는 자는 바로 성령의 증거를 거역하여 마침내, 구세주로서 예수님을 거부하는 자가 된다. 성령은 그리스도의 영이요, 하나님의 본체이시다. 그러므로 성령을 거역하는 죄는 그 성령을 보내신 그리스도를 거역하는 것이요, 하나님 아버지를 거부하는 것이다. 이 죄는 하나님의 신성을 거역하는 죄이므로 사함을 얻지 못한다. 하나님이 임재하실 수 없는 마음을 갖고 있기 때문이다.

마지막으로 성령을 거역하는 죄는 하나님의 나라와 새로운 시대의 도래를 거부하는 증거가 된다. 성령이 임재하게 되고, 능력과 권능이 임하게 되면 하나님의 나라가 도래하고, 구약성경의 예언이 성취된다(사 24:21-23).

렝스토르프(K. Rengstorf)는 말한다.

---

[2] J. Oswald Sanders, *The Holy Spirit of Promise* (Fort Washington: Christian Literature Crusade, 1940), 136.

> 이 죄는 사람이 성령에 의해서 예수 그리스도의 사명을 인식하고서도 그것에 도전하고 저항하고 저주할 때 범하는 것이다. 이런 말을 하는 것은 상황의 심각성을 보여준다. 이제는 마지막 때요, 하나님의 주권이 발휘되기 시작했다.

성령을 거스르는 죄는 예수님이 말씀하신바 하나님이 심판으로 모든 인류를 처벌하시기 직전의 시간에 이를 구별하는 역사에 속한 것이다. 성령의 임재는 구원의 날이 마지막에 이르렀다는 것이다. 마지막 시간에 도달하였는데도 거역하는 사람들의 모습이다.

5. 성령을 소멸치 말라

> 성령을 소멸치 말며 예언을 멸시하지 말고 범사에 헤아려 좋은 것을 취하고 악은 어떤 모양이라도 버려라(살전 5:19-22).

성령은 우리 안에 오셔서 역사하시면서 그리스도인의 성품을 창조하시고 그들의 인격 속에 내주해 계신다. 따라서 그분을 소멸해서는 안 된다. 성령은 성도들의 마음에 역사하시고, 성경에 기록된 말씀을 통해서 역사하시고 있다.

첫째, 성령이 주시는 모든 조명과 통찰력은 무엇이든지 있는 그대로 받아야 하며, 지속해서 교훈으로 유지되어야 마땅하다. 성령이 주시는 조명과 통찰력을 소멸하는 경우에는 심각한 신앙의 타락과 변질을 초래한다. 우리의 마음을 밝혀서 죄악을 분별하게 하는 성령의 역동적인 사역이 없다면 그리스도인들은 더 이상 빛으로 나아갈 수 없다.

둘째, 성령이 주시는 여러 은사와 병 고침과 같은 지속적인 은혜를 맛보며 살 수 있다. 그리고 중생과 성화와 확신과 희락은 오늘도 새롭게 충만할 수 있는 것이다. 성도들은 처음 회심하고 부르심을 받을 때만이 아니라 오늘도 새로운 심령을 창출하시고 예수 그리스도 안에서 살아가게 만드시는 성령의 지속적인 사역 안에 있다. 따라서 신약성경에서 하나님의 간섭을 사모하고, 하나님의 도우심과 관여를 기다리는 성도들에게 주신 은혜를 지속적으로 누려가야 한다. 성령의 소멸과 예언의 멸시를 같은 맥락에서 다루고 있음에 주목한다면, 예언은 항상 새롭게 주어지는 것이라고 볼 수 없다.

셋째, 성령을 소멸하지 않아야만 구원의 감격이 유지된다. 다윗은 시편 51편에서 위대한 회개의 노래를 토로했다.

> 주의 성령을 내게서 거두지 마소서(시 51:11).

이 구절은 주님의 임재를 거두지 말라는 뜻이 아니라, 구원의 감격을 회복시켜주시기를 애절하게 간청하는 것이다. 성령을 상실하는 것에 대한 두려움은 간음으로 인해서 도덕적인 타락이 자신의 심령을 지배하고 있음에 대한 회개에서 나온 뉘우침의 산물이다. 다윗의 마음은 오직 성령을 소유함으로써 죄를 자백하고 순결해지며, 기쁨이 넘치고, 분별력을 회복해서 견고한 신앙 위에 설 수 있게 되었다. 다윗에게 있어서 성령의 소멸은 구원의 감격과 연관되어 있다.

성령은 개인의 심령 속에서 지속적으로 도덕적 갱신과 영적인 자질을 유지발전시키는 일을 하고 있다. 시편의 주옥같은 노래들은 모두 다 성령의 지속적인 역사에서 나온 것이다. 성령이 역사하여 빚어낸 아름다운 마음에서 주옥같이 순결하고 깊이 있는 찬송시들이 창조될 수 있었다.

성령은 두려움, 슬픔, 의심, 절망을 토로하게 하고 그 좌절에서 견고한 확신을 하나님 안에서 찾게 하신다. 성령은 완전한 경배와 예배를 가능하게 하신다. 오직 성령이 임하시는 곳에서만 참된 예배가 이루어진다. 심령에 진실함과 순수함이 회복되고 영으로 노래하게 하신다. 완전한 예배와 헌신은 오직 성령이 행하시는 구원의 열매들이다.

제 23 장

고난 중에 도우시는 성령

> 성령도 우리의 연약함을 도우시나니(롬 8:26).

고난과 고통의 문제는 성경에서 좀처럼 관심이 없는 사항으로 생각하는 경향이 있다. 기독교 신앙의 세계에서 고난을 말하기란 좀처럼 쉽지 않다. 고난을 좋아하는 사람이 없기 때문에, 성도들에게 고난을 강조하는 설교를 하기란 매우 조심스럽다. 기복신앙을 추구하는 세상에서 고난은 누구도 달가워하지 않는다.

고난은 자기 스스로 자초하기도 한다. 무지에서 자기가 잘못 판단하여서 당하는 어려움이 크다. 때로는 하나님의 심판과 의로우신 판단의 결과이기도 하다. 죄에 빠져있으면, 고통을 치르면서 깨닫게 된다.

욥은 동방의 의인이라는 칭송을 듣던 자였지만, 고난을 피해가지 못했다. 사탄의 대상으로 지목되었기 때문이다. 하나님의 선하신 섭리 가운데서 사탄의 계획은 이루어지지 못했다. 그 사이에 욥이 견디며 감당해야만 했던 고난은 상상을 초월할 만큼 극심했다.

나는 욥의 고난이 지금도 계속되고 있음을 본다. 자식을 먼저 하늘나라에 보내고 살아가는 부모와 형제 자매의 고통이 지금이라고 해서 없어진 것은 아니다. 교통사고와 각종 자연재해로 가족들이 이별하는 일이 비일비재하다. 한반도의 분단이 낳은 비극도 외면할 수 없다. 수백만 이산가족의 고통은 세월 속에서 오랫동안 깊어가고 있다. 이런 분들의 고통에는 어떤 위로도 소용이 없을 것이다. 한시도 잊을 수 없는 상실의 고통 중에라도 성령은 간섭하신다.

1. 고난 중에 오는 성령의 기쁨

어두운 밤이 지나고 나면 아침이 온다. 내일을 기대하게 하고 바라보게 하시는 분이 성령이다. 성령의 기쁨은 내일에의 소망과 꿈이다. 내가 신학대학원을 졸업하고 목회자로 준비하는 과정부터 지금까지 수많은 어려움을 목격했다. 내 개인적인 어려움도 많았지만, 다른 성도들의 역경과 고난을 많이 지켜보았다. 사업이나 가정 문제로, 결혼이나 인간관계로 어려움을 겪고 있는 많은 성도들을 목격했다. 장례식을 셀 수 없이 많이 치러보았다. 질병의 고통과 죽음의 공포에서 신음하는 성도들에게 권면할 때에 오직 할 수 있는 말은 예수님의 부활과 재림이었다. 내가 개인적으로 고통스러운 일에 직면할 때에 한결같이 붙잡으려 했던 교훈은, "꿀벌은 슬퍼하지 않는다"라는 격언이었다. 웃으면서 고난을 이겨낸 사도들은 꿀벌과 같이 묵묵히 자기 임무에만 충실하였다. 그 고난 속에는 항상 하나님의 은혜가 주어졌다.

예수님이 먼저 고난의 십자가를 감당하셨고, 그 후에 영광의 부활이 주어졌다는 것이 복음의 핵심이다. 우리 기독교 신자가 걷는 좁은 길, 좁은 문에는 슬픔이 있고, 고통이 많다. 하지만 그것만이 아니다. 항상 피할 길을 내시고, 완전히 막혀버린 막다른 골목에서도 기적이 있다. 질병이라는 육체적인 고통도 있고, 억울하고 짓눌리고 스트레스를 받는 영적인 것, 관계에서 주어지는 답답함과 불편함이 있다. 여기서 피할 수 있는 길은 당장에는 없어 보인다. 그저 묵묵히 받아들이고 견뎌내면서 이겨나가다 보면, 해결의 은혜가 주어진다.

> 구원의 창시자를 고난을 통하여 온전하게 하심이 합당하도다(히 2:10).

> 너희는 많은 환난 가운데서 성령의 기쁨으로 말씀을 받아 우리와 주를 본받은 자가 되었으니(살전 1:6).

> 무릇 그리스도 예수 안에서 경건하게 살고자 하는 자는 핍박을 받으리라(딤후 3:12).

성령은 고난당하고 있던 사도 바울에게만 용기와 지혜를 얻도록 보내주신 것이 아니다. 환란 가운데서 고통을 당하면서 이겨 나가야 할 모든 성도들에게 성령의 기쁨을 주신다. 그 기쁨의 내용은 '도'를 받는 것이다. 곧 복음의 말씀을 받는 것이 성령이 주시는 기쁨의 내용이다.

성숙한 성도가 되었을 때에 고난의 문제가 해결된다. 견딜 수 있는 담력과 힘을 성령께서 주신다. 어떤 형편에서도 자족하고, 만족하고, 위로를 얻게 된다. 우리가 초대교회 성도들처럼 고난을 이겨낼 수 있는지 다음 구절을 명상해 보자.

> 또 어떤 이들은 조롱과 채찍질뿐 아니라 결박과 옥에 갇히는 시련도 받았으며 돌로 치는 것과 톱으로 켜는 것과 시험과 칼로 죽임을 당하고 양과 염소의 가죽을 입고 유리하여 궁핍과 환난과 학대를 받았으니 (이런 사람은 세상이 감당하지 못하느니라) 그들이 광야와 산과 동굴과 토굴에 유리하였느니라(히 11:37-38).

분명한 것은 기독교인으로 산다는 것은 고난이 있지만, 결코 환난에 무너질 수 없다는 것이다. 성경이 가르치는 진리는 자기 잘못이든, 무고하게 당하는 것이든, 성도는 고난 중에서 살아가지만, 넉넉히 이기게 하시는 분이 돌보고 계신다는 것이다. 크게 높이 쓰임 받은 성직자들은 예외 없이 고난을 당하였다. 그리고 예수님이 십자가의 고난을 당하신 분이시므로 성도는 남은 고난을 받는 것이고, 또한 장차 영광을 바라보면서 앞으로 나가는 것이다(히 2:10).

> 자녀이면 또한 상속자 곧 하나님의 상속자 그리스도와 함께 한 상속자니 우리가 그와 함께 영광을 받기 위하여 고난도 함께 받아야 할 것이니라(롬 8:17).

성령이 주시는 기쁨이란 내일의 영광을 바라보는 소망이다. 신실하게 시련의 폭풍우를 견디고 있으면 마침내 이기게 된다. 마라톤 선수처럼 두세 시간을 견디면 경주가 끝나는 순간에 상급이 주어진다. 인생의 경주는 더 큰 인내가 필요하다. 소망 없이 죽을 고생을 하는 것이 아니요, 돌보아 주시는 하나님을 신뢰하며 이겨나가는 것이다.

2. 영광의 영이 지키신다

고난 중에 있는 성도는 홀로 있지 않다. 우연히 벌어지는 고난처럼 보여도 그 전체 맥락의 배경을 보면, 하나님의 영이 함께 하신다.

우리는 욥의 고난을 생각하지 않을 수 없다. 그토록 진실하고 경건한 자에게도 사탄의 책동 때문에 고난이 왔다. 욥을 향하신 하나님의 선하신 신뢰 때문에 시련이 주어진다는 점을 깨닫게 된다. 하나님은 사탄을 제압하고자 욥의 시련을 허용하였다. 믿음이 부족했던 욥의 아내는 하나님을 저주하고 죽으라고 핍박하였다. 연약한 믿음을 가진 자는 흔들린다. 그러나 욥은 하나님 앞에서 문제를 해결하고자 노력하였다. 아내와 친구들의 오해를 포용하면서도 욥은 울부짖지 않을 수 없었다. 욥은 "주신 이도 여호와시요…거두신 이도 여호와시오니…"(욥 1:21, 2:10)라고 고백하며 입으로 범죄하지 않았다. 그리고 기도하였다.

하나님은 그의 자녀들에게 고난을 당하도록 제정하시고, 명령하신다. 하나님은 사랑이시므로 그의 자녀들에게 전혀 고통을 주시지 않는다고 말하는 것은 어리석은 자들의 주장이다. 고난은 은혜의 시작이 될 수 있다(Pain can become a ministry of grace). 다음에 나오는 베드로전서 4장을 주의깊이 읽어보자. 성도가 고난의 때를 어떻게 받아야 하는가를 설명해 주셨다.

> 사랑하는 자들아 너희를 연단하려고 오는 불 시험을 이상한 일 당하는 것 같이 이상히 여기지 말고 오히려 너희가 그리스도의 고난에 참여하는 것으로 즐거워하라 이는 그의 영광을 나타내실 때에 너희로 즐거워하고 기뻐하게 하려 함이라 너희가 그리스도의 이름으로 치욕을 당하면 복 있는 자로다 영광의 영 곧 하나님의 영이 너희 위에 계심이라(벧전 4:12-14).

영광의 영, 하늘과 땅의 모든 권세를 가지신 하나님의 위대하심을 우리가 받고 있다. 선하시고 온전하신 하나님의 영광스러운 보호가 항상 같이하고 있다. 하나님의 온전하심과 완벽하심을 받아들이는 성도들이라면, 결코 하나님이 모른 채 하시지 않고 구원의 손을 펼치신다. 어떻게 고난이 복이 될 수 있는가? 욕을 먹고 무시를 당하고 천하게 취급되는데도 즐거워할 수 있는가? '영광의 영', 성령이 주목해서 돌아보고 있기에 돌보아 주신다. 베드로는 "그러므로 하나님의 뜻대로 고난을 받는 자들은 또한 선을 행하는 가운데 그 영혼을 미쁘신 창조주께 의탁할지어다"(벧전 4:19)라고 격려하였다.

사도 바울의 경우에도 고난이 전화위복의 계기가 되었다. 그에게는 환상과 계시를 보는 남다른 영적 체험과 능력이 주어졌다. 하지만 자만할 수 없도록 육체 속에는 사탄의 가시가 있었다. 아마도 그의 눈이 잘 보이지 않아서 이런 말을 했을 수도 있고, 남에게 무시당하는 질병을 갖고 있어서 그런 표현을 했었을 수도 있다. 남은 고쳐준 사람이 자신의 병은 어찌해서 낫지 못하느냐?라는 핀잔과 조롱을 들었을 것이다. 그런데 이런 고통과 고난이 오히려 결과적으로 도움이 되었다.

> 나에게 이르시기를 내 은혜가 네게 족하도다 이는 내 능력이 약한 데서 온전하여 짐이라 하신지라 이러므로 도리어 크게 기뻐함으로 나의 여러 약한 것들에 대하여 자랑하리니 이는 그리스도의 능력이 내게 머물게 하려 함이라 그러므로 내가 그리스도를 위하여 약한 것들과 능욕과 궁핍과 박해와 곤고를 기뻐하노니 이는 내가 약한 그 때에 곧 강함이라(고후 12:9-10).

하나님은 비밀스러운 계획을 가지고 계신다. 어둡고 추운 겨울, 비바람이 몰아치는 광야에서 하나님의 영이 함께 하신다.

영국 청교도 문학의 최고의 작가인 존 번연(John Bunyan, 1628-1688)은 16세 나이에 어머니와 누나를 한 달 사이에 모두 잃었고, 올리버 크롬웰을 따라서 의회파 군인으로 나가 싸우다가 간신히 목숨을 건졌다. 가난했던 그는 제대로 학교 수업을 받은 적이 없었고 천한 신분이었으므로 방탕한 생활에 빠져있었다. 고아 출신 여인에게 장가를 들었지만, 첫 딸 메리는 앞을 보지 못하는 아이로 태어났다. 1660년 찰스 2세가 모든 예배 형식을 국교회로 바꾸고 왕정복고를 실현했다. 정부가 정하지 않은 방식으로 모이는 교회를 인정하지 않았고, 소규모 집회는 왕을 향한 반역죄로 다스렸다. 타협을 거부한 존 번연은 감옥에서 모진 고초를 당했다. 거의 감옥에서 살다시피 하였으나, 자신이 풀려나면 즉시 성공회 밖에서 모임을 갖고 국가에서 제정한 예배 의식을 따르지 않을 것이라고 맞섰다. 매번 다시 감옥에 던져졌다. 특히 1666년에서 1672년까지는 혹독한 시련기였다. 마침내 5인 이상의 종교적인 모임을 영국성공회 교구의 허락 없이도 가질 수 있다는 판결이 통과되면서 풀려나게 되어 났다. 베드포드 지방에서 널리 알려진 독립교회 목사였으나 가운을 입지 않고 마차 몰이꾼의 복장을 하고 가죽 채찍을 들고 다녔기에 더 이상 국가권력이 체포할 수 없었다. 그가 쓴 유명한 풍자극,『천로역정』(The Pilgrim's Progress)은 고난 속에서 발표한 작품이다. 기독신자가 겪는 고초와 유혹을 재치 있게 그려내서 오늘날까지 큰 감동을 주고 있다.

한국 사람들은 모두 다 가슴에 한을 품고 살아간다. 억울하게 당한 일에 대해서 생각할수록 원망과 분노가 치밀어 오른다. 누구에게 호소할 것인가? 어떻게 해결할 수 있을 것인가? 오직 하나님 한 분 밖에 없다. 그분은 모든 것을 아신다. 성공을 확신했는 데 실패로 끝나는 일들까지도 하나님은 모두 다 알고 계신다. 그리고 좀 더 부드럽게 실패한 현장에서 말씀한다.

> 마음을 살피시는 이가 성령의 생각을 아시나니 이는 성령이 하나님의 뜻대로 성도를 위하여 간구하심이니라 우리가 알거니와 하나님을 사랑하는 자 곧 그 뜻대로 부르심을 입은 자들에게는 모든 것이 합력하여 선을 이루느니라(롬 8:27-28).

고난은 하나님의 뜻을 배우고 터득하는 기간이다. 그 사이에는 왜 고난이 오는지 잘 알 수 없어서 번뇌하고 씨름하게 된다. 그래서 더욱 하나님께 매달리는 기도를 드리게 된다. 성령의 참된 교통하심을 우리가 알 수 있게 된다. 우리의 모든 즐거움과 기쁨은 고난을 통해서 주어진다.

고난은 성도들을 훈련하여 만왕의 왕 되시는 주님을 영원토록 섬기게 한다. 고통을 통해서 더욱 고난당하신 주님을 알게 되고, 교회에서도 남은 고난을 채우는 노력을 하게 된다(골 1:24). 고난은 필수적인 수단이요, 동시에 은혜의 방법이 된다. 고난 중에도 은혜를 받을 수 있는 것은 평안과 영혼의 위로가 하나님으로부터 주어지기 때문이다. 고난은 영광을 위해서 무르익는 시기이다.

우리는 모두 연약한 성도들이다. 믿음이 흔들리고 쉽게 넘어진다. 하루에 일흔 번이라도 넘어진다. 마음으로 미워하고 용서하지 못한다. 그러나 성령이 도와주신다. 우리 인간을 들여다 볼 때에는 전혀 희망이 없다. 그러나 절망 밖에 남아있는 것이 없는 우리 안으로 성령이 들어오셔서 우리의 희망을 새롭게 하신다. 존 번연의 풍자와 같이, 절망과 허무라는 마을을 떠나서 영원한 도시로 향하는 새 희망을 불어 넣어주신다.

성령은 우리의 한계를 아시고 기도하신다. 미혹에 넘어가지 않도록 붙잡아 주시고, 처절한 죄악과의 전쟁터에서 승리하게 하신다. 성령은 하나님의 약속을 기억나게 만들어주신다. 우리의 자신으로 삼고 이 약속을 붙잡고 나아가게 힘을 주신다. 성령은 성도들의 고통스러운 부르짖음에 간섭하시고, 도움이 되어주시고, 기도해 주신다.

3. 자기를 부인하고 십자가를 지는 삶

우리는 연약해서 십자가를 지기 싫어하고 피하려 한다. 예수님의 십자가를 자랑스럽게 말하지만 내가 지고 가야하는 십자가는 피하려

한다. '내가 십자가를 지겠다'라는 말을 정치인들이 자주 사용하는데, 대체로 대통령이나, 국회의원이나, 서울 시장과 같이 큰 감투를 염두에 두고서 자신이 그 일을 맡겠다고 하는 일종의 야심의 선포이다. 사람은 모두 다 십자가를 피하려 한다. 그것이 고난이라고 생각하는데 누가 좋아하겠는가? 또한 '새 술을 새 부대에 넣어야 한다'라는 말을 자주하는데, 이것도 역시 정치인들이나 사회개량을 선동하는 자들이 성경구절을 악용하는 구절이다. 아무 것이나 새 술이요 새 부대가 될 수 없다. 내가 내놓는 것은 새 술이요, 내가 만들려는 것은 새 부대라고 착각하는 것이다. 내가 무너뜨리고자 하는 것은 낡은 포도주에 해당하고, 낡은 부대라고 말하는 것은 극도의 자기중심주의를 발산하는 것이다. 새 포도주는 오직 예수 그리스도의 복음뿐이다.

예수님이 제자들에게 모두 세 번에 걸쳐서 십자가를 지라고 말씀하였다. 각각 다른 경우에 이처럼 십자가를 지라는 말을 세 번이나 강조하신 것은 특히 자신의 죽음을 준비시키시고 제자들도 그 뒤를 따라 오라는 것이다. 이제 예루살렘에 가시면 대제사장과 서기관들에게 고난을 당하고 잡혀서 십자가에 달려 죽으시게 될 것을 설명하셨다.

세 번이나 십자가를 지라고 하신 말씀은 최상 강조법이다. 유대인들의 표현법 중에서는 더 이상 중요한 것이 없을 만큼, 꼭꼭 기억하라는 당부의 말씀이다.

> 또 자기 십자가를 지고 나를 따르지 않는 자도 내게 합당하지 아니하니라(마 10:38).

> 예수께서 제자들에게 이르시되 누구든지 나를 따라오려거든 자기를 부인하고 자기 십자가를 지고 나를 따를 것이니라(마 16:23; 막 8:34; 눅 9:23).

> 누구든지 자기 십자가를 지고 나를 따르지 않는 자도 능히 내 제자가 되지 못하리라(눅 14:27).

특히 베드로의 경우에 십자가를 싫어하였다.

> 주여 그리 마옵소서 이 일이 결코 주께 미치지 아니하리이다(마 16:22).

예수님은 베드로를 심하게 꾸짖었다. 베드로가 주님을 배신할 것도 이미 알고 계신 주님은 "하나님의 일은 생각하지 않고 사람의 일"만을 생각한다고 질타하셨다. "누구든지 나를 따라오려거든 자기를 부인하고 자기 십자가를 지고 나를 따를 것이니라"(마 16:23)라고 촉구하셨다. 우리는 십자가 없는 예수님을 원한다. 의도적으로 내 앞을 가로막는 것들을 싫어한다. 구원의 길에서도 순탄하고 평탄한 것만을 추구한다.

야곱은 20년 동안이나 자신의 야망과 욕심을 채우면서 살다가, 부모가 있는 집으로 돌아가고자 했다. 하나님에 대한 관심이나 증거나 예배하는 삶이 아니라, 오직 자기 자신만을 위해서 살았다. 자신의 무엇이 잘못된 것인가를 파악할 수 없었다. 하나님은 야곱의 인간적인 시도를 모두 허용하시고 지켜보셨다. 마침내 얍복 강가에서 하나님과 마주쳐야만 했다. 자신에게 주어진 모든 축복의 근거가 무엇인가를 깨닫는 순간이었다. 야곱은 꾀가 많은 사람이었다. 얍복 강가에서 야곱의 자아가 죽어야 했다. 영원하신 성령의 권능으로 야곱은 자기 자신의 모습을 발견했고, 하나님을 다시 찾았다. 이기적이고, 자기중심적이고, 욕심이 많고, 빼앗으려하던 자기의 인생을 보게 되었다. 그래서 처음으로 목숨을 다해서 기도했다. 성령의 도우심이 아니었다면 결코 야곱이 자신의 모든 과거를 버릴 수 없었다.

자기를 부인하는 것은 세상에 대해서 죽었다고 선언하는 것이다(갈 6:14). 예수 그리스도를 향한 모욕, 거부, 채찍, 침 뱉음, 십자가의 죽음 등이 사도들이나 제자들에게 무관한 일이 아니었다. 그런데 지금 일부 한국교회들은 제자로서 가야 할 길과는 정반대로 가고 있다. 큰 이름과 명예와 성공과 세속적인 영향력을 가지고 있다. 물론, 대형교회의 외적인 힘이 정치적으로 비쳐진 모습을 말하는 것이다. 목회자는 대중들의 인기를 얻으려 하고 있으니, 어떤 기독교로 가야하겠는가?

성령이 지시하는 길은 거룩하고 순결한 하나님의 길이다. 성령은 예수 그리스도를 영화롭게 하도록 우리에게 찾아오셨다. 우리가 주님의 거룩함과 순수함을 보게 될 때까지 우리 안에서 성령은 탄식하고 있다. 성령은 말없이 간구하신다. 성령 하나님의 부르짖음은 우리 안에 하나님의 순결함이 채워지도록 하는 것이다. 예수 그리스도 안에서 보인 하나님의 모습을 우리 성도들의 마음에 가득 채워서 오직 주님을 드러내고자 하신다.

자기를 부인하고 십자가를 지는 것을 기독교인의 삶의 원리고 강조한 것은 존 칼빈이다. 그가 강조한 것은 육체적인 것들의 '죽음'과 영적인 것의 '살림'이다. 칼빈은 개인적으로 자신을 죽이는 고통을 많이 겪었다. 편두통과 위궤양을 비롯해서 십여 가지가 넘는 병, 어린 아들의 죽음, 아내의 병과 죽음 등 아픔을 겪었다. 그러면서 크게 깨우치고 반성하게 되었다. 하나님 앞에서 인간의 오만과 교만을 꺾는 것이 어렵다는 것을 잘 알게 되었다. 나는 칼빈의 명저, 『기독교 강요』에서 자기를 부인하라고 강조한 부분을 읽으면서 큰 깨우침을 얻은 바 있다. 우리 모든 인간들이 자기 자신만의 왕국을 세우고 있는 까닭에, 우리가 안에 하나님 나라가 세워지지 않는다는 것이다.

> 모든 사람은 각각 자기가 잘났다고 생각하며, 그 가슴 속에 자기 나름대로의 일종의 왕국을 가지고 있다.[1]

내 방식대로, 내 생각대로, 내 계획대로, 내 판단하는 바에 따라, 내가 좋아하는 대로 각각 사람마다 자기 나름대로 논리를 주장하고 있다. 각기 자기 나라를 세우고 있으며, 그 왕국의 주인으로 살아가고 있다. 그래서 하나님 나라의 필요성을 별로 느끼지 못한다. 남의 말도 잘 듣지 않으려 하는 것은 너무나 당연한 것이요, 심지어 하나님을 마음에 두기를 싫어 한다(롬 1:18-25). 마음이 가난한 사람이 아니고서는 하나님의 나라를 찾으려 하지도 않는다.

칼빈은 전통적으로 다루어 온 바와 같이, 인간의 자만심을 이런 사망에 이르는 죄악의 어머니라고 생각한다. 그래서 칼빈은 자기가 우

---

[1] John Calvin, *Institutes of the Christian Religion*, tr. Ford L. Battles (Philadelphia: Westminster, 1960), III.vii.4: "Thus, each individual, by flattering himself, bears a kind of kingdom in his breast."

월하다는 교만과 자기 만족에 빠진 지성주의자를 통렬하게 비판한다. 하나님의 심판을 자초하는 오만함에 빠진 인간의 지식적인 은사에 대해서 탄식한다. 사람마다 자기만의 왕국을 건설해 놓고, 그 나라의 주인으로 살면서 착각에 빠져서 있는 모습을 성경적으로 냉철하게 지적한 바 있다.

자기를 부인하고 십자가를 진다는 것은 육체적 고통과 영적인 사망이 함께 작동해서 거룩한 길을 기쁘게 따라가는 것이다. 하나님은 우리를 성령의 인도하심 가운데서 사랑과 희락과 화평과 오래 참음과 자비와 양선과 온유와 충성과 절제의 삶으로 인도하신다. 이것은 우리가 죄에 대해서 죽고, 자아를 완전히 포기할 때까지는 이루어지지 않는다. 얍복강가의 야곱이 되어야만 평안한 삶이 보장되고, 온전한 하나님의 통치가 이루어진다(창 33:18). 성령은 이러한 성도가 되도록 우리를 위해서 기도하시고, 탄식하시고, 심령을 자극해서 볼 수 있게 만드신다(롬 8:27).

제 24 장

성령의 놀라운 일들

　　성령에 대해서 가르쳐주신 성경을 살펴보면서 놀라운 사실을 발견하게 되는 바, 성령은 정작 자신에 대해서 전혀 드러내지 않고 사역한다는 것이다. 사람의 행동과는 정반대이다. 드러내고 자랑하고 우쭐거리고 큰소리치려는 인간들, 그래서 항상 거칠고 반항적이며 경쟁적이다. 그러나 성령은 전혀 다르다. 모든 것을 감추신다. 놀라운 일을 하면서도 성령은 항상 숨어있고 예수 그리스도의 이름을 높인다.

　　예수님은 마태복음 23장에서 서기관과 바리새인들의 정신상태를 통렬히 비판했다. 서기관과 바리새인은 자기 영광을 위해서 행동하였다. 자신들의 가르침만이 정통성을 갖추고 있다고 자부하였고, 특히 드러난 선행을 통해서 종교적 업적을 내세우고자 했으나, 이들의 주장들은 이스라엘 백성들이 바빌로니아에 포로가 된 이후로 만들어진 임시적인 것들에 불과한 것들이다. 이들은 하나님이 보시기에 좋은 것이 무엇이냐가 아니라, 자신들의 자랑거리를 내세우기에 여념이 없었다. 이런 것들이 사람의 진면목이다.

하나님의 은혜가 아니고서는 사람이 제대로 설 수 없다. 자기 자신을 내세우고 업적을 자랑하는 모습을 버리지 못하는 것이다. 그러나 성령의 사역은 전혀 다르다. 사람의 행동과 사고방식과는 반대다. 성령은 자신에 대해서 말하지 않으며, 자랑하지 않으며, 큰소리로 주장하지 않으며, 내세우지 않는다. 성부 하나님과 성자 예수님의 영광을 위하여 일한다(요 16:14). 성령은 드러내지 않고 감추신다.

1. 바른 길, 바른 방향으로

성령은 아주 은밀하게 우리가 나가야 할 바른 방향을 정하시고 지도하며 인도하신다. 인생의 방향이 죽음이라는 것을 아시고, 생명의 길로 가도록 도와주신다. 사도 바울과 실라는 두 번째 선교여행에서 성령의 인도하심에 따라서 아시아를 떠나서 마케도냐로 방향을 바꾸어야 했다(행 16:9). 날마다 새로운 생명의 역사가 신비롭게 눈에 띄지 않게 순간마다 진행되고 있다. 허무한 세상에서 하나님을 찬양하고 영광을 돌리는 임무를 수행케 하신다.

> 또 바른 길로 인도하사 거주할 성에 이르게 하셨도다(시 107:7).

이 세상 곳곳마다 새로운 사람이 태어나고, 여러 사연으로 수많은 사람이 생명을 잃는다. 날마다 죽는 사람들이 각종 언론에 보도된다. 우리는 하루도 빠짐없이 텔레비전 방송에서 갖가지 사건과 사고 소식을 접한다. 놀랍게도 사람들의 죽음에 관한 것이 하루도 빠지지 않는다. 교통사고와 화재사고, 자연재해와 인재로 알려지는 부주의 사고 등이 있다. 자동차로 역주행을 하다가 죽고, 조상들의 묘지 벌초를 나선 사람들이 곳곳에서 말벌에 물려서 수십 명이 죽는다. 터널 공사장이 무너져서 죽고, 토사가 밀려 들어온 지하실에서 죽고, 노래방에 불이 나서 죽는다. 여러 질병으로 죽는 사람들의 사연들도 많다. 내 나이에 이르러서야 새삼 느끼는 것이지만, 죽음은 낯익은 일상이 되어 버렸다. 죽음의 문턱에서 건지시고, 지금도 피할 길을 내어 나아가게 하시는 하나님께 감사드린다.

죽음은 자연의 변화와 순리에 따른 것이지만, 그 배후에 하나님의 창조와 재창조가 진행되고 있다. 이 세상에는 좋은 사람도 있지만, 나쁜 사람도 많다. 남을 돕는 사람도 있지만, 남에게 악한 일을 서슴지 않는 일도 많다. 서로 죽이고 빼앗고 도둑질하는 것 같지만, 그 사이 사이에 선행을 하는 좋은 사람들도 많다. 나쁜 교회도 많지만, 좋은 교회가 더 많다. 착한 교인들이 악한 성도들보다 더 많다. 성령이 우리의 방향을 은밀히 인도하신다.

나의 삶에도 하나님은 방향을 정해 주시고 아름다운 목표를 가지고 살도록 돌보셨다. 어느덧 40년이 되어가는 나의 신학수업과 목회 사역, 하나님의 놀라운 도우심과 간섭에 감탄하지 않을 수 없다. 부모님의 헌신적인 기도, 개혁신학의 초석을 놓은 존 칼빈과의 만남, 도움을 주시는 좋은 믿음의 후원자들과 동역자들, 성경에 따르고자 노력하는 석학들과 그들의 노고가 담긴 저술들, 가족들의 화목과 사랑, 모두 다 나의 방향을 정하신 성령의 은밀하신 손으로 인도함을 받아서 얻게 된 축복들이다. 곁길로 빠지지 않고 여기까지 인도하신 하나님께 뜨거운 감사의 찬송을 올리지 않을 수 없다.

2. 뜨거운 마음

성령은 역동적으로 역사하신다. 성령은 의욕과 열정과 뜨거운 마음을 주신다. 그런데 사람의 예상과 기대와는 전혀 달리 역사하신다. 사람들은 세상 일에, 자신의 명예와 권세와 욕망을 이루는 일에 뜨거운 열정을 불태운다. 그러나 자신을 희생하여서 절망하는 자들을 향해서 뜨거운 마음을 가지는 것은 아니다. 전 세계적으로 장애인들을 돌아보는 일이란 아주 드물다.

성령은 예루살렘을 떠나서 절망 가운데 엠마오로 향하던 두 제자에게 방문하셨다. 누가복음 24장에 보면, 전혀 예상치도 못했던 순간에, 전혀 기대하지도 않은 사람들에게 우리 주님이 방문하신 것이 나온다, 사랑의 주님이 찾아온 것이다. 이 두 사람은 예수님이 길에서 성경을 풀어주실 때에 놀라운 성령의 감동을 받았었다.

> 우리 속에서 마음이 뜨겁지 아니하더냐(눅 24:32).

우리는 성령의 방문에 대해서 감각이 무디고, 수줍어하고, 머뭇거린다. 우리는 과연 매번 주일날 교회에 가면서 얼마나 성령에 대해서 기대하고 가는가? 도리어 비판하고, 불평하는 일이 많지 않은가? 교회에 대해서 감동하지 않는다면, 성령이 역사하고 있지 않는 것이다. 진리의 영이신 성령은 말씀으로 우리를 뜨겁게 하신다.

성경이 풀어질 때에 뜨거운 마음은 변혁이요, 변화요, 갱신이요, 개혁이다. 성령의 도우심과 새롭게 하심이 없다면, 우리 인간세계는 암흑의 수렁에서 빠져 나올 수 없다. 성령은 우리 성품을 변화시키고 사람을 바꾸어서 예수 그리스도의 온전하심과 같은 것으로 만들어 놓는다. 어떤 분은 아예 선천적으로 낙관적이고 너그러운 사람도 있고, 매우 차분하고 안정된 천성을 가지고 살아가는 사람도 있다. 그런가 하면, 혈기왕성하여 흥분을 잘하는 분들도 많다. 한국인들 가운데 남자는 95% 이상이 자신의 성격을 급하다고 말한다. 강하고 열정적이며 확신에 가득 찬 의지형이 있고, 차갑고 냉철하며 흔들리지 않는 이론형이 있고, 포근하고 너그러운 포용형도 있다. 어떻든지 성령의 사람으로 바뀌면, 각각의 단점을 극복하고 노력하는 마음이 일어나게 된다.

부모와 자식 사이에, 부부 사이에, 형제와 자매 사이에, 성도들이나 다른 동료들과의 사이에 성령이 임하시면 막힌 담이 헐리게 된다. 오해가 풀리고 미움이 녹아진다. 성령의 역사하심으로 함께하는 따뜻한 교류가 이루어진다. 뜨거운 마음은 교회의 부흥과 갱신으로 이어진다.

> 주께서 우리를 다시 살리사 주의 백성이 주를 기뻐하도록 하지 아니하시겠나이까(시 85:6).

교회는 성경적인 가르침에 따라서 다시금 부흥해야한다. 에스겔 37장에 나오는 바와 같이 죽은 뼈가 다시 살아나서 하나님의 군대가 된다. 새로운 세대가 일어나서 힘차게 주의 복음사역을 맡아야 한다. 사람을 움직이고 마음에 열정적인 사명감을 주시는 일은 오직 구원의 하나님에게 달려있다.

3. 겸손과 온유: '나와 같이 되라'

성령의 놀라운 역사로 변화된 사람은 온유함과 겸손함으로 예수님의 향기를 드러낸다. 놀랍게도 기독교의 자랑은 세상과 전혀 다르다. 성령의 놀라운 일은 예수님의 인격과 사역에서 나타났다. 우리 기독교인들이 자랑하고 자부심을 느끼는 내용이 바로 예수님의 온유하심과 겸손하심이다. 이 행동원리에 따라서 성령은 사람을 바꾸어 놓는 일을 하고 계신다. 정말로 놀라운 일을 하고 있다. 성령은 먼저 예수님과 함께 하셔서 인간의 가장 온전한 성품과 인격을 심어주셨고, 이제 이것을 우리 모든 성도들에게 심어주시고 성장시키고자 하신다. 예수님에게 성령이 함께 하셔서 하나님의 형상이 된 가장 고상한 성품을 증언하고 있다.

> 새 사람을 입었으니 이는 자기를 창조하신 이의 형상을 따라 지식에까지 새롭게 하심을 입은 자니라(골 3:10).

예수님이 가지신 성품은 "온유함과 겸손"이었다(마 11:29). 많은 병을 고치시고 자신의 기적을 절대로 알리지 말라고 주의시키신다. 자신에게 관심을 집중시키지도 않으시고, 자신의 능력을 과시하지도 않으신다. 종려절기라고 말하는 주간에 예수님은 예루살렘 성으로 입성하셨다. 만물의 창조주이시오 만물의 왕이신 그는 겸손하셔서 새끼 나귀를 타고 입성하였다. 그는 왕이지만, 겸손하셔서 새끼 나귀를 타고 나타나셨다(막 11:1-10).

성령이 주시는 성품은 예수님을 닮는 것이다. 온유함과 겸손함으로 드러나는 예수님의 모습은 고난을 당하는 중에 결코 흐트러짐이 없었다. 그의 고결한 성품이 드러났다.

> 그가 곤욕을 당하여 괴로울 때에도 그의 입을 열지 아니하였음이여 마치 도수장으로 끌려가는 어린 양과 털 깎는 자 앞에서 잠잠한 양 같이 그의 입을 열지 아니하였도다(사 53:7).

이런 예수님의 고결한 성품은 모두 다 성령의 감동으로 빚어진 기질이요, 성품이다.

온유하고 겸손하게 살아가는 것은 치열한 경쟁사회를 살아가는 자들에게는 마치 바보처럼 보인다. 최근 우리 한국사회는 살인적인 경쟁 관계 속에서 스트레스를 받고 있다. 대도시에서는 날마다 산다는 것이 마치 전쟁과 같다. 비인간적으로 남과 싸워서 수단방법을 가리지 않고 이기는 사람만이 성공하는 듯이 보인다. 각종 시험에서도 부정행위를 서슴지 않는다. 초록불이 오기 전에 뛰어야만 살아남을 수 있다. 3초만의 여유를 갖자는 어느 은행 부행장의 글이 큰 호응을 얻고 있고 있는 실정이다. 엘리베이터에서도 다른 사람이 들어올 때까지 여유를 갖자고 호소한다. 신호등 앞에서도 3초만 더 여유를 갖고 기다리면 되는데, 그것을 기다리지 못하고 수많은 사람이 죽어나간다.

예수님은 겸손과 온유함으로 살아가도록 성령을 보내 주셨다. 마태복음 12:18-19에서 보면 성령께서 새로운 인격을 주신다고 하였다.

> 내가 내 영을 그에게 줄 터이니 그가 심판을 이방에 알게 하리라 그는 다투지도 아니하며 들레지도(큰소리로 외치지도) 아니하리니(마 12:18-19).

이 말씀은 이미 오래 전에 예언으로 들려주신 것이다.

> 내가 나의 영을 그에게 주었은즉…그는 외치지 아니하며 목소리를 높이지 아니하며 그 소리를 거리에 들리게 아니하며 상한 갈대를 꺾지 아니하며, 꺼져가는 등불을 끄지 아니하고 진실로 정의를 시행할 것이며(사 42:1-4).

성령의 사람이란 겸손과 온유로 인격을 새롭게 지음 받은 사람이다. 인자와 긍휼로 가득하신 예수님을 닮아가도록 성령이 새로운 인격을 접붙여 주셨다. 이제 우리 그리스도인들의 남은 관제가 되었다. 그리스도의 남은 고난을 채우면서 거룩한 성품을 완전히 내 것으로 만들어야 한다. 오직 주님의 영이 임재하실 때에 가능하게 된다.

> 주 여호와의 영이 내게 내리셨으니 이는 여호와께서 내게 기름을 부으사 가난한 자에게 아름다운 소식을 전하게 하려 하심이라(골 3:10).

이 말씀은 예수님이 공생애에 처음 등장하시면서 가버나움 회당에 들어가서서 읽어주셨다. 성령의 인도하심을 받아서 첫 발걸음에서 자신의 사역을 드러내신 것이다. 누가복음 4:14에 기록된 바, 예수님은 회당 안에 있던 유대인들에게 메시아로부터 무엇을 기대해야 하는지를 깨우쳐 주신 것이다. 성령의 권능 안에 계시면서 처음으로 회당에 가르치실 때에 드러내신 모습이다. 예수님의 겸손과 온유는 성경에 오래전부터 담겨있던 거룩한 성품의 내용이다.

그래서 사도 바울은 예수님의 인격을 온유와 관용이라고 풀이한다. 거칠고 험한 인생들을 만나서 박해와 고난 중에 있으면서도 이겨낼 수 있었다.

> 너희를 대면하면 유순하고 떠나 있으면 너희에 대하여 담대한 나 바울은 이제 그리스도의 온유와 관용으로 친히 너희를 권하고(고후 10:1).

그리스도인이 된다는 것은 무엇을 의미하는가? 자신의 삶과 행동에서 죄의 죽음에서 벗어나서 의로운 생명을 불어넣어 주신 것이다. 성령의 능력과 놀라운 권능으로 인해서 한 사람의 마음속에 예수 그리스도를 닮은 인격으로 새롭게 재창조된다. 지식과 감정과 의지가 하나님의 형상을 닮은 사람으로 새롭게 태어났다. 거룩함과 성결함으로 창조되었다(벧전 1:18-19).

성령이 오셔서 변화시킨 사람은 타락 시에 잊어버린 것을 회복하고, 고침 받고, 용서를 받아서 새롭게 되는 것이다. 자연스럽게 여겨졌던 과거의 생활은 세상적이요, 정욕적이요, 육체적인 생각과 행동임을 새롭게 인식하게 되었고, 이젠 옛것이 되었다. 그리스도 안에서 이 놀라운 변화가 일어날 때에, 세상에 대한 사랑은 하나님에 대한 사랑으로 바뀐다. 자만심은 겸손함으로, 질투와 미움은 용서와 사랑으로 변화되어지게 된다.

다른 표현으로 하면, 이제는 예수님을 닮아가는 것이다. 그리스도인들은 세상적인 사람을 흉내 내는 것이 아니다. 아직도, 한국 사람들은 서양의 패션을 따라가기에 정신이 없다. 한마디로 과소비 광풍에 휩쓸리고 있다. 자신의 신분과 경제력을 과시하는 명품 핸드백과 액세서리 소비가 일본을 능가했다고 한다. 국민 총생산량이나, 수입은 아직 최상류 그룹에 도달하려면 한참 멀었다. 그런데도 뉴욕, 런던, 파리와 로마에서 유행하는 것들은 일주일 내에 한국에서도 유행하게 된다. 그러면 곧 바로 중국과 아시아 여러 나라들로 퍼져나간다고 한다.

하지만 성령으로 난 사람은 예수 그리스도를 닮아가는 것이요, 이런 변화가 근본적으로 일어난 사람만이 자신의 변화를 증거하면서 살아간다. 사도 바울이 아그립바 왕 앞에서, 베스도 총독 앞에서 했던 간증들은 이러한 변화의 산물이었다. 어떻게 해서 죄수의 몸으로 "모든 사람이 나와 같이 되기를 원한다"(행 26:29)라는 말을 할 수 있었던가! 사도 바울은 몸이 억류되어 있었지만 아무 것도 부러울 것이나 없었다. 우리도 역시 사도 바울처럼 자신 있게 말할 수 있도록 성령의 충만을 간구하여야만 하는 것이다.

맺는 말
성령의 위대하신 능력을 기대하라!

　이 책에서 일관되게 성령의 비밀스러운 사역이 마치 바람과 같다는 것에 주목했다. 이제 여러분의 생애에 주어진 예수 그리스도를 믿는 신앙이야말로 바로 가장 놀라운 성령의 기적임을 확신하기 바란다. 이 기적이 여러분의 생애에 일어났음을 확신하고 이것에 감사하면서 살아가야 한다. 성령은 영적인 것을 통해서 육체적이고 물질적인 것들의 아름다움과 영광을 회복시킨다. 성령은 모든 육체적인 것들과 영적인 것들을 새롭게 변화시킨다. 성령의 역사를 더욱 더 사모하고 의지하자. 낙심 중에 있는 성도들이라면 더욱 더 하나님의 크고 놀라운 일들을 기대하라. 성령의 신비로우신 도우심을 기억하라. 어려운 고난을 인내하게 하시고 겸손하게 만드시며 소망을 주시는 중에 우리는 예수 그리스도 안에서 더 큰 은혜를 기대하며 나아가는 것이다. 그래서 주 예수 안에 있는 자들에게는 견고한 소망이 있다. 눈에 보이는 것만이 아니라 은밀한 중에 진행되는 기적과 이적들로 인하여 믿음으로 나아가기를 바란다.

성령은 지금도 성도들과 교회와 세계 속에서 그리스도의 복음을 위해서 일하신다. 성령은 직접 직분자를 뽑으시고, 충만하게 채워주신다. 성령에 의존하는 사람만이 직분을 감당할 수 있다. 성령은 교회의 친교와 교제의 원천이요, 끈이 되어 주신다. 하나님의 백성들은 그리스도의 몸이요, 동시에 성령이 머물러 계신 처소이다.

성령이 오순절 구원사건에 이미 부어져서 지상에 교회를 세우는데 결정적인 중요성을 담당하였다. 120명이 모여 있다고 해서 교회가 된 것이 아니다. 예수 그리스도께서 보내신 성령이 부어짐으로써 비로소 교회가 탄생하였다. 요엘 2:17의 예언이 이루어져서 "모든 육체 위에 성령이 충만하게 부어졌다"라고 사도행전 2:17에 기록되어 있다. 부어졌다는 말은 풍성한 축복을 의미하는 단어이다. "모든 육체 위에"라고 지적하는 의미는 금지조항이 사라져버렸다는 뜻이다. 그곳에 모여 있던 사람들 모두에게 성령이 부어짐으로 인해서 새로운 구원역사가 이루어졌다. 다시 과거로 돌아가는 것이 아니다. 이제 성령은 위대한 사역을 향해서 교회를 이끌고 나아간다.

"저희가 다 성령의 충만함을 받고, 성령이 말하게 하심을 따라 다른 방언으로 말하기를 시작하였다"(행 2:4)라는 것은 그리스도의 복음을 전하는데 있어서 언어적 장벽이 사라졌다는 뜻이다. 바벨탑 사건에서 비롯된 다양한 언어는 의사소통의 방해요소였다. 모든 나라들이 그들의 언어로 하나님의 위대하신 역사를 듣게 될 것이다.

성령의 부어주심으로 인해서 사도들이 그리스도를 증거 하는 권능을 얻었다. 베드로와 열한 명의 사도들이 모두 한자리에 서서 힘차게 증거하였다(행 2:14). 성령이 교회에 능력을 주시고, 담대하게 증거 하는 용기를 불어넣었다. 그 이전에 구원사역에서는 천사들이 하나님의 보냄을 받아서 사람에게 말하였으나, 오순절 성령의 부으심 후로는 사람들이 증거 하는 것을 듣게 하였다. 자연스럽게, 분명하게 모든 사람들이 사용하는 일상 언어로 복음을 듣게 되었다. 오순절의 성령은 가슴 속에 복음에의 반응을 불러일으켰다(행 2:14). 교회를 "교제"하는 코이노니아의 공동체로 변혁시켰다(행 2:42-47). 성령은 모든 선교사역의 동력이 되어서 사도시대부터 마지막 날까지 땅 끝까지 복음을 증거 하게 하는 힘을 불어넣고 있다.

성령은 믿는 사람들의 영혼에 내주하면서, 내적인 생활을 다스린다. 성령은 우리의 마음속에 머물러 계시며(엡 3:17), 일하고 계신다. 날마다 성령의 인도 가운데 살아가는 것은 놀라운 일이다. 성령이 머물러 계심으로 인해서 교회는 영적인 실체가 될 수 있게 하였다.

교회가 성령을 조정하거나 지배하거나 좌지우지 하는 것이 아니다. 도리어 성령이 하시는 일에 교회가 순종하고 마음을 열어서 따라가게 된다. 성령은 교회의 구성원들에게 능력을 주시고, 교화의 과정에 간여하신다. 그리고 각각 성도들에게 은사를 베푸신다. 십자가와 부활의 능력으로 가르치고, 권고하고, 남을 돕고, 긍휼을 베푸는 마음과 사역을 불러일으키신다(고전 12:6-10, 28-30).

따라서 은사 자체(카리스마)가 중요한 것이 아니다. 어떻게 그 은사들을 우리 주님 예수 그리스도의 인정을 받도록 사용하느냐가 더 본질적인 것이다(엡 4:11-12). 성령의 은사들을 자랑하는 것은 아무런 유익이 없다. 가장 좋은 길은 사랑의 은사이며, 열매로 그것이 드러나야 하다(갈 5:22). 사랑이 없는 곳에는 능력과 권능이라고 말하는 모든 은사들이라 하더라도 교회에 아무런 의미가 없다.

성령의 새 바람과 은혜가 우리 모두에게 절실히 필요하다. 매스컴에서는 현대 한국사회의 양극화를 크게 취급하여왔다. 경제적 불공정으로 인해서 부자는 더욱더 많은 것을 누리고, 극빈층은 더 아래로 최빈곤층으로 전락해버리는 사회적 갈등이 심화되고 있어서 큰 문제가 되고 있다. 그런데 나는 양극화보다 더 큰 근본적인 문제가 있음을 지적하지 않을 수 없다. 그것은 한국사회의 급속한 세속화이다. 단순히 수입이 얼마인가에 따라서 부유층과 빈곤층을 나누어 취급하는 것으로는 문제가 해결되지 않는다. 불행한 일들은 어느 계층에서나 인간을 괴롭히고 있기 때문이다.

2012년 2월, 미국 백인 부유층과 빈곤층을 연구한 찰스 머레이(Charles Murray)의 책, 『양극화가 온다, 1960년에서 2010년까지 미국 백인의 현실』에서 제시된 분석들이 크게 공감을 얻고 있다.[1] 머레이는 최근 50년간 미국 백인 사회의 두 그룹, 최상류층과 최하류층의 생활상을 점검하였다. 그런데 미국 청교도 신앙이 지탱해온 정직, 결혼, 근면성, 신앙이 크게 후퇴하고, 범죄율이 엄청나게 높아졌다는 사실에 주목하였다. 따라서 경제적으로 더 잘사는 것이 근본문제가 아니라, 사람다움을 회복하는 것이 더 시급하다는 제안을 하는 것이다. 우리 한국사회도 역시 비슷하게 세속화해왔고, 한국교회가 지금 대안으로 제시해야 할 부분도 역시 성령의 아름다움과 위로와 축복을 전달하는 사명이라고 생각한다. 양극화를 방지하는 것이 시급한 문제가 아니라, 세속화를 극복하는 것이 더 큰 문제가 되고 있다는 말이다.

---

[1] Charles Murray, *Coming Apart: The State of White America, 1960-2010* (N.Y.: White Forum, 2012). 이 책에 대한 긍정적 평가 중에 하나를 참고할 것. W. Bradford Wilcox, "Values Inequality January" 31, 2012, on page A13, in some U.S. editions of *The Wall Street Journal*.

자살과 학교 폭력이 우리한국의 어두운 그늘이다. 어서 빨리 어린 청소년들의 마음을 짓누르는 집단 따돌림이 사라져야 한다. 죄와 미움을 퍼트리는 사탄의 권세를 걷어내야 한다. 오직 아름답고 영광스러운 성령의 바람이 불어야만 한다. 경쟁과 원망과 미움을 녹여내는 성령의 사랑이 봄비처럼 내려야만 한다. 성령의 충만한 감동을 받아 모든 사람의 마음속에 희망과 기쁨과 즐거움이 넘쳐흘러야 한다.

그동안 한국의 놀라운 경제발전과 함께 마치 기적과 같은 일이 벌어지고 있다. 전 세계에서 150만 명이 넘는 많은 외국인들이 한반도에 들어와서 함께 살아가게 되었다. 다문화, 다인종, 다양한 언어그룹이 함께 살아가고 있다. 한국의 문화예술, 음악, 음식, 의복 등이 부러움의 대상이다. 그리하여 한국으로 결혼을 하러 오게 된 외국 사람들이 20만 명을 넘어섰다. 그런가 하면 각 대학마다 외국 유학생이 크게 늘어났다. 지금 필자가 가르치는 신학대학원에도 많은 외국학생들이 유학을 와서 공부하고 있다. 인도, 파키스탄, 미얀마, 필리핀, 몽골, 중국 등지에 온 학생들이 수백 명이다. 이전에는 상상조차 할 수 없었던 놀라운 일이다. 시골 농촌이나 어촌에 사는 한국 신랑감을 찾아온 외국 여성들이 그토록 많다는 것도 놀라운 일이다. 이제는 이들 이주여성들과 이북에서 나온 새터민들, 외국인들이 다 함께 살아가는 새로운 국민정신이 필요하다. 우리 한국교회가 이 모든 사람들을 품어 주어야 할 시점이다.

한반도의 통일과 복음화는 교회의 사명이요, 오직 성령의 능력으로 가능하게 된다. 오직 예수 그리스도의 복음 안에서 놀라운 일들이 일어나는 것이다. 남북통일과 같은 일들이 실제로 일어난다면, 전 세계가 다시 한 번 놀라게 될 것이요, 통일한국의 평화가 가져다주는 혜택들을 나누게 될 것이다. 남한은 열심히 노력해서 경제적으로 잘사는 대한민국을 세웠지만, 그 지척에 있는 북한 땅은 억압과 착취에 신음하고 있다. 재미교포 유나 리는 미국 언론사의 취재를 맡아서 중국과 북한 접경지대에서 탈북자들을 취재하다가 북한 땅에 들어갔다고 해서 2009년 3월 억류되어서 약 4개월 뒤 석방되기까지 험한 시간을 보냈다. 빌 클린턴 전 미국 대통령이 동원되어 북한을 방문해서 협약을 한 후에야 석방되었다. 그녀가 북한 땅에 일부라도 들어가서 촬영을 한 것은 잘못이지만, 이처럼 근본적으로 외지인이 출입해서 자유롭게 취재할 수 없는 폐쇄된 사회의 인권탄압은 상식을 초월한다.

북녘 땅은 일반사람으로서는 사람답게 살 수 없는 나라이다. 하나님을 대신해서 김일성 3대가 절대 권력을 행사하고 있다. 그러나 북한의 지도층을 빼놓고 제대로 된 식량도 없는 상태에 놓여있다. 일반 시민들을 향해서 이곳이 '지상낙원'이라고 자신 있게 말할 수 있겠나? 헛된 속임수가 언제까지 통할 것인지 한심하기만 하다. 북한에는 예수 그리스도의 사랑과 은혜가 없다. 가짜 교회와 속임수로 지어진 예배당이 있을 뿐이다. 인민을 동지라고 한다는 북한 정권의 상류층들이 주위 사람들과 모든 좋은 것을 평등하게 나누고 있는가? 복음의 사람 사도 바울은 묶여있는 처지에서도 그렇게 자신감으로 넘쳐서 "나와 같이 되라"라고 외치나, 공산당 간부들은 은밀하게 감추기 급급하다. 적나라한 실상을 북한 주민들이 전혀 모르게 하고 있다. 주변 나라에 핵무기를 가지고 전쟁협상을 벌이고 있는 나라가 제대로 설 수 없다. 영적인 암흑세계가 펼쳐지고 있을 뿐이다. 안타깝고 불행한 일이다. 성령의 아름다운 사역들이 그곳에서도 펼쳐지기를 기도한다.

하나님의 놀라운 일을 꿈꾸며, 크고 놀라우신 성령의 은혜를 기대하는 사람들에게는 분명히 믿음대로 축복해 주신다. 그리스도인으로 살아가면서 거룩하고 흠 없이 향기를 발휘하게 하신다. 어떤 사람들을 만나게 될지라도 확신에 차서 예수 그리스도를 전할 수 있다. 그냥 주일 날 습관적으로 교회에 나가서 예배에 참석하는 정도에 그쳐서는 안 된다. 그런 행동만으로는 확신 있는 성도가 되기 어렵다. 자신에게 부어진 성령의 놀라운 인도하심과 변화를 충분히 익히기에는 역부족이다. 자신의 도덕적인 수양을 쌓는 정도에 불과하다. 밤중에 몰래 예수님에게 찾아온 니고데모처럼 살아가는 성도는 다시 태어나야만 한다. 규칙과 법규를 지키려는 노력만으로는 안 된다. 성숙한 그리스도인이 되려는 사람은 성령으로 인하여 생명의 주인 예수 그리스도를 받아들이고, 새로운 변화에 참여하게 된다.

성령의 사람들에게는 확신과 감사와 즐거움이 넘친다. 고난 중에도 순종하며 오직 그리스도만을 증거한다. 모든 영광을 자신이 차지하려 하지 않는다. 확실한 신앙, 확고한 믿음에 거하면서도 넉넉하게 부족한 자들을 품어줄 수 있게 된다. 성령이 충만한 그리스도인들은 하나님께 속한 사람들이다. 자신의 마음과 생각, 두뇌의 모든 활동, 심지어 감정의 모든 부분까지도 우리 주님을 위해서 봉사하며 살기로 헌신한 사람들이다. 『범사에 감사하라』에 소개된 옥수 중앙교회는 가난한 산동네 주민들을 돕는 교회로 알려지게 되었다.[2] 지난 십 년간 남을 돕는 교회의 사명을 다하고자 청소년들과 대학생들에게 장학금 지급, 혼자 사는 노인기 위한 돌보는 우유와 라면 배달, 김장김치 나누기, 사랑의 쌀 배달 등 다양한 사역을 하고 있다. 받는 자 보다는 주는 자가 복이 있다. 가난하고 어려운 동네 교회가 놀라운 일을 할 수

---

2 김형준, 『범사에 감사하라』 (강같은 평화: 2011).

있는 것은 마음에 풍요함이 있고 감사가 넘치기 때문이다. 어디에서나 이런 놀라운 일이 가능하다. 어느 선교단체에 수십억 원을 기증한 성도가 있다. 전혀 자신을 드러내지 않고 숨어서 헌신했다. 성령의 사람은 영광을 하나님께 돌린다.

사도 바울의 확고한 태도와 생활에서 꿈을 가지고 크고도 놀라운 일을 바라보는 믿음을 배우게 된다. 사도 바울은 몸이 묶여있어도 주저하거나 무서워하지 않았다. 아무 일도 하지 않으면서 허송세월하는 것이 아니었다. 끊임없이 노력하며 증거 하였다. 이런 노력과 자기개발에 힘쓰는 이유는 하나님의 사람으로 준비하기 위함이다. 성령으로 살아가는 사람들은 마치 꿀벌이 슬퍼할 틈이 없이 열심히 노력하는 것처럼, 놀라운 에너지를 공급받는다.

우리 성도들에게는 위에서 부르신 분의 상급이 있다. 흔들리지 않는 믿음의 세계에 살면서 더 겸손하게 만들고 더 유순한 성품으로 살게 하시는 분이 바로 성령이다. 성령은 크고 놀라운 사역을 일으키신다. 그리스도의 장성한 분량에까지 자라는 성도를 만들어낸다. 성령은 온유하면서도 흔들리지 않는 믿음의 일꾼이 되도록 지켜주신다. 묵묵히 고난을 이겨내게 하는 힘과 능력을 부어 주신다. 강하고 담대하게 믿음 위에 굳게 서서 성령의 놀라운 일들을 기대하자. 크고 비밀스러운 일을 바라보면서 열심히 기도로 승리해 나아가기를 기원한다.

너희 하늘 아버지께서 구하는 자에게 성령을 주시지 않겠느냐 (눅 11:13).

아멘! 아멘!

참고 문헌

Backus, Irena. and Benedict, Philip. ed. *Calvin and His Influence, 1509-2009*. Oxford: Oxford University Press, 2011.

Barth, Karl. *Church Dogmatics*. Westminster John Knox Press, 1994.

Bavinck, Herman. *Reformed Dogmatics*. Grand Rapids: Baker, 2003.

─────. *De Algemeene Genade*. 차영배 역. 『일반은총론, 경계해야 할 자연주의와 초자연주의』. 서울: 총신대학교 출판부, 1979.

Beale, G. K. *The Temple and the Church's Mission: A Biblical Theology of the Dwelling Place of God*. Downers Grove: IVP, 2004.

Beale, G. K. and Carson, D. A. *Commentary on the New Testament Use of the Old Testament*. Grand Rapids: Baker, 2007.

Beegle, Dewey. *The Inspiration of Scripture*. Philadelphia: Westminster Press, 1963.

─────. *Scripture, Tradition and Infallibility*. Grand Rapids: Eerdmans, 1973.

Berkhof, Louis. *The Manual of Christian Doctrine*. Grand Rapids: Eerdmans, 1953.

Bettenson, Henry. ed. *Documents of the Christian Church*. London: Oxford, 1963.

Bittlinger, Arnold. *Gifts and Graces, A Commentary on I Corinthians 12-14*.

Grand Rapids: Eerdmans, 1967.

Blumhofer, Edith L. *Restoring the Faith: The Assemblies of God, Pentecostalism, and American Culture.* Chicago: University of Illinois Press, 1993.

Bloch-Hoell, Nills. *The Pentecostal Movement.* Oxford Univ Pr, *1964.*

Borg, Marcus J., Wright, N. T. *The Meaning of Jesus: Two Visions.* New York: Harper Collins. 2007.

Boyd, Gregory. *Oneness Pentecostals and the Trinity.* Grand Rapids: Baker, 1992.

Bruner, F. D. *A Theology of the Holy Spirit.* Wipf & Stock Pub. *1997.*

Budgen, Victor. *The Charismatics and the Word of God.* Durham: Evangelical Press, 1989.

Bunsen, C. C. *Hippolytus and His Age.* Kessinger Publishing, 2007.

Calvin, John. *Institutes of the Christian Religion*, tr. Ford. L. Battles. Philadelphia: Westminster Press, 1959.

Campenhausen, H. Von. *Ecclesiastical Authority and Spiritual Power in the Church of the First Three Centuries.* London: 1969.

Cairns, Earl E. *Christianity Through the Centuries.* Grand Rapids: Zondervan, 1954.

Chantry, Walter J. *Signs of the Apostles.* Edinburgh: Banner of Truth, 1973.

Clark, R. Scott ed. *Covenant, Justification, and Pastoral Theology.* Phillipsburg: P&R, 2007.

Clowney, Edmund P. *The Church.* Downers Grove: IVP, 1995.

Coppes, Leonard J. *Whatever Happened to Biblical Tongues.* Pilgrim Publishing Company, 1977.

Dana, H. E. and Mantey, J. R. *A Manual Grammar of the Greek New*

Testament. Toronto: Macmillan, 1957.

Deere, Jack. *Surprised by the Power of the Spirit*. Grand Rapids: Zondervan, 1993.

———. *Surprised by the Voice of God*. Grand Rapids: Zondervan, 1998.

———. *The Beginner's Guide to the Gift of Prophecy*. Regal, 2008.

Edgar, Thomas R. *Miraculous Gifts: Are They for Today?* Neptune, N.J.: Loizeaux Brothers, 1983.

Edwards, J. *A Treatise Concerning Religious Affections*. New Haven: Yale University Press, 1969.

———. *A History of the Work of Redemption*. Edinburgh: Banner of Truth Trust, 2003.

Edwards, Brian. *Can We Pray for Revival?* Darlington: Evangelical Press, 2001.

Erickson, Millard J. *Christian Theology*. Grand Rapids: Baker, 1985.

Eusebius of Caesarea, *Ecclesiastical History*. Ulan Press, 2012.

Fairbairn, Patrik. *Typology of Scripture*. Grand Rapids: Kregel, 1989.

Fee, Gordon D. *The First Epistle to the Corinthians*. Grand Rapids: Eerdmans, 1987.

Ferguson, Sinclair B. *The Holy Spirit*. Downers Grove: IVP, 1996.

———. *The Ministry of the Holy Spirit*. Philadelphia, PA : Westminster Media, 1991.

———. *A Heart of God*. Colorado Springs: NavPress, 1985.

Fesko, J. V. *Justification: Understanding the Classic Reformed Doctrine*. Phillipsburg: P&R, 2008.

Frame, John. *The Doctrine of God*. Phillipsburg: P & R, 2002.

Fitch, William. *The Ministry of the Holy Spirit*. Grand Rapids: Zondervan, 1974.

Gaffin, Richard B. *The Holy Spirit*. Philadelphia: Westminster Media, 1979.

──────. *Perspectives on Pentecost: studies in New Testament teaching on the gifts of the Holy Spirit*. Phillipsburg, N.J.: P&R, 1979.

──────. *The Holy Spirit and Charismatic Gifts* [tape recording, Westminster Media, 1976.

──────. *Are Miraculous Gifts for Today?, Four Views*, ed. Wayne Grudem. Grand Rapids: Zondervan, 1996.

──────. *Resurrection and Redemption*. Phillipsburg: P&R, 1987.

──────. ed. *Redemptive History and Biblical Interpretation*. Phillipsburgh: P&R, 1980.

──────. "A Friend's Response to Wayne Grudem." *Evangelical Theological Society*. 21 November 1992.

──────. *Perspectives on Pentecost : studies in New Testament teaching on the gifts of the Holy Spirit*. 권성수 역. 『성령 은사론』. 서울: CLC, 1983.

Gamble, Richard C. *The Whole Counsel of God*. Phillipsburg: P&R, 2009.

Garcia, Mark A. *Life in Christ: Union with Christ and Twofold Grace in Calvin's Theology*. Milton Keynes: Paternoster, 2008.

Geisler, Norman L. *Signs and Wonders*. Wheaton: Tyndale House, 1988

Genderen, J. Van. and Velema, W. H. *Concise Reformed Dogmatics*, tr. Gerrit Bilkes & Ed M. van der Maas. Phillipsburg: P & R, 2008.

Gentry, K. L. *The Charismatic Gift of Prophecy-A Reformed Response to Wayne Grudem*. Memphis: Footstool Publications, 1989.

Golding, Peter. *Covenant Theology*. Ross-shire: Mentor, 2004.

Goldsworthy, Graeme. *Gospel-Centered Hermeneutics*. Downers Grove: IVP, 2006.

Goodwin, Thomas. *The Work of the Holy Ghost in Our Salvation, Works of Thoams Goodwin, vol. 6*. Grand Rapids: Reformation Heritage Books, 2006.

Greidanus, Sidney. *Preaching Christ From the Old Testament: A Contemporary Hermeneutical Method*. Grand Rapids: Eerdmans, 1999.

Gromacki, Robert G. *The Modern Tongues Movement*. Philipsburg: P&R, 1967.

Grudem, Wayne. *Evangelical Feminism: A New Path to Liberalism?* Wheaton: Crossway Books, 2006.

―――. *The Gift of Prophecy in the New Testament and To day*. Westchester: Crossway, 1988.

―――. *Systematic Theology*. Grand Rapids: Zondervan, 1994.

―――. 『기적의 은사는 오늘날에도 있는가?』. 이용중 역. 부흥과 개혁사, 2011.

Hall, David W. *The Legacy of John Calvin: His Influence on the Modern World*. Phillipsburg: P & R Publishing, 2008.

Hambrick-Stowe, Charles E. *Charles G. Finney and the Spirit of American Evangelicalism*. Grand Rapids: Eerdmans, 1996.

Hanergraaff, Hank. *Counterfeit Revival*. 이선숙 역. 『빈야드와 신사도의 가짜 부흥 운동』. 서울: 부흥과 개혁사, 2009.

Haykin, Michael A. G. *Jonathan Edwards: The Holy Spirit in Revival*. Webster: Evangelical Press, 2005.

Hengstenberg, E. W. *Commentary on the Gospel of St John*. Edinburgh: T & T Clark, 1865.

Hodgson, Leonard. *The Doctrine of the Trinity.* New York: Scribner's, 1944.

Hoekema, Anthony A. *Created in God's Image.* 류호준 역.『개혁주의 인간론』. 서울: CLC, 1990.

──. *Tongues and Spirit-baptism: a biblical and theological evaluation.* Grand Rapids : Baker Book House, 1981.

──. *Holy Spirit Baptism.* Grand Rapids: Eerdmans, 1972.

──. *What about Tongue-speaking?* Grand Rapids: Eerdmans, 1966.

Horton, Michael. *God of Promise: Introducing Covenant Theology.* Grand Rapids: Baker, 2006.

──. *The Christian Faith: A Systematic Theology for Pilglims on the Way.* Grand Rapids: Zondervan, 2011.

John White, Foreword to David Pytches, *Some Said It Thundered.* Nashville: Oliver Nelson, 1991.

Judisch, Douglas. *An Evaluation of Claims to the Charismatic Gifts.* Grand Rapids: Baker, 1978.

Kuyper, Abraham. *The Work of the Holy Spirit*, tr. H. De Vries. New York: Funk & Wagnalls, 1900.

Lawrence, Michael. *Biblical Theology in the Life of the Church.* Wheaton: Crossway, 2010.

Lossky, Vladimir. *The Mystical Theology of the Eastern Church.* London: 1957.

MacArthur, John. *Charismatic Chaos.* Grand Rapids: Zondervan, 1992.

McDermott, Gerald R. *Seeing God: Twelve Reliable Signs of True Spirituality.* Downer Groves: IVP, 1995.

McWilliams, David B. "Something New Under the Sun?" *Westminster*

Theological Journal 54, 1992.

Martin, Ralph P. *The Spirit and the Congregation: Studies in I Corinthians 12-15*. Grand Rapids: Eerdmans, 1984.

Martin, E. J. *A History of the Iconoclastic Controversy*. New York: 1978.

Mcgavran, Donald A. ed by Wagner, C. Peter. *Understanding Church Growth*. Grand Rapids: Eerdmans, 1970.

Murray, Andrew. *The Spirit of Christ*. Minneapolis: Bethany House Publishers, 1979.

Murray, Charles. *Coming Apart: The State of White America, 1960-2010*. N.Y.: White Forum, 2012.

Packer, James I. *Keep in Step with the Spirit*. Leicester: IVP, 1984.

Palmer, Edwin H. *The Person and Ministry of the Holy Spirit: the traditional calvinistic perspective*. Grand Rapids : Baker Book House, 1974.

Parham, Sarah E. *The Life of Charles F. Parham, Founder of the Apostolic Faith Movement*. Baxter Springs, Kan.: Apostolic Faith Bible College, 1930.

Pelikan, Jaroslav. *The Emergence of the Catholic Tradition* (100-600). The University of Chicago Press, 1975.

Poythress, Vern S. *The Shadow of Christ in the Law of Moses*. Phillipsburg: P&R, 1991.

Ridderbos, Herman. *Paul: An Outline of His Theology*. Grand Rapids: Eerdmans, 1997.

_____. *Redemptive History and the New Testament Scriptures*. Phillipsburg: P& R, 1988.

Robert, Dave. *The Toronto Blessing*. Kingsway, 1994.

Robertson, O. Palmer. *The Final Word*. Edinburgh : Banner of Truth Trust, 1993.

Samarin, William J. *Tongues of Men and Angels*. New York: Macmillan, 1972.

Sanders, J. Oswald. *The Holy Spirit of Promise*. Fort Washington: Christian Literature Crusade, 1940.

Sibbes, Richard. *The Works of Richard Sibbes*. 1862-1864; Edinburgh: Banner of Truth, 1979-1983, vol. 3.

Smeaton, George. *The Doctrine of the Holy Spirit*. Edinburgh: Banner of Truth Trust, 1980.

Storms, Sam. *Signs of the Spirit: An Interpretation of Jonathan Edwards's Religious Affections*. Wheaton: Crossway Books, 2007.

Tabbernee, William. *Prophets and Gravestones: An Imaginative History of Montanists and Other Early Christians*. Peabody: Hendrickson Publishers, 2009.

Thiselton, Anthony C. *The First Epistle to the Corinthians New International Greek Testament Commentary*. Grand Rapids: Eerdmans, 2000.

Til, Cornelius Van. *The New Modernism*. Philadelphia: P&R, 1946.

Vos, Geerhardus. *The Pauline Eschatology*. Phillipsburg: P&R, 1994.

─────. *Eschatology of the Old Testament*, ed. by James T. Dennison Jr. Phillipsburg: P&R, 2001.

─────. *Biblical Theology : Old and New Testaments*. Edinburgh: Banner of Truth, 1994.

Wagner, Peter. *The Third Wave of the Holy Spirit*. Ann Arbor: Vine, 1988.

Waldron, Samuel E. *To Be Continued? Are the Miraculous Gifts for Today?*

Merrick: Calvary Press, 2005.

Warfield, B. B. *Counterfeit Miracles*. New York: Charles Scribners, 1918.

Williams, Don. *Signs, Wonders, and the Kingdom of God*. Ann Arbor: Vine, 1989.

Williams, J. Rodman. *Renewal Theology*. Grand Rapids: Zondervan, 1988.

Wimber, John. *A Brief Sketch of Signs and Wonders through the Church Age*. Placentia: The Vineyard, 1984.

―――. *Power Evangelism*. San Francisco: Harper & Row, 1986.

Woolsey, Andrew A. *Unity and Continuity in Covenantal Thought* . Grand Rapids: Reformation Heritage Books, 2012.

Wright, N. T. *The Challenge of Jesus: Rediscovering Who Jesus was & is*. Downers Grove, Illinois: IVP, 1999.

―――. *Surprised by Hope: Rethinking Heaven, the Resurrection, and the Mission of the Church*. Harper One, 2008.

Young, E. J. *Isaiah*. Grand Rapids: Eerdmans, 1969.

김재성. 『칼빈의 삶과 종교개혁』. 이레서원, 2003.

―――. 『칼빈과 개혁신학의 기초』. 합동신학대학원, 1997.

―――. 『Happy Birthday, 칼빈』. 킹덤북스, 2012.

―――. 『교회를 허무는 두 대적, 신사도 운동과 변질된 현대신학』. 킹덤북스, 2011.

김형준. 『범사에 감사하라』. 강같은 평화: 2011.

싱클레어 퍼거슨. 『성령』 김재성 역. IVP, 1999.

개혁주의 성령론
The Glory and Blessing: Reformed Doctrine of the Holy Spirit

2012년 10월 1일 초판 발행
2021년 11월 10일 개정증보판 2쇄 발행

지 은 이 | 김재성

편   집 | 박상민, 윤지현
디 자 인 | 김복심, 이보람
펴 낸 곳 | 사) 기독교문서선교회
등   록 | 제16-25호(1980. 1. 18)
주   소 | 서울시 서초구 방배로 68
전   화 | 02) 586-8761~3(본사) 031) 942-8761(영업부)
팩   스 | 02) 523-0131(본사) 031) 942-8763(영업부)
홈페이지 | www.clcbook.com
이 메 일 | clckor@gmail.com
온 라 인 | 기업은행 073-000308-04-020, 국민은행 043-01-0379-646
              예금주: 사) 기독교문서선교회

ISBN 978-89-341-1389-8 (93230)

* 낙장 · 파본은 교환해 드립니다.

이 도서의 국립중앙도서관 출판시 도서목록(CIP)은 서지정보유통지원시스템 홈페이지(http://seoji.nl.go.kr)와
국가자료공동목록시스(http://www.nl.go.kr/kolisnet)에서 이용하실 수 있습니다.(CIP제어번호: CIP2014020693)